军都法学

第三辑

主编

刘大炜　杨婷婷

中国法制出版社
CHINA LEGAL PUBLISHING HOUSE

序

为落实国家卓越法律人才培养计划，不断提高本科生培养质量，推进本科生培养体制改革，自2011年起，中国政法大学法学院秉承着营造学术氛围、活跃学术思想、提高科研能力、引发学术争鸣的初衷，每年在本科生中举办学术论文大赛。时至今日，“军都法学”论文大赛的举办经验日益丰富，活动机制日趋完善，已成为中国政法大学的精品活动，在我校论文比赛中已具有不可替代的作用。

法学院的学生通过参与“军都法学”论文大赛，增强了学术研究意识，强化了专业能力训练。论文大赛的举办力求提高学生对学术研究的兴趣和参与率，促进学术交流，为法学院的同学提供一个展示自我学术成果的平台，以此提高同学们的学术水平。法学院广大师生对论文大赛的举办给予了充分的支持、鼓励与关注，是论文大赛得以生生不息的动力。

继《军都法学》（第一辑）与《军都法学》（第二辑）论文集出版后，我院又成功举办了第五届、第六届论文大赛。其中第五届论文大赛共收到论文108篇；第六届论文大赛更进一步，共收到投稿论文112篇。我们从中选取了17篇优秀作品，集结成《军都法学》（第三辑）论文集出版，以示对学生们的学术能力的肯定与鼓励，同时为扩大学术论文的影响，给更多学生以启发和借鉴。

求学问道，亲近名师，浴伯牙风情；满腹经纶，论剑军都，悟学术精神。

本书的出版历经多次修改订正，但仍难免有错漏之处，敬请广大读者批评指正。

中国政法大学《军都法学》编委会

二〇一八年七月

目　录

第一编　理论法学

第二编　部门法学

第一编

理论法学

从后果论探究守法义务*

【摘要】守法的义务是法哲学中一个重要的议题，也一直是法律学者争论的核心。不同的法学流派都对这个命题有过一些讨论，有的论者基于各种理由论证守法义务的存在，同时还有一些论者认为并不存在所谓的守法义务。本文将重拾守法义务这一古老议题，从菲尼斯对守法义务的四种界定入手，然后从守法的道德义务和法律义务两个方面阐明守法义务之内涵，而后从同意论、后果论、公平互惠论和自然法理论四种观点对守法之义务进行积极论证，同时对拉兹关于不存在守法义务的观点进行简要评述。在文章的主体部分，笔者将针对后果论详细讨论，从基本观点、遭到的批评来阐释该理论。最后，笔者将对这些可能的批评作出自己的回应，以此来捍卫基于后果对守法义务所做的论证。

【关键词】守法的义务；守法的理由；后果论；批评与回应

绪　论

关于道德和法律的探讨是法哲学的理论支点，但这只是一种停留在静态的

* 作者：中国政法大学法学院 2015 级 2 班　陈　曦

指导老师：中国政法大学比较法研究院讲师　孙海波

讨论，只有将法哲学的触角伸向社会实践，才能使得理论鲜活起来，这其中最主要的动态环节就是对守法义务的探讨。守法的义务一方面与道德和法律的理论探讨相连，另一方面又与司法的实践相连，因而具有不可忽视的重要意义。

对于守法义务的讨论一直是西方法哲学界长期讨论的命题，不同流派的学者提出了许多不同的观点。对于守法义务的含义，就存在着将其视为道德义务和法律义务的区分，为人们所熟知的苏格拉底之死和安提戈涅之死，就很好地体现了这一理论分野。当一部法律是“恶法”时，究竟是应该遵守法律“恶”的条文，还是根据道德违背法律？这是本文第一部分所要讨论的问题。

在第二部分，本文将针对守法的理由进行积极和消极两方面的论证，其中在论述“不存在守法的义务”这一观点时，笔者仅就其中的代表人物约瑟夫·拉兹的观点进行简要介绍，将重点放在对“存在守法的义务”的积极论证。西方法哲学流派关于这个问题的不同学说，占主流的主要是同意论、后果论、公平互惠论和自然法理论，这些理论都存在着支持的观点与不同程度的批评，但对其中的后果论的批评最为激烈。

但是在笔者看来，从后果论的视角看待守法的义务是最为普遍，也是最为现实的观点，普通的公民往往不会考虑与国家社会达成的契约或为了社会所有公民的公平而去遵守法律，更多的情况下，他们是因为畏惧惩罚而不去触碰法律的底线。因此，在本文的第三部分，笔者将针对后果论的基本观点、遭受的批评进行阐述，并在最后针对批评作出自己的回应。

一、什么是守法义务？

道德和法律的关系一直是法哲学讨论的核心，简单来说，就是关于“恶法非法”和“恶法亦法”的争论，然而，这只是理论上的争辩，当这种争辩延伸到实践，触及对法律的遵守时，就使得理论鲜活起来，由静态转向动态。

守法的义务是什么？美国新自然法学家菲尼斯曾指出守法义务的四种含义：“（1）在不遵守的情况下接受制裁的经验式的责任；（2）体系内意义上的法律义务（法律意义上的法律义务），其中社会必要的守法的实际前提是一个与实践理性的其他部分隔离开的框架原则；（3）道德意义上的法律义务（即体系内意义上或法律意义上的法律义务所推定包含的道德义务）；（4）不是产生于‘义务规定'的合法律性而是来自某种附属渊源的道德义务。"[①] 具体来看，第一种守法义务是囿于法律制裁结果而选择遵守法律，是一种被动的"他律"。第二种含义似乎提出了一个复杂而无意义的看法——"是否有法律意义上遵守在法律意义上是义务性的规定的法律义务?"[②] 但是这种看法建立在法律完全正义的前提之下，在现实世界这种情况是不存在的，因此这种观点就演变为"在不公正的法律之中，法律义务是否还有拘束力?"的问题。菲尼斯提出的第三种关于守法义务的观点是说法律是否为公民遵守法律设定了某种道德义务。第四种观点创设了这样一种情境：为了不因某一个人的行为而使其他人漠视法律的存在，因而要在法外意义上遵守法律，这种法外意义就是道德义务。纵观菲尼斯提出的四种含义，其焦点就在于遵守法律的义务究竟是道德层面上的义务，抑或是法律层面上的义务。在下文中，笔者将通过对守法义务存在性的积极和消极论证，从不同理论的角度贯穿菲尼斯所提出的对于守法义务的四种含义，且对第一种含义，即下文所述之后果论进行详细的阐释。

对于将守法视为一种法律义务的观点，得到以凯尔逊为首的纯粹法学家的支持。他们认为法律是一种强制性的规范，遵守法律是一项强制性的活动，如果一个人不遵守法律，那么他就会受到惩罚。这种观点充分保证了法律的权威性和国家政权的稳定性，因而被许多法学家所接受。同时这种看法也遭到许多学者的不同意见，因为在这种情形下，公民遵守法律仅仅是为了不受惩罚，而不考虑法律内在的合理性和正当性，这样的法律和强权政治、暴力君主没有什么区别。将守法作为一项强制性义务带来的另一个后果是——当强制性的法律和公民的利益不相符合时，公民为了自己的利益放弃遵守法律，从而造成社会的更加混乱与无序。古希腊作家索福克勒斯笔下的安提戈涅就是因违背禁令而死的一个悲剧人物，安提戈涅的兄长波吕尼刻斯因背叛城邦被国王克瑞翁下禁令禁止将其安葬，安提戈涅不顾他人的反对，谨遵自己的宗教信仰，将波吕尼刻斯安葬，结果被国王处死。[③] 在后世，安提戈涅往往被塑造成为一个不屈从于权威的女英雄形象，一个

① ［美］约翰·菲尼斯:《自然法与自然权利》，董姣姣、杨奕、梁晓晖译，中国政法大学出版社2005年版，第281页。

② ［美］约翰·菲尼斯:《自然法与自然权利》，董姣姣、杨奕、梁晓晖译，中国政法大学出版社2005年版，第282页。

③ ［古希腊］索福克勒斯:《奥狄浦斯王》，罗念生译，人民文学出版社2002年版，第61页。

违反禁令的人却为人尊崇，由此，不得不让人反思，这样通过强制力建构起来的法律是否真的有利于社会的稳定？是否真的能够维护法律的权威？

相反，自然法学派代表富勒认为人们守法不是因为其强制性，而是因为其内在的道德性。在这种观点之下，守法就变成了一种道德义务。在康德看来，他律的守法，即那种为了守法而守法的观念，“把人降低为和动物一样服从于自然规律的存在物，而丧失了其内在的道德尊严”①。因此他认为守法的原因就是要自律，同时马克思也指出：“道德的基础是人类精神的自律。”② 由此看来，遵守法律不是囿于其权威和对惩罚的畏惧，而是内化于心的一种道德价值，从而对守法问题的思考，就演变为比克斯所说的“从道德的角度看，法律的地位是什么？”③ 而日本学者长谷部恭男则更加直接的将法律上的义务排除在外，他提到“有遵从法律的义务（有人称为‘遵法义务’），意思是说，既然国家以法律之名作出规范，那么被规范的对象本就应该有遵从法律的道德义务”④。与之相关的为人熟知的例子便是对苏格拉底的审判，苏格拉底与安提戈涅正好相反，他绝对服从于城邦的法律，即使对他的判决明显是不公正的，他将社会秩序和法律的权威置于个人利益之上，选择从容赴死。从苏格拉底的选择来看，我们又在思考，是否一个不公正的法律、一部恶法就不应得到尊重，就不值得被遵守？

综上所述，守法的义务存在法律义务和道德义务的分野，并且两种观点都有其存在的充分理由，在下一部分，笔者将对关于守法义务的理由的理论进行论述。

二、公民是否有守法义务？

（一）积极论证

1. 基于同意的理论

有些学者将基于同意的理论称为社会契约论，这种观点认为既然一个人愿

---

① 邓晓芒：《康德论道德与法的关系》，载《江苏社会科学》2009年第4期。

② 《马克思恩格斯全集》第一卷，人民出版社1995年版，第119页。转引自郭芙蓉：《公民守法道德养成研究》，南京师范大学2013年博士学位论文。

③ ［美］比克斯：《法理学：理论与语境》，邱昭继译，法律出版社2008年版，第201页。

④ ［日］长谷部恭男：《法律是什么：法哲学的思辨旅程》，郭怡青译，中国政法大学出版社2015年版，第197页。

意在一个国家久居不离开，说明他愿意成为这个国家的公民，愿意遵守这个国家立法者制定的法律，也就是说，公民和法律之间达成了一种契约，愿意接受这个国家制定的契约，遵守该国法律的契约。这一观点最早在柏拉图的“克里托篇”中就有所体现：“事实上你是违背了你向我们订过的合约和做过的保证，虽然你在订合约和做保证的时候，没有被逼，没有误解，也不是被迫在有限时间里作出决定。如果你对我们不满意，或者觉得那些合约不公平，你有七十年的时间可以离开这个国家。”[①] 雅典城邦允许公民因不满意城邦的法律而离开国家，既然选择留下，就说明你愿意遵循城邦的法律，服从于城邦的权威。随着西方启蒙思想的发展，社会契约论的提出，社会财富的增加，市场经济的发展，人们更加注重契约的作用，因而将公民守法的义务视为与国家签订的一份契约，得到了普遍的认同。

这种观点将守法的义务建立在诚信的道德上，将其视为一种道德义务。但是，这种理论也存在着两点缺陷：其一，同意所包含的内容界限是什么？公民可以和政府达成契约来损害个人的基本权利吗？其二，同意的形式是什么？是需要明示地签订一个契约，还是只要参与国家政府的选举投票就说明同意？如果是这样，是否可以推导出，如果一个人没有明确表示服从于政府，也没有参加选举，就可以不受政府管制，不受法律约束呢？这些都是同意论所必须面对的问题。

2. 基于后果的理论

基于后果的理论，是从不遵守法律所带来的后果来考虑，从而反推出守法的义务。这种后果可以是基于自己的利益，也可以是慑于违法的惩罚。霍布斯在《利维坦》中提出了后果论的极端视角：“即使当法律是不公正的时候，法律也将被遵守，因为不遵守法律将导致自然状态下的混乱和人与人之间的战争。”[②] 持后果论的学者认为，道德是多元化的，不存在统一的标准，只有将所有的规范归于法律这一确定的体系，才能够保证国家的有效治理，不至于使社会崩溃。

---

① ［古希腊］柏拉图：《苏格拉底之死》，谢善元译，上海译文出版社2011年版，第112页。

② Thomas Hobbes. *Leviathan*（R. Tuck ed.，Cambridge University Press，Cambridge，1996），Ch. 20，pp. 144－145（初版问世于1651年）：“这是一种无限的（主权者）权力，人们也许会觉得有许多不良的后果，但缺乏这种权力的后果却是人人长久相互为战，更比这坏多了。”转引自［美］比克斯：《守法的义务》，载氏著《法理学：理论与语境》，邱昭继译，第204页。

当然这种把所有公民都预设为“恶”的理论遭受许多批评，批评者认为大部分公民是不会去以身试法的，即使有少数人愿意这样做，影响也是微乎其微的，不会破坏法律的权威。对于这一理论，笔者将在下一部分进行重点阐述，因此此处简述之。

3. 基于公平互惠的理论

基于公平的理论和基于互惠、感激的理论有很大的相似之处，笔者在此将其划为一类讨论。这种观点将公民置于社会群体之中，因为社会中的其他公民遵守法律，并由此为自己带来了好处，公平起见，自己也必须守法，以达到不侵犯其他公民利益的要求。这种基于公平的观点是由哈特首先提出的，“服从规则的道德义务是因为互惠合作的社会成员，他们有相互的道德权利去要求服从”①。罗尔斯对公平理论进行了进一步的完善：“假如有一个互利并正义的社会合作事业，只有每个人活着几乎每个人都参与合作，它才能产生出利益。进一步假设，合作要求每个人做出某种牺牲，或者至少要求对个人自由施加某种限制。最后，假设合作产生的利益直到某一点上都是免费的。就是说，这一合作事业是不稳定的，因为，如果任何一个人知道所有或几乎所有其他人都将继续尽他们的一份力，那么，即使他不尽自己应尽的一份力，他仍然能够从该事业中分享到好处。在这些条件下，一个接受了该事业好处的人就受到公平游戏责任的约束去尽他的一份力，而且他不能在不合作的前提下分享免费的利益。”②而基于感激的理论与公平理论相区别之处就在于它们的对象不同，基于公平的理论是公民与公民之间的互惠，基于感激的理论是政府与公民之间的互惠，而这两种观点存在的不足和缺陷却有相同之处：同一社会中的其他公民和政府，他们为我们提供的利益一定是我们需要的吗？或者说，是一定不损害我们自身利益的吗？答案当然是否定的。每个人身处的环境都不相同，需求也不尽相同，他人或政府无法完全了解其他公民，这样就会出现提供的利益并非他人想要，或者是本不需要而被迫接受的情形，在这种情况下，公平理论和感激理论都变得站不住脚。

4. 基于自然法的理论

基于自然法的理论实质上是基于法律的正义性。随着现代社会民主法治的

---

① 李清春：《论公民的守法理由》，华东政法大学2003年硕士学位论文。

② ［美］罗尔斯：《法律义务与公平责任》，毛兴贵译，载《政治义务：证成与反驳》，江苏人民出版社2007年版，第59页。

发展，立法者在制定法律时努力权衡各方利益，力求法律的公平与公正，以达到所谓“良法”的标准。只有在这种情况下，通过法律的治理，才能够保全国家和大部分公民的利益，而面对公正的法律，公民也自然就有一种守法的自觉性和守法的义务，罗尔斯提出的自然责任理论也证明了这一点。但是，这种理论的缺陷也是很明显的。一部真正的“良法”从何而来？想要制定出满足所有人要求的法律几乎是不可能的，只能涵括法律的基本价值，即便如此，社会的变迁、公民思想价值的多元化也是无法由一部法律所把握的。

（二）消极论证

与上述的关于守法义务的积极论证相反，约瑟夫·拉兹认为并不存在守法的义务，在他的《服从法律的义务》一文中提到：“即使在一个良好社会——其法律制度是正义的，也不存在服从法律的义务。换句话说，无论我们对良好社会的本质或法律可欲的形式持何种观点，我们都不能从这些观点得出存在服从法律的义务这一结论，实际上从任何其他合理的道德原则也都不能得出这一结论。”① 一个人在做法律要求的事情，在许多情形下，是与法律本身无关的，而只是一种不侵犯他人利益的行为。例如，一个人不去杀人，表面上是受法律束缚而不去行为，但实际上即使没有法律的限制，人们也不会这样选择，因为这种行为违背了他人的意志。此外，在拉兹的这篇文章中，他针对“服从的审慎理由”和“服从良法”提出了自己的驳论，都指向没有遵守法律的义务这一观点。

三、从后果论透视守法义务

在对公民守法义务的积极论证中，笔者从同意论、后果论、公平互惠论和自然法的理论论述了公民的守法义务，而对于普通公民，为何守法？结果因人而异，基于习惯、基于畏惧、基于道德等都可能成为答案，而就笔者看来，正如分析法学代表奥斯丁所言：“命令或者义务，是以制裁为后盾的，是以不断发生不利后果的可能性作为强制实施条件的。”② 从违法结果反溯守法的义务，即

① ［英］约瑟夫·拉兹：《服从法律的义务》，毛兴贵译，载毛兴贵编：《政治义务：证成与反驳》，江苏人民出版社2007年版，第231页。

② ［英］约翰·奥斯丁：《法理学的范围》，刘星译，中国法制出版社2002年版，第20页。

后果论是其中最为典型，也是最为现实的观点。因此，笔者在这一部分将就后果论的基本观点和对该种观点的批评作出详细介绍，并对批评作出回应。

（一）后果论的视角及观点

1. 后果论的基本观点

对于后果论，比克斯在《守法的义务》一文中将其作为研究守法义务的第二种方式，对其这样定义："根据后果论，存在一种一般性的遵守法律的道德义务，因为如果人们没有这种义务，那么会给社会带来坏的后果。"① 简单来说，就是为了社会的整体秩序，公民必须遵守法律。

笔者认为，后果论包含着功利主义和暴力威慑主义这两种理论的视角和观点。从功利主义的角度看，人们之所以遵守法律，是因为对其的遵守符合自己的利益，正如霍布斯所说："人的行动出于他们的意志，而他们的意志出于他们的希望和恐惧。因此，当遵守法律比不遵守法律似乎给他们带来更大的好处或更小坏处时，他们才会愿意去遵守。"② 也就是说，如果遵守法律不会给他们带来较大的利益或者对他们自身利益有损害，一般而言他们不愿意遵守。奥斯丁也在他的书中提到："我深信功利主义的真理性，以及重要性，从而，十分迫切地希望别人接受这一理论。"③ 这些学者的观点都证明了功利主义存在的合理性与正当性。在这种情形下，为了让更多的公民遵守法律，使国家的稳定性得以保证，立法者必将致力于制定更接近于"良法"的法律，进而法律的权威得以增强，社会公民的利益得到更好的保障，为了寻求更大的利益，公民就必须遵守法律，这便是功利主义对于守法的逻辑的演绎。

暴力威慑主义则可以看作对后果论更好的阐释，它的支持者认为公民遵守法律最主要的原因就是囿于违反法律所带来的惩罚，在芝加哥的一项调查中显示："人们是否认为自己会被逮捕，与自己是否遵守法律之间的平均相关系数是0.34。"④ 数据表明，很大一部分公民是为了不受惩罚才选择遵守法律，因此为了巩固法的权威，就要制定更加严厉的法律。在本文的第一部分介绍了守法义

---

① ［美］比克斯：《法理学：理论与困境》，邱昭继译，法律出版社 2008 年版，第 204 页。

② ［英］霍布斯：《论公民》，应星、冯克利译，贵州人民出版社 2003 年版，第 53 页。

③ ［英］约翰·奥斯丁：《法理学的范围》，刘星译，中国法制出版社 2002 年版，第 9 页。

④ ［美］汤姆·泰勒：《人们为什么遵守法律》，黄永译，中国法制出版社 2015 年版，第 75 页。

务，与之相契合，暴力威慑主义也面临同样的考验，即犯罪的数量并不会因为刑法的严厉而减少或者消失，过于严厉的法律反而会更加激起民众的反抗情绪，破坏社会的稳定性。

2. 基于后果论的相关例证

（1）守法是一种美德——苏格拉底之死

在本文对守法的理由的论述中，将苏格拉底之死归于对与雅典城邦签订的契约的遵守，除此之外，苏格拉底之死与后果论的观点也同样十分契合。

在柏拉图的《苏格拉底之死》的“克里托篇”写道：“苏格拉底，作为你的保护人，我们要劝你别再为你的孩子、你的生命，或者其他任何东西着想。你只需想，什么是对的事。这样，当你进入下面一个世界的时候，你就可以在有权柄的人士面前，有这一点作为你自我辩护的本钱。事情很明显，如果你逃狱，你或你的朋友都不会得到什么好处，不会变得更正直，也不会在这个世界里有一个更清白的良心，而当你抵达下面那个世界的时候，也不会有任何益处。”[①] 这些话指引着苏格拉底不遵从克里托的建议，从容赴死。在苏格拉底看来，遵守法律就是对的事，做违反法律的事，不仅在生前得不到益处，在死后也不会被人们所尊敬。因此，无论法律如何不公正，都要严格遵循。一个真正的公民，不会因为法律偏向于他就遵守，不偏向他就违反，如果这样，社会将陷入极端无序的状态，法律的存在毫无意义可言。相反，正是苏格拉底对法律的绝对服从，引发了后世对法律公正性的考量，使他们认识到现存法律的缺陷，从而催生出一部更加完备的法律。

（2）罗尔斯——“部分服从理论”

罗尔斯的“部分服从理论”认为，对于合乎正义的法律，固然应当被遵守；而对于不正义的法律，只要其中的不正义不超过某种界限，也应当得到遵守。在罗尔斯的理论中，前提是有一个近乎正义的社会，一个民主法治完善的社会，在这样的社会中，不正义的数量是极少的。另外，他在《正义论》中提到：“我们只是在对平等地分担一个立宪制度所不可避免的缺陷是必需的程度上，才使我们的行为服从于民主的权威。”[②] “我们有一种公民的自然义务，既不把社会安

---

① ［古希腊］柏拉图：《苏格拉底之死》，谢善元译，上海译文出版社 2011 年版，第 115 页。

② ［美］罗尔斯：《正义论》，何怀宏等译，中国社会科学出版社 2009 年版，第 278 页。

排的缺陷当作一种不遵守它们的现成借口，也不利用规则中不可避免的漏洞来促进我们的利益。公民的义务责任给予我们一种对制度缺陷的恰当的认可，并限制从中渔利的活动。如果没有对这种义务的某种承认，相互信任和信赖就可能不复存在。"① 由此可以看出，罗尔斯认为，尽管法律存在诸多缺陷和漏洞，但那是不可避免的，不能够凭借这个原因不去遵守法律。法律存在的重要性是不可言喻的，在法律规制下的社会总是比没有法律的、无序的、混乱的社会来得好。

在这样一个近于正义的社会中，罗尔斯又提出了"公民不服从"理论。他将"公民不服从"定义为："一种非公开的、非暴力的、既是按照良心的、又是政治性的违反法律的行为，其目的通常是使政府的法律或政策发生一种改变。通过这种方式的行动，一个人诉诸共同体多数人的正义感，宣称按照他们经过深思熟虑的观点，自由和平等的人们之间的社会合作原则此刻没有受到尊重。"② 从他的表述中，可以看出，罗尔斯所谓的"不服从"是在正当的理由下，以一种温和的方式进行的反抗，目的是将被法律掩藏的正义诉诸民主制度，引起立法者的重视。但是，尽管公民的不服从在这种情形下有着正义的初衷、正当的形式，但仍旧是对法律的违反，仍具有一定的危险性，所以在不服从之前要充分考虑其后果，慎思而行。对于"部分服从理论"，我国学者何怀宏在他的《公民义务与公民不服从》一文中评论道："严格来说，罗尔斯的正义理论只是一种虚拟的正义理论，是假设每个人一旦在原初状态中选定他所要进入的社会的正义原则，就都会严格服从他们所承认的原则的。而我们遇到的问题却不属于这种虚拟的、理想的严格服从理论，而是属于非理想的部分服从理论。"③

（3）佛塔斯法官——对法治的绝对遵守

佛塔斯是美国高等法院的法官，他曾在《关于持异议与公民不服从》中明确提出了法治至上的观点，他说："无论如何要遵守法治，而这就是法治——如果我违反某一地方法规，诉诸最高法院，哪怕最高法院仅以 5∶4 的票数判决那法是对的，那我就属违法，就要接受惩罚。这就是法治所意味的，政府与个人

---

① ［美］罗尔斯：《正义论》，何怀宏等译，中国社会科学出版社 2009 年版，第 278 页。

② ［美］罗尔斯：《正义论》，何怀宏等译，中国社会科学出版社 2009 年版，第 285 页。

③ 何怀宏：《公民义务与公民不服从》，载《西方公民不服从的传统》，吉林出版社 2011 年版，第 4 页。

都必须接受这一程序的结果。”① 与罗尔斯不同的是，佛塔斯对像梭罗一样——通过拒绝纳税来反对奴隶制的间接不服从行为，有着深深的危机感。他认为，公民可以通过法律赋予他们的集会、游行、示威的权利来直接表示自己不服从的意愿，而不是通过微小的行为，在个人不服从之后隐藏着群体性的不服从，这无疑是十分危险的。而在罗尔斯的“部分服从理论”中，无论是像马丁·路德·金直接的不服从，抑或是像梭罗间接的不服从都是被允许的。

（二）对后果论的批评

由于后果论是把公民置于一种“本性恶”的角度，强制性地让所有人都遵从法律，因而遭到许多批评。批评者大多持这样的观点：首先，敢于以身试法，像安提戈涅一样去违反法律的人是极少的；其次，即使有人不遵守法律，但单个人的影响十分微小，根本不足以撼动法律的权威；最后，不能否认存在这样的情况，一个人违反法律之后，他的行为引起其他公民的反感与鄙视，反而更加促进了社会守法的风气。

（三）对批评者的回应

在这一部分，笔者将针对后果论所面临的以上种种批评，分别作出一些回应。

首先，把对法律秩序影响的大小作为可以不遵守法律的理由，很明显是不充分的。著名的蝴蝶效应就对其进行了很好的反驳，一只南美洲热带雨林的蝴蝶扇动翅膀就可以引起美国得克萨斯州的一场龙卷风，再微小的一个事物也能够产生重大的影响。更何况，违反法律的不仅仅是普通民众，公众人物也会成为违法主体，倘若一个有着众多支持者的公众人物公开不遵守法律，可以料想的是，这种行为至少会得到其追随者的支持，同时引起社会舆论的轩然大波，结果必将有损社会的稳定，法律的权威性也会遭受诸多质疑。

其次，将对法律的遵守置于个人的价值判断之下，就完全忽视了现代社会价值观的多元化倾向。如果一个人认为法律有损其利益就拒绝遵守，或许在一

---

① 何怀宏：《公民义务与公民不服从》，载《西方公民不服从的传统》，吉林出版社 2011 年版，第 17～18 页。

个小范围内取得了共识，就把其当作正当的、理所当然的，这是很荒谬的。尤其是现代社会的快速发展，人们的价值观呈现多元化的倾向，倘若为了个人或一部分人的利益，而损害了其他大多数公民的利益，是不合理的。

最后，或许一个人违反法律之后，会使得更多的人因为不满他的行为而更加遵守法律，这恰恰证明了后果论的正当性。在汤姆·泰勒所著的《人们为什么遵守法律》一书中，通过对民众守法理由的调查，得出这样的结论："人们非常在意自己是否会被抓获及受到惩罚的问题，人们一般都认为如果他们实施了严重犯罪，他们就很可能会被抓获并受到惩罚。"① 由于一个人违法而受惩罚，因而不去触犯法律，这是上文中提到的"暴力威慑主义"的观点，笔者已经将其列入后果论的范围，可见，这个理由是不成立的。

结　论

随着世界范围内大多数国家民主法治的发展，立法者更加看重制定的法律是否正当、合理，是否能够满足民众的需求，因此法律变得十分接近正义。在这种情况下，遵守法律对于一般公民而言，是能够满足自己的利益需求的；当个人利益和法律所保全的社会利益产生冲突时，法律也为其提供了权利去诉诸适当的方式，如游行、示威、集会、言论自由等，去表达自己的诉求，并不用去违背法律的权威。

因此，社会民主法治的不断进步，就要求我们用后果论的视角去看待守法的义务，用强制的手段去促使公民遵守法律。可以说守法与民主是相互制约、相互促进的，一方面，通过更加健全的民主为守法提供理由和保障；另一方面，通过遵守法律建成一个更加民主的社会。

参考文献

著作类：

[1] [美] 约翰·菲尼斯：《自然法与自然权利》，董娇娇、杨奕、梁晓晖译，中国政法大学出版社 2005 年版。

---

① [美] 汤姆·泰勒：《人们为什么遵守法律》，黄永译，中国法制出版社 2015 年版，第 90 页。

［2］［古希腊］索福克勒斯：《奥狄浦斯王》，罗念生译，人民文学出版社 2002 年版。

［3］《马克思恩格斯全集》第一卷，人民出版社 1995 年版。

［4］［美］比克斯：《法理学：理论与语境》，邱昭继译，法律出版社 2008 年版。

［5］［日］长谷部恭男：《法律是什么：法哲学的思辨旅程》，郭怡青译，中国政法大学出版社 2015 年版。

［6］［古希腊］柏拉图：《苏格拉底之死》，谢善元译，上海译文出版社 2011 年版。

［7］毛兴贵编：《政治义务：证成与反驳》，江苏人民出版社 2007 年版。

［8］［英］奥斯丁：《法理学的范围》，刘星译，中国法制出版社 2002 年版。

［9］［英］霍布斯：《论公民》，应星、冯克利译，贵州人民出版社 2003 年版。

［10］［美］汤姆·泰勒：《人们为什么遵守法律》，黄永译，中国法制出版社 2015 年版。

［11］［美］罗尔斯：《正义论》，何怀宏等译，中国社会科学出版社 2009 年版。

［12］何怀宏主编：《西方公民不服从的传统》，吉林出版社 2011 年版。

论文类：

［1］邓晓芒：《康德论道德与法的关系》，载《江苏社会科学》2009 年第 4 期。

［2］郭芙蓉：《公民守法道德养成研究》，南京师范大学博士学位论文。

［3］李清春：《论公民的守法理由》，华东政法大学硕士学位论文。

法律与道德*

——承认规则的双面向解析

【摘要】 法律与道德的分离命题是法律实证主义与自然法主义的攻防枢纽，在奥斯丁、凯尔森等早期实证主义者的强分离命题的基础上，哈特重新建立了弱分离命题以维护实证主义的立场。哈特通过承认规则论证了法律与道德在法律合法性识别标准外在面向的必然分离，然而在内在面向上，承认规则无法否定两者的必然的联系，从而使法律不可避免地包容了道德的标准，为实证主义和自然法主义的调和给出了全新的可能。

【关键词】 实证主义；承认规则；内在面向；法官的接受

绪 论

（一）问题提出

自“二战”以来，德国纳粹时期“恶法”招致的众多社会问题要求人们对于法律的规范性——法律为人民设置义务而迫使其违背利益选择履行该种义务的正当性为何——作出更深度的思考。对此问题的回答必须涉及“法律与道德”

* 作者：中国政法大学法学院 2014 级 1 班　朱慎独
指导老师：中国政法大学法学院副教授　雷　磊

关系的讨论，其本质更是“法律识别标准”的问题，正因如此，法律与道德关系的讨论才成为自然法主义与实证主义的争论焦点。

在诸如告密者案件的困境中，持续的争论表明，断然认定“恶法非法”，以道德来判断法律的有效性，将使“法律是什么”与“守法义务”之间的区别变得含混，这产生了两个风险。其一，现代的道德价值是多元的，不同的道德判断之间往往不可能达成共识。将法律的合法性建立在此种道德价值上会导致法律的权威性、统一性不能确认，甚至允许个人凭借着自己对道德的倾向肆意地反对与之不合的法律。其二，“法律是什么”与“守法义务的证成”之间是有距离的，轻易地将道德作为法律的必要条件会抹去这一距离的重要性。哪怕符合众多正义程序仍然有产生邪恶的法律的可能性，而必然联系却使得这样的法律必然导出群众的守法义务，“只要确定了‘这是一个有效的法律’这一事实就足以对‘这一法律应该得到服从’这一道德问题做出终局性的回答”，实在法可能反而取代了道德的地位，逃避了道德批判。[①] 道德的问题具有复杂性，而自然法的鸵鸟式解决方案会使我们忽略这些根源的复杂性。

（二）本文思路

本文认为，坚持法律与道德的分离是有必要的，只有当法律不必依赖于实质性道德时，对实在法进行个人性的道德批判进而确认守法义务的哲学思路才是清晰融贯的。哈特的承认规则理论能够贯彻实证主义的分离立场，并可以容纳自然法主义的部分论证，笔者将讨论以下问题：第一，承认规则是什么？第二，承认规则是否能够证成分离命题？第三，承认规则是否能与自然法主义调和？笔者将首先阐释关于理解承认规则，乃至实证主义必要的一些概念，然后对以往学说的问题做简单总结，接着对承认规则进行分析。

一、法律与道德问题中的相关概念

（一）法律

实证主义者研究的法律乃是实证法，它的实际意义并不仅限于实际存在的

---

① ［英］H. L. A. Hart：*Positivism and the Separation of Law and Morals*，转引自范立波：《分离命题与法律实证主义》，载《法律科学》2009 年第 2 期。

法律，而是无论过去、现在、未来甚至忽略地域分别皆存在的由人制定的法体系内的所有规范。这是无法通过事实列举的方式穷尽的。显而易见的是，既有奴隶制的法律，也有现代的法律；既有专制的法律，也有民主的法律；既有美国的法律，也有朝鲜的法律，仅仅指出其中某些法律制度或规范与道德存在必然联系，或历史上曾经存在的法律事实上都受到道德的影响这一事实，并不足以否定哈特在法律与道德关系上的主张。正如《法律的概念》题目所指，哈特在试图完成的，是从概念的角度否定两者的必然联系。

（二）道德

实证主义将道德区分为正确道德和实证道德。“正确道德是指那些具有真假值的普遍性道德原则，实证道德则是指某个共同体成员事实上接受的或约定俗成的道德”①，实证主义与自然法主义的主要分歧在于正确道德与法律的关系上。需要注意的是，对自然法的批判在于，正确道德实际上是不可知的，哈特也是基于道德的多元性为实证主义进行辩护。值得注意的是，在哈特的逻辑中存在一大风险，即他认为实证主义并不需要假设道德上的不可知性，“因为道德认知主义最多只能说明据以评价法律的道德原则可以理性地证明，却不能否定一个邪恶或愚蠢的法律不是法律”②。然而如果道德是可知或者部分可知，那法律就往往不得不符合其中的某些要求，正是因为道德的不可知才造成了社会成员对于“应当做什么”存在分歧，进而要求法律权威给出规范性解答，又因为法律权威也是道德可错的，个人才有了选择的可能性。在道德可知的前提下再强调法律与道德的分离就会显得与事实不符，反而可能使实证主义必须承认法律需要建立在实质可知的道德之上，笔者认为哈特的逻辑在此处略有不融贯。

（三）法律与道德的联系

关于法律与道德的联系，哈特有三种区分。其一为事实上的必然联系。指法律事实上曾经或现在符合道德的某些要求。而哈特探究的是概念上的联系，根据实证主义对法律的观点，即使在前述事实存在的情况下，法律与道德的联

---

① ［英］H. L. A. Hart：《法律，自由与道德》，支振锋译，法律出版社 2006 年版，第 9 页。

② 范立波：《分离命题与法律实证主义》，载《法律科学》2009 年第 2 期。

系也只是偶然的而不足以证明概念上的联系。其二为自然法的最低限度联系。哈特承认法律会满足一些最低限度的自然要求，如“对人之脆弱的关注”“保持一定程度的平等”“有限资源的前提”等，易言之，在“自我存续”的本能之下，法律与道德必须同样包含某些内容才能符合社会稳定的基本要求，但这种联系建立在关于人类、自然环境和生存意图的某些假设性条件之上，当条件改变，联系也随之改变。因而哈特表明，自然法的联系实际上依赖于“人类和其所生活的世界的偶然的而非逻辑上所拥有的明显特征”，这也不是概念上必然的。[①] 况且，个人认为与其说这是道德联系，毋宁说这是根植于法律与道德的共同基础——本能。其三即为概念上的联系。即如果缺乏道德，则法律就不能成为法律。这就表示，如果自然法主义只是提出法律需要满足的某些道德要求，而不能论证缺少这些道德要求法律就不能成为法律，那道德就是独立于法律的评价因素。富勒提出法律的内在道德和外在道德，从概念角度论证法律必须满足内在道德要求；德沃金将法律定义为“诠释性概念”，通过诠释将道德内置于法律。本文讨论的是第三者，即法律与道德在概念上的联系。

（四）两种分离命题

在现代早期法学家对实证主义进行研究时，分离命题——法律与道德的分离往往成为他们对实证主义者最明确的认知。然而这种认知是不完整的，它忽略了实证主义者内部对于两种“分离命题”的讨论。其一，是分离命题的强命题——法律与道德的绝对分离，为奥斯丁、凯尔森等所支持；其二是弱命题——法律与道德有联系，但法律不必然要符合道德要求，为哈特所支持，并以承认规则来完成鉴别法律的任务。本文所讨论的即是承认规则与弱分离间的关系。

二、法律与道德关系理论的难题

（一）奥斯丁的命令理论

奥斯丁的命令理论是早期实证主义者在法律与道德关系上的典型代表，体

---

① ［英］H. L. A 哈特：《法律的概念》第2版，许家馨、李冠宜译，法律出版社2011年版，第67～69页。

现出强分离概念的特征。奥斯丁将法律的识别标准与主权者的命令相联系，法律的遵守依赖于民众对主权者的习惯服从，如此一来，法律就纯粹基于主权者的意志。当然，此学说不仅受到自然法主义的批判，也受到同为实证主义的哈特的批判，它充分地体现出强分离命题的诸多缺陷，并为哈特有意修补。

首先，命令理论忽视了法律的多样性。尽管法律命令理论与刑法或者民法中的侵权法之间具有强烈的类比，但是也存在着其他重要的法律类型，这些法律类型是法律的命令理论所无法涵盖或者类比的，诸如订立遗嘱、签订契约或者规定法院管辖权等规则，即授予权力的规则。

其次，命令规则把具有不同社会功能的法律规则纳入同一种规则，即以制裁威胁为后盾的强加义务的规则之中，付出了太高的代价，它扭曲了不同类型的法律规则所具有的不同社会功能。而且，更重要的是，这种扭曲完全忽视了法律的主要社会功能与辅助性功能之间的差异。

最后，也是最重要的，这种做法在论证中实际上忽略了“主权者制定法律时至少要相信一定程度的道德正当性”这一问题，哈特此后以自己的双重规则理论对此进行了剖析，指责其忽略了规则的“内在面向”，最终无法维持“强分离”的立场。①

（二）富勒的自然法主义

富勒坚持自然法主义的核心立场，将道德作为法律的辨识标准。他区分了法律的内在道德与外在道德，法律的外在道德主要是指为传统的自然法学者所主张的法律的各种实体目的，如公平、正义等；而法律的内在道德是指使法律成为可能的道德，也即程序的法律性原则，违反了法律的内在道德的法律不仅是恶法，而且根本就不是法。他列举了八项法律必须满足的程序原则——法律的一般性；法律的公布；非溯及既往的法律；法律的明确性；避免法律中的矛盾；法律不应要求不可能实现的事情；法律的稳定性；官方行动与法律的一致性等。

富勒的主张也不可避免地受到了众多批判，其中哈特尖锐地指出，直观而

---

① ［英］H. L. A 哈特：《法律的概念》第2版，许家馨、李冠宜译，法律出版社2011年版，第21～26页。

言，哪怕符合八项程序原则的法律仍然可能邪恶无比，而这种邪恶的法却因为法律在概念上混入了道德标准而逃避了道德批判，人们必须接受。并且，它造成了“两个对其本身来说分开是极端重要的概念间的混淆，即目的性活动的概念和道德的概念”①。哈特以投毒者的例子来做说明，投毒无疑是一种目的性活动，考虑其目的也会表明它有内在原则，但是将这些投毒者技艺的原则称作“投毒的道德”将会混淆下述两个观念间的区分，即“有利于目的的效率和道德以其各种形式关注的有关活动和目的的那些最终判准间的区别”②。简单地总结，自然法的根本理念忽略了“道德的复杂性和分歧性”，将道德轻率地视为整体将掩盖更复杂的社会伦理问题，并且也会混淆对守法义务的辨析，使得法律以道德的名义躲避批判。

（三）小结

无论是“命令理论”还是“法律内在道德说”，单一坚持法律与道德的强联系或是强分离都会面临概念和实践的双重困境。哈特的承认规则在修正以奥斯丁为代表的过往实证主义学说的基础上，也给出了容纳富勒式论证的可能性。

三、承认规则的内涵

（一）承认规则的定义

在观察了诸多学说在法律与道德关系上的缺陷后，哈特生成了以承认规则为核心的双重规则体系，以修补实证主义的漏洞。哈特将法律设计为初级规则与次级规则的组合，初级规则乃是科予义务之规则，在这种规则下，“不论他们愿意不愿意，人们都被要求去做或者不做某些行为”；次级规则乃是授予权力之规则，它寄生在初级规则之上，规定“人们可以通过做或者说某些事，而引入新的、取消或修改旧的初级规则，或者以各式各样的方式确定它们的作用范围，或控制它们的运作”。次级规则的衍生是为了弥补初级规则缺陷，即“不确定

① ［英］H. L. A. Hart：*Positivism and the Separation of Law and Morals*，转引自邹立君：《法律的内在道德：一种通达目的性事业的观念（之一）——兼评富勒〈法律的道德性〉》，载《西方法律哲学大师研究》2005 年第 12 期。

② ［美］富勒：《法律的道德性》第二版，郑戈译，商务印书馆 2005 年版，第 43 ~ 52 页。

性”“静态性”“规则压力的分散与无效性”，承认规则正是为了应对规则的不确定性①。

在初始社会中，群体生活所依赖的规则并不会形成一个体系，而会由于缺乏可供鉴别的共同标准变得独立分散，不便于识别和遵守。而承认规则会指出某些特征，如果某一规则符合这些特征，它就会被社会成员承认为初级规则的一员，而由相应的社会压力予以支持。当然，在越是复杂的社会中承认规则也越是复杂，通常我们不是根据一张列表或者文件来鉴别初级规则，而是根据初级规则的一般特征，包括由立法机构制定，被司法裁决确认，符合社会惯习、公序良俗，甚至更加不寻常的标准，而在这些标准或者渊源中，承认规则也设置了相应的层级来确保法律的位阶效力。② 例如，在当代中国，“全国人大制定的规范性文件是法律”便是一种极为典型的承认规则。

（二）承认规则的性质

其一，承认规则是一个法体系内部的终极规则。法体系内所有法律规范的效力都来自承认规则，然而承认规则本身的效力不会来自任何其他判准。也因此，承认规则不会有无效或是有效的问题，如果允许承认规则本身的效力不确定性，那这种规则必然会需要其他价值判断来赋予效力，这就与“终极规则”相矛盾。

其二，承认规则是最高判准。如果通过它被鉴别出来的规则，在与其他判准鉴别出来的规则相冲突的时候，我们仍然会承认它是法体系内的规则；相反地，那些通过其他判准所鉴别出来的规则，如果与这个通过最高判准所鉴别出来的规则相冲突时，我们就会拒绝承认它是法体系内的规则。

其三，承认规则存在外部陈述与内部陈述两个视角。哈特的法律概念中对于承认规则存在外部陈述与内部陈述两种视角，前者指一个法体系的外部观察者使用的语言，他客观地描述承认规则存在于体系的实际运作内这一事实，但自己却不接受；后者指内部观点，由接受承认规则并不多加说明便适用于确认

---

① ［英］H. L. A 哈特：《法律的概念》第 2 版，许家馨、李冠宜译，法律出版社 2011 年版，第24 ~ 29 页。

② ［英］H. L. A 哈特：《法律的概念》第 2 版，许家馨、李冠宜译，法律出版社 2011 年版，第26 ~ 27 页。

法体系内有效规则的人使用，在鉴别法律的活动中表达。以此为基点，哈特导出了“效力”（validity）与“实效”（efficacy）的区分。“效力”指在内部陈述中，把未被说出但被大家所接受的承认规则运用于法体系中的特定规则上。如果某个既存的规则是有效的，它就通过所有承认规则所提供的判准，成为法体系规则中的一员；而“实效”指业已具有效力的法律规范大部分时候都被遵守，两者之间并没有必然的关系①。即是说，一个有效力的法律规则并不意味着我们要遵守它。

其四，承认规则具有不确定性。由于“在所有的经验领域当中（并非只有在规则的领域），一般化的语言所能够提供的指引是有限的，而这是语言固有的本质。的确，正常情况可能在类似的脉络中反复出现，使一般化的表述用语能清楚适用其上（如果有某物是车辆的话，那么汽车必为其一），但是我们也会遇到其适用与否并不清楚的个案（此处的‘车辆’包括脚踏车、飞机或轮式溜冰鞋吗?）”② 这种由一般性语言的不确定性所导致的指引的不确定性，被哈特称为规则的“开放性结构”。因此承认规则本身在表述时具有不确定性。例如：“女王议会制定者即是法律”这条判准可以衍生特殊情况下的两种理解：其一，国会的后继者可以撤销原国会之立法；其二，国会的后继者不可以撤销原国会的立法。承认规则不单会因为语词的原因而产生不确定性，作为一条社会规则，它经常发生的变化也导致了它的不确定性。虽然上述两方面的原因导致承认规则的不确定性，但其仅存在于边缘处；确定意义内涵的存在仍可保证承认规则“无可置疑的运作”。

（三）哈特对凯尔森的批判

哈特对凯尔森将法律合法性的标准定义为逻辑上的“假定”进行了批判，“有些强调承认规则之法律终极性的学者认为尽管一个法体系内的其他规则之效力可以通过承认规则而被确证，但是承认规则自己的效力却无法被确证，它的效力是‘被假定的’‘作为前提的’，或是一种‘假设’。可是这种说法极可能造成误解……”③ 哈特认为，这种假定忽略了关于特定规则之法律效力所做的内部

① ［英］H. L. A 哈特：《法律的概念》第 2 版，许家馨、李冠宜译，法律出版社 2011 年版，第 54 页。

② ［英］H. L. A 哈特：《法律的概念》，许家馨、李冠宜译，法律出版社 2006 年版，第 121 页。

③ ［英］H. L. A 哈特：《法律的概念》第 2 版，许家馨、李冠宜译，法律出版社 2011 年版，第 63 页。

陈述所带有的一些预设，即“人们普遍接受用以鉴别特定规则之法效力的承认规则这件事实”①。这一预设包含了两方面，一是当一个人很严肃地主张某既有法律规则，其实他正使用他所认为妥当而加以接受的承认规则来鉴别法律；二是他所用以评量特定法律之效力的承认规则，不只他接受，同时也被社会普遍地接受，并且在该法体系的一般运作中被采用。为了查证，我们可以观察实际运作中法官、官员的行为。事实上，哈特的承认规则既非有效亦非无效，它只是“很单纯地因为妥当而被采用”②，因而是单纯存在的事实。可以简单地认为，当法院、政府官员和一般人民一致地做出某种鉴别法律的行为模式时，承认规则就存在了。这一认知对承认规则在法律与道德的外在分离上起到了关键作用。

（四）哈特对奥斯丁理论的纠正

如前所述，奥斯丁的命令理论诸多缺陷之一就在于——武断地将法律归为主权者的命令，忽略了规则的复杂性。哈特通过承认规则有意识地弥补了奥斯丁体系中法律的单一。这种弥补的价值在于，只有承认社会实践中规则的复杂性才能帮助我们理解这些复杂的规则与道德的关系。将一切规则都视为来自命令必然导致将规则的正当性简单地认定为主权者的权力，那么就必须进一步追问主权者的正当性，如此，问题就偏离了法理学的范畴，这也是强分离命题的诸多理论都无法回避的缺陷，尽管似乎给出了“法律识别标准”的回答，可实际上只是将问题变得更为复杂。

四、承认规则的两个面向

在涉及法律与道德的分离问题上，存在强弱两种分离。古典实证法主义如奥斯丁、凯尔森等都坚持法律与道德的绝对分离，即法律绝对不能和任何道德价值有所联系。哈特指出，强分离命题不符合社会实际情况，一方面，我们可以轻而易举地发现某个时代某个地域的某些法律确实与道德存在最低程度的联系，比如几乎所有的法体系对于“杀人”都有共同的遏制态度；另一方面，强

---

① ［英］H. L. A 哈特：《法律的概念》第2版，许家馨、李冠宜译，法律出版社2011年版，第63页。

② ［英］H. L. A 哈特：《法律的概念》第2版，许家馨、李冠宜译，法律出版社2011年版，第64页。

分离命题主张所有体系的法律一定都与道德绝对分离，而事实上，虽然有“纳粹时期”德国的邪恶法律，也有美国比较好的法律，概念与事实的不匹配使得强分离实证主义在事实命题的内在证成上陷入了困境。为此，哈特提出了承认规则来维护自己的弱分离主张。承认规则实际上证明了，法律的合法性取决于社会事实，在美国的社会事实下有好的法律，在“二战”德国的社会事实下就会有恶的法律，尽管在特定环境下法律会置入道德判准，但在其他环境下则不然，由此，法律不必然地需要以道德为判准，也不必然地需要绝对排斥道德。但同时，哈特对人们接受承认规则是否需要有道德考量的论证却是有瑕疵的，因而，尽管在承认规则存在的识别以及其内容上可以实现与道德的弱分离，在人们接受承认规则乃至法官适用上却与道德有着必然的联系，这正是调和实证主义与自然法主义可能性的关键。

（一）承认规则的外在面向

1. 承认规则与社会事实命题

承认规则的外在面向指——“承认规则的识别以及其内容”。哈特通过承认规则将法律的合法性标准建立在社会事实上的主张，通常被称为社会事实命题，这也是奥斯丁、凯尔森等早期实证主义法学家的主张。虽然哈特对奥斯丁的法律命令论，即法律是主权者的命令这一学说进行了批判，但奥斯丁将“臣民们习惯性地服从主权者的命令等社会事实”作为根基的本质特征仍旧与哈特承认规则的本质保持一致。同样地，拉兹虽然对哈特的学说不同意，然而在重视社会事实命题这一点上，他们保持一致。

作为社会事实命题的承认规则当然可以为法律与道德的弱分离命题——在法律是什么这个核心问题上，法律与道德不存在必然联系——提供支持。如哈特所说，要确定承认规则是否存在以及其所确认法律的内容如何只需要观察实际运作中官员、法官、公民的实践情况而不需要任何道德判断[①]。当然，承认规则本身是可以接受道德批判的，比如当根据分权原则政府不被允许进行税收立法，然而事实上全国人大却将此部分权力授予政府时，承认政府制定的税收法律可能会被认为是不道德的，但这不会影响我们确认中国现行法体系内的法律

① ［英］H. L. A 哈特：《法律的概念》第2版，许家馨、李冠宜译，法律出版社2011年版，第72页。

规范。易言之，无论法律与道德是否存在某些联系与我们识别承认规则的做法无关，它是一个“因为妥当而被采用的业已存在于实践中的事实”，因而我们既不能以道德判断去否定它，也不能强加某些道德原则于其上。再进一步解释，承认规则被接受的事实完全可能出于各种原因，也许是道德的、利益衡量的、恐惧的甚至习惯的，承认规则的存在及其内容的识别只涉及它的外在面相，而与人们对待它的内在立场无关，在外在层次上，法律与道德并不需要存在必然联系，弱分离命题通过承认规则得到了证成。

哈特将法律的合法性标准交由社会事实来判断并不意外，哈特始终关注着“法律是什么”而非“法律应当是什么”，这一先入的观点促使哈特致力于揭开人们对法律的某些不真实的幻想，努力呈现法律概念清晰、明确的内涵。富勒、德沃金等人对哈特的批判都不同程度地忽略了此处的重要性，哈特并未想要构建道德理想内置于法律形态的学说，相反地，他寻求两者的分离以保障一个法体系中的成员能时刻警惕法律的异态而不要过分高估法律的道德基础，这样的理性只有通过对法律标准之事实与理想的区分才能做到。德沃金反复指责哈特没有提出具体的方案以解决纳粹德国的法律问题，事实上他也或多或少忽略了哈特法体系概念的价值，正是通过坚持社会事实命题，他否定了过往对守法义务的推崇，一个太邪恶的法律在实践中当然无法被接受。

2. 法律与价值的分离

范立波教授认为，在社会事实命题下，哈特的承认规则在外在面向上不仅使法律与道德分离，而是使法律与一切价值都得以分离①。在上述论证中，由于对承认规则的识别不依赖于人的内心价值，因此不仅仅是道德的判断，乃至美术、经济等一切价值都与法律的内容分离。“将法律与价值的分离狭义地理解为法律与道德的分离，不仅压缩了社会事实命题的丰富含义，也削弱了社会事实命题对抗其他价值评价的力量。”② 比如，社会事实命题可以否认也可以承认某些经济或者美术价值否认法律效力的做法，而单纯地承认法律与道德的分离便不一定有此效力，因为完全会存在一些特殊情况使得法律虽然没有违背道德期待却违背了其他价值。然而根据早期自由主义者的观点，法律与自由密切关联，

---

① 范立波：《分离命题与法律实证主义》，载《法律科学》2009 年第 2 期。

② 范立波：《分离命题与法律实证主义》，载《法律科学》2009 年第 2 期。

"人民的自由始于法律沉默之处"①，又在诺齐克、哈耶克等自由至上主义者而言法律对权利的干涉几乎是不可避免的，因而所有法律关涉的价值问题似乎都最终涉及了道德价值的范围，在这个情况下，强调"社会事实命题与一切价值的分离"和"社会事实命题与道德价值的分离"之间的区别意义就不那么明显。无论如何，肯定承认规则作为社会事实在外在面向完成了法律与道德的弱分离这一点而言，是可以确认的。

3. 承认规则的包容性——回应德沃金的批判

尽管都承认法律的合法性标准是事实问题，在法理与道德的分离中，这种分离是"必须分离"还是"可以分离"区分了实证主义的两种主张，而哈特持后种主张，即法律与道德不存在必然联系，但是根据社会具体情况的不同，承认规则可以容纳道德标准以实现法律与道德的偶然联系。德沃金在《法律帝国》《认真对待权利》以及诸多论文中对哈特承认规则的外在面向进行了批判，其一，哈特将"道德放逐于法律之外"的做法必然导致实证主义的惯性错误，在实践上依旧使得恶法成为压迫工具②，富勒也对此做出批判，认为哈特并没有弥补实证主义的漏洞，反而让人们陷入比被歹徒拿枪威逼着还要糟糕的境况③；其二，哈特一旦容任特定环境下承认规则内置道德，他就将陷入逻辑的不融贯中，因为这一方面会导致实证主义担心的"守法义务"的混淆，另一方面可能使哈特的实证法理论从内部崩溃。

哈特从未断然地否认让法律包容道德判断的可能性。一方面，哈特利用承认规则在外在面向实现了法律与道德的分离；另一方面，哈特也认同承认规则中可以置入如富勒的正义八项程序或者德沃金的一些原则判断，尽管这样的做法仍旧可能导致他所担忧的"法律是什么"与"遵守法律"的问题。这取决于不同社会的多样化实践而不属于概念上的必然联系，在这个层次上而言，哈特的承认规则具有包容性。

进而，德沃金对哈特的批判并非概念上的，而是实践上的，回应德沃金的批判的关键在于如果承认规则内置了某些道德标准，那么在实践上这些道德标

---

① [美] 小詹姆斯·R. 斯托纳:《普通法主义与自由主义原理：柯克、霍布斯及美国宪政主义之诸源头》，姚中秋译，北京大学出版社 2005 年版。

② [美] 德沃金:《法律帝国》，李常青译，中国大百科全书出版社，第 82～84 页。

③ [美] 富勒:《法律的道德性》第二版，郑戈译，商务印书馆 2005 年版，第 36 页。

准是否与法律的效力有关。一旦能够证明法律的效力与置入的道德标准不必然有关，哈特的理论仍旧融贯。那么假定有一条承认规则“法律，违背社会公共道德者无效”，法律的适用必须由法官来进行，当某项立法实际上违背公共道德而因为法官的疏忽被确认为法体系的一员，它的效力就是确定的。也许嗣后法官察觉到自己的错误而重新根据公共道德要求宣布此法律无效，但是显而易见的是，内置了道德标准的承认规则所鉴别的法律效力在法官宣布纠正前并没有因为道德标准而无效，毋宁说，这更像是法律的效力实际来自“法官裁决”的事实行为，而与道德无关。如此，法律的实际操作仍旧与道德实现弱分离，从而避免了理论的崩溃。

4. 社会事实命题的核心地位

经过上述讨论，本文认为，承认规则将法律的合法性标准奠定在社会事实上能够从外在面向证明法律与道德的分离，只要能够确认基本的社会事实命题的正确性，法律与道德的分离就是必然成立的。因此，社会事实命题处于核心的地位，它更优先于合法性标准的发现，为此，我们必须考察承认规则的内在面向上，即民众对待承认规则的态度及其动机，才能够彻底证明法律与道德的分离。

（二）承认规则的内在面向

1. 法官之接受

承认规则的内在面向指——人们接受承认规则的理由。尽管从外在面向而言，承认规则可以证明法律与道德的弱分离，但是如果内在面向上人们接受承认规则一定出于道德理由的话，那么从内在而言法律与道德的联系就是必然的，哈特的观点即告破。

哈特将法律规范效力视为一种权威，那么任何一个法体系若要真实存在，就需要社会成员对法律权威的接受。虽然承认规则将法律合法性标准建立在社会事实上，但是一般地观察社会就会发现，人们对于承认规则可能并无清晰的概念，甚至仅仅接受或服从个别带有个人考虑的条款。既然哈特要将承认规则诉诸广泛的社会实践，那么实践承认规则的主体便不会是极不稳定的普通群众，而是接受承认规则为指引而进行裁决的法官群体。哈特将法体系存在的两个条件表述为：“一方面，那些符合法体系终极判准因而是有效的行为规则，必须普遍地被服从；另一方面，这个法体系当中提供效力判准的承认规则，加上变迁规则与裁判规则，这几种所谓的次级规则必须被政府官员实在地接受，作为衡量官员行动的共同的、公共的标准。”[①] 简而言之，在本文的话题下，犹如双面神詹尼斯，其一，人民要服从初级规则；其二，政府官员、法官接受承认规则为行为的共同批判标准，尤其是法官需要接受承认规则为法体系效力的最高判准。

另一个需要处理的问题就是——接受与服从的区别。哈特明确地解释了接受与服从，“服从”意味着个人考量后对法律的遵守。哈特解释，“服从”之所以无法正确解释立法者按照立法规则进行的立法行为，以及法官遵循承认规则所为的司法行为，是因为服从的人并不需要认为“该服从的行为对他自己或他人而言是正确的行为，他不需要把服从看成对于社会群体行动标准的满足”[②]。现实而言，我们服从法律规范可以出于诸多个人原因，也许是对强制力的恐惧，出于不经思考的习惯，因而我们不需要认为自己或他人有义务服从，也不会去批判他人背离这些规则的行为，这是属于人民的心态。但对法官而言，对承认规则应该“抱持内在观点，亦即把这些规则视为正确的司法裁判所应适用的公共的、共同的标准，而不是每一个法官仅仅就个人而言所应服从的规则”。也就是说，“接受”意味着采取内在观点，站在群众的角度，经过内心的各种批判后将该规则作为自身行为的指引。[③] 在哈特的理论中，对法律的服从只是主观考量，基于个人的不同性，每个人服从的动机都不足以成为约束、批判他人行为的正当理由，所以如果法官仅仅采取服从承认规则的态度，他就不能据此做出给个人设定行为理由的裁决。

最终而言，对承认规则内在面向的分析就在于——法官采取内在观点，将承认规则作为自身行为的指引是否出自道德理由，即探究法官“接受”之内在动因。

2. 接受的理由

法律权威对于个人行为指引的特殊性在于，它会给人施加“法律义务”。当我们说一个人负担一项义务时，就不仅意味着他在一般情况下需要遵循该义务

---

① ［英］H. L. A 哈特：《法律的概念》第 2 版，许家馨、李冠宜译，法律出版社 2011 年版，第 87 页。

② ［英］H. L. A 哈特：《法律的概念》第 2 版，许家馨、李冠宜译，法律出版社 2011 年版，第 67 页。

③ ［英］H. L. A 哈特：《法律的概念》第 2 版，许家馨、李冠宜译，法律出版社 2011 年版，第 83 ~ 84 页。

内容的指示，还意味着即使与此项义务相比有更重要的利益时，该人也必须遵循义务指引。“义务”在此意义上有着排他性，至少可以排除相当范围内的选择可能。在实际生活中，当法官秉持承认规则作出某项裁决时，这项裁决就毫无疑问地使某人负担与其意志相反的法律义务，考虑到义务的特性，这就会产生法律与道德的冲突。举例说明，在纳粹德国时期著名的告密者案中，法官对因发表不利于纳粹党言论的军官做出的刑事裁决就会使此人不得不负担“禁止说出任何有损纳粹党的言论”的法律义务，而个人最低限度的道德义务又要求我们的良知仗义执言，这就产生了一个极其严峻的道德问题。即使在不那么极端的情况下，民事赔偿的裁决也会造成当事人做出极不愿意的赔偿行为。人是一种道德性动物，相较于道德义务，法律义务只是一种“弱义务”，哈特也不否认法律的作用主要在于那些关涉社会对道德产生分歧的事项上。这让我们注意到，第一，道德义务是对“应当做什么”这一问题最高效力的回答；第二，道德义务是经过内心审慎、严密的批判而得出的，它必然需要对义务的内容进行识别，由此得出的行为指引必然对个人而言是正当的。所以，道德义务可以推翻其他一切义务甚至于法律义务，如果当法官的裁决引起两者冲突时，要让个人接受法律义务，法官就不得不考虑使法律义务与道德义务保持协调。①

针对上述问题，哈特、拉兹、德沃金分别得出了不同的方法。德沃金坚持自然法立场，认为法律义务实质上就是道德义务，只有法官出自充分的道德理由作出的判决才可以让当事人承担义务，且这种道德理由必须是客观可辨识的；拉兹采取了较为中和的立场，即法官需要自我相信法律具有道德性，这里的道德性就无须如德沃金般极端化。然而无论哪种，只要承认法官的裁决会成为当事人独立于自身意志的行动理由，如上所述，为了调和法律义务与道德义务，法官接受承认规则就必须出于道德理由，从承认规则的内在面向而言法律与道德就是无法分离的。为此，如要贯彻实证主义立场，哈特必须设法将法官的裁决与当事人的行动分离开来。

哈特做了许多理论的努力，他承认大多数法官在裁定当事人的法律义务时，偶然地会相信立法权威拥有道德权威，法官的判决中也会融入道德因素的陈述，

① ［美］西蒙斯：《道德原则与政治义务》，郭为桂、李艳丽译，江苏人民出版社2009年版，第253～254页。

这在司法实践中比比皆是。但他同时认为这并非法官宣告当事人法律义务时必备的内容，也不存在支持这种做法的压倒性理由。[①] 通过实践我们依旧能够发现众多反例，最明显的莫过于在英格兰普通法传统中，法官的自由裁量只有在法律沉默或者释义不清晰时才被允许在不违背法律意旨的情况下进行，更多时候当法律的规定极为明确时法官必须原封不动地适用法律规范而无须出于道德理由，这是技术性的主张。典型的是，尽管计划生育被认为是无比残忍且不道德的，法官在宣布违背计划生育的行为受处罚的裁决中也不必展现出自己的道德主张。这么一来，就会出现法官对承认规则的接受并不必然出于道德理由的社会事实，内在面向上，法律与道德又实现了弱分离。

3. 拉兹的批判

拉兹敏锐地指出了哈特论证逻辑中不融贯之处。哈特在其著作《命令与权威性法律理由》中为了贯彻分离立场，在概念上对法官的两种接受理由做出了区分，其一是特殊的接受理由，指法官接受承认规则时的某些依赖于具体社会环境的理由，比如在英国法官相信"女王会议通过的规范性文件是法律"，在朝鲜法官相信"金正恩的命令是法律"，但这些理由都是个人化的，根据具体事实而变化，不能推翻实证主义的概念逻辑；其二是一般的接受理由，指那些不依赖于任何特定社会事实的共同理由。进一步，哈特再度区分出合理的接受理由与道德理由，他主张法官可以不需要出于任何道德考虑而接受承认规则，比如为了维持法体系的联系性，为了维持国家稳定之类的。这样一来，哈特将法官的接受重新以实证主义的逻辑从与道德的必然联系中分离出来。[②]

拉兹指出，首先，哈特故意歪曲了法官裁决的性质，无论用如何巧妙的技巧都无法掩盖这样的事实——法官的判决是为了给当事人以行为理由，而不是单纯为了作出某个判决，这是法官的工作性质决定的，甚至哈特自己也承认。只要这个前提为真，他就不可能将法官加诸的法律义务与当事人行动的道德义务分离，法官给出的法律义务不得不具有道德性。其次，哈特所列举的诸多例证都明显带有对法官个人考虑的假设，而这与哈特对"一般的接受理由"的追

---

① H. L. A 哈特：《命令与权威性法律理由》，晨航译，载《法哲学与法社会学论丛》2007 年第 2 期。

② H. L. A 哈特：《命令与权威性法律理由》，晨航译，载《法哲学与法社会学论丛》2007 年第 2 期。

求是不融贯的[①]。并且本文认为，可能哈特自身也未能意识到，他所描述的法官的合理理由，也都会诉诸潜意识的道德正当性。简单举例，哈特经常强调英格兰的普通法院大法官对普通法体系中承认规则的接受是不具有道德性的，他们只是合理地认为这么做有利于延续法治的传统并能达到最佳的法治效果，而事实是，布莱克斯通在其著作《释义》中强调，法官们是基于对普通法智慧的信任这一强烈的道德判断延续了司法的形式，而非如同时代的一些反对者所说的那般缺乏美德。这意味着，人是道德的动物，所有法哲学问题都需要关注且理解的是，人的行动，究其根本，都难以脱离对道德正当性的依赖，哈特自己实际无法从概念上证成内在面向的分离。

除此之外，拉兹为了反驳哈特的“正当理由”，还创造了“涉他性规则”，在此不作赘述，简单地说，“涉他性规则不能诉诸制定或适用规则者的自我利益，而是要通过以下两种方式证成。一个是诉诸他人的利益，一个是诉诸道德考虑”[②]。显而易见的是，法官的判决和当事人的利益取向必然背道而驰，结论必然就是，法官所做的判决需要有道德考虑才能与法律义务和道德义务的冲突进行调和，这么一来，承认规则的内在面向上，法律与道德就不可分离了。

4. 容纳自然法的可能性

本文认为，法官的判决如果想给当事人施加一项法律义务，这项义务要求当事人无视自身利益和道德取向为或不为某事时，法官对承认规则的接受就必须有一定程度的道德性，只有这样才能调和法律义务与道德义务冲突时前者被推翻的实践难题。哈特既然将法律的辨识标准设置在社会事实上，就不能忽略，或者故意扭曲法官司法陈述的性质。究其根本，法官做出判决必然是希望给当事人以行动理由，所以，在承认规则的内在面向上，法官对其的态度与道德有着必然的联系，尽管这样一种联系程度究竟如何，非本文可以一探究竟的。

当然，这与承认规则外在面向上法律与道德的分离是相互调和的，虽然内在上承认规则需要法官一定程度相信法律有道德权威，但这并不能必然推出法律的合法性标准需要建立在实质性的社会道德上。范立波教授对此有精到的总

---

① ［以］Joseph Ras：*Hart on moral right and obligation*，转引自范立波：《分离命题与法律实证主义》，载《法律科学》2009 年第 2 期。

② ［以］Joseph Ras：*Hart on moral right and obligation*，转引自范立波：《分离命题与法律实证主义》，载《法律科学》2009 年第 2 期。

结："一方面，广泛存在的道德分歧使得法律不可能将其合法性标准建立在实质性的道德正当性之上，另一方面，法律作为一种规范性实践，又不可能放弃道德上的要求，应尽可能地满足较低限度的道德要求，即主张它拥有道德权威。"① 尽管哈特未能发掘承认规则的全部可能性，但内在的弱联系是对自然法思想的回应，随着科尔曼、夏皮罗等后世学者的发展，以及对于"道德"这一关键词的更多讨论，实证主义借由哈特的理论具有了容纳部分自然法学说的可能性。

结　论

综上所述，哈特通过承认规则只是想要证明"法律与道德的弱分离"。在承认规则的外在面向上，哈特成功地使法律与道德分离，并将法律的辨别标准准确地落在社会事实命题上，维持了实证主义一贯的立场。然而在内在面向上，司法实践的社会事实推翻了弱分离，法官做出司法裁决必定要给当事人施加一个使其违背自身利益而行动的法律义务，为此法律义务必须与道德义务调和，法官必须一定程度相信法律的道德权威，由此，法律与道德建立起了弱联系，这又一定程度上适应了自然法主义对于司法道德的要求。

透过对哈特的解读，我们发现，"法律与道德外在的分离与内在的联系"也许是必然的。这就能很好地理解对于过往学说的批判，无论是实证主义还是自然法主义，极端的理念往往都会因忽视社会事实而导致错误。同样这也给出了一种全新的可能性，哈特的包容性实证主义命题通过科尔曼、夏皮罗等人不断完善的今天，全新的承认规则也许可以容纳富勒、拉兹、德沃金等人的论证内容而使实证主义与自然主义显现出全新的可能性。

参考文献

著作类：

[1]［英］H. L. A 哈特：《法律，自由与道德》，支振锋译，法律出版社 2006 年版。

[2]［英］H. L. A 哈特：《法律的概念》第 2 版，许家馨、李冠宜译，法律出版社 2011 年版。

---

① 范立波：《分离命题与法律实证主义》，载《法律科学》2009 年第 2 期。

[3] [美] 富勒:《法律的道德性》第二版，郑戈译，商务印书馆 2005 年版。

[4] [美] 罗纳斯·德沃金:《法律帝国》，李常青译，中国大百科全书出版社。

[5] [美] 罗纳斯·德沃金:《认真对待权利》，信春鹰、吴玉章译，中国大百科全书出版社。

[6] [美] 西蒙斯:《道德原则与政治义务》，郭为桂、李艳丽译，江苏人民出版社 2009 年版。

[7] [英] H. L. A 哈特:《法理学与哲学论文集》，支振锋译，法律出版社 2005 年版。

[8] [英] 约瑟夫·拉兹:《法律的权威: 法律与道德论文集》，朱峰译，法律出版社 2005 年版。

[9] [澳] 皮特·凯恩:《法律与道德中的责任》，罗李华译，商务印书馆 2008 年版。

[10] 李旭东:《法律的概念》研究: 规范法学新理论之重述，山东人民出版社 2014 年版。

期刊类:

[1] 范立波:《分离命题与法律实证主义》，载《法律科学》2009 年第 2 期。

[2] H. L. A 哈特:《命令与权威性法律理由》，晨航译，载《法哲学与法社会学论丛》2007 年第 2 期。

[3] 邹立君:《法律的内在道德: 一种通达目的性事业的观念 (之一) ——兼评富勒〈法律的道德性〉》，载《西方法律哲学大师研究》。

论义庄财产所有权主体*

——以范氏义庄为例

【摘要】学界似乎对义庄财产的所有权归属形成了共识——义庄财产属宗族公有。然而，通过梳理学者关于义庄财产所有权的研究，发现众多学者在使用义庄财产所有权主体这一法律概念时，并未通过仔细的论证。甚至在专门研究义庄财产法律关系的论文里，也存在论述不明、论证逻辑偏差等问题。本文通过整理各学者对义庄财产所有权的研究文献，分析其中存在的问题，整理出古现代义庄概念的使用状况，归纳出财产性质与独立的经济组织性质并存的义庄性质的结论，并通过对义庄财产权特点的分析，得出义庄作为独立的组织是其财产所有权的主体的结论。

【关键词】义庄；财产所有权；权利主体

绪 论

近年来，学界对义庄财产的所有权性质及归属似乎形成了共识——义庄财产是为宗族所有的家族公产。这种“共识”在不同著述中都有几近相同的表述，

---

* 作者：中国政法大学法学院2014级2班 丘玉莹
指导老师：中国政法大学法学院教授 李雪梅

但对论证进行仔细分析，可以发现各种论述之间存在实质意义的差别，并且存在较多论述不清、角度偏差的情况，这对义庄财产权利的归属这一法律问题存在着不可忽视的影响。学界将义庄作为族产的典型代表，明确义庄财产所有权的主体，是宋代财产法律关系研究的重要环节。

本文主要采用文献研究法，对有关义庄的文献进行梳理，对义庄的概念及其财产所有权特点进行归纳整理，从各学者的关于族产所有权制度的文献中整理分析义庄财产所有权主体判断的论证过程，发现问题，并分析得出义庄所有权主体的结论。

一、关于义庄所有权的研究

笔者在中国知网进行了关于义庄的研究文献的检索，查阅了篇名为“义庄”的 113 篇文献、篇名为“义田”的 55 篇文献、篇名为“族产”的 17 篇文献、篇名为“族田”的 46 篇文献，并通过文献中的参考文献一栏找到了《中国宗法宗族制与族田义庄》《宋代宗族和宗族制度研究》《中国族产制度考》《中国家族法原理》《宋元明清若干公共土地所有关系探讨》《宋代至清代同族共有资产的法律性保护》《宋代物权法律关系》《唐宋时期若干物法问题研究——兼与罗马法比较》《宋代民间物权关系的家族主义特征》《宋代东部地区的私人田庄》等相关研究文献。笔者发现，绝大多数的文献提到义庄财产的归属时直接将义庄财产的所有权属于宗族这一观点作为前提，简单描述一下宗族公产的特点就开展其他方向和角度的研究，针对义庄财产的所有权归属这一法律问题的探讨较少。而对义庄所有权的论证只有如下几篇论文：邢铁的《宋代的义庄》、白文固的《宋明元清时期若干公共土地所有关系探讨》、陈志英的《宋代物权关系研究》与《宋代民间物权关系的家族主义特征》，朱方林的《“家”的法律构造——以范氏义庄为中心的考察》和《义庄——宗法一体化国家治理体系的一个样本》。接下来，笔者会对这几篇文章的论点与论证进行一一分析。

（一）邢铁的研究

邢铁在 1987 年发表的《宋代的义庄》中认为义庄的财产所有权仍由置办者掌握。他将义庄视为私人创办的赈恤组织，是村社共同体的次生产物，将义庄视为组织，而非财产本身。首先，他将义庄的特点归为三个：一是由个别人以其私人财产买田置办；二是义田多以租佃方式出租而非直接分给族人耕种；三是义庄多赈济贫族而非全体族人。由此三种特点推定义庄的田产并非本族的祖传资产。其次，他通过一般族人没有义田、义宅的所有权以及族长不掌握所有权来推定宗族对义庄没有所有权。最后，他没有加以论证地直接得出了一个推断——“结合范氏义庄规矩的制定情况和语气来看，所谓‘掌庄弟子’就是范仲淹的直系子孙”，并由此得出义庄财产的所有权仍归置办者掌握。[①] 他最后一个分论点应该是判断所有权的关键一步，但是并没有进行充分的论证。通过对范氏家乘的研究，确实范仲淹的直系子孙担任义庄的管理人的情况较为普遍，但也有过其他房的族人担任最高管理人的情况。而且，义庄选举采用公举众议的方法，从“诸房”中挑选而来，挑选标准是“廉干”。[②] 并非仅在范仲淹一脉中挑选，范仲淹一脉获得义庄管理人的地位非因血缘继承而得。此外，“文正位”（即范仲淹一脉子孙）对义庄事务的最终决定权仅在一些特殊情况出现，[③] 其他情形下“文正位”也不得对义庄事务加以干预，同样“文正位”也不得处分义田、义宅等，也不得将义田、义宅的收益全部据为己有，可见义庄的财产的所有权已经不归置办者所有了。当然，由于此种观点在后来其他学者的著作中都没有出现，可见此种观点已被放弃。

（二）白文固的研究

在《宋元明清时期若干公共土地所有关系的探讨》中，白文固没有使用“义庄”这一概念，而直接对义田、义学田等土地的所有关系进行论述。它在义田的所有权上回避了对所有权归属的界定，将义田等财产的所有权归于“某集团”，而该集团在后文的讨论中被界定为封建社会的集体，而这个集体的指向并不明确，在后文被表述为通过某种关系结合而成的地主阶级的集体、农民阶级的集体与地主阶级和农民阶级的混合体，并且这些集体与血缘共同体或村社共同体不同。该文从所有权主体的角度讨论义庄的阶级性质，从法律维度的所有权主体转向了政治维度的所有制度或阶级分层，其对财产所有权的探讨半途而废。

---

① 邢铁：《宋代的义庄》，载《历史教学》1987 年第 5 期。

② （宋）孙应时：《范氏义庄提名》，载《范仲淹全集》，四川大学出版社 2007 年版，第 273 页。

③ 《范氏义庄规矩碑》中仅有 9 条是需要向文正位申明的，多是规矩不能解决或是掌管人自身出问题时才需要文正位干涉义庄事务。

（三）陈志英的研究

陈志英在《宋代民间物权关系的家族主义特征》与《宋代物权关系研究》这两篇论文中对义庄的所有权权能进行了详细的论述，并明确地给出了义庄所有权主体是宗族的结论。他认为义庄是以宗族团体为所有权主体的族产的主要代表，属于宗族成员集体所有的性质，可见其把义庄定位为“财产”。

在《宋代物权关系研究》中，他认为，家族可以对族产享有占有、使用、收益和处分的权利，并以此作为“义庄可以以团体的名义参与民事活动”的原因，但他没有对其中的因果关系进行论证。[①] 而在同一年发表的《宋代民间物权关系的家族主义特征》中，他表示以义庄为代表的族产的所有权主体是宗族团体，并且明确地提出了“义庄可以以自己的名义享有权利进行民事活动”，但他对这一观点并没有进行详细的论证，而是接着这一观点描述了一些管理特征。[②] 通过对这两篇文章的分析，笔者发现陈志英对义庄财产所有权的主体的界定似乎存在着混乱。他既然认为家族拥有占有、使用、收益、处分的权利，明显是将家族作为义庄财产的所有权主体。从这两篇文章中“家族”与“宗族”的概念的使用，可见陈志英是不加区别混用两个概念。故可推定，这两篇文章中他都认为所有权主体是宗族。但是他又称义庄以自己的名义享有权利，明显将义庄视为义庄财产的所有权主体。这其中的矛盾貌似可以通过一种隐含的假设来解决，即陈志英将义庄定义为“宗族”团体或“家族”，所以才在表述将两者混同了起来。然而，这种假设又是与其文中对义庄的定义和定位是矛盾的，如前所述，陈志英将义庄定为一种“财产”，是宗族组织的经济基础，而非“宗族”或“家族”本身。究其混乱的原因，一是其在研究时缺乏在财产组织意义上对义庄的界定及其与宗族的关系，造成了所有权主体的混乱；二是在界定所有权主体的时候，他混淆了法律主体意义上的权利主体与经济机能意义上的供益对象，没有处理好义庄的地位而僵硬地将受益主体直接界定为所有权主体。

（四）朱林方的研究

在《“家”的法律构造——以范氏义庄为中心的考察》和《义庄——宗法

① 陈志英：《宋代物权关系研究》，河北大学2006年博士论文。

② 陈志英：《宋代民间物权关系的家族主义特征》，载《河北法学》2006年第3期。

一体化国家治理体系的一个样本》的论述中，朱林方同样持“义庄可以以自己的名义行动”的观点，比陈志英更进一步的是他明确地表示“义庄在法律上具有独立人格，是权利义务的单一主体”。他将义庄界定为一种组织，认为“义庄是一个宗族集团”，是宗族组织的一种范式。由此，似乎成功地将“义田等的所有权主体是整个宗族”与“义庄可以拥有财产”连接起来，而没有发生所有权主体的混乱。但细究其论述过程，我们可以发现其推断中存在着一些问题。

通过对朱林方的论文的整体梳理，笔者发现以下逻辑建构——大前提是宗族是财产权利主体，小前提是义庄是宗族，结论是义庄是财产权利主体。在《义庄——宗法一体化国家治理体系的一个样本》中，其中小前提的论证，主要是通过两个方面来进行的。其一，义庄建立的最主要的目的是“赒给宗族”，其供益的人大多限定在宗族成员范围内，弥补了国家对基层财政救济的缺失，可见其具有血缘世系规则，且其建立目的中的和睦收族暗含着儒家“家”原理的伦理基础。其二，根据权利义务相对应的原则，义庄对族人的供给需要按规则进行，而这就附带着对族人的规制和导向，在一定程度上弥补了国法在社会治理规则方面的缺失，体现出了宗法族规的意义。① 朱林方对义庄的组织性质的认定是从社会治理角度出发，在义庄实际发生的补充国家治理体系的功能意义的基础上，认定义庄与宗族相联系，是宗族的一种模式。但是，这种组织性质与财产所有、管理的经济组织性质角度不同。义庄作为社会治理组织与宗族的联系不能直接转化为义庄作为经济组织与宗族的关系，在社会治理维度上，义庄可以视为宗族的一种异化形式的组织进而界定为宗族，但这种转化在财产权利主体的维度上不能直接适用，即在财产权利主体意义上，义庄并不必然等同于宗族，也即义庄的财产权利主体地位仍需要进行论证。

但在《“家”的法律构造——以范氏义庄为中心的考察》中，朱林方对义庄的地位及其与宗族的关系作出了更明确的论述。范氏义庄由其义庄规矩形成了一个特殊的权力结构层级，作为一种秩序单位而被视同为宗族集团。对于小前提的论证在义庄发展过程中，义庄的最高掌管人职位中与主管祭祀的宗子地位

---

① 朱林方：《义庄：宗法一体化国家治理体系的一个样本》，载《华中科技大学学报（社会科学版）》2014 年第 4 期。

相绑定，在义庄最高掌管人身上加了宗族统率者的角色，改变了“其族人虽是尊长不得干预”的宗族与义庄分管的状况，将义庄融入宗族中，而在权力结构上呈现出与宗族的混同。但是，宗族作为按父系世系原则认定的基于家庭又超越家庭的亲属“团体”或“群体”，其组织性质是人合性，重点是其组织成员。而义庄的建构及活动基础并非是宗族成员，组织的组成人员也并非是全体宗族成员，甚至有义庄交给外姓管理。① 这与宗族的组织性质并不吻合。而该文对义庄的治理机构的分析中，也可明显看出义庄的独立性。义庄自身的管理活动仍是财产收入分配与管理方面的经济事务，除最高负责人外，义庄的管理人员的职责中并没有掺杂进宗族的其他性质事务，而且，义庄的管理事务与宗子的祭祀事务也是相互独立的，并没有混杂在一起。作为民事权利义务的主体，义庄与宗族是否存在混同仍有疑问。②

二、关于义庄性质的界定

在上述有关义庄财产所有权的研究分析中，可以发现其中一个混乱的问题，即对于义庄本身性质的界定，不同论述之间是存在分歧的，有些论述甚至是模糊或混乱的。而这也是关于义庄所有权的分析观点不同的原因之一。

（一）古代对义庄的界定

古代对义庄的认定也是多种多样的。一是将义庄作为建筑物使用，类似于义仓，如“义庄本在义宅内，后毁……每年收租发给于此”③，“公创制义田，及于义宅中设置义庄，收贮田租”。④ 二是将义庄作为财产使用，多与义田合一。如“将江齐戴见在应干田地物业浮财等物……法拨为义庄，以赡宗族之孤寡贫困者，仍择族长者收支”⑤，“拨良田以为义庄，收其入以赡族”⑥。三是将义庄

① 伍悠：《常州盛氏拙园义庄研究》，载《常州工学院学报（社科版）》2014 年第 1 期。

② 朱林方：《“家”的法律构造——以范氏义庄为中心的考察》，西南政法大学硕士论文。

③ （宋）楼钥：《范氏复义宅记》，载《范仲淹全集》，四川大学出版社 2007 年版，第 681 页。

④ （宋）孙应时：《范氏义庄题名》，载《范仲淹全集》，四川大学出版社 2007 年版，第 679 页。

⑤ 《名公书判清明集》，中华书局 1987 年版，第 270 页。

⑥ 《洮湖陈氏义庄记》卷 23，转引自李学如：《宋代宗族义庄述论》，载《淮北师范大学学报（哲学社会科学版）》2014 年第 6 期。

视为一个整体组织，包含有义宅、义田等财产，如“尝以余财创义庄，辟塾延师，聚族教养”,[①] 还有《续义庄规矩》等义庄规矩文本等，在这个定义下，古人将义庄定位为宗族成员服务的经济组织。由此可见，义庄的概念使用在古代也是十分复杂的。这也导致了现代关于义庄的研究概念混杂的现象。

（二）现代对义庄的界定

由于古代义庄概念的复杂及现代史学研究的角度多样，现代义庄的性质的表述也是多种多样的。现在的观点主要有两种，一是将义庄作为财产或财产的集合看待，如上述的《宋代物权关系理论》，与之相仿的还有很多，如《宋代宗族和宗族制度研究》《中国宗法宗族制与族田义庄》等，在对义庄进行表述的时候重视其财产性，常常与族田或者义田等混用，忽略义庄的组织性。二是重视义庄的组织性，将义庄作为一种独立化的组织看待。而这又有两种不同的看法，一种是只把义庄作为掌管义田收租及处理租米分配的机构；[②] 另一种是将义庄作为一个拥有集合财产的组织，如《义庄：宗法一体化国家治理体系的一个样本》中将义庄视为宗族集团，《宋代义庄的特征及社会功能》则将义庄视为一种家族经济组织,[③]《宋代的义庄》一文中认为义庄是一种私人兴办的赈恤组织等。从多种学科的角度研究义庄的学者，已经将义庄视为一种包含义田等财产的组织形式，在介绍义庄的时候，会将义庄的财产视为宗族所有的财产，而将义庄的组织性质虚化。日本学者清水盛光对义庄的概念做了详细的分析。他认为，在本来意义上，义庄是收藏义田之田租并以之分配予族人之建筑物，而后，由于义庄之名特别被人重视，遂成为代表赡养宗族组织之全称，而义田、祭田等成为了义庄的附属。[④]

---

① 《知南平军朝靖江君埙墓志铭》卷 83，转引自李学如：《宋代宗族义庄述论》，载《淮北师范大学学报（哲学社会科学版）》2014 年第 6 期。

② 《辞海》中将义庄作此解释，沿用了《古今图书集成·学行典》卷 243 的说法。

③ 豆霞、贾兵强：《论宋代义庄的特征与社会功能》，载《华南农业大学学报（社会科学版）》，2003 年第 3 期。

④ ［日］清水盛光：《中国族产制度考》，宋念慈译，中华文化出版事业委员会 1957 年版，第 5 ~ 15 页。

三、义庄财产的所有权主体

（一）义庄财产所有权的特点

为什么上述关于义庄财产所有权的分析会出现这种混乱呢？笔者认为这与义庄作为财产被人支配表现出来的特点相关。

笔者先对本文采取“所有权”这一概念略作解释。所有权是权利主体对物直接支配的享受利益之排他的权利，是一种综合性的不仅表现为占有、使用、收益、处分等权能的权利。诚然，“所有权”是近现代西方法学传入中国后才有的概念，但所有权本身的“财产归属”的含义，在整个中国古代社会，无论在观念、事实状况还是在相应的法律制度上，都是存在的。财产归谁所有和如何占有、使用、保护等问题是古代社会普遍存在的重要的问题。而我们运用所有权这一概念研究，只是为了方便理解和表述而已。

学界公认将义庄作为宗族公产，认为义庄财产归宗族所有是有原因的。义庄就是为了宗族的发展，无论是接济族人、支持族学还是供给祭祀。义庄的收益大多是供给全体族人，按照义庄规矩确定的分配方式将所得租米等财物根据人口授衣给食，虽然有的义庄采取只接济贫困族人的方式，但受益对象仍是宗族内不特定的成员。至于义庄的管理方面，绝大多数义庄的管理成员都属于宗族成员，关于义庄运营中规矩不能关涉到的事项，是由宗族成员公议而定，呈现出宗族是义庄的意思机关的现象。义庄的名义上也总是会挂着宗族的牌号，如“范氏义庄”“陈氏义庄”等。在对中国古代的经济成分的研究中，义庄作为一种特殊的为宗族而服务的财产，无疑可以与“同居共财”的家族财产相类比，归入宗族名下进行研究，与其他家庭私有的或官府所有的财产相区别。但是在法律研究的维度上，是否就像大众理解的那样，义庄财产的所有权归宗族所有呢？

首先，义庄财产本身除了义宅可以供贫困族人居住外，① 都是不能直接给族人使用的。义田等田地采用租佃制方式，只能对外租佃，“一族人不得租佃义田，诈立名字同”；义庄自身运营所需的各类财物，如“一义庄人力、船车、器

① 可从义庄规矩中的“一义宅有疏漏，惟听居者自修完”推断出来。

用之类，诸位不得借用”。而义庄的管理人虽是宗族成员，从“诸房弟子”中选取的“廉干”之人，但义庄的管理人并不能依自己的意志任意管理，只能依照义庄的规矩进行管理。“诸房同议”，也只是在一些规矩的规制效力空白的情况或者掌管人自身出现问题时采用，宗族的公议决定或者族长作为宗族代表人的决定，在规矩已经有详细说明的日常管理中并不适用。最能体现所有权的归属是处分权能。然而，义庄的处分权处于缺位的状态。“一族人不得以义宅舍屋私相兑赁质当，”可见宗族成员对义庄的财产不具有处分权，而且从“一义庄遇有人赎田，其价钱不得支费，限当月内以元钱典买田土，辄将他用，勒掌管人偿纳”“一义庄费用虽阙，不得取有利债负”可以看出，掌管人也不得对义庄财产进行处分，只能按照义庄的规矩办事。而义庄的规矩在修订后，需要“子子孙孙遵守勿替，今具如后”。管理规则只能由后人根据实际状况进行填补，并不能删除改动。由此可见，义庄不允许宗族处分财产。而且，政府也针对此作出相关规定进行保护。宋代就有保护祭田的规定，[①] 清代出台了《族田保护条例》明确表示义田不得典卖。[②] 如此，可见处分权属于缺失状态，宗族也不可加以干预，这与宗族拥有所有权的理念大有不同。宗族没有处分的自由，即使是宗族全体成员共同作出意思表示想要分割典卖义田，也要按照族人破坏义田的规则来处理，要被义庄本身的规则和政府法律所谴责。而反观前段所述权能，义庄财产的管理规则是义庄规矩，管理人按照捐献人的意志，即“义庄规矩”进行管理，不能将义庄财产挪作他用，不能以自己的意思去突破规矩而改变管理活动，“诸房”与“文正位”也要按规矩而来，只有在有规定情况出现的时候才会参与决策，否则也不能逾矩。这样就出现一种现象——义庄像是一种生命体，按照一开始捐献者设定的程序运作，里面工作的人就像义庄的零件，一代又一代地在既定轨道工作，不能以自己的意思表示突破规矩来替义庄从事活动。

---

① “（元祐）六年（1091）闰八月十二日，墓田及田内林木土石不许典卖及非理毁伐，违者杖一百，不以荫论，仍改正。”参见《宋会要辑稿》卷61，《食货》。

② “凡子孙盗卖祖遗祀产至五十亩者，照投献梠卖祖坟山地例，发边远充军。不及前数及盗卖义田应照盗卖官田律治罪；其盗卖历久宗祠，一间以下杖七十，每三间加一等，罪止杖一百徒三年。以上知情谋买之人，各与犯人同罪，房产收回，给族长收管，卖价人官。不知者不坐。其祀产义田，令勒石报官，或族党自立议单公据，方准按例治罪。如无公私确据，藉端生事者，照诬告律治罪。”参见《大清律例》卷9，《户律·田宅·盗卖田宅》。

（二）义庄财产的所有权主体

如前所述，义庄财产所有权的特点是没有任何外部的实质性主体对义庄财产有直接支配的绝对权，一开始义庄财产被捐献出来，即以最初捐献者的意思独立地存在着。那义庄财产所有权的主体是谁呢?

笔者认为在外部实质主体缺失的情况下，按法人实在说的观点，义庄财产的所有权主体，其实是义庄本身。义庄是依照捐献者的意思独立存在着的，它其实是独立的可以操控管理人员按照规则运行的财产组织。正如之前所述，义庄的经济组织性质其实已经为世人所认识，它不是一个没有任何意志不能活动的死物，而是一个可以按照一开始设定的规矩运行的财产集合组织。义庄的田产在一开始分割时即立有公据，并受规则与法律保护不得为族人或外人分割。在对外表现上，义庄的管理人以义庄的名义将其收益供给宗族成员，以义庄的名义向外租佃田地、收取租金，以义庄的名义向官府交税或申请减免税赋。义庄本身，就是一个可以以自己名义进行民事活动的权利主体。对于义庄可以作为独立主体进行活动，陈志英与朱林方也是认同的，但他们并没有将义庄作为一个财产权利主体看待。

前人的研究没有将义庄作为一个财产权利主体看待，笔者推测有以下原因。第一，在法律意义上的所有权问题研究中，学者对义庄性质的认知，停留在物的方面，认为财产只是死物，财产总要有外部的归属主体，忽略了义庄已经具有的组织特性，这也是朱林方将义庄与宗族混同，以此为义庄争得一个民事权利主体的名义的原因。然而这种混同是失败的，古代和现代关于义庄在经济维度的观念，并未将义庄与宗族混同为同一主体。朱林方对义庄和宗族进行混同的角度也不是从其民事活动的角度加以论述的，难以成立。第二，受其他史学研究角度的影响，将经济机能与法律归属混为一谈，认为财产既然是供益宗族的，所有权就应该是宗族的。的确，在经济史、宗族史等角度研究义庄的时候，义庄财产属于宗族，作为族产的典型，对社会的经济成分划分以及宗族的发展基础的研究具有重大意义。在这些角度上面只要能将义庄与其他官府所有或个人所有的财产加以区分已经足够。然而，就像《中国的家族法原理》中对“同居共财”概念的分析一样，就某种财产而言，其经济机能问题和法律上的归属问题必须加以严密的区别，① 当学者真正研究到义庄财产所有权主体这一法律问题的时候，就应该要正视义庄本身的独立性，而不能因为经济机能上的意义就把义庄的所有权归属归于宗族。因此，从法律维度对义庄财产所有权进行考察，义庄财产的所有权主体即是义庄本身，而不是宗族。

结　论

"义庄"这一概念，在历史中逐渐发展成为赡养宗族的经济组织的含义。在学术研究中常将其财产性质与组织性质分别加以研究，然而在义庄财产的所有权的研究中，学者们忽略了义庄内生发展出来的独立的经济组织性质，在法律问题研究时采用的是经济机能的思考维度，导致论述出现含糊不明、逻辑偏差的情况。故本文从义庄性质界定的角度出发，整理出来古现代大家对义庄性质的界定存在一体两面——独立的经济组织性质与财产性质并存——的情况。通过对义庄运营的研究，分析归纳出义庄财产权利的特点：宗族不得处分义庄，故义庄作为财产其处分权主体缺失；宗族成员对义庄进行管理时不得违反义庄规矩，义庄作为组织其管理机关不能做出独立自由的意思表示。由此得出，义庄作为组织有其内生的独立性，独立于宗族；义庄财产本身应按捐献者的意志而独立永久存在，按照义庄规矩与国家法律，任何人都没有对义庄财产进行处分的自由。在法律维度的财产权利主体的探究中，义庄财产的所有权主体应是义庄本身。

参考文献

著作类：

[1]《名公书判清明集》，中华书局 1987 年版。

[2]《范仲淹全集》，四川大学出版社 2007 年版。

[3]（清）阿桂等纂：《大清律例》，中华书局 2015 年版。

[4] 李文治、江太新：《中国宗法宗族制与族田义庄》，社会科学文献出版社 2000 年版。

[5] 王善军：《宋代宗族和宗族制度研究》，河北教育出版社 2000 年版。

---

① ［日］滋贺秀三：《中国家族法原理》，张建国、李力译，法律出版社 2003 年版，第 64 页。

[6] [日] 滋贺秀三:《中国家族法原理》,张建国、李力译,法律出版社2003年版。

[7] [日] 清水盛光:《中国族产制度考》,宋念慈译,中华文化出版事业委员会1957年版。

期刊类:

[1] 陈志英:《宋代民间物权关系的家族主义特征》,载《河北法学》2006年第3期。

[2] 李学如:《宋代宗族义庄述论》,载《淮北师范大学学报(哲学社会科学版)》2014年第6期。

[3] 豆霞、贾兵强:《论宋代义庄的特征与社会功能》,载《华南农业大学学报(社会科学版)》2003年第3期。

[4] 邢铁:《宋代的义庄》,载《历史教学》1987年第5期。

[5] 朱林方:《义庄:宗法一体化国家治理体系的一个样本》,载《华中科技大学学报(社会科学版)》2014年第4期。

[6] 伍悠:《常州盛氏拙园义庄研究》,载《常州工学院学报(社科版)》2014年第1期。

论文类:

[1] 陈志英:《宋代物权关系研究》,河北大学2006年博士论文。

[2] 朱林方:《"家"的法律构造——以范氏义庄为中心的考察》,西南政法大学硕士论文。

第二编

部门法学

以划线方式区分的地下停车位的权利性质探究*

【摘要】随着社会经济的发展与城市化的进程，在土地供应紧张的情况下，以区分所有权形式存在的建筑物在大中城市越来越常见。而随着私家车的增多，停车位建设的增多，相关的车库与停车位的权利性质的明晰成为重要的问题。本文探究的是一种特殊的近年来又大量出现的以划线方式区分的地下停车位。在现行法的规定对于停车位权利性质没有明确规定的情况下，此类停车位为专有部分或是共有部分存在值得探究之处。本文结合国内外法律与学说，对于此类停车位的权利性质进行探究。

【关键词】地下停车位；建筑物区分所有权；权利性质

序　言

建筑物区分所有权制度有很长的历史，早在罗马法时代就有所雏形。但是其快速的发展始于"二战"后，德国学者认为："'二战'之后，由于下述因素，推行住宅所有权的要求，才变得日趋激烈：住房紧张局面，也要求小资本

* 作者：中国政法大学法学院 1302 班　丁小宇
指导老师中国政法大学民商经济法学院教授　刘智慧

投入住房市场（带有建筑造价补贴之租赁的法律形式，不能给承租人提供充分的保障）；住宅上所有权之广泛分散，有其良好的社会效应（同一时期出现的雇员为企业伙伴之思想，亦并非偶然现象）；国家为住宅建设所提供的金钱，不能流入少数人，尤其是住宅建筑企业的腰包；特别是通过住宅所有权，可更好地利用在城市里尤为紧缺的土地。”① 随着我国城市化进程的发展，目前我国的城市建筑以区分所有的建筑居多，随着经济的发展，私家车数量的增多，居民小区的停车问题开始显现，与之相关的就是停车位的权利性质的界定。

停车位的种类不同，如地上停车位与地下停车位的区分，带来的是停车位所对应的不同的权利性质。本文探究的是一种特殊的近年来又大量出现的以划线方式区分的地下停车位。在现行法的规定对于停车位权利性质没有明确规定的情况下，此类停车位为专有部分亦或是共有部分存在值得探究之处。本文结合国内外法律与学说，对于此类停车位的权利性质进行探究。

一、问题的提出与本文讨论范围的界定

笔者对于问题的发现来自于对自家楼下的停车位的观察，此类停车位存在于小区统一建设的地下停车场之中，此停车场有电梯与不同居民楼相通，向外有专门的机动车进出通道，类似于我国大中城市许多商场的地下停车场。不同的停车位之间以划线的方式区分，中间无墙壁间隔。目前其对外出售，开发商所出具的合同范本的标题为《商品房买卖合同》，合同的内容显示此商品房为非住宅，钢混结构，层高 2.25 米，为地下一层，建筑面积 15 平方米。基于此，本文所研究的客体停车位指的是类似上文描述的具有独立构造的地下停车场中的以划线方式非墙壁区分的停车位。

在随后的资料查阅与调研中，笔者发现以此类方式存在并出售的地下停车位在全国各地的大中城市中大量存在，即将此类地下停车位作为建筑物区分所有权的专有部分进行出售。根据建筑物区分所有权的基本理论，建筑物区分所有权通常分为专有权、共有权与业主身份权三个部分，依《中华人民共和国物权法》（以下简称《物权法》）第 70 条之规定，业主对建筑物内的住宅、经营性用房的专有部分享有所有权。专有权的确定需要权利客体之得为专有部分之确

① ［德］鲍尔·施蒂尔纳：《德国物权法（上）》，张双根译，法律出版社 2004 年版，第 634 页。

定，而专有部分的确定需要其有构造及使用上的独立性。

《最高人民法院关于审理建筑物区分所有权纠纷案件具体应用法律若干问题的解释》对于专有部分的界定进行了规定，但是此类区分显然依然难以确切地解决目前存在的地下停车位的权利性质的问题，即此类停车位是否得为专有部分？此类停车位可以作为专有部分是否会损害业主利益？在下文中，将会对上述问题进行探讨。

二、国内目前的立法现状反思

（一）立法现状

此类停车位的涉及建筑物区分所有权的问题，在《物权法》第六章中具体规定了建筑物区分所有权的相关的问题。按照《物权法》规定，建筑物区分所有权由专有部分的专有权、共有部分的共有权和成员权三部分组成，其中专有权是其核心。此类车位如欲独立成为建筑物区分所有权的客体，并成为独立交易的标的，就应视其是否构成建筑物专有部分而定，对于此类问题我国《物权法》第70条规定，业主对建筑物内的住宅、经营性用房的专有部分享有所有权，对专有部分以外的共有部分享有共有和共同管理的权利。而对于其具体如何界定专有部分，则在《最高人民法院关于审理建筑物区分所有权纠纷案件具体应用法律若干问题的解释》的第二条规定了作为建筑物中可以作为专有部分的三个构成要件：（一）构造上具有独立性，能够明确区分；（二）具有利用上的独立性，可以排他使用；（三）能够登记成为特定所有权主体。但问题是构造上的独立性如何界定？使用上的独立性如何界定？此三款关系如何？此外，《物权法》第74条规定，建筑区划内，规划用于停放汽车的车位、车库的归属，由当事人通过出售、附赠或者出租等方式约定。

1. 现行法关于专有部分成立之要件

此类车位如欲独立成为建筑物区分所有权的客体，并成为独立交易的标的，就应视其是否构成建筑物专有部分而定，对于专有部分的构成要件，我国现行法规定了如下要件。

（1）构造上的独立性

在最高人民法院给出的《最高人民法院关于审理建筑物区分所有权纠纷案件

件具体应用法律若干问题的解释理解与适用》一书中，最高人民法院的官方解释是第一个要件中的构造的独立性与能够明确区分并非并列关系，实则为选择关系，即考虑到车位、摊位等特定空间也属于专有部分，谈不上构造，其构造是观念性的，并无固定墙壁间隔。[①] 因此，即使没有构造上的独立性，只要能够明确区分，具有利用上的独立性，并且能够成为登记所有权的主体，也可以成为专有部分。[②] 从中，我们可以发现两个问题，其一，国内学界的诸多著作中的建筑物须有构造之独立性为专有部分成立之要件显然并不为最高人民法院所接纳，如王利明教授认为，构造的独立性为专有部分的范围，即专有部分所涉及的部分必须具备的要件之一，[③] 崔建远教授认为，建筑物区之专有部分必须具备构造上的独立性。[④] 在最高人民法院的阐释中也承认了目前在国内承认构造上的独立性为专有部分的认定的必要的条件为学界通说，[⑤] 尽管笔者认为此认定有不妥之处。[⑥] 基于此，可以推断，最高人民法院在该问题上采用的观点显然是与学界通说相悖的独特观点，即构造上的独立性与能够明确区二概念为选择关系，只要此二概念符合其中一个，即符合本款所规定的要件。其二，最高人民法院以是否具有固定墙壁作为构造之独立性的区分标准。此观点得到了许多学者的认同，如王利明教授与崔建远教授皆在专著中对此问题有所表述，[⑦] 此类观点皆在注释中注明引自谢在全先生之观点，即所谓构造上的独立性，是指建筑物经过区分而形成的特定部分，系以墙壁、楼板等建筑构造物与建筑物的其他部分相隔离，达到适合作为物的支配的程度，客观上足以明确其区划范围。[⑧] 除法国

---

① 最高人民法院民事审判第一庭：《最高人民法院关于审理建筑物区分所有权纠纷案件具体应用法律若干问题的解释理解与适用》，人民法院出版社 2009 年版，第 42 页。

② 最高人民法院民事审判第一庭：《最高人民法院关于审理建筑物区分所有权纠纷案件具体应用法律若干问题的解释理解与适用》，人民法院出版社 2009 年版，第 42 页。

③ 王利明：《物权法研究》，中国人民大学出版社第三版，第 580 ~ 581 页。

④ 崔建远：《物权法》，中国人民大学出版社 2009 年版，第 191 页。

⑤ 最高人民法院民事审判第一庭：《最高人民法院关于审理建筑物区分所有权纠纷案件具体应用法律若干问题的解释理解与适用》，人民法院出版社 2009 年版，第 42 页。

⑥ 在《最高人民法院关于审理建筑物区分所有权纠纷案件具体应用法律若干问题的解释理解与适用》一书中，最高院认定上述观点为通说的依据是引自王利明教授的专著《物权法研究》的观点，笔者认为此处有不妥之处。通过一个学者的专著中的观点来论证某观点为通说的做法显然不够严谨。

⑦ 王利明：《物权法研究》，中国人民大学出版社第三版，第 581 页；崔建远：《物权法》，中国人民大学出版社 2008 年版，第 192 页。

⑧ 谢在全：《民法物权论》，中国政法大学出版社 1999 年版，第 205 页。

将专有部分的要件界定为使用上的排他性外，日本、德国、美国及我国台湾地区学说和立法均将构造上的独立性作为判断专有部分的一个要件。但是在另一份最高人民法院的有关该司法解释的理解与适用中，似乎有不同表述。该表述为“参照上述国家和地区的通行做法以及我国学者的通说，《建筑物区分所有权解释》第2条第1款第1项将构造上的独立性作为判断专有部分的一个要件。该项规定的专有部分的第一个条件‘具有构造上的独立性，能够明确区分’，就是来源于构造上的独立性。‘能够明确区分’这一表述，也有学者赞同。‘区分（境界）的明确性’，即一栋建筑物之此部分与该栋建筑物之彼部分必须予以明确区分”[①]。显然，该观点更倾向于将此二概念理解为并列关系，即二概念同时符合才符合本款所规定之构成要件。

（2）利用上的独立性

专有部分的第二个构成要件为具有利用上的独立性，可以排他使用。按照最高人民法院的解释，该条文与日本、我国台湾地区所称之使用上的独立性并无区别，只是在表述上有所不同。[②] 在此问题上，最高人民法院采纳了日本与我国台湾地区的观点，认为各部分须与一般的独立的建筑物相同，能够满足人们生活的独立机能。按照日本、美国与我国台湾地区的标准，通常将独立门户（或出口）作为确定该要件的标准。王利明教授也赞同上述观点。[③]

（3）能够登记成为所有权主体

在第三个要件，即能够登记成为所有权的主体的问题上，最高法院采纳了王利明教授的观点，[④] 只有通过登记才能成为特定业主所有权的客体，才能表现为法律上的独立性，也就是说，通过登记被分割的各个部分在法律上成为各个所有权的客体。除此之外，最高人民法院还考虑到了违法违章建筑的问题，因

① 杜万华、辛正郁、杨永清：《关于审理建筑物区分所有权纠纷案件具体应用法律若干问题的解释理解与适用》，载《法律适用》2009年第7期。

② 最高人民法院民事审判第一庭：《最高人民法院关于审理建筑物区分所有权纠纷案件具体应用法律若干问题的解释理解与适用》，人民法院出版社2009年版，第45～46页；杜万华辛正郁杨永清：“关于审理建筑物区分所有权纠纷案件具体应用法律若干问题的解释理解与适用”，载《法律适用》2009年第7期。

③ 王利明：《物权法研究》，中国人民大学出版社第三版，第581页。

④ 最高人民法院民事审判第一庭：《最高人民法院关于审理建筑物区分所有权纠纷案件具体应用法律若干问题的解释理解与适用》，人民法院出版社2009年版，第45～46页。

此加入此规定。此外，最高人民法院针对目前我国不动产登记制度不发达的现状，作出了补充，认为“能够登记不能片面理解为只有登记簿记载的才是专有部分，没有记载的部分不是专有部分。没有记载的，还要看是否符合本条的前两个实质要件，符合两个实质要件的，仍当认定为专有部分或专有部分的组成部分”①。

针对本文的主题，即停车位的权利性质，最高人民法院也有相关的表述，最高人民法院认为车位应当理解为特定空间，认为该空间符合司法解释中的三个要件，可以认定为专有部分。②

2. 停车位权利性质须由约定界定

我国《物权法》第 74 条规定：“建筑区划内，规划用于停放汽车的车位、车库应当首先满足业主的需要。建筑区划内，规划用于停放汽车的车位、车库的归属，由当事人通过出售、附赠或者出租等方式约定。占用业主共有的道路或者其他场地用于停放汽车的车位，属于业主共有。”该条的规定显然对于停车位的权利性质并未作出明确规定，而是采用了“约定说”，即停车位为业主专有部分或是全体业主共有需要依据业主与开发商的约定。

（二）对现行法的反思

结合《物权法》第 74 条与《最高人民法院关于审理建筑物区分所有权纠纷案件具体应用法律若干问题的解释》的规定，可以得出：其一，按照最高人民法院的官方解释，停车位不论地上地下，有无墙壁间隔，皆可以成为建筑物区分所有权主体。其二，停车位究竟为业主专有还是共有，需要依照约定。但是，得出此两类结论依据的是最高人民法院发布的《最高人民法院审理建筑物区分所有权纠纷案件具体应用法律若干问题的解释理解与适用》，在严格意义上，该理解与适用并不具备严格的法律效力，只是立法者的个人意见，只能作为法官在判案时的参考。从法律解释的客观说的观点来看，当法律诞生即脱离了立法者的意志，因此最高人民法院的观点也只能代表一派观点。且最高人民法院的

---

① 最高人民法院民事审判第一庭：《最高人民法院关于审理建筑物区分所有权纠纷案件具体应用法律若干问题的解释理解与适用》，人民法院出版社 2009 年版，第 47 页。

② 最高人民法院民事审判第一庭：《最高人民法院关于审理建筑物区分所有权纠纷案件具体应用法律若干问题的解释理解与适用》，人民法院出版社 2009 年版，第 48 页。

观点有待商榷。

1. 构造上的独立性是专有部分成立的必要条件

首先，在司法解释中，最高人民法院规定了三个专有部分必须具备的要件，最重要的莫过于第一项，构造的独立性，但是最高人民法院却在《最高人民法院关于审理建筑物区分所有权纠纷案件具体应用法律若干问题的解释理解与适用》一书中认为构造的独立性与能够明确区分只是两个可选择概念，成立其一即可符合本要件。管见以为此处值得商榷。所谓建筑物区分所有权，指的是数人区分一建筑物而各有其一部者，谓之建筑物之区分所有。其独立之各部分，为独立之权利客体，于其部分成立单独的所有权。① 其中的专有所有权，是建筑物区分所有权制度的单独性灵魂。② 按照传统的所有权理论，所有权应当限于独立物，既然专有部分得成立独立的所有权，那么专有部分必须有一定之独立性，参考传统的不动产所有权理论，专有部分之独立性确定必须要有构造之独立性。参考日本学界的观点，构造上之独立性之要件确认有二重意义，其一是借此可以使专有部分在外观上与其他部分有所区别，且对境界点的标识有明确性。其二是可以保障专有部分之独立利用之可能。③ 显然，构造之独立性在专有部分的认定中具有不可或缺的意义。最高人民法院之所以作出上述解释，主要是其受传统的观念影响，认为构造之独立性确认必须以墙壁、楼板等建筑构造物与建筑物的其他部分相隔离。而为了迎合《物权法》第 74 条之有关规定，即车位可以约定出售、出租或附赠，就必须要使得车位成为专有部分，故最高人民法院作出了此种解释，看似弥补了法律漏洞，但实则漏洞百出，此解释抛弃构造的独立性要件经不起推敲。目前，就构造上的独立性而言，各国和地区均呈缓和趋势已经摆脱了严格的外观上有形的隔离的束缚，实现了向观念上的隔离的转变。④ 而建筑在构造上的独立性可能因未来建筑技术的发展、社会生活的演变而有宽严的不同，但基于建筑物所有权与土地所有权或其他建筑物所有权的支配范围必须有一定的界限，仍然是成为专有部分的必要条件。就该问题下文中也

---

① 史尚宽：《物权法论》，中国政法大学出版社 2000 年版，第 121 页。

② 陈华彬：《建筑物区分所有权研究》，法律出版社 2007 年版，第 119 页。

③ 陈华彬：《建筑物区分所有权研究》，法律出版社 2007 年版，第 119 页。

④ 高圣平：《住宅小区车位、车库的性质及其权利归属研究——兼评〈物权法〉第 74 条》，载《法学家》2008 年第 6 期。

将详细论述。故依据司法解释第二条第一款，构造之独立性仍然应当被理解为专有部分的必要条件，其“能够明确区分之表述”，宜理解为前句之补充，而非单独的要件。

2. 现行法对地上地下车位区分模糊

目前，我国现行法仅仅笼统地规定了停车位这一概念，而未区分独立构造的车库，地上停车位与地下停车位。按照一般观念，车库与车位二语词的主要区分点在于构造上有无墙壁、楼板等实体可见的标志。通常来看，车库是指的以墙壁、楼板进行区分的空间，其本质上与业主所居住之住房的结构并无差别，仅仅作为停车之用，车库一般有独立的门户供车辆进出，独立性很强，自然应当认定为专有部分。而通常观念中的车位，常常以四条线为区分，该类线常是以人工喷涂方式完成，不具有和墙壁一般明显的区分作用，因此在其是否具有构造独立性的问题上存在争议。

而本文研究的地下停车位具有特殊性，目前，此类停车位多位于小区统一修建的地下停车场之中，此类地下停车场尽管与居民楼有楼梯或电梯联系，但是其在建筑学的构造上整体可以理解为一个独立建筑物，因为其结构具有整体性，而非像传统的地下室一般依附于地上建筑物。在区分上，车位之间并无墙壁间隔，而是采用了划线区分的方式。按照此类方式区分，显然其构造是否具有独立性有待考究。目前，现行立法将这些种类混为一谈，而忽略了各自个性结构的不同，显然是不妥当的。

按照我国《物权法》第74条的规定，所有类型的车位，无论是地上或是地下都可以依约定出卖或出租，该条文在立法目的上追求遵循私法自治原则，符合市场经济的规律，有利于车库的利用与管理，有利于鼓励开发商建设车位。① 但其目的是否能真实达到有待怀疑。在格式条款大行其道，私法自治原则逐渐由契约正义原则代替的情况下，仍然坚守形式意义上的“私法自治”还有何意义？购房者与开发商在缔约能力和缔约机会上均存在重大差异，此时尊重当事人的意思自治而又没有相关配套措施，无异于为弱势一方遭受侵害披上合法的外衣。②

---

① 最高人民法院物权法研究小组：《〈中华人民共和国物权法〉条文理解与适用》，人民法院出版社2007年版，第238页。

② 高圣平：《住宅小区车位、车库的性质及其权利归属研究——兼评〈物权法〉第74条》，载《法学家》2008年第6期。

根据目前了解到的情况，地上车位仅仅是在本属于业主共有的土地上划出几条界线便被作为类似商品房性质的建筑物进行出租或出卖，其在空地上所建难以为车辆提供必要的庇护，而在大中城市，业主常常会为此类车位支付高额租金，此种规定显然有失公平。况且，此类车位是否得被视为建筑物也有待商榷。在某种意义上，也可以理解为此类车位的存在很可能造成对于业主固有共有权的侵犯。

而地下停车位的构造与地上停车位不同，其属于开发商独立修建的独立结构建筑物，本身就具有一定独立性。但是仅仅以简单的界线区分是否符合专有部分的标准？在下文中，将会对于此类停车位是否得为专有部分进行进一步讨论。

三、以划线方式区分的地下停车位认定为专有部分的要件

目前我国的现行立法并未对于地上地下停车位进行区分，笔者以为只有地下停车位才有成为专有部分之可能。要成为专有部分首先需要论证地下停车场整体上成立为独立之建筑物，而非地上建筑物从物。土地并未建有特定住宅之特定部分不得作为住宅所有权之标的。[①] 本文所研究之停车位如前文所述，有独立的出入口，并且结构上是整体独立的地下建筑。台湾地区的判例有过如下表述："且地下室有电梯、楼梯通往一楼大门，并有通道供汽车出入，与外面相通，自得单独为所有权之标的，尚非该大厦一楼以上区分所有建物之从物。"因此，可以认定地下停车场建筑具有独立性。[②]

结合现行法与相关反思，可以确定要成为专有部分需满足三个要件：其一，必须具备构造上的独立性；其二，必须具备利用上的独立性；其三，能够登记为特定业主所有权客体。三项皆不可或缺。讨论此类停车位的权利是否得为专有部分也需满足上述三要件。只有此类停车位被确认为专有部分，开发商才可以将其作为交易的标的进行出售。

① 黄钦越：《住宅分层所有权之比较法研究》，载郑玉波：《民法物权论文选辑》，五南图书出版公司1984年版，第437页。

② 王泽鉴：《民法物权》，中国政法大学出版社2001年版，第249页。

（一）具备构造上的独立性

三个要件之中，又以构造的独立性为最重要要件。我国台湾地区理论界和实务界多认为，为使区分所有权人得直接支配而享受其利益，专有部分须在构造上具有独立性。[①] 日本学界也有学者认为构造的独立性“具有保障专有部分之独立利用之可能”。[②] 从上述观点看，构造上的独立性的不具备很难使该部分具有使用上的独立性，因为使用上的独立性很多时候的区分标准是以门户为标准，门户之存在本就需要构造上的独立性。至于满足登记，如果无构造之独立性确定该专有部分为独立物，按照一物一权主义，自然不得登记。目前，有关停车位是否得为专有部分的争议也主要集中在构造的独立性问题上。

构造的独立性的区分，按照传统理论，所谓构造上的独立性，是指建筑物经过区分而形成的特定部分，系以墙壁、楼板等建筑构造物与建筑物的其他部分相隔离，达到适合作为物的支配的程度，客观上足以明确其区划范围。[③] 按照传统理论，此类车位显然难以被认定为具有构造上的独立性。如谢在全先生认为“地下室或屋顶之停车场，或划线区分之停车位，不具有构造上之独立性或不得为所有权客体”。[④] 但是随着社会经济的发展与建筑物区分所有权制度的完善，此类传统的严格的专有部分的区分方式受到了挑战。目前，就构造上的独立性而言，各国和地区均呈缓和趋势，已经摆脱了严格的外观上有形的隔离的束缚，实现了向观念上的隔离的转变。[⑤] 如日本最高法院在相关判例中指出“所谓构造上与其他部分而或独立的建筑物部分，是指由于建筑物构成部分的隔墙、楼梯等适于独立的物理性支配的程度，并和他部分隔断。只要其范围明确即可，至于四周是否有隔断，在所不问”[⑥]。日本最高法院的表述显然对于构造上的独立性的确认已经摆脱了所谓严格标准。在德国的有关法律上，此问题更进一步，德国原《住宅所有权法》第 3 条第（2）项规定：“住宅或其他房间具有独立性

---

① 王泽鉴：《民法物权》，中国政法大学出版社 2001 年版，第 249 页。

② 陈华彬：《建筑物区分所有权研究》，法律出版社 2007 年版，第 119 页。

③ 谢在全：《民法物权论》，中国政法大学出版社 1999 年版，第 205 页。

④ 谢在全：《民法物权论》，中国政法大学出版社 1999 年版，第 206 页。

⑤ 高圣平：《住宅小区车位、车库的性质及其权利归属研究——兼评〈物权法〉第 74 条》，载《法学家》2008 年第 6 期。

⑥ 陈华彬：《建筑物区分所有权研究》，法律出版社 2007 年版，第 205 页。

者，始得设定特别所有权。”1973 年 7 月 30 日的修正乃于本项加入“以持久性的界标表明范围的停车间，视为有独立性的房间”。此项关于停车场作为特别所有权要件的规定，解决了实务上有关停车场登记苦恼的问题。[①] 我国台湾地区对于此类地下车库或车位的研究常归类于地下室或地下层的研究。我国台湾地区“内政部”于 1995 年 7 月 1 日修正公布之“土地登记规则”第 76 条规定：“区分所有建物之地下层或屋顶突出物等，如非属共同使用部分，并已由户政机关编列门牌或核发其所在地址证明者，得视同一般区分所有建物，申请单独编列建号，办理建物所有权第一次登记。”在地下层是否得为区分所有之标的问题上，我国台湾地区“最高法院”一般采肯定说。认为“地下层之面积扩大，为其地上大楼的一层，其建造须挖土做成挡土墙，建造成本较诸地上层有过而无不及，倘非专为规划投资施工辟建，不可能形成，依一般社会交易观念，性质上当非不得独立为区分所有之客体”[②]。

基于此，我们可以看出，在现代的建筑物区分所有权制度中，墙壁楼板已经不能作为界定构造独立性的唯一标准。且有一点问题需要明确，即墙壁楼板之所以得为结构独立性的判断标准之一，其本质上仍然是社会观念的产物。在此问题上，谢在全先生也认为是否具有独立性，需要依据社会一般观念认定之。[③] 当然，如前文所述，谢在全先生并不承认车位可以作为专有部分。其观点是传统的严格区分的观点，是依据当时的社会现实和我国台湾地区的情况认定的。而要在我国司法实践中认定此类停车位是否得为专有部分，则需要按照我国目前的社会现状加以区分。如本文第一部分所述，在全国各地，特别是大中城市，此类地下车位作为专有部分出售的情况已经十分多见，因此，可以窥见按照我国大众的一般观念，以划线的方式区分可以被认定为能够明确区分。符合日本学者丸山英气所称之区分明确性标准。[④] 参考《德国住宅所有权法》中第三条以持久性的界标表明范围的停车间，视为有独立性的房间的规定，可以有

---

① 庄金昌：《住宅分层所有权之比较研究》，转引自陈华彬：《建筑物区分所有权研究》，法律出版社 2007 年版，第 49 页。

② 王泽鉴：《民法物权》，中国政法大学出版社 2001 年版，第 249 页。

③ 谢在全：《民法物权论》，中国政法大学出版社 1999 年版，第 205 页。

④ ［日］丸山英气：《区分所有权法》，转引自陈华彬：《建筑物区分所有权研究》，法律出版社 2007 年版，第 21 ~ 23 页。

理由认定此类停车位具有构造上之独立性。

当然，以划线方式区分的停车位得认定为专有部分仅限于在地下停车场层面，因为目前我国常见的地下停车场大都可视为独立的地下建筑，而非地上建筑物的附属物。且界线的划分需要明确持久。建筑物在构造上的独立性可能因为未来技术的发展、社会生活的演变而宽严有所不同，但基于建筑物所有权和土地所有权或其他建筑所有权的支配范围必须有一定的界线，仍然是成为专有部分的必要条件。① 德国法的规定也有一定的立法背景，因为在德国，大多数停车位都修建在地下，故作出此规定。②

（二）使用上的独立性

就使用上的独立性而言，是指专有部分须满足单独使用及满足独立的经济效用的要求。③ 在国外与我国台湾地区一般称为利用上的独立性。按照日本学者的观点，其是否具有使用上的独立性需要具备两个要件，需要有独立的出入口和需要有内部的独立设备、间隔构造。④ 而我国台湾地区学者一般以独立的门户作为判断标准。⑤ 王利明教授认为利用上的独立性需包含双重要件，一方面是可以不借助其他建筑物独立使用，另一方面是权利人能直接占有并使用。⑥ 从上述的观点结合现实来看，此类停车位显然具有利用上的独立性。停车位作为用于停车的专门建筑，业主自然可以单独使用与满足经济效用，至于门户问题，将门户作为标准的考虑因素主要是有单独的出入口与外界沟通方便使用。一般停车位不需要经过他人相邻车位进入，自然可拟制其有独立门户。因此根据上述条件，可以推定其有利用上的独立性。

（三）能够登记为特定业主所有权客体

至于能够登记为特定业主所有权客体，此要件对于前述两要件的依附性较

---

① 谢在全：《民法物权论》，中国政法大学出版社 1999 年版，第 208 页。
② 陈华彬：《建筑物区分所有权研究》，法律出版社 2007 年版，第 211 页。
③ 刘家安：《物权法论》，中国政法大学出版社 2015 年版，第 129 页。
④ 陈华彬：《建筑物区分所有权研究》，法律出版社 2007 年版，第 122 页。
⑤ 王泽鉴：《民法物权》，中国政法大学出版社 2001 年版，第 239 页。
⑥ 王利明：《物权法研究》，中国人民大学出版社第三版，第 581 页。

强，须依附于前两项要件，前两项要件得为本要件之前提。最高人民法院给出的解释是能够登记，一方面是指专有部分能够在登记簿登记，另一方面，由于我国登记制度不完善，有的地方对部分房屋之外的地方不能登记。没有记载的，还要看是否符合本条第1款规定的两个实质要件。符合两个实质要件的，仍然认定为专有部分或者专有部分的组成部分。随着登记制度的完善，凡是专有部分或者专有部分的组成部分都应当登记。就此可以推定，在目前的司法实践情况下，此要件并非具有绝对效力，其主要是因为我国的不动产登记制度目前不够完善。我国台湾地区一般不认为能够登记为特定业主所有权客体为构成要件之一，台湾地区“内政部”于1995年7月12日修正公布之“土地登记规则”第76条规定：“区分所有建物之地下层或屋顶突出物等，如非属共同使用部分，并已由户政机关编列门牌或核发其所在地址证明者，得视同一般区分所有建物，申请单独编列建号，办理建物所有权第一次登记。”由此可见，在对待地下层的问题上，我国台湾地区认为非共同使用部分是地下层得为专有部分登记的前提。有学者认为，法律上的独立性（登记可能性）不能作为专有部分的构成要件，其逻辑顺序应当是：某部分只有在构成建筑物专有部分的情况下才具有登记可能性（法律上的独立性），单独登记本身即表明登记对象已经构成建筑物的专有部分。因此，只有在承认车位、车库是建筑物的专有部分的情况下，才有车位、车库的登记问题，而不能单纯以车位、车库不能登记来否认车位、车库是建筑物的专有部分。① 王利明教授认为，通过登记表现出来的独立性是以构造和使用上的独立性为基础的。但仍然认定其为专有部分构成要件之一。② 管见以为，能够登记为特定业主所有权客体仍然需要被认定为构成要件，主要是基于现行法③考虑。目前，此要件在司法实践中需要酌情处理，但从物权法的公示公信原则来看，解决此类问题的根本方法是建立完善的不动产统一登记制度。从最高人民法院的解释来看，此类停车位建筑只要具备构造上与使用上的独立性，并且此类建筑不是所谓“违章建筑”，即使不在登记簿记载，也可以认定为专有部分。

---

① 高圣平：《住宅小区车位、车库的性质及其权利归属研究——兼评〈物权法〉第74条》，载《法学家》2008年第6期。

② 王利明：《物权法研究》，中国人民大学出版社第三版，第582～583页。

③ 此处现行法指《最高人民法院关于审理建筑物区分所有权纠纷案件具体应用法律若干问题的解释》，第二条。

（四）小结

综上所述，结合目前的现行法分析，此类停车位，即以划线方式区分的地下停车位是可能成为专有部分的。首先，整个地下停车场的修建可以被认定为独立的地下建筑。其次，在此基础上，每一个停车位可以符合观念上的构造独立性，并且作为具有停车这一专门作用的建筑，可以被独立的利用，无须借助其他建筑物。最后，在登记问题上，需要依据前两项要件的符合才能够确定是否得登记。由于我国的不动产登记制度不发达，在司法实践中，需要对于该要件做相对灵活的适用，以达到真正保护所有权人的目的。

当然，在确认专有部分的过程中，还需要看双方的约定。依据《物权法》第 74 条规定，建筑区划内，规划用于停放汽车的车位、车库的归属，由当事人通过出售、附赠或者出租等方式约定。显然，在专有部分得以成立的前提下，其最终是否得为业主专有，在现行法的视角下，还需要视购房合同中的具体约定。但是如前文所述，在购房合同大多为格式合同的今天，此种制度很难保证双方的公平交易，管见以为，在今后的立法活动中，可以向德国法学习，将停车位作为建筑物区分所有权的特殊标的加以单独规定。在目前现行法缺失的情况下，处理停车位的所有权纠纷时应当区别于一般专有部分做特殊化处理。

四、认定以划线方式区分的地下停车位为共有部分的标准检视

上文所述之此类停车位得为专有部分，只是一种情形。此类地下停车位也有成为共有部分之可能，但是如何界定，不同的学说存在争议。目前对于此类停车位为专有部分还是为共有部分的区分方式有以下几种。

（一）以容积率为区分标准

容积率是建筑面积与建设用地面积的比值，实际上也就是每平方米的建筑面积所分摊的建筑用地面积。此类标准的依据主要是目前我国的现行法的规定与不动产登记制度，不动产必须附着于特定的土地。只有拥有土地使用权，不动产才能办理相关的产权证明，进行相关的产权登记。此类观点认为，如果将地下停车位纳入建筑面积容积率，就可以成为专有部分。但开发商应当按照规

定在规划文件中明确说明，是否保留对地下停车位的所有权。开发商可以选择把地下停车位报批为地下建筑面积，计入容积率，此时地下停车位的法律地位与其他住宅单元类似，开发商拥有相应的土地使用权份额，取得相应的产权证书，拥有对车位的所有权，即有权利分别出售车位；也可将此车库报批为高层建筑的共用部分，作为每个业主的购房公摊面积，由业主承担车库的成本，最终将车库归于业主共有。[①] 此种学说本质上是此前的以土地使用权作为标准的衍生品。

通过上述的表述，可以看出，按照容积率的标准区分，地下停车位作为共有部分还是专有部分很大程度上取决于开发商的行为，取决于开发商如何报批登记。地下停车位本身只要有地下土地使用权存在，地下停车位即可成为专有部分，不需要视容积率。显然，此标准在本质上确定地下车位的权利性质的方式是当事人的意思自治，在本质上与我国《物权法》目前采纳的以约定为标准并无区别。如果在签订购房合同时，当事人双方约定此类停车位为专有，则开发商自然会在申报时将其计入容积率，此标准显然并无太大意义。并且，目前由于我国的不动产登记制度不统一造成了对于容积率计算在全国各地不同，此类标准目前尚无现行法依据。

（二）以是否计入公摊为标准

有观点认为，判断车位、车库的权利归属的主要依据是车位、车库的建筑面积是否作为小区商品房的公摊面积。如果车位、车库的建筑面积已作为公摊面积予以分摊，则在业主购买商品房时，其购买的商品房的建筑面积中已包含该车位、车库的面积（指分摊面积），该车位、车库应当属于全体业主共有。反之，如果车位、车库的建筑面积未作为公摊面积，则为专有部分。[②]

公摊面积反映计入容积率的建筑面积被分摊的份额，计入公摊面积的建筑面积为全体业主共有。但业主共有部分并不只是计入公摊部分，还包括未计入容积率的其他共用部分。且其在现行法中也无依据。根据中华人民共和国国家标准《房产测量规范》规定，独立使用的地下室、车棚、车库、为多幢服务的

---

① 杨遂全：《物业小区停车位完全市场化的立法误区及其矫正》，载《法学》2011 年第 8 期。

② 《小地下车库的权属须依是否计入公摊而定》，载《人民法院报》2004 年 2 月 26 日。

警卫室、管理用房以及作为人防工程的地下室都不计入共有建筑面积，不进行公用建筑面积的分摊。由此可见，法律上并没有强制规定车位、车库应列入需分摊的公用。

（三）以约定为标准

如前文所述，依据《物权法》第74条规定，建筑区划内，规划用于停放汽车的车位、车库的归属，由当事人通过出售、附赠或者出租等方式约定。而如果双方并未约定地下停车位为专有部分，那么显然有理由认定其为共有部分。其立法理由为该条文遵循私法自治原则，符合市场经济的规律，有利于车库的利用与管理，有利于鼓励开发商建设车位。该观点是目前唯一可以在现行法直接找到依据的观点。

（四）依规划与登记的标准

此观点是我国台湾地区的观点，此观点认为地下室如依建筑蓝图及使用执照所载，系供全体区分所有人防空避难及停车之用，为区分所有人建筑物公共设施之一，系属共同使用部分，并未经全体区分所有人同意归特定人所有，事实上如未登记为该特定人所有，则地下室在性质上不得单独为所有权之客体，应属全体区分所有人共有。①

以约定为标准和以规划为标准其实本质上也都是当事人双方意思自制的产物，只是在纠纷发生时的举证依据不同，按照以约定为标准需要举证的是购房合同与不动产之登记，而以规划为标准则是在举证中需要举出设计图与不动产之登记。

目前来看，参照我国的现行法，以约定为标准显然更加符合现行法要求，即当事人双方在购房合同中约定地下停车位为共有部分，则地下停车位为共有部分。《物权法》第74条的规定具有一定的意义，其在成文法的层面对于停车位的权利性质问题做出了规定，对于在此类案件中发挥民法定分止争之作用十分有益，也尊重了当事人的意思自治。

但是，此规定貌似尊重了当事人的意思自治，但是须知，意思自治之下权

---

① 王泽鉴：《民法物权》，中国政法大学出版社2007年版，第270页。

利也有界限。法律产生于人类的共同生活，法律主体随时可能与他人交往。经常出现的局面是行使一种权利的成本，即是他人蒙受的损失。在意思自治的原则之下，开发商与购房者皆享有缔约自由的权利，但是目前购房合同中格式合同大行其道的背景下，其实此类的缔约自由在某种意义上是对于购房者一方的缔约自由权利的侵害，因为在目前的背景下购房者很难就停车位问题选择按照自己的意思，而多数情况下，购房者会被开发商的意志裹挟。此为目前现行法背景下存在的问题。

结　论

经过对于我国的现行法的分析，可以看出，目前以划线方式区分的地下停车位究竟是为共有部分还是专有部分，很大程度上取决于当事人双方的约定，此为《物权法》第 74 条之规定。此规定有一定的合理性。但是最高人民法院为了迎合该观点，而在对于司法解释的理解与适用中认为构造上的独立性不是构成专有部分的必要要件显然不合理。最高人民法院对于停车位得为专有部分的观点是值得肯定的，但是其论证过程却值得商榷。其一，在保留构造独立性要件的前提下，按照所谓观念上的隔离可以作为专有部分分离标准的要求，以划线方式区分的地下停车位依然可以认定为具有构造上的独立性，这与构造上的独立性要件显然并不矛盾。最高人民法院的解释单纯为了迎合《物权法》有关停车位的规定而做出笼统的规定会带来法律整体的混乱，因为建筑物区分所有权制度是一个有机的整体，构造上的独立性仍然是区分专有部分的必要条件。其二，我国的现行法对于停车位只做了笼统的规定，而没有对地上与地下停车位做出区分，这显然是不合理的，因为目前的地下停车场大多是独立的地下建筑物，具有独立性，而地上的停车位很难认定为建筑物。显然，在司法实践中处理停车位的所有权纠纷时应当对于地下与地上的停车位有所区分。在停车位的登记制度上，还需要统一的不动产登记制度的支持，统一的不动产制度仍在构建之中。管见以为，参考德国《住宅所有权法》，应当对于地下停车位这类特殊的区分所有权客体进行单独的规定。

当然，上述建议仍然只是建议，就目前的现行法而言，以划线方式区分的地下停车位的权利性质依照约定可分别作为专有部分与共有部分。就构成要件而言，以划线方式区分的地下停车位是可以作为专有部分成为所有权客体的。

参考文献

著作类：

［1］［德］鲍尔·施蒂尔纳：《德国物权法（上）》，张双根译，法律出版社2004年版。

［2］最高人民法院民一庭：《最高人民法院关于审理建筑物区分所有权纠纷案件具体应用法律若干问题的解释理解与适用》，人民法院出版社2009年版。

［3］王利明：《物权法研究》，中国人民大学出版社第三版。

［4］崔建远：《物权法》，中国人民大学出版社2009年版。

［5］谢在全：《民法物权论》，中国政法大学出版社1999年版。

［6］史尚宽：《物权法论》，中国政法大学出版社2000年版。

［7］王泽鉴：《民法物权》，中国政法大学出版社2007年版。

［8］陈华彬：《建筑物区分所有权研究》，法律出版社2007年版。

［9］郑玉波：《民法物权论文选辑》，五南图书出版公司1984年版。

［10］最高人民法院物权法研究小组：《〈中华人民共和国物权法〉条文理解与适用》，人民法院出版社2007年版。

［11］刘家安：《物权法论》，中国政法大学出版社2015年版。

期刊类：

［1］高圣平：《住宅小区车位、车库的性质及其权利归属研究——兼评〈物权法〉第74条》，载《法学家》2008年第6期。

［2］杜万华、辛正郁、杨永清：《关于审理建筑物区分所有权纠纷案件具体应用法律若干问题的解释理解与适用》，载《法律适用》2009年第7期。

［3］杨遂全：《物业小区停车位完全市场化的立法误区及其矫正》，载《法学》2011年第8期。

论物权行为无因性理论与善意取得制度的功能衔接*

——以交易安全保护为视角

【摘要】 物权行为无因性理论与善意取得制度都能保护市场交易中第三人的利益，都具有保护交易安全的功能。善意取得制度只有被放置在物权行为理论中才能更好地从理论上得到解释，即善意取得是用第三人之善意克服出让人无处分权的瑕疵，使物权行为因被补正而有效，从而发生物权变动的结果。物权行为无因性理论作为物权行为理论不可分割的一部分，还从根本上解释了物权公示的公信力来源，间接地通过物权公示保护交易安全，进而为善意取得制度提供支持。在承认物权行为理论的前提下，物权行为无因性理论与善意取得制度在保护交易安全上分别独立适用于后手交易中的物权行为本身有效的有权处分情形和物权行为存在效力瑕疵的无权处分情形，在功能上具有互补性。为防止物权行为无因性理论的绝对化使恶意第三人受益，《民法通则》第58条、《合同法》第52条、公序良俗原则、诚实信用原则等现有法律规定须综合发挥调节、衡平作用，与物权行为无因性理论衔接形成完整的交易安全保障体系。

【关键词】 物权行为无因性理论；善意取得制度；物权行为；交易安全

* 作者：中国政法大学法学院2012级1班　章逸琦
指导教师：中国政法大学民商经济法学院教授　易　军

引 言

研究此问题，源于笔者在学习物权法过程中产生的困惑：在保护第三人利益与交易安全方面，物权行为无因性理论与善意取得制度均可发挥作用。那么，二者各自可适用于什么情形？不承认物权行为理论，善意取得制度能否自洽？二者在保护交易安全的机理以及发挥的作用上可有优劣之分？是否可以互相取代？这些问题又事关物权行为理论的存废之争、善意取得的制度逻辑等一系列物权法上的重要问题，牵连范围不可谓不广，所涉理论不可谓不深，研究意义不可谓不重大。

对于物权行为无因性理论与善意取得制度在保护交易安全上宜相辅相成还是择优汰劣，前人已有诸多讨论，然多从二者适用面的广度、所发挥的现实效用上着墨，鲜少从二者本身的理论根基与制度逻辑出发，从理论上探究二者间的关系。本文旨在通过广阅各家著述、整合前人观点，厘清物权行为无因性与善意取得之概念，分析二者各自发挥保护交易安全作用的机理，剖析二者在理论解释上或制度本身潜在的问题，进而探究在保护交易安全上二者之间的关系以及各自适用的情形，并据此划分二者作用的范围、设计完整的交易安全保障体系，以期对我国保护交易安全方面的立法完善与司法实践有所裨益。

一、物权行为无因性理论与善意取得制度各具保护交易安全功能

（一）物权行为无因性理论对交易安全的保护

物权行为的无因性是物权行为理论的核心观点。物权行为理论的奠基者萨维尼认为契约有物权契约与债权契约两类，债权契约仅使当事人之间发生债务关系，要发生物权变动须有以变动物权为目的的法律行为，很多时候体现为订立物权契约。故一个买卖过程可分为两个层面：第一层面为债权行为，目的是设立债权债务，使双方当事人之间建立债权关系；第二层面为物权行为，目的是变动物权，使标的物和价金的所有权转移。物权行为的效力和结果不依赖其原因而独立成立，原因行为的无效或者撤销不能导致转移物权的履行行为的当

然无效和被撤销,[①] 此为物权行为的无因性。换言之，物权行为的效力不受债权行为的影响，如果物权行为本身是有效的，即使作为其原因行为的债权行为不成立、被撤销或者无效，物权行为仍能独立发生物权变动的法律效果。

王泽鉴教授认为将原因从物权行为中剥离，是出于方便法律适用的考虑以及法学家将问题抽象化的偏好，并且具有保护交易安全的功能。[②] 应该说，物权行为无因性理论强调的是物权行为依据自身效力状态来确定其效力，本身并不涉及对第三人利益的保护。只是在承认物权行为无因性的前提下，如果买卖合同因欺诈、胁迫或其他法定原因被撤销、无效时，若已完成交付或登记，物权行为无效力瑕疵，所有权仍转移；受让人再将标的物转让给第三人，属有权处分，受让人与第三人之间的物权行为有效，第三人当然取得所有权而不论其是否善意，这客观上起到了保护交易安全的作用。

物权行为无因性理论对原权利人的救济是赋予其不当得利返还请求权。债权合同被撤销或无效后，由于受让人已经因物权行为的独立效力获得了标的物之所有权，故原权利人要求受让人返还原物不是基于物上请求权，而是债权性的不当得利返还请求权。若标的物已被受让人再次转让，原权利人可要求受让人折价补偿。

（二）善意取得制度对交易安全的保护

善意取得制度是法律为保护善意第三人利益与交易安全专门创设的制度。对于可善意取得的标的物的范围，理论界一直存在争议。按我国现行《物权法》的规定，善意取得可被理解为“出让人与受让人间，以转移标的物所有权为目的而为不动产的移转登记或者动产的交付，即使出让人无移转所有权的权利，在受让人为善意时仍可由其取得标的物之所有权的制度”[③]。当无处分权人将不动产或动产转让给受让人时，若受让人是善意的，以合理价格受让并且已完成登记或交付，即可取得标的物之所有权。

善意取得制度旨在调和财产静的安全和动的安全,[④] 肯定物权公示的公信力

① 田士永、王萍：《物权行为理论研讨会综述》，载《中国法学》1998 年第 4 期。

② 王泽鉴：《民法学说与判例研究》，三民书局 1996 年版，第 291 页。

③ 刘家安：《物权法论》，中国政法大学出版社 2009 年版，第 112 页。

④ 刘心稳主编：《中国民法学研究述评》，中国政法大学出版社 1996 年版，第 366 页。

来避免买受人陷入“无穷尽的审查”，阻断原权利人的物权追及效力来保护善意第三人的利益，促进物之流转，保障交易便捷稳定。

善意取得制度对原权利人的救济是通过赋予其根据具体情况向无处分权人选择行使依据合同法或侵权责任法的损害赔偿请求权，或者不当得利返还请求权的方式实现的。[①]

二、二者在保护交易安全上各有其独立适用的情形

物权行为无因性理论与善意取得制度对交易安全的保护，是基于不同的法理，有着不同的适用要件和救济手段。二者最主要的区别在于：物权行为无因性理论保护交易安全的适用前提是债权行为不成立、无效或被撤销，物权行为有效成立，受让人获得标的物之所有权并对标的物有处分权，故物权行为无因性理论针对的是有权处分，是在债权行为因瑕疵而被撤销或无效的情况下，使后手交易的受让人获得标的物之所有权；而善意取得制度针对的是无权处分，使善意受让人在出让人的处分行为效力待定时得到保护而取得标的物之所有权。这使得二者具有不同的适用范围，下面笔者将对不同情形下物权行为无因性理论与善意取得制度的适用情况进行分析。

（一）对二者在不同情形下适用情况的初步分析

1. 前手行为移转标的物之所有权的情形

在前手行为移转标的物之所有权但合同被撤销或无效的情形下，是否承认物权行为理论，会影响对后手的转让是否系无权处分的判断。试举一例来阐明：

买受人乙以欺诈的手段与出卖人甲订立关于某物的买卖合同（甲为该物的所有权人），乙取得该物后（已完成物权公示），甲得知乙在交易中使用了欺诈手段，遂撤销了买卖合同要求乙返还原物。乙表示该物已经转让给第三人丙并完成了物权变动的公示。

若承认物权行为理论，则根据物权行为的无因性，债权合同即使被撤销或无效，也不影响物权行为的效力，买受人仍然取得标的物之所有权。故甲丧失对该物的所有权，只能行使债权性的不当得利返还请求权请求乙返还该物。而

① 梁慧星：《中国物权法研究》，法律出版社 1999 年版，第 514 ~ 515 页。

乙已将该物出卖给第三人并完成公示，在后手交易中乙系有权处分，故丙取得该物的所有权而不论其是否善意，甲可要求乙折价补偿。

若不承认物权行为理论，不区分债权行为与物权行为，则甲与乙之间的买卖合同被撤销会导致乙不能取得标的物之所有权，甲可以依物上请求权要求乙返还原物。而乙在此前已将该物转让给第三人丙，在后手交易中乙虽具有权利外观，但事实上并不享有所有权和处分权，系无权处分。无权处分情形适用善意取得制度，丙为善意即可对抗甲的物上请求权，取得标的物之所有权。

2. 前手行为不移转标的物之所有权的情形

处分权一般由所有权人行使。当前手行为不移转标的物之所有权，又不存在可由非所有权人行使处分权的法定情形时，不管是否承认物权行为理论，后手的转让行为均属于无权处分。

例如，甲将其所有之物交给乙保管，乙未经甲同意擅自将该物出卖给丙。不管甲与乙之间的保管合同是否被撤销或无效，乙都不取得标的物之所有权，后手的转让行为系无权处分。此时依物权行为理论分析，由于物权行为具有独立性，出让人有无处分权只影响物权行为的效力，[①] 买卖合同的生效不以出让人有处分权为条件，故乙、丙间的债权行为有效，物权行为效力待定，不发生物权变动的结果。而物权行为无因性理论发挥保护交易安全作用的前提是物权行为无效力瑕疵，对债权行为的瑕疵在所不问，故此时要保护丙的利益不能适用物权行为无因性理论而应适用善意取得制度，当丙符合善意取得的条件时，不管甲是否追认、乙事后是否取得处分权，都取得该物的所有权。

（二）善意取得制度不可替代物权行为无因性理论

1. 善意取得制度可替代物权行为无因性理论发挥保护交易安全的作用？

基于上述分析，有学者认为，善意取得制度在上述两种情形下均可发挥作用，物权行为无因性理论所起到的保护交易安全的作用完全可以由善意取得制

---

① 按物权行为无因性理论，物权变动是物权行为的结果，与债权行为无关，这就要求物权变动以处分权为基础——因为只有出让人是权利人或所有人的情况下，权利的继受取得才能成功。从德国民法典第 929 条关于动产的取得和第 873 条关于土地所有权的取得规定看，物权变动必须具备三个要件：（1）处分权，即出让人必须是权利人或所有人；（2）当事人之间达成物权变动的合意；（3）物权变动的公示。笔者认为这也是一个有效的物权行为所应具备的要件。

度代替。再者善意取得制度还区分善意第三人与恶意第三人，在维护公平正义的基础上保护交易安全。比如梁慧星教授就认为："在规定了善意取得制度的条件下，第三人可以借助于善意取得制度而受保护，而不必求助于物权行为无因性。"① 王利明教授则指出："较之物权行为无因性理论，善意取得不仅有助于保护善意第三人，而且因其可以区别第三人是善意还是恶意的不同情形，来决定是否对其进行保护，也能体现社会公平正义和诚信原则的要求。"② 陈华彬教授从历史背景出发，认为建构无因性理论恰值德国不知善意取得为何物的普通法时期，即使在德国普通法时期，影响、限制物权行为无因性的交易安全保护机能之发挥的因素也始终存在；而在立法确定善意取得制度之后，物权行为无因性理论保护交易安全的绝大部分机能就被善意取得制度所吸收。③

针对此种"替代论"提出的反驳意见也不少，有学者总结了以下几种较为典型的观点：（1）物权行为无因性理论适用范围较广，动产与不动产变动均可适用，且以不动产物权变动为重点，而善意取得制度一般不适用于不动产物权变动；（2）善意取得制度仅适用于物权让与人合法占有但无权处分的情形，对盗赃物、遗失物等一般不能适用；（3）善意取得制度以受让人主观善意为要件，而物权行为无因性理论则无此限制；（4）善意取得制度存在举证困难的问题，第三人往往难以证明其善意。④

笔者认为，上述理由不足以说明物权行为无因性理论保护交易安全的作用不能被善意取得制度代替：善意取得的标的物范围过窄的问题可以通过立法来解决，如我国物权法就将善意取得的标的物范围规定为动产和不动产；善意取得要求第三人主观善意是为衡平财产动静安全，无限制地保护第三人利益与交易安全而疏于对原权利人的保护有违公平；在举证责任的问题上，笔者倾向于由原权利人负证明第三人为恶意的举证责任，因为第三人占有标的物已处于有利地位，多是原权利人起诉要求确认第三人非善意取得，依谁主张谁举证的规则，原所有权人须证明第三人非善意，新出台的《最高人民法院关于适用〈中

① 梁慧星：《我国民法是否承认物权行为》，载《法学研究》1989 年第 6 期。

② 王利明：《物权行为若干问题探讨》，载《中国法学》1997 年第 3 期。

③ 陈华彬：《物权法原理》，国家行政学院出版社 1998 年版，第 126 页。

④ 刘国涛、迟美鸿：《论物权行为无因性理论与善意取得制度的统一性和互补性》，载《同济大学学报（社会科学版）》1999 年第 3 期。

华人民共和国物权法〉若干问题的解释（一）》第15条第2款亦规定："真实权利人主张受让人不构成善意的，应当承担举证证明责任。"

其实，二者在保护第三人利益和交易安全的结果和效果上，很难说有什么优劣之分，即使有也可以通过制度设计加以弥补。物权行为无因性理论不可被善意取得制度替代的真正原因，应该立足于二者的理论根基及运作机理来探究。

2. 善意取得制度的理论基础之惑

物权行为无因性理论扎根于一整套物权行为理论，其保护交易安全的机理清晰流畅，即先区分物权变动的当事人内部的物权关系与债权关系，进而排除债权关系对物权关系的影响来保护第三人，[①] 变动物权是基于当事人自己关于物权变动的意思表示。故德国法学家认为这种保护第三人的制度在理论解释上更合乎私法自治。[②]

通说认为，善意取得制度滥觞于日耳曼法中的"以手护手"原则，即动产的所有人基于自己的意思将动产交付他人占有，只能向该契约相对人请求返还；对于契约之外的第三人则不得追回，只能向相对人请求损害赔偿。然而"以手护手"原则的形成原因，一方面是基于日耳曼法推定占有动产者即为动产所有人，另一方面是根据契约的相对性。其产生不是为了特别保护第三人利益，只是在客观上起到了保护交易安全的作用，距离善意取得制度的确立还有很长一段路要走。直到1900年，《德国民法典》才明确承认了善意取得制度，真正使善意取得成为动产物权变动的一种方式。随着经济社会的发展、立法的完善，善意取得制度显然不能再用占有者即所有人或者契约的相对性来解释，学界对于其理论基础究竟是什么的争议从未停止过。相对占上风的观点是法律特别规定说，即善意取得是法律基于保护交易安全的需要对原所有权人的追及权加以限制，从当事人法律关系的外部强行切断原权利人的物上请求权来保护善意第三人。[③]

然法律特别规定说在逻辑上是存在缺陷的。罗马法上有"任何人不能将大

---

① 孙毅：《物权法公示与公信原则研究》，载梁慧星主编：《民商法论丛（第7卷）》，法律出版社1997年版，第473页。

② 孙宪忠：《德国当代物权法》，法律出版社1997年版，第70页。

③ 李永军：《我国民法上真的不存在物权行为吗》，载《法律科学（西北政法学院学报）》1998年第4期。

于自己的权利让与他人”（Nemo plus iuris ad alium transferre potest quam ipse habet）的原则，乌尔比安在论述无权处分时指出，交付“只应或只能使属于转让人的权利被移转给受让人。因此，如果某人对一块土地享有所有权，他便因交付而移转了所有权；如果他无所有权，便未将任何东西移转给受让人”[①]。这对将法律特别规定说作为第三人善意取得的理论基础提出了挑战，法律拟制第三人可凭善意阻断原权利人的物权追及力，借无处分权人之手“无中生有”地“原始取得”了标的物之所有权，在逻辑上未免牵强。为了保护交易安全这一急迫而切实的需要，法律拟制似乎并不过分；但是如果在理论设计上能自然衡平财产动静安全，在制度解释上能更加合乎私法自治的理念，无疑比法律的强行规定要合理得多。为此，我们或可借鉴物权行为理论发源地德国的理论，看看在德国，物权行为理论与善意取得制度是何种关系。

3. 物权行为理论可较好地解释善意取得制度的理论基础

《德国民法典》明确接受物权行为理论，为填补物权行为无因性理论无法处理无权处分而在交易安全保护上带来的空白，德国吸收了善意取得制度。德国的善意取得亦是放在物权行为理论下解释，成为一种继受取得，即让第三人之善意作为处分权的替代，从而发生与有权处分同一的效力。[②] 具体而言，在承认物权行为理论的前提下，根据物权行为的独立性，无权处分中债权合同有效，物权行为效力待定。一般而言，若权利人追认或无处分权人事后取得处分权，则可以补正物权行为的效力瑕疵，物权行为生效发生物权变动，反之物权行为无效。善意取得是无权处分行为中物权行为效力待定这一原则的例外规定，依照同样的逻辑，若第三人为善意且符合善意取得的其他条件，便可用第三人之善意替代出让人须具有处分权的要件，克服物权行为的效力瑕疵继而使第三人取得所有权。若第三人为恶意或不符合善意取得的其他条件，就不能克服物权行为的效力瑕疵，物权行为无效不能取得所有权，权利人可基于物上请求权要求第三人返还原物。

也就是说，只有在后手交易中物权行为的效力瑕疵能够克服、物权行为被补正有效的条件下，所有权才可向第三人让渡，第三人才可善意取得；善意取

① ［意］斯奇巴尼选编：《物与物权》，范怀俊译，中国政法大学出版社 1993 年版，第 59 页。

② 王文军：《为“善意取得系原始取得”申辩——与“善意取得系继受取得”说商榷》，载《政治与法律》2009 年第 6 期。

得其实是在后手交易中的物权行为存在效力瑕疵的情况下，用第三人之善意克服出让人无处分权的瑕疵，使物权行为因被补正而有效，从而发生物权变动的结果。这样一来，善意取得制度保护交易安全的机理，便是从当事人法律关系的内部，通过肯定后手交易中物权行为的效力使原权利人的物上请求权灭失，其无中生有产生权利的理论瓶颈得以突破，在学理上更具有说服力。此种观点在我国不乏学者支持，如田士永教授就认为善意取得属于特殊的物权行为，除去善意取得要求善意而物权行为有效要求有处分权之外，无论是在构成要件上还是法律效果上，善意取得都与一般的物权行为并无不同；① 刘家安教授亦认为“区分处分行为与负担行为，并将善意取得作为‘处分行为’意义上的对无权处分的效力弥补制度，能够更好地体现民法的精神，而且其法律技术也明显地更优”②。

如今越来越多的学者推崇物权行为与债权行为相分离的立法例，我国在司法上也开始有所松动。因为如果不区分物权变动的原因与结果，善意取得制度在对交易安全的保护上并非严丝密缝——对于无权处分者订立的合同，如果不承认物权行为的独立性，当履行期限截止而无处分权人未取得所有权或处分权不能移转标的物所有权时，由于买卖合同不转为有效，第三人无法要求无处分权人承担违约责任或者要求解除合同并主张损害赔偿，这是对第三人利益的保护不周。为此，《最高人民法院关于审理买卖合同纠纷案件适用法律问题的解释》第 3 条规定：“当事人一方以出卖人在缔约时对标的物没有所有权或者处分权为由主张合同无效的，人民法院不予支持。出卖人因未取得所有权或者处分权致使标的物所有权不能转移，买受人要求出卖人承担违约责任或者要求解除合同并主张损害赔偿的，人民法院应予支持。”第三人要求无处分权人承担违约责任或要求解除合同并赔偿损失必须建立在买卖合同有效的基础上才符合法理，故该条其实是规定了无处分权人订立的买卖合同有效，承认物权行为的独立性以维护第三人的利益。

然而上述论证，仍不能证明物权行为无因性理论在保护交易安全方面的作用不可被善意取得制度替代，因为承认物权行为的独立性，再结合善意取得制

① 田士永：《物权行为理论——以中国法和德国法中所有权变动的比较为中心》，中国政法大学出版社 2002 年版，第 269 页。

② 刘家安：《物权法论》，中国政法大学出版社 2009 年版，第 116 页。

度，似乎能使一切问题得到解决——无论是在对善意取得制度的理论解释上，还是在保护交易安全的实际效果上。这也是国内许多学者承认物权行为具有独立性，却否认其无因性的原因之一：物权行为无因性理论本身艰深晦涩、与一般人的认知不相符，在保护交易安全上的功能亦可被善意取得制度吸收。纯从概念分割出发，否认债权意思表示内在包含着物权变动的意思，否定债权行为对物权行为效力的影响，毫无意义可言。

然而在笔者看来，完整的物权行为理论应该包括物权行为的独立性与无因性，从实用角度出发取一弃一、割裂理论内部的逻辑关系是有欠考虑的。更何况，物权行为无因性理论还从根本上解释了物权公示的公信力来源。物权公示对维护交易安全具有重要价值，其在理论与实践上的意义自不待言。“近现代善意取得制度更加强调的是交易的客观公正性，尤其是物权公示原则的作用。德国民法典以及后来的民法典，包括我国物权法中关于善意取得的规定，均在肯定物权公示的前提下肯定善意取得制度。”① “善意取得制度背后的立法理由主要就是公示方法所具有的公信力。”② 物权公示情况在很大程度上成为判断第三人是否为善意、能否受善意取得制度保护的依据。可以说，没有物权公示原则，善意取得制度是站不住脚的。但是，人们往往只领会到法律不应辜负受让人对公示所表现的物权状态的合理信赖，或者认为是国家行政机构或司法机构的权威让登记在形式上具有公信力（而这种形式上的公信力来源在动产所有权变动以交付为公示上就不适用了），而很少从理论上去认识物权公示之公信力原始的、实质的来源——当涉及第三人的交易安全利益维护之时，第三人为何可用自己对公示所表现的物权状态的合理信赖对抗原权利人的追及权？物权行为无因性理论能解答这个疑问。设想，甲受到乙的欺诈，把自己的一套房屋卖给乙并办理了过户登记。在此过程中，甲基于自己将房屋所有权转移给乙的意思表示，发生了物权变动的结果。物权公示的公信力正是源于这个基于物权变动意思表示的物权变动结果，甲要为其物权行为带来的物权变动结果负责，而不论其是否受到了欺诈。只有这样，物权公示才值得信赖。也正因为物权公示原则与物权行为无因性理论之间存在着紧密的联系，有部分学者主张物权公示原则

① 王玉萍：《谈善意取得与物权行为无因性原则的功能互补》，载《政法学刊》2009 年第 5 期。

② 刘家安：《物权法论》，中国政法大学 2009 年版，第 73 页。

（形式主义原则）是物权行为理论的基本内容之一。可见，物权行为无因性理论还间接地通过物权公示保护交易安全，进而为善意取得制度提供支持。

综上所述，善意取得制度在保护交易安全方面要想完全取代物权行为无因性理论，必须在前述两种情形下均可适用，即不承认物权行为理论；而正是物权行为理论，包括物权行为的独立性、无因性以及由物权行为无因性理论支撑的物权公示原则，能较好地解释善意取得制度的理论基础。如果不承认物权行为理论，善意取得制度很难在理论上自圆其说。

（三）基于物权行为理论对二者适用情况的再分析

在承认物权行为理论的前提下，再分析上面两种情形下善意取得制度的适用，则第一种情形中前手行为移转了标的物之所有权，后手转让系有权处分，物权行为有效直接发生物权变动的结果，不适用善意取得制度；第二种情形前手行为不移转标的物之所有权，后手转让系无权处分，物权行为存在效力瑕疵，适用善意取得制度。

如此一来，物权行为无因性理论与善意取得制度在保护交易安全上各有其不能适用的地带，也各有其独立适用的情形。具体而言，物权行为无因性理论不能在后手交易中的物权行为存在效力瑕疵的情形下保护第三人利益，此时需适用善意取得制度，用第三人之善意补正物权行为使之有效；善意取得制度不能在后手交易中的物权行为本身有效的情形下保护第三人利益，此时需适用物权行为无因性理论。二者在保护交易安全上是衔接互补的关系，不能相互替代。

三、对“恶人受益”之结果的防范

（一）物权行为无因性理论使“恶人受益”？

反对物权行为无因性理论而主张以善意取得制度代替之的另一个重要理由是：若采物权行为无因性理论，由于前手交易中受让人的物权不受原因行为的影响，后手交易的受让人即使为恶意，仍可取得标的物之所有权。这种“恶人受益”的结果不仅违背公平原则与诚实信用原则，还会纵容恶意的交易，败坏市场风气，最终危及交易安全。

李永军教授曾对此作出回应：就德国民法的理论与实践而言，德国采取了一系列方法抑制物权行为无因性理论的绝对化，有效地防止恶意取得人获得保护。第一，德国民法与学理虽然主张以物权行为取得的所有权并不必然受到债权行为的影响，但仍然规定，当债权行为无效或被撤销时，受让人的取得因“无法律上的原因”而有返还的义务。第二，不能以静态的观点去评判发展的理论，德国学理及判例对物权行为理论有较大的发展，共同瑕疵理论[①]、一体性理论[②]等物权行为无因性相对化理论限制了物权行为无因性的绝对化。第三，德国民法典也承认善意取得制度，该法典第932条至935条明确规定动产的取得以善意为要件。[③]

（二）现有法律规定可起到制度补充作用

对于物权行为无因性理论可能导致“恶人受益”，结合德国的理论与实践，笔者认为，这种担心虽不无道理，但不可因噎废食，以此为由将物权行为无因性理论从交易安全保障体系中排除。试图通过一个制度解决全部问题的想法本身就是不切实际的，一个制度总是要通过多个制度的协调和补充才能真正达到逻辑圆满、得以有效执行。如果我国物权法能吸收物权行为无因性理论，那么在我国现有的民法体系下，《民法通则》第58条、《合同法》第52条、《物权法》规定的公序良俗原则、《民法通则》规定的诚实信用原则等现有法律规定完全可以发挥调节、衡平作用，对物权行为无因性理论进行恰到好处的制度补充，以更合乎公平正义的要求。

1. 后手交易发生在前手债权行为被撤销或无效前的情形

在前手行为移转标的物之所有权、合同有瑕疵但尚未被撤销或无效的情形下，物权行为无因性理论可否绝对保证后手交易中的买受人取得标的物之所有权呢？从维护公平正义的角度考虑，并非如此。

前文的例子中，后手交易发生在买卖合同被撤销、原权利人甲请求不当得

---

① 共同瑕疵理论，是指物权行为与债权行为可因共同的瑕疵而无效或被撤销。例如，物权行为与债权行为的当事人均有行为能力的欠缺或存在欺诈、胁迫、错误、乘人之危、显失公平或均存在对诚实信用、公序良俗的违反现象，可导致物权行为与债权行为均无效或一并被撤销。

② 一体性理论，是将物权行为与债权行为视作一个不可分割的整体法律行为，适用民法关于法律行为一部无效导致整体无效的规定。

③ 李永军：《我国民法上真的不存在物权行为吗?》，载《法律科学（西北政法学院学报）》1998年第4期。

利返还之前，一般情况下第三人丙是难以得知买受人乙在前手交易中使用了欺诈手段可能导致合同被撤销的，此时适用物权无因性理论不会导致“恶人受益”有损公平正义，丙可以取得标的物之所有权；当然也不能排除第三人知情，通常有以下几种情况：

（1）第三人丙与乙串通。乙通过欺诈手段取得物之所有权以后，为防止买卖合同被撤销、甲行使不当得利返还请求权，与第三人丙恶意串通，以虚伪表示签订虚假买卖合同或者以真实意思表示将该物恶意转让；或是乙与丙在前手交易发生前就已事先串通，合谋欺诈甲以从中获利。此时若绝对适用物权行为无因性理论，会给原权利人造成不必要的损害，并对交易秩序造成恶劣影响。正如王利明教授所言：“萨维尼‘源于错误的交付也是有效的’无因性理论，极有可能纵容受让人与第三人恶意串通，损害出卖人利益，如受让人通过欺诈取得了出卖人交付某种具有重要价值的特定物，为防止出卖人追夺该物，遂与第三人恶意串谋，以虚假的买卖合同将该物转让给第三人，第三人虽为恶意也能取得该物的所有权，显然不妥。”① 根据我国现有的法律规定，后手交易符合《民法通则》第58条第（4）项、《合同法》第52条第（2）项恶意串通，损害国家、集体或者第三人利益的民事行为无效、合同无效情形，违反了《物权法》规定的公序良俗原则“物权的取得和行使，应当遵守法律，尊重社会公德，不得损害公共利益和他人合法权益”，以及《民法通则》规定的诚实信用原则“民事活动应当遵循自愿、公平、等价有偿、诚实信用的原则”。此时《民法通则》第58条、《合同法》第52条、公序良俗原则、诚实信用原则均可阻止第三人最终基于物权行为无因性理论取得标的物之所有权。②

（2）甲得知乙使用了欺诈手段，请求人民法院撤销合同，法院作出判决尚需较长时日，此时丙听说此事，知道甲、乙间的买卖合同可能被撤销。在这种情况下，丙没有与乙恶意串通损害甲的利益，如果丙向乙购买该物，也不能由于丙知道甲、乙间的买卖合同可能被撤销就认定其具有恶意，因为要保证绝对

---

① 王利明：《物权行为若干理论探讨》，载《中国法学》1997年第3期。

② 笔者认为，公序良俗原则、诚实信用原则不是对物权行为、物权移转的效力性规定，而是要求物权取得的结果须符合合法、公平、诚信等要求，为救济原权利人提供理论基础。同样，《民法通则》第58条、《合同法》第52条也不是用民事行为、债权合同的效力性条款直接影响第三人对物之所有权的取得，而是用民事行为或合同的无效导致的双方返还使第三人负担返还原物的义务。

的善意，丙只能等待法院判决，这显然不利于物的流转与利用。故在此情形下丙可基于物权行为无因性理论取得该物所有权。

（3）丙虽未与乙串通，但知晓甲、乙间的债权行为有瑕疵，在甲发现乙使用欺诈手段并请求撤销前向乙购买该物。鉴于此时前手行为的买卖合同尚未被撤销、甲未行使不当得利返还请求权；丙与乙缔约时也无恶意串通损害甲的利益；再者从有利物的流转与利用的角度出发，不能认为丙有恶意。故在此情形下丙基于物权行为无因性理论取得标的物之所有权并无恶意，符合公平正义的要求。

2. 后手交易发生在前手债权行为被撤销或无效后的情形

在前手行为移转标的物之所有权但合同已被撤销或无效的情形下，从维护公平正义的角度出发，物权行为无因性理论对后手交易中买受人利益的保护也须在不违反《民法通则》《合同法》、公序良俗原则、诚实信用原则等现有法律规定的基础上。笔者稍微改动前文的例子加以说明：

买受人乙以欺诈的手段与出卖人甲订立关于某物的买卖合同（甲为该物的所有权人），乙取得该物后，甲得知乙先前使用了欺诈手段，遂撤销了买卖合同并请求乙返还原物。此时乙迅速将该物转让给第三人丙。

买卖合同被撤销、甲请求返还原物之后，甲对该物的所有权已在法律上得到确立，一般而言，只要该物尚未毁损、转让，甲就可无悬念地重新取得该物的所有权。相比合同还未被撤销之时，此时甲的权利是确定的，更应得到保护。若绝对适用物权行为无因性理论，买卖合同的撤销不影响物权行为的效力，根据我国当前的物权变动模式，乙在应甲的请求交付物或进行所有权变更登记前，还是该物的所有人，可以将物交付给第三人或登记到第三人名下，这会使甲的利益受到不必要的损害。

为了加强对原权利人利益的保护，同时又兼顾第三人利益，第三人最终能否取得标的物之所有权应取决于其是否违反公序良俗原则等现有法律规定。当前我国《物权法》同时规定了公序良俗原则与善意取得制度，从客观上来讲，善意取得必然损害了原权利人的合法权益，但为保护交易安全，在此特殊情况下只考虑了第三人的主观心态及其取得标的物的客观要件（合理价格转让、完成物权公示等），符合条件即可取得标的物之所有权。可见对《物权法》第7条规定的公序良俗原则中“不得损害公共利益和他人合法权益”的理解不能绝对使用客观化判断标准，在特殊情况下（如善意取得），尽管其客观上损害了他人的合法权益，但主观上并无此意图，从维护交易安全出发，不能认为其违反公序良俗原则。笔者认为，前手交易的债权行为已被撤销或无效的情况在客观上难以为第三人所知且无证据表明第三人明知，第三人向前手交易的买受人购买标的物也应属特殊情况，应判断第三人不违反公序良俗原则可以取得标的物之所有权。但如果前手交易的债权行为已被撤销或无效的情况在客观上足以为第三人所知，或有虽不足以为第三人所知但有证据表明第三人明知，应判断第三人违反公序良俗原则须返还标的物。

四、交易安全保障体系的设计与可行性分析

（一）兼采物权行为无因性理论与善意取得制度的安全保障体系

综上所论，在对交易安全的保护上，物权行为无因性理论与善意取得制度都不可或缺。在承认物权行为理论的前提下，二者的作用具有统一性，但又有各自“适用真空”的地带，具有互补性。要形成完整完善的交易安全保障体系，须综合发挥物权行为无因性理论与善意取得制度的优势，在不同情形下有选择地适用、衔接；为避免物权行为无因性理论的绝对化损害公平正义，《民法通则》与《合同法》相关条文、公序良俗原则、诚实信用原则等现有法律规定对其的限制必不可少。具体分以下几种情形：

（1）前手行为移转标的物之所有权但原因行为有瑕疵，在债权行为被撤销或无效前，该物已出卖给第三人，则不论原因行为的瑕疵被发现在转让给第三人之前还是之后，第三人是否知道前手交易中的债权关系可能被撤销或无效，原则上都适用物权行为无因性理论，第三人取得标的物之所有权；若后手交易中的双方恶意串通违反《民法通则》《合同法》、公序良俗原则、诚实信用原则等现有法律规定，以被触犯的法律规定为第三人基于物权行为无因性理论取得标的物之所有权把关，防止“恶人受益”；

（2）前手行为移转标的物之所有权但原因行为有瑕疵，后手交易发生在前手交易的债权行为已被撤销或无效、原权利人请求返还原物但原物尚未返还、所有权变更公示前，若前手交易的债权行为已被撤销或无效的情况在客观上难以为第三人所知且无证据表明第三人明知，第三人可基于物权行为无因性理论

取得标的物之所有权；若前手交易的债权行为已被撤销或无效的情况在客观上足以为第三人所知，或虽不足以为第三人所知但有证据表明第三人明知，判断第三人违反公序良俗原则，须返还标的物；

(3) 前手行为不移转标的物之所有权，占有人未经权利人同意擅自将该物转让给第三人，系无权处分，只能适用善意取得制度，根据第三人是否符合善意取得的条件来判断其可否取得标的物之所有权。

(二) 上述设计在我国应用的可行性

当前我国《物权法》第106条明确规定了善意取得制度，保护无权处分情形下善意第三人的利益。同时我国《合同法》第58条规定了合同无效或者被撤销的法律后果，对该条中财产“不能返还”的理解，该条的法条释义解释为包括事实上不能返还与法律上不能返还，其中法律上不能返还是指因合同取得的财产已经转让给善意第三人，该善意第三人取得了该财产所有权的情况。此处善意第三人取得财产所有权，应是基于善意取得制度，也就是说将因无效或被撤销的合同取得的财产转让给第三人系无权处分，合同的撤销影响了物权的变动——由此看来我国民法规定的善意取得制度并非在物权行为理论基础上架构。虽然在法律后果上，不承认物权行为理论的善意取得制度在前手行为转移或不转移标的物之所有权的情形下都能保护第三人利益与交易安全；但究其法理依据，正如笔者前文所论述的，不以物权行为理论为基础的善意取得制度是存在理论缺陷的。

上述设计能否在我国得以应用，关键在于我国物权法能否兼容物权行为理论。我国《物权法》第15条规定：“当事人之间订立有关设立、变更、转让和消灭不动产物权的合同，除法律另有规定或者合同另有约定外，自合同成立时生效；未办理物权登记的，不影响合同效力。”结合《物权法》第9条不动产物权的设立、变更、转让和消灭必须依法登记才能发生效力之规定，可推知第15条“不影响合同效力”中的“合同”不可能是物权合同，只能是作为其原因的债权合同——这似乎又为物权行为独立性的解释提供了空间。由于《物权法》本身并未将物权变动的基础归于一个物权行为（只规定了登记和交付的必要性，而未说明当事人之间是否达成关于物权变动的合意），故很难说《物权法》承认物权行为理论；但第15条至少肯定了债权行为只发生债的效力，可以与物权变动的效力区分开来。[①]

由此可见，我国当前立法对物权行为理论持既不承认也不否认的回避态度，一方面不正视物权行为的独立性与无因性，另一方面又不得不在某些具体问题上划分物权行为与债权行为，这种模棱两可的态度造成了立法上的矛盾，也为司法实践带来诸多困惑，亟待纠正与统一。我国司法实践已呈现出倡导区分物债效力的倾向，《最高人民法院关于印发〈民事案件案由规定〉的通知》中指出：《民事案件案由规定》按照物权变动原因与结果相区分的原则，对于因物权变动的原因关系，即债权性质的合同关系产生的纠纷，应适用债权纠纷部分的案由，如物权设立原因关系方面的担保合同纠纷，物权转移原因关系方面的买卖合同纠纷。对于因物权成立、归属、效力、使用、收益等物权关系产生的纠纷，则应适用物权纠纷部分的案由，如担保物权纠纷。对此，人民法院应根据当事人诉争的法律关系的性质，查明该法律关系涉及的是物权变动的原因关系还是物权变动的结果关系，以正确确定案由。这表明区分物权变动的原因与结果，不仅在立法上具有指导意义，也在审判实践中发挥重要作用，我国民事立法应紧跟司法实践的步伐，早日使物权行为理论获得其应有的地位。

鉴于物权行为无因性理论的抽象性与复杂性，它不可能像善意取得制度一样以法条形式明文规定，但既然我国物权法已为物权行为理论的适用留下一定空间，司法实践中也已呈现出倡导区分物权变动的原因与结果的倾向，在不久的将来吸收其理论精髓并作为统一的立法指导，也不无可能。

结　论

本文在对物权行为的无因性和善意取得的基本概念予以厘清后，从交易安全保护的视角对二者发挥作用的机理进行了分析，得出善意取得制度只有被放置在物权行为理论中才能更好地从理论上得到解释，即善意取得其实是在后手交易中的物权行为存在效力瑕疵的情况下，用第三人之善意克服出让人无处分权的瑕疵，使物权行为因被补正而有效，从而发生物权变动的结果。物权行为无因性理论作为物权行为理论不可分割的一部分，还从根本上解释了物权公示的公信力来源，间接地通过物权公示保护交易安全，进而为善意取得制度提供

① 刘家安：《物权法论》，中国政法大学出版社2009年版，第85页。

支持。

在承认物权行为理论的前提下，物权行为无因性理论在保护交易安全上针对后手交易中的物权行为本身有效的有权处分情形，善意取得制度针对后手交易中的物权行为存在效力瑕疵的无权处分情形，二者各有其独立适用的情形，不可相互替代。特定情形中若绝对适用物权行为无因性理论，可能导致恶意第三人受益，不仅有损公平正义，也终将威胁交易安全，此时用《民法通则》与《合同法》相关条文、公序良俗原则、诚实信用原则等现有法律规定对物权行为无因性理论进行制度补充是对物权行为无因性理论绝对化的校正。

当前我国《物权法》虽然只规定了善意取得制度，但为物权行为理论的适用留下了空间，审判实践也已呈现出倡导区分物权变动的原因与结果的倾向，在不久的将来，兼采物权行为无因性理论与善意取得制度的交易安全保障体系或可在立法上实现。

鉴于物权行为理论本身抽象晦涩，笔者在理论知识与实务经验方面又存在诸多欠缺，写作过程中笔者倍感压力、深觉自身驾驭能力之不足。希望此文姑且能起抛砖引玉作用，得与诸位共同探讨。

参考文献

著作类：

[1] 王泽鉴：《民法学说与判例研究》，三民书局 1996 年版。

[2] 刘家安：《物权法》，中国政法大学出版社 2009 年版。

[3] 刘心稳主编：《中国民法学研究述评》，中国政法大学出版社 1996 年版。

[4] 梁慧星：《中国物权法研究》，法律出版社 1999 年版。

[5] 田士永：《物权行为理论研究》，中国政法大学出版社 2002 年版。

[6] 陈华彬：《物权法原理》，国家行政学院出版社 1998 年版。

[7] 孙宪忠：《德国当代物权法》，法律出版社 1997 年版。

[8] ［意］斯奇巴尼选编：《物与物权》，范怀俊译，中国政法大学出版社 1993 年版。

[9] 田士永：《物权行为理论——以中国法和德国法中所有权变动的比较为中心》，中国政法大学出版社 2002 年版。

期刊类：

[1] 田士永、王萍：《物权行为理论研讨会综述》，载《中国法学》1998 年第 4 期。

［2］梁慧星:《我国民法是否承认物权行为》，载《法学研究》1989 年第 6 期。

［3］王利明:《物权行为若干问题探讨》，载《中国法学》1997 年第 3 期。

［4］刘国涛、迟美鸿:《论物权行为无因性理论与善意取得制度的统一性和互补性》，载《同济大学学报（社会科学版)》1999 年第 3 期。

［5］李永军:《我国民法上真的不存在物权行为吗》，载《法律科学（西北政法学院学报)》1998 年第 4 期。

［6］王文军:《为“善意取得系原始取得”申辩——与“善意取得系继受取得”说商榷》，载《政治与法律》2009 年第 6 期。

［7］王玉萍:《谈善意取得与物权行为无因性原则的功能互补》，载《政法学刊》2009 年第 5 期。

论文集类:

［1］孙毅:《物权法公示与公信原则研究》，载梁慧星主编《民商法论丛（第 7 卷)》，法律出版社 1997 年版，第 473 页。

论买卖型担保的法律效力*

——以《民间借贷司法解释》第二十四条的解读为中心

【摘要】 随着近年来我国市场经济的繁荣发展，“买卖型担保”作为一种全新的担保方式，因其高效、便捷等优点走入人们的视野，在实践中得到广泛的应用。但与此同时，由于相关立法的滞后，实践中出现了大量由“买卖型担保”引发的纠纷，给司法机关提出了不小的难题。2015 年《最高人民法院关于审理民间借贷案件适用法律若干问题的规定》（以下简称《民间借贷司法解释》）的发布，虽然一定程度上缓解了司法实践中缺乏认定依据的窘况，但在核心的买卖合同效力、物权效力和优先效力上，并未给出妥适的解答。因此，本文将从“买卖型担保”的意思表示入手，通过当事人的真实意思，明确“买卖型担保”的法律性质，进而尝试对买卖合同的效力、物权效力与优先效力作出一定回答。

【关键词】 买卖型担保；让与担保；代物清偿；法律效力

---

* 作者：中国政法大学法学院 2014 级 3 班　徐浩诚
指导老师：中国政法大学民商经济法学院教授　刘智慧

绪　论

在中国当下的社会中，合同关系作为市场的编织线，通过创设个别规范的方式，调整权利义务，维护市场经济的平衡有序。而担保作为确保债权能够实现的法律制度，对于市场秩序的维护有十分重要的作用。通常情况下，担保机能的实现通常为两种路径①：第一，通过扩大责任财产，使得债权实现的可能性增强；第二，通过将一部分责任财产从一般财产中剥离使其特定化，让债权人优先受偿。前者首推保证制度，后者则以担保物权作为代表。然而法律制度的稳定性无法与市场需求的日新月异相适应，于是人们发明了通过签订买卖合同担保债权实现的担保方式，以期在弥补保证相对效力之余，规避担保物权设立的繁复。

但是此一形式出现伊始，就在司法实务中遭遇了不同的待遇，甚至在最高人民法院（2011）民提字第344号判决与最高人民法院（2013）民提字第135号判决中，出现了截然相反的认识。随着2015年8月《民间借贷司法解释》的出台，从司法解释的高度上作出了规定。然而，官方的态度并不足以使学理上的争论偃旗息鼓，相反，司法解释语言的模糊导致更多的难题和质疑出现。可见，对于“买卖型担保”进行进一步的解释，实属必要。

本文将首先从意思表示的解释出发，探求“买卖型担保”中当事人双方的法效意思，同时汇整考察实务当中的司法现状，再对“买卖型担保”的法律效力进行探讨，最后对我国“买卖型担保”法律效力的认定规则提出自己的建议。

一、问题的提出：“买卖型担保”中意思表示的初步解释及司法实务的现状考察

所谓“买卖型担保”，是我国学者对于《民间借贷司法解释》第24条所规范的对象的形象概括，其在司法解释中的表述十分简单，即指“当事人以签订买卖合同作为民间借贷合同的担保”的担保形式，而其典型的构造究竟为何，现实中的真实案例可以给我们提供一定的借鉴。

---

① 崔建远：《“担保”辨——基于担保泛化弊端严重的思考》，载《政治与法律》2015年第12期。

以典型的最高人民法院公报案例“朱俊芳与山西嘉和泰房地产开发有限公司商品房买卖合同纠纷案”[①] 为例，当事人双方约定了两份合同。一份为《商品房买卖合同》，另一份为《借款协议》，约定的内容为：“嘉和泰公司自愿将其开发的目标商铺抵押给朱俊芳，抵押的方式为和朱俊芳签订商品房买卖合同，并办理备案手续，开具发票。如到期偿还借款，则将抵押手续（合同、发票、收据）退回，到期不能偿还，将以该抵押物抵顶借款，双方互不支付对方任何款项。”

后在借款合同到期后，出借人朱俊芳请求借款人嘉和泰公司履行签署商品房买卖合同，而嘉和泰公司则认为自己与朱俊芳之间真实的法律关系为民间借贷，不愿履行《商品房买卖合同》的约定内容。

前已有述，既然意思表示旨在设立适用于当事人之间的个别规范，则其适用就难以脱离解释而存在，否则就会因误解导致纠纷的产生，因而下文将首先对典型“买卖型担保”中当事人的真实意思进行分析。

（一）“买卖型担保”的意思表示解释

在借贷合同当中，出借人借款给借款人，约定到期后借款人归还借款，其中的意思并无任何疑义。而在买卖合同当中，真实意思为何疑窦丛生。

根据《合同法》第 130 条，买卖合同是出卖人转移标的物所有权于买受人，买受人支付价款的合同。从出卖人的角度来讲，在订立买卖合同时，出卖人所期待的并非为自己设立“移转标的物所有权”的债法上的义务，出卖人也并不希望在签订买卖合同后，买受人产生对自己的“转移所有权”的请求权，出卖人所期待的仅仅是为借贷合同提供担保，在自己到期无法偿还借款时，以买卖合同约定的标的物抵销借贷合同中的债务；从买受人的角度来看，其更未有受买卖合同拘束的意思表示，因买受人自始不具备在买卖合同签订后，支付买卖合同中标的物价款的真实意思。

双方既然以担保为核心的目的，就必须要问，双方希望以怎样的方式发生何种担保效果？按照《民间借贷司法解释》第 24 条的规定，当事人是以签订买卖合同作为民间借贷合同的担保，但买卖合同作为一种意定之债，具有相对性

---

① 最高人民法院（2011）民提字第 344 号民事判决书。

且仅发生请求的效力，在并未扩大债务人责任财产的情况下，不可能发生担保的效果。之前提及，担保机能的实现通常为两种路径，在扩大责任财产这一路径不能实现时，就应诉诸另一路径。事实上，当事人期待的，恰恰就是担保机能实现的第二种路径，即使买卖合同标的物脱离债务人的一般财产，使其专为满足借贷合同债权而存在，核心在于担保物的让与，而非担保物的买卖，即核心在于所有权未来能够移转，而并不是互负债权债务的买卖合同。故杨立新教授认为，“买卖型担保”是一种物保，而非一种债保，更不是人保。①

综上，初步审查“买卖型担保”中当事人双方的意思后，可知双方的真意在于，在借款合同届期不能履行还款义务时，以让与的方式，使担保物脱离当事人的一般财产，从而担保借贷合同中债权的实现。

（二）司法实务的现状考察

司法实务中对待“买卖型担保”的态度，可谓形态各异，并未形成某一种固定的结论，特别是在《民间借贷司法解释》出台之前，各地出现了大量的判决，体现出各种不同的立场，大致分为六种。

1. 认定约定有效，同时肯定优先受偿权

例如，2014 年的“杨秀梅诉张瑛、河北寰宇房地产开发有限公司、第三人郑文忠借款合同纠纷案”② 中，石家庄市中级人民法院就认为，当事人约定商品房买卖合同作为借款合同的担保，是出于双方当事人真实的意思表示，并且并不违反法律、法规的强制性规定，商品房买卖合同中涉案的房屋既然为了担保债权的目的而设，那么基于对当事人意思自治的尊重，就应当肯认债权人对涉案房屋的优先受偿权。

2. 认定约定有效，肯定担保的作用，但不涉及优先受偿权

以 2014 年“郑腊上与东来日盛置业有限公司请求确认债务人行为无效纠纷案”③ 为例，宁波市中级人民法院就给出了不一样的意见。宁波中级人民法院认为，《商品房买卖合同》在规范的意义上由于并非当事人双方的真实意思而无效，但涉及双方所设立的非典型担保行为中有关担保实现方式的部分内容，不

---

① 杨立新：《后让与担保——一个正在形成的习惯法担保物权》，载《中国法学》2013 年第 3 期。

② 河北省石家庄市中级人民法院（2014）石民三初字第 00221 号民事判决书。

③ 宁波市中级人民法院（2014）浙甬商终字第 1351 号民事判决书。

影响该非典型担保方式作为担保行为的其他效力。这里的认定不涉及债权人是否具有优先受偿的权利，仅说明在债务人不能清偿债务时，债权人得以通过拍卖或变卖案涉房屋的方式担保其债权的实现。

3. 认定约定有效，但不涉及物权效力

在江苏省高院 2014 年的“江苏亿豪房地产发展有限公司与南京中医药大学股权转让纠纷案”① 中，合议庭成员即认为，当事人的约定并不违反法律、行政法规的强制性规定，也没有对社会公共利益或公序良俗造成任何的损害，也并未创造某一种物权从而违反物权法定原则，具有促进交易、融通资金的功能，因此为有效的约定，但至于是否具备物权效力，并未有明确的判断。

4. 认定约定有效，但否认具有物权效力

相反，在杭州市西湖区人民法院（2009）杭西商初字第 2461 号判决中，审理法官即认为，当事人转移所有权却没有支付对价，这样一种非典型担保中的所有权取得方式没有《担保法》《物权法》作为实证法律规范的基础，因此违反了物权法定原则。所以即使双方约定有效，也不具有物权的效力。

5. 认为约定无效，同时否定物权效力

在实务当中，直接认定当事人双方约定无效者甚众，理由也各不相同，但主要集中在违反《担保法》禁止流押的规定、违反物权法定原则这两种。如河北省的赵祖华案②、江苏省的朱风烈案③等，皆以违反流押或物权法定等理由认定约定无效，既然约定已经无效则物权效力也无存在的基础。

6. 不评价约定效力，仅否认物权效力

厦门中级人民法院在“卢玉花与迟板莲、孟照斌、厦门市源莲房地产营销代理有限公司合同纠纷案”④ 中给出了截然不同的认定思路，其认为约定的效力不需要进行认定，因当事人的纠纷在于是否获得了物权性质的权利。循此思路，只要认定当事人之间未移转物权性质的权利即可，约定效力如何应另案处理，是否履行应交给当事人意思自治。

---

① 江苏省高级人民法院（2014）苏商终字第 0205 号民事判决书。

② 河北省张家口市宣化区人民法院（2015）宣区民初字第 532 号民事判决书。

③ 江苏省高级人民法院（2014）苏审三民申字第 0411 号民事判决书。

④ 福建省厦门市中级人民法院（2014）厦民终字第 410 号民事判决书。

二、“买卖型担保”的定性：认定“买卖型担保”效力的理论基础

民法规范多为任意性规范，得因当事人意思排除适用，其存在具有补足当事人意思，为当事人寻求最合适的交往手段的功用[①]。因此，即使“买卖型担保”旨在创设个别规范，但亦需要在理论上对于“买卖型担保”进行定性。

（一）附条件的买卖合同

对于“买卖型担保”的认识，最早即是认为其仅为买卖合同加民间借贷合同，只不过民间借贷合同的履行情况被当作了买卖合同的条件。所谓附条件，是指以未来的不确定的事实的发生或者不发生，作为法律行为发生效力或者失去效力的限制条件，其性质是一个法律行为内部的控制效力的要件[②]。以“买卖型担保”为例，如果借款人到期归还借款清偿债务，则买卖合同自然不需要履行，其效力也当然中止。由此，学者提出附解除条件的合同这一解释路径。[③]

但事实上，“买卖型担保”中当事人亦约定借款人到期不能归还借款时，则应履行买卖合同，交付房屋并转移所有权，效果上符合停止条件的法律特征。于是，在解释上出现了一个难以调和的矛盾：即一个合同上，既附加了一个停止条件，又附加了一个解除条件，而附停止条件的前提是合同未发生效力，附解除条件的前提是合同已经完全生效。换言之，附条件买卖合同的解释论，将“买卖型担保”置于了一个“既有效，又无效”的荒谬地位。可见，附条件的买卖合同并非“买卖型担保”的真实法律性质。

（二）让与担保

在本文第一部分的叙述中，已经通过意思表示的解释说明了当事人真意在

---

① 朱庆育：《“LEGAL 民总读书会”答疑精选》，http：//mp. weixin. qq. com/s？_ _ biz = MjM5ODA5NzYzNg = = &mid = 2652118120&idx = 1&sn = dec4929c3c78e52b490a30d3c3b27873&chksm = bd2f5be38a58d2f5530e69e0c7442666b19be691c7c1db5cb4695227ee3e8707972a4ae5fe73&mpshare = 1&scene = 2&srcid = 1014JAHmy3IvdlTjamnTr4KA#rd，最后访问时间 2017 年 8 月 2 日。

② 江平主编：《民法学》（第二版），中国政法大学出版社 2011 年版，第 142 页。

③ 庄加园：《“买卖型担保”与流押条款的效力——〈民间借贷司法解释〉第 24 条的解读》，载《清华法学》2016 年第 3 期。

于通过让与的手段发生担保的效果，从而确保借贷合同中出借人债权的实现，因此，在求助《物权法》与典型性担保不能的情形下，学者即认为“买卖型担保”的法律性质应当是让与担保①。

所谓让与担保，德国法上称为担保性所有权让与②，是指债务人或第三人为担保债务人的债务，将担保标的物的权利移转于债权人，于债务清偿后，标的物应返还于债务人或第三人，在债务不履行时，担保权人可就该标的物优先受偿的权利③，是一种非典型性担保，在德、日等国有着广泛的应用。

支持“买卖型担保”的法律性质为让与担保者，主要认为《民间借贷司法解释》第 24 条所规定的对象，在构成方面与让与担保基本一致，并且让与担保转让的是标的物的整体性权利——所有权，因此根本不存在违反物权法定原则的问题④。而第 24 条第 1 款规定：“当事人以签订买卖合同作为民间借贷合同的担保，借款到期后借款人不能还款，出借人请求履行买卖合同的，人民法院应当按照民间借贷法律关系审理，并向当事人释明变更诉讼请求。当事人拒绝变更的，人民法院裁定驳回起诉。”从内容上看，是在将禁止流押的规定扩张，因此，从目的解释的角度，“买卖合同”就应当解释为我国语境下的让与担保，才能有规范性意义。⑤

但让与担保的定性，无法解释的一点在于，当事人在订立合同时根本没有移转买卖合同标的物所有权的意思，其让与的意思至少也会发生在借款合同中债务到期不能清偿之后，甚至更通常的情况下，如前文提及的“朱俊芳案”，订

---

① 潘欣荣：《担保型买卖合同的效力——兼论〈民间借贷规定〉第二十四条的理解与适用》，http：//mp. weixin. qq. com/s? _ _ biz = MjM5ODA5NzYzNg = = &mid = 2652118102&idx = 1&sn = b2e0ac908cf5e28b7a49e1d30c27c537&chksm = bd2f5bdd8a58d2cb5ad055ba0c1a3f6f115f94de9648b6633a8099f935a459d0b4bd165aca44&scene = 0#rd，最后访问时间 2017 年 8 月 2 日。

② ［德］鲍尔·施蒂尔纳：《德国物权法（下册）》，申卫星、王洪亮译，法律出版社 2006 年版，第 599 页。

③ 向逢春：《让与担保制度研究》，法律出版社 2014 年版，第 11 页。

④ 庄加园：《“买卖型担保”与流押条款的效力——〈民间借贷司法解释〉第 24 条的解读》，载《清华法学》2016 年第 3 期。

⑤ 潘欣荣：《担保型买卖合同的效力——兼论〈民间借贷规定〉第二十四条的理解与适用》，http：//mp. weixin. qq. com/s? _ _ biz = MjM5ODA5NzYzNg = = &mid = 2652118102&idx = 1&sn = b2e0ac908cf5e28 b7a49e1d30c27c537&chksm = bd2f5bdd8a58d2cb5ad055ba0c1a3f6f115f94de9648b6633a8099f935a459d0b4bd165 aca44&scene = 0#rd，最后访问时间 2017 年 8 月 2 日。

立合同时买卖合同的标的物尚未出现，根本不会具有转移标的物所有权的意思的可能。

另外，就第 24 条的规范解读而言，即使利用目的解释，在解释目标上也不应采取完全的“主观说”，因为法律条文一经制定，就脱离立法者而单独存在，故而主观说“只包含部分的真理”①。所以，对于法律条文的解读，应当建立在条文可能的文义范围之内。但根据《民间借贷司法解释》第 24 条，法院在审理“买卖型担保”的案件时，只是按照民间借贷法律关系审理，而对于买卖合同所代表的法律关系为何，并没有作出明确的解答，更没有迹象表明是依据禁止流质条款规范买卖合同所代表的法律关系。故而所谓“只有解释为让与担保，才能有规范意义”的说法，并不当然成立。

因此，将“买卖型担保”认定为让与担保是不正确的。

（三）后让与担保

通过意思表示解释，既然当事人转移标的物所有权的意思发生在债务到期不能清偿之后，因此不能认定为让与担保，杨立新教授便另辟蹊径，将“买卖型担保”命名为后让与担保，与让与担保相对，是我国特有的一种正在形成的习惯法担保物权。②

杨立新教授认为，从“买卖型担保”的构成来看，其本质上是一种物保，而并非债保，是以标的物所有权担保债权实现的方式，在性质上与让与担保最为接近，只不过转移标的物所有权的意思并非在订立买卖合同时便已具备，所以属于后让与担保。

首先，所谓的后让与担保，其所有权变动发生在借款合同不能履行之后，既未使得借款合同中债务人的责任财产范围扩大，也没能使得债务人的一般性财产特定化而专为清偿债务，这样的创造是否具有实际的意义，能否达成所谓的担保效果，本身就有疑问；其次，按照杨立新教授的观点，后让与担保如果是一种正在形成的习惯法担保物权，对于物权法定原则就是一种违背，在不承认习惯法的我国，不具有实证意义；再次，即使是作为一种担保物权，后让与

---

① ［德］卡尔·拉伦茨：《法学方法论》，陈爱娥译，商务印书馆 2003 年版，第 198 页。

② 杨立新：《后让与担保——一个正在形成的习惯法担保物权》，载《中国法学》2013 年第 3 期。

担保也缺乏有效的公示手段，在《物权法》以公示公信作为基本原则的前提下，不能赋予其物权的地位；最后，后让与担保约定在条件成就时直接移转标的物所有权，明显违背《担保法》中禁止流押的规定。①

综上，“买卖型担保”不应当认定为后让与担保，在我国采物权法定主义的背景下，后让与担保也不具有规范的意义，不应由司法解释进行规定。

（四）选择之债加抵销

有学者提出，“买卖型担保”构建的是这样一种结构：借贷合同中的借款人与出借人通过签订买卖合同，约定在清偿期届至时根据不同的实际情况，选择不同的债务履行方式，即偿还借款或是交付买卖合同标的物，如果选择后者便将买卖合同买受人交付价金的债务与借贷合同借款人偿还借款的债务相互抵销，从而实现债权。由此，也通过抵销制度解决了担保效力的来源问题。②

但是首先，所谓“选择之债加抵销”的建构方式，实际上是错误地理解了选择之债的含义。所谓选择之债，是指在债成立之初存在数宗给付，当事人须在数宗给付之中任选其一作为债之标的的债③，其对应概念为简单之债。因此，选择之债在履行之前须通过选择权的行使，使得债之标的特定化，变为简单之债，从而才有履行可能。而“选择之债加抵销”的方式，暗含的前提就是行使选择权后，“偿还借款”这一宗给付并不消失，而是继续存在以与买卖合同中“买受人支付价款”的债务相互抵销，与“选择权”行使的法律效果背道而驰。

其次，即使将“选择之债加抵销”的建构方式拆分开，也无法与“买卖型担保”贴合。第一，若“买卖型担保”的性质为选择之债，就必须回答选择权的分配问题，而“买卖型担保”中根本没有关于分配选择权的意思表示；同时，选择权作为形成权，其行使将以一方当事人的意思直接决定对方当事人的法律地位，这意味着选择权人不论为出借人还是借款人，当借款人可以偿还借款时，选择权人均得以选择他宗给付履行，此在他宗给付之市场价格发生较大变化时，将严重损害对方当事人利益。第二，若“买卖型担保”的性质为意定抵销，则是间接承认了当事人之间具有“买卖合同”的法律关系，与前述当事人之间的

---

① 董学立：《也论“后让与担保”——与杨立新教授商榷》，载《中国法学》2014 年第 3 期。

② 崔建远：《“担保”辨——基于担保泛化弊端严重的思考》，载《政治与法律》2015 年第 12 期。

③ 刘家安、周维德、郑佳宁：《债法：一般原理与合同》，高等教育出版社 2012 年版，第 56 页。

真实意思表示不符；另外，对于合意抵销而言，需要以当事人的合意为基础，意味着一方当事人可以拒绝抵销，而要求所谓“买受人”履行支付价金的义务，显然不够合理。

因此，这样一种认定思路虽说另辟蹊径，但却将简单问题复杂化，也不能符合解释论的要求。其思路既对于概念的掌握有所疏漏，也违背了当事人的真实意思，纯粹是法学家的生造，脱离了现实的生活，不应当采取。

（五）合同的变更

对于“买卖型担保”而言，究其本质是在借贷合同清偿期届至之时，若贷款人无法返还借款，则通过移转所谓“买卖合同”标的物所有权的方式来清偿的方式。于是针对这一层含义，似乎可以将其理解为当事人通过合意，在贷款人不能到期还款的情况下变更合同内容，将债务从“返还借款”变更为“移转所有权”。

所谓合同的变更，就狭义而言是指在合同成立后，尚未履行或尚未完全履行以前，基于法律的规定、法院或仲裁机构的裁判行为或者当事人的法律行为等，是合同内容发生变化的现象。[①] 但最为关键之处在于，合同的变更以保持债之关系的同一性，即不论如何改变合同的内容，当事人之间的基础法律关系不应被改变，否则称之为“合同的更改”。

而在“买卖型担保”中，如果认为发生了合同的变更，则当事人之间的法律关系将从“一方向另一方支付借款，而另一方在到期后返还借款”变成“一方支付金钱，而另一方交付特定物并移转所有权”，即从借贷关系变成买卖关系，违背了同一性的要求，也不符合当事人的真实意思。

综上，将“买卖型担保”理解为合同的变更是不准确的。

（六）代物清偿协议与代物清偿预约

“买卖型担保”在民间，又称为以物抵债协议，即约定在债务到期后以他种给付清偿的协议，从法律效果看，“买卖性担保”与代物清偿协议有着极大的相似性。所谓代物清偿协议，就是指当事人约定以履行他种给付代替原定给付，

① 韩世远：《合同法学》，高等教育出版社2010年版，第230页。

从而发生债务清偿效果的合意。① 传统民法认为，代物清偿协议是以他种给付发生旧债权消灭的效力，在类型上应当属于要物合同，此一观点早在 1999 年王家福、梁慧星先生编写的《中国民法学 · 民法债权》一书中就已经被明确地提出。②

1. 代物清偿要物性之探讨

基于代物清偿协议是要物合同，即以物之交付作为合同的特别成立要件，而"买卖型担保"成立时并没有进行物之交付，因此"买卖型担保"属于代物清偿协议的认定难以成立。由此学者转而寻求预约与本约的理论，认为"买卖型担保"是一种代物清偿预约，仅依据合意就可以成立生效，在条件成就之时签订代物清偿协议的本约，从而绕过要物的问题。③

但事实上，在我国法律的语境下，争论到底是代物清偿协议还是代物清偿预约，没有太多现实性的意义。究其原因，在于我国法律并没有明确地规定代物清偿这一种合同，也没有如日本一般，将代物清偿预约作为一种非典型的担保方式加以适用，因此不需要照搬外国法或者传统民法学说上的观点。相反，可以诉诸无名合同，同时借用部分有名合同规范的方法来处理代物清偿的问题。而要物合同的分类，历经发展在今日已无广泛使用的必要，理由主要有二。

第一，要物契约创立之初，原本是为了去除罗马法上"要式口约"与"文书契约"这两种要式契约对于当事人意思的管制④，即只要交付标的物则认为契约成立，防止当事人因法律行为不具备法定形式而被宣告不成立从而受到损失，而在以不要式为原则的现今社会，要物合同已经无此功能。

第二，要物合同基本为无偿合同，因此通常被认为具有保护债务人的作用，即在物之交付之前给予当事人充分的思考时间，具有警告功能⑤。但一方面，对于自身利益之考量乃人之本性，当事人自会注意，法律以当事人不能审慎考虑为前提干涉他人自由，固无正当性可言；另一方面，赠与合同这一标准的无偿负担行为均得以诺成化，可见无偿与否根本不是影响是否要物的因素。因此从

---

① 高治：《担保型买卖合同纠纷的法理辨析与裁判对策》，载《人民司法》2014 年第 23 期。

② 肖俊：《代物清偿中的合意基础与清偿效果研究》，载《中外法学》2015 年第 1 期。

③ 高治：《代物清偿预约研究——兼论流担保制度的立法选择》，载《法律适用》2008 年第 8 期。

④ 朱庆育：《民法总论》（第二版），北京大学出版社 2016 年版，第 141 页。

⑤ 王泽鉴：《债法原理》（第二版），北京大学出版社 2013 年版，第 150 页。

前两点，在我国《合同法》规定的有名合同中，也仅有“保管合同”这一种要物合同。诚如王泽鉴教授所说：“财产性的契约均应予以‘诺成化’，保留要物契约此种法治史上的残留物，实无必要。①”

2. 认定“买卖型担保”为代物清偿之理由

解决代物清偿是否应当要物的问题之后，就需要去解释，为何当事人希望发生担保效果，且司法解释亦以担保相称，仍要认定“买卖型担保”为代物清偿？

问题的关键在于如何理解“当事人希望发生担保效果”的含义。当事人在为法律行为的过程当中，需要经过意思的“形成”与“表达”两个阶段，其中“表达”阶段往往直接构成意思表示的内部要素与外部要素。但在“形成”阶段中，当事人所期待达到的目的并不直接进入意思表示当中，而仅是构成当事人的动机。因此在“买卖型担保”中，当事人希望发生“担保”的效果，其仅仅是当事人为法律行为时的经济目的或者动机，而非法律原因，因而“原则上，法律效果与动机无关”②。换言之，判定“买卖型担保”的法律性质，探求当事人的意思，核心不在于窥探当事人的心理，而在于研究其具体的行为。

而对于“买卖型担保”，当事人约定在借贷合同到期且借款人不能返还借款时，用他种给付（即所谓“买卖合同”的标的物）代替借款的偿还，此时原先的借贷关系仍然存在，发生的法律效果是原债务受到清偿而消灭，完全为“代物清偿”的题中之意。

因此，从“买卖型担保”的法律效果角度，将其认定为代物清偿是正确的，至于其是代物清偿协议或是代物清偿预约，在我国对代物清偿无明文规定的情境下没有区分的意义，倘若以无名合同为出发点构建我国的代物清偿，将其诺成化，也就不需要叠床架屋地借助预约理论规避要物问题。而为了行文方便，下文即以“代物清偿”指代诺成性的代物清偿协议。

三、“买卖型担保”法律效力的分解检讨

从本文第一部分列举的，实务中大量的判例来看，对于“买卖型担保”的

① 王泽鉴：《债法原理》（第二版），北京大学出版社 2013 年版，第 151 页。

② 朱庆育：《民法总论》（第二版），北京大学出版社 2016 年版，第 270 页。

效力的认定，主要集中在三个方面：首先，是买卖合同的效力为何，借贷合同的出借人在借款人无法还款时，能否请求履行买卖合同？其次，“买卖型担保”能否产生物权上的效力？最后，“买卖型担保”是否具有优先的效力，保证债权人的债权能够实现？

因此，下文将结合《民间借贷司法解释》第24条，对于“买卖型担保”的效力进行判断。

（一）买卖合同的效力

在前面的论述中，通过意思表示的解释，我们已经知道在“买卖型担保”中，当事人双方均没有成立“买卖关系”的真实意思，双方所期待的，仅仅是通过代物清偿的意思，保证借贷合同中债权的实现。

首先从实证角度，根据《民间借贷司法解释》第24条第1款，人民法院审理“买卖型担保”的案件时，应当按照民间借贷的法律关系进行审理，并告知当事人变更诉讼请求，如果当事人拒绝变更，将驳回起诉。亦即人民法院认为，在“买卖型担保”中，真实的法律关系为民间借贷的法律关系，当事人之间不存在买卖合同的法律关系。

其次从意思表示的角度，当事人双方表面上签订买卖合同，但实际上却均没有产生买卖关系的真实意思，即真实意思与表示行为不相符合。民法法律行为理论上，存在一种特殊的意思表示，即通谋虚伪意思表示，属于意思保留的一种，是指表面意思表示所指向的法律效果，其实不为表意人所追求，而当当事人双方均作出这样的意思保留时，就成立通谋虚伪的意思表示。[①] 在通谋虚伪意思表示中，在结构上包括内外两层行为，即外部的表面行为和内部的隐匿行为，在“买卖型担保”中，买卖合同就是外部的表面行为，是当事人共同作出的与真实意思不一的行为。效力上，由于表面行为非为当事人的真实意思，倘若有效则属于效果强加；通谋的特点意味着不存在一方的意志自由受到侵害需要矫正的情况，也不存在撤销的必要；而由于该表面行为不涉及第三人的权利义务，故而也不用效力待定。所以，从理论上来看，买卖合同应当是无效的。

在表面行为的效力方面，我国已生效的法律中没有规定通谋虚伪意思表示

---

① 朱庆育：《民法总论》（第二版），北京大学出版社2016年版，第260页。

的效力认定规则，难以直接认定买卖合同无效。但首先，在法律原则上，《民法通则》第4条规定："民事活动应当遵循自愿、公平、等价有偿、诚实信用的原则"，而当事人双方通谋进行虚伪的意思表示，违反了诚实信用原则的要求；其次，从法律行为的生效角度，《民法通则》第55条规定了法律行为的生效要件，其中第二项就是"意思表示真实"，而当事人通谋意思保留的行为不符合这一必要条件；再次，在法律行为的消极要件方面，我国虽没有规定通谋虚伪的意思表示，但规定了一种近似的"恶意串通行为"，虽然二者在规制对象上并不完全重合，但朱庆育教授认为，由于我国立法文义的混乱，可以套用通谋虚伪行为的规范逻辑；① 最后，根据最新颁布的《民法总则》第146条第1款规定："行为人与相对人以虚假的意思表示实施的民事法律行为无效"，可以预见在《民法总则》正式生效之后，表面行为效力的认定将有直接的依据。

但是，对于隐藏行为的效力，并不当然无效，要结合法律行为效力的一般认定规则进行判断。"担保型买卖"中，当事人真实的意思为代物清偿，在借款人不能偿还借款时以物抵债，这一约定并不违反法律、行政法规的效力性强制性规定，也不侵害国家、集体或者第三人的利益，应当认定为有效。

综上，买卖合同作为表面行为因双方意思表示均不真实而不能生效，而作为当事人真实意思的代物清偿有效。

（二）物权效力

既然我国以债物二分为民法体例的基础，若要发生物权效力，就必然需要通过设立物权的行为来实现，债权行为均无法产生物权效力。纵使存在"债权物权化"的现象，也集中在诸如买卖不破租赁、预告登记等方面。

而对于"买卖型担保"而言，其仅依据意思负担债法上的义务，其效力在于借贷合同清偿期届至时，债务人应当归还借款或者以物抵债。其之后，并未有创设物权的行为，也没有转移标的物所有权的行为，更没有相应的公示手段，当然不会产生物权性效力。事实上，在前述实务中的六种认定意见中，即使对于买卖合同或者优先效力的认定各有不同，法院对于物权效力皆一致地给出了否定性意见。可见，"买卖型担保"不具备物权效力毋庸置疑。

---

① 朱庆育：《民法总论》（第二版），北京大学出版社2016年版，第262页。

（三）优先效力

既然“买卖型担保”不具备物权效力，需要回答的是，债权人能否获得优先受偿权，在债务不履行时就标的物拍卖所得价金优先获得清偿。

我国对于优先权，并未在《民法通则》中作出概括性的规定，而是散见于《企业破产法》《民事诉讼法》等法律当中。所谓优先权，是指债权人的特定债权基于法律的直接规定而享有的就债务人的全部财产或特定财产优先受偿的权利①，由于其产生是立法政策特别保护的结果，意指破除债权人平等的原则②，因而其首要的特征就是法定性。

而在“买卖型担保”中，虽然当事人之间具有设立担保的意思，但实际上，当事人之间仅有一个代物清偿的法律关系，优先受偿的法律效力，难以因当事人的意思表示而专为某一债权人创设，否则就是对债权平等性的侵损。

根据《民间借贷司法解释》第 24 条第 2 款，赋予债权人的，仅仅是就标的物拍卖所得价款受偿的权利，并没有法律规定债权人获得优先受偿的权利，基于债权平等性的要求，“买卖型担保”也不应产生优先受偿的效力，否则便超出了当事人意思自治的范围。

四、完善我国“买卖型担保”法律效力认定规则的具体建议

在前文中，已经明确的是，“买卖型担保”中买卖合同的效力、物权效力与优先效力均应得到否定，只不过承认当事人之间有代物清偿的意思表示，仅具备请求的效力。但这些在《民间借贷司法解释》第 24 条中，均因语言的模糊，不能得到体现，甚至在适用中，产生了一定的误解。

首先，《民间借贷司法解释》第 24 条第 1 款认定应按照民间借贷法律关系审理，似乎代表着最高人民法院否定了买卖合同的效力，但在第 2 款中又用“买卖合同标的物”这一表述，令人难以捉摸：既然买卖合同已经不复存在，又何谈买卖合同的标的物？因此，应当明确当事人之间真实存在的，是民间借贷法律关系与代物清偿法律关系，在审理民间借贷关系的判决生效之后，债务人

---

① 杨振山、孙东雅：《民事优先权的概念辨析》，载《山东大学学报》2004 年第 1 期。

② 孙鹏、肖厚国：《担保法律制度研究》，法律出版社 1998 年版，第 9 页。

拒绝履行的，债权人得以请求代物清偿。

其次，《民间借贷司法解释》第 24 条第 2 款的规定，一定程度上略显多余。根据我国《民事诉讼法》第 242 条、第 243 条的规定，当债务人不履行生效文书所确定的义务时，人民法院进行强制执行，扣押相应的财产自无疑问，通过解释的方法将财产限定在代物清偿协议的标的物范围内，也具有合理性。而《民间借贷司法解释》第 24 条的重复规定，没有现实的意义，甚至还会产生疑问，令人认为该款规定是为了赋予优先受偿权，或者认为该款是将禁止流押的规定扩张至让与担保领域，从而认为“买卖型担保”事实上是我国法中的让与担保。

因此，对于我国“买卖型担保”的法律效力认定规则，应当在未来明确买卖合同的效力为无效，同时承认代物清偿的真实意思表示，以及明确否认“买卖型担保”的优先效力与物权效力。

结　论

“买卖型担保”虽然广泛地在实务中存在，但事实是，在担保效力的建构上，当事人因手段本身的不合理，导致担保目的被架空从而不能实现。《民间借贷司法解释》的出台，一定程度上对于“买卖型担保”进行了合理有效的规范，但由于司法解释语言的模糊，仍然需要进一步的明确，明确地否认买卖合同的效力，承认当事人之间的代物清偿关系，并指出“买卖型担保”不具有物权效力与优先效力。

另外，必须认识到的一点在于，现今的认定方式虽然合乎逻辑，也有利于其他潜在的债权人，但对于“买卖型担保”中的债权人，确实疏于保护。因此，在未来的民事立法活动中，是否需要将“买卖型担保”在制度层面上重新进行设计，引入《物权法》中，抑或在我国承认所谓的“习惯法担保物权”，又或是像日本一般将代物清偿预约作为非典型性担保，都应当继续进行讨论，期许能够在债权人与债务人的利益之间达到真正的平衡。

参考文献

［1］江平主编：《民法学》（第二版），中国政法大学出版社 2011 年版。

［2］王泽鉴：《债法原理》（第二版），北京大学出版社 2013 年版。

［3］朱庆育:《民法总论》(第二版)，北京大学出版社 2016 年版。

［4］［德］鲍尔·施蒂尔纳:《德国物权法（下册)》，申卫星、王洪亮译，法律出版社 2006 年版。

［5］向逢春:《让与担保制度研究》，法律出版社 2014 年版。

［6］［德］卡尔·拉伦茨:《法学方法论》，陈爱娥译，商务印书馆 2003 年版。

［7］孙鹏、肖厚国:《担保法律制度研究》，法律出版社 1998 年版。

［8］崔建远:《“担保”辨——基于担保泛化弊端严重的思考》，载《政治与法律》2015 年第 12 期。

［9］杨立新:《后让与担保——一个正在形成的习惯法担保物权》，载《中国法学》2013 年第 3 期。

［10］庄加园:《“买卖型担保”与流押条款的效力——〈民间借贷司法解释〉第 24 条的解读》，载《清华法学》2016 年第 3 期。

［11］董学立:《也论“后让与担保”——与杨立新教授商榷》，载《中国法学》2014 年第 3 期。

［12］高治:《担保型买卖合同纠纷的法理辨析与裁判对策》，载《人民司法》2014 年第 23 期。

［13］肖俊:《代物清偿中的合意基础与清偿效果研究》，载《中外法学》2015 年第 1 期。

［14］高治:《代物清偿预约研究——兼论流担保制度的立法选择》，载《法律适用》2008 年第 8 期。

［15］杨振山、孙东雅:《民事优先权的概念辨析》，载《山东大学学报》2004 年第 1 期。

［16］朱庆育:《LEGAL 民总读书会》答疑精选，http://mp.weixin.qq.com/s?__biz=MjM5ODA5NzYzNg==&mid=2652118120&idx=1&sn=dec4929c3c78e52b490a30d3c3b27873&chksm=bd2f5be38a58d2f5530e69e0c7442666b19be691c7c1db5cb4695227ee3e8707972a4ae5fe73&mpshare=1&scene=2&srcid=1014JAHmy3IvdlTjamnTr4KA#rd，最后访问时间 2017 年 8 月 2 日。

［17］潘欣荣:《担保型买卖合同的效力——兼论〈民间借贷规定〉第二十四条的理解与适用》，http://mp.weixin.qq.com/s?__biz=MjM5ODA5NzYzNg==&mid=2652118102&idx=1&sn=b2e0ac908cf5e28b7a49e1d30c27c537&chksm=bd2f5bdd8a58d2cb5ad055ba0c1a3f6f115f94de9648b6633a8099f935a459d0b4bd165aca44&scene=0#rd，最后访问时间 2017 年 8 月 2 日。

评“连成贤诉臧树林排除妨害纠纷案”*①

【摘要】在第三人取得系争房屋所有权并获得已生效判决既判力支持的情况下，法院支持了原权利人继续占有系争房屋，引起争议。本文将在归纳两份裁判事实与观点的基础上，首先以检讨请求权基础的方法，对各当事人之间的通谋虚伪行为、表见代理、处分行为、变更登记等关系进行梳理，论证原权利人实属无权占有。其次，对两个问题作重点探讨，一是检讨权利外观学说本身，论证表见代理为效力待定行为中时效缩短为零的一种法定制度，无须以权利外观、本人与因解释；二是强调登记是不动产公示的唯一方式，不应无视实体法的规定、人为增添或变更要素。本文通过评析公报案件，意图纠正学者与裁判中具有一定普遍意义的不当之处，强调学理与司法都应以遵守实体法为前提。

【关键词】请求权基础；权利外观；表见代理；不动产登记

* 作者：中国政法大学法学院2014级1班　赵一丹

指导老师：中国政法大学民商经济法学院教授　田士永

① 参见《连成贤诉臧树林排除妨害纠纷案》，载《最高人民法院公报》2015年第10期（总第228期）。

绪 论

（一）案情综述[①]

该案涉及两份判决，（2012）浦民一（民）初字第21647号判决（丁诉丙）[②] 与（2014）沪一中民二（民）终字第433号判决（一审丁诉甲）[③]。

判决查明事实为：乙对甲称“可以赚钱”“要甲帮忙”，甲于是签署了一份代理权证书，所载代理权限为“代为签订买卖合同、办理登记变更手续”等，但约定另作他用。甲还将房产证借于乙，事后房产证虽被返还，但甲迟至参与21647号诉讼时才发现该证已被替换为假证。乙以甲代理人的名义与丙签订房屋买卖合同一份，同月甲名下的房屋变更登记至丙名下。在甲一直居住使用房屋、丙未取得房屋占有的情况下，2个月后，丙与丁签订房屋买卖合同一份，将房屋再次变更至丁名下。丙原称居住房屋者为其朋友，但始终无法履行交房义务。甲对上述买卖事项均不知情。丁将丙诉至法院，甲作为第三人参与诉讼。21647号判决确认乙与丙买卖合同无效，丁取得系争房屋产权，支持丁对丙的违约请求。后丁将甲诉至法院，433号判决认定甲对房屋占有系有权占有，丁虽取得产权却无权要求甲迁出。

（二）问题的提出

两份判决的裁判观点可归纳如下：1. 乙无权代理，丙为恶意，乙与丙买卖合同无效。2. 丙与丁买卖合同有效，丁为善意，房屋所有权属丁。3. 甲占有房屋具有本权，丁仅得要求丙承担履行不能的违约责任。此三条观点，多有值得探讨之处，本文逐一展开分析。

---

① 为叙述方便，本文以甲乙丙丁代替原判决各当事人姓名。

② 判决全文参见 http：//www. law - lib. com/cpws/cpws_ view. asp？ id = 200402098708，最后访问时间 2016 年 9 月 19 日。

③ 判决全文参见 http：//wenshu. court. gov. cn/content/content？ DocID = 43c33847 - 404f - 4605 - 823d - cd25c45b1c99&KeyWord = % EF% BC% 882014% EF% BC% 89% E6% B2% AA% E4% B8% 80% E4% B8% AD% E6% B0% 91% E4% BA% 8C% EF% BC% 88% E6% B0% 91% EF% BC% 89% E7% BB% 88% E5% AD% 97% E7% AC% AC433% E5% 8F% B7，最后访问时间 2016 年 9 月 19 日。

一、甲、乙、丙三者的权利义务关系

（一）概述

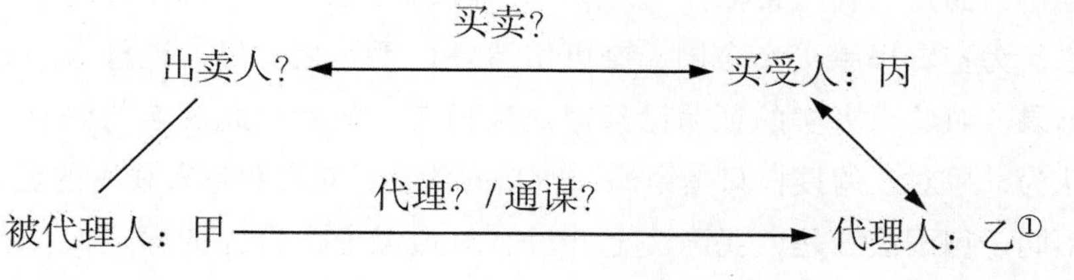

（二）甲与乙的权利义务关系

1. 甲与乙房屋买卖代理权证书的基础关系不存在

拉邦德在《代理权授予与其基础关系的区别》一文中提出，代理权授予行为及其基础关系应当采相区分的原则，即，委托人与受托人之间往往存在两个关系，即一个基础关系也就是委托契约，要求受托人为自己为一定行为，还有一个授权关系即以单方法律行为的形式向受托人授予代理权。[②] 基础关系和授权关系未必同时存在，授权人作外部授权时可能与代理人未建立任何法律关系。

本案中，比照各方当事人陈述及定案证据，可以明确的是，甲与乙之间并不存在这样一个委托契约：甲要求乙替自己把所住房屋出售。甲向乙出借房产证的举动，在内心仅仅是好意施惠，只是应乙所请、帮乙之忙；甲在代理权证书上签字，也绝非因其有出售房屋之意图。[③] 因此，甲与乙之间并不存在一个委托出售房屋的基础关系。

2. 甲与乙的代理关系为通谋虚伪行为

代理权证书上虽有甲的签名，但授权行为并非甲之真实意思表示，代理关

---

① 朱庆育：《民法总论》，北京大学出版社 2013 年版，第 321 页。

② 王泽鉴：《民法学说与判例研究（重排合订本）》，北京大学出版社 2015 年版，第 3 页以下。

③ 事实上，司法实践中存在不少如下情形：房屋权利人受朋友“帮忙”“发财”为名的恳求，去所谓担保公司签署空白委托书并出借房产证件，由此引发权利纠纷。例如，《今日说法》“莫名其妙的官司”，2016 年 8 月 8 日期，http：//tv. cctv. com/2016/08/08/VIDEbTYMcXD2lIDGnvntr9mP160808. shtml，最后访问时间 2016 年 9 月 19 日。

系的本质上为通谋虚伪行为。所谓通谋虚伪行为是指，双方当事人对真实的意思表示作为心照不宣的秘密进行隐藏，而以虚假的意思表示作为伪装令外人所知。在德国法上，对表面行为应确定认定无效。本案中综合各方证据效力，可以肯定，甲并无出售房屋之意图，乙明知这一点，双方也未作任何关于出售房屋的约定，而是别有“帮忙”“发财”之谋。甲虽在代理权证书上签字，但并无授权乙代为签署房屋买卖合同、变更房屋登记手续之意思，该行为同为与乙共谋之结果。对此项事实的证明已经形成证据链，笔者在此观点与法官一致。故应当认为，甲对乙的授权只是令外人所知的伪装、对心照不宣秘密的隐藏。

不同于德国法的是，我国法上并没有对通谋虚伪行为的界定，仅有对与通谋行为近似的恶意串通行为以及以合法形式掩盖非法目的的合同的效力作了规定。《民法通则》第58条第1款第（4）项规定恶意串通损害国家、集体或者第三人利益的民事行为无效；《合同法》第52条第（2）、（3）项认定恶意串通损害国家、集体或者第三人利益和合法形式掩盖非法目的的合同无效。原则上，表面行为可在双方当事人间无效，但不得以之对抗善意第三人。[①] 本案中甲与乙的通谋未见有损害国家、集体、第三人权益的情况发生，也非隐藏非法目的、违背公序良俗，因此仍应认定为有效，其授权行为不得以无效为由对抗善意第三人。

3. 乙与丙签订买卖合同

（1）乙若对甲构成违约

首先，乙持甲的代理权证书、以甲的名义与丙签订了房屋买卖合同。如上所述，甲从未有出售房屋的意思，其签署代理权证书意图也与此无关。但乙向第三人出示代理权证书，违反了其与甲达成的某种隐藏于表面之下、通谋之内的约定。若乙属嗣后反悔，另生歹意，给甲造成了损失，则此时无论乙的行为是否构成《合同法》第49条规定的表见代理，甲都可依据《合同法》第107条，即当事人一方不履行合同义务或者履行合同义务不符合约定的，应当承担继续履行、采取补救措施或者赔偿损失等违约责任，要求乙承担因违反隐藏约定所造成的损失。当然，甲需承担证明隐藏约定存在且生效的举证责任。其次，如果乙的行为不构成表见代理而仅为无权代理，则甲仅得行使上述违约请求权；

① 梁慧星：《民法总论》（第3版），法律出版社2007年版，第175页。

如果乙的行为构成表见代理，则甲尚可依据《合同法解释二》[①] 第 13 条向乙追偿损失，但需要注意的是，此时产生请求权基础的竞合，对于《合同法》第 107 条规定的违约请求权和《合同法解释二》规定的损失追偿请求权，甲仅可择一行使。

（2）乙若对甲构成欺诈

《民通意见》第 68 条规定：一方当事人故意告知对方虚假情况，或者故意隐瞒真实情况，诱使对方当事人作出错误意思表示的，可以认定为欺诈行为。由该条可知，欺诈构成要件有三，即当事人主观上为故意、客观上做出欺诈行为、相对人需因欺诈而陷入错误且因错误而作出意思表示。上文已述乙嗣后反悔的情形，但若乙与甲达成通谋时实属心怀鬼胎，当时即怀有诱使甲作出错误意思表示以达成自己目的的意图，因此故意捏造用于“只是赚点钱”的事实，隐藏“实际上要出售房屋”的真相，使甲陷于错误、误认为乙所述为真，从而作出同意与乙达成通谋的意思表示，符合欺诈行为的构成要件。

因此，依据《合同法》第 54 条第 2 款，即一方以欺诈的手段使对方在违背真实意思的情况下订立的合同，受损害方有权请求人民法院或者仲裁机构变更或者撤销的规定，甲可请求撤销其与乙的达成的隐藏约定。此时隐藏行为被撤销，表面行为也应一并撤销。表面行为其实是大范围意义上的隐藏合意的一个部分、一种履行，以起到掩人耳目的目的。因此，表面行为同为甲因受欺诈而陷入错误后作出的一种意思表示，行为本身可一并撤销。需要说明的是，此时应在通谋虚伪行为的制度下进行讨论，而非讨论代理关系中授权行为是有因的还是无因的。但若代理人与第三人交易已经达成，则授权行为撤销与否对其不能对抗善意第三人的效力不生影响，于甲获取救济而言也意义不大。乙代替甲向丙作出出售房屋的决定始终属于无权代理，若构成《合同法》第 49 条规定的表见代理、甲承担被迫承受乙行为之后果，甲仅可依据《合同法解释二》第 13 条，即被代理人依照合同法第四十九条的规定承担有效代理行为所产生的责任后，可以向无权代理人追偿因代理行为而遭受的损失，要求乙承担损害赔偿责任。

（三）甲与丙的权利义务关系

如上所述，乙签订房屋买卖合同构成无权代理。至于甲是否需要受领乙行

---

① 《最高人民法院关于适用〈中华人民共和国合同法〉若干问题的解释（二）》，法释〔2009〕5 号。

为之后果，在于是否符合《合同法》第 49 条“相对人有理由相信行为人有代理权”的规定。《民商事合同案件指导意见》[①] 第 13 条对该条表见代理要件的解释是，其一代理人的无权代理行为在客观上形成具有代理权的表象，其二相对人在主观上善意且无过失地相信行为人有代理权。

本案中，首先，乙手中的确持有甲签名的代理权证书，且其签字经鉴定为甲本人所签、证书经公证处公证，代理之“表象”具备。其次，丙对于乙无权代理不知且无过失。甲或可提出丙未与其本人联络之抗辩，从而认为其有“过失”。但代理制度之本意即在于，在现代分工的经济社会从事交易活动，事必躬亲殆不可能，假手他人实有必要[②]，故依靠代理制度使得当事人的意思自治在时间上和空间上都得到扩展，获得分身之术，再强令第三人与本人联络违背代理制度之本意。因此，丙对于证件齐全的乙的信赖可认定为“善意且无过失”。至于第 21647 号判决中，法院以丙不以居住为目的的买房不符合正常购房人的常态为由，认定丙不具备善意，则显无道理。非以居住为目的不违反任何强制性规定，属当事人意思自治的范畴，丙与乙签订买卖合同、办理过户登记以乙出示的代理权证齐全为已足，不需再考虑其他因素。因此，第 1 条裁判观点中的丙为恶意、买卖合同无效并不正确。

综上，丙受《合同法》第 49 条表见代理之保护，且由于在甲、乙之间甲从未作出过真实的授权表示，仅仅交付代理权证书而已，因此属于“授权表见”型表见代理，甲应被迫承受房屋出让于丙、失去所有权之法律后果。丙将房屋出售予丁实为有权处分，丁可取得系争房屋所有权，第 2 条裁判观点此项结论正确，但因丙为有权处分故无须考虑丁善意与否。

二、甲的占有不享有本权

我国实体法上并未对占有进行界定。参照比较法，学界通说认为占有作为一种事实状态的成立包括客观上对物有事实上的管领力亦即体素，主观上对物有占有意思亦即心素。占有如果具有本权支撑，则具有对任何人行使保护请求权的效

---

① 《最高人民法院关于当前形势下审理民商事合同纠纷案件若干问题的指导意见》，法发〔2009〕40 号。

② 王泽鉴：《债法原理》（第二版），北京大学出版社 2013 年版，第 265 页。

力。“本权可以是物权，如所有权、质权等，也可以是基于债权，如租赁、借用等”，本案中，“该买卖合同（丙与乙所签）对甲自始不发生法律效力，其从2008年8月起居住在系争房屋内，并占有、使用该房屋至今具有合法依据，这种占有行为当属有权占有，而非无权占有”①。但本案中显然不存在任何租赁关系，也不存在物权法所规定的四种用益物权和三种担保物权，“合法依据”究竟为何，该庭法官语焉不详。必须指出，甲的占有并不存在本权，该判决的说理无法支撑结论的得出。

既然前文已述，丁已取得系争房屋产权，甲的占有即失去本权、成为无权占有。但在对系争房屋确权前后亦即第21647号判决生效前后，甲的占有有从善意转为恶意的变化过程。确权前，甲从未作出出售房屋的决定、也不知房屋已两次变更登记，仍误信其有占有的本权，且未有买家登门问询、固无怀疑可言，构成善意占有；其凭补偿安置款合法购得房屋并为占有，故为和平、公然地占有；自2008年至今其占有并未中断，故为继续占有。因此，甲的占有符合无瑕疵占有的要件。这大概也是法官在主观上有甲从2008年一直占有、使用房屋有“合法依据”的印象的原因。但是，第一，占有是否为善意也仅在无权占有的情况下探讨，甲的善意也并不能使其占有的本权继续存在或是恢复原状；第二，在甲作为有独立请求权的第三人参加的确权之诉宣判，甲未上诉、判决已发生既判力的情况下，甲的善意占有已转为恶意占有，虽仍以所有权的意思而为占有，但仅构成自主占有而已，无任何可改变既有法律关系的效果。

若承认甲为有权占有，则该房屋是否仅限于甲本人居住使用？甲可否将该占有“转让”？该占有可否“继承”？若该房屋拆迁，则产权人丁、有权占有人甲二人应如何分享所获得的补偿安置款？可见，在论据并不充分的情况下，中院法官凭空为甲所创设的“占有”面临着一系列无法解决的矛盾。笔者认为，只有一种理论可以解释这种不动产登记产权人与永久占有人相分离的情形：居住权。②

---

① 吴丹（编写人，民二庭助理审判员）：“所有权与占有权能分离下买受人的权利救济途径分析——臧某与连某排除妨碍纠纷上诉案”，载于上海市第一中级人民法院网站精品案例栏，http：//www.a－court.gov.cn/platformData/infoplat/pub/no1court_2802/docs/201409/d_2768004.html#_ftn6，最后访问时间2016年9月19日。

② 有学者认为本案如此裁判是因为我国司法实践中裁判取向是对不动产善意取得制度不留空间。但从前引吴丹助审员所撰说明中可见此种认识与实情不符。参见刘道远，徐蓓：《不动产冒名处分行为规则研究》，载《河南财经政法大学学报》2016年第3期；王吉中：《独立的冒名行为立法是否必要？——冒名行为法律效果之典型与特例的再检讨》，载《广西政法管理干部学院学报》2016年第1期。

居住权曾经在物权法草案第三编第十五章得到规定①，但最后被立法者废弃。《婚姻法司法解释一》② 第27条规定，离婚时，一方无房可居……双方可以协商或者法院可以判决有房一方以居住权……予以帮助，这条规定也成为我国法上仅有的一种剥离所有权占有权而形成所谓空虚所有权的情形。笔者猜测，法官从居住权中获得灵感并进行类比，希冀通过为甲创设一项足以对抗丁的、以占有形式表现的用益物权，使甲获得实质上的救济。但因居住权所具有的人役权的性质仅得适用于婚姻关系破裂后的生活保障，所以法官只得含糊写明甲为有权占有。但如此判决实无实体法依据，故第3项裁判观点也不正确。

三、对权利外观学说的检讨

（一）抗辩观点归纳及评述

表见代理理论中的通说是“权利外观主义”，核心是信赖保护，其构成要件中的“本人与因”即本人具备可归责性是权利外观主义适用的前提。笔者在上文讨论甲与丙权利义务关系时并未涉及该项构成要件，《民商事合同案件指导意见》也未言及。有学者认为，我国《合同法》第49条应当解释出被代理人可归责性是表见代理之构成要件，这在比较法上也可以找到大量的依据③；而在司法实践中该观点也不乏判例支持④。甲或会依据此种学说提出抗辩：其是受乙所骗出具代理权证书，乙将房屋恶意盗卖的行为甚至可能构成刑事违法性，相较而言本人不应被认为具有可归责性，因此系争房屋不应发生物权变动的效力，裁判结果须偏向本人的利益、关注静的财产秩序安全，以使利益平衡。此种抗辩理由有学者在另一解释路径上予以支持，即如果不动产登记错误并非是真正权

---

① 全国人大常委会法制工作委员会民法室编：《物权法（草案）参考》，中国民主法制出版社2005年版，第43页以下。

② 《最高人民法院关于适用〈中华人民共和国婚姻法〉若干问题的解释（一）》，法释〔2001〕30号。

③ 汪渊智：《我国〈合同法〉第四十九条的解释论》，载《政法论丛》2012年第5期。

④ 例如：张岩，高治（天津市河北区人民法院）：《贾静与肖德强等委托合同纠纷上诉案——表见代理的构成要件及责任承担》，载《人民司法·案例》2008年第12期。但是，也有司法判例认为，应当区分商事代理与民事代理，商事的“外观主义”强调必须考虑“本人与因”。参见周荃（上海市第二中级人民法院）：《刘汉清与上海玲慧文化传播有限公司买卖合同纠纷上诉案——商事案件中表见代理构成的司法审查》，载《人民司法·案例》2013年第24期。

利人的原因或者是其知悉但未采取措施纠正，则可认为风险控制地位的丧失，不具有可归责性，以保证真正权利人承担责任的正当性。[①] 但该观点在实质上仍然是坚持本人与因的权利外观主义。

笔者不赞同上述观点。首先，对于表见代理我国法中未见对本人可归责性的明文规定；德国通说也认为在形式主义下登记错误是否可归责于本人在所不问[②]，所谓登记的权利外观下文也将不再讨论。坚持本人与因的重要注脚与参照即盗赃物排除善意取得，事实上也仅是因为遵从了罗马法排除对盗赃时效取得的政策性选择而非所谓可归责性。[③] 其次，可归责条件的含义为何是不清晰的，存在需要本人有过失或者只需本人惹起而不计过失两个争点。需要本人有过失因其本身逻辑的不周延，即交易中善意信赖反成过失而不受保护，被窃盗这样的重大过失却予以例外保护，故支持者已少；若只需本人惹起即可，则当无权代理人的侵权行为可达至刑事可罚性时，法官又陷入所谓"利益衡量"的两难之中，而无法满足权利外观主义所谓利益平衡的立论基础与希冀目标。

故所谓归责性的有无因边际模糊而难以适用。尽管有学者做出了将本人与因排除出权利外观学说的努力[④]，但权利外观主义所需考虑要点多而复杂，且标准过于混乱，与实体法简洁明了的规定相冲突，在司法实践中平添不确定因素，其本身似不具有太大的参考意义。

（二）表见代理的本来意义

1909 年赫尔伯特·迈耶从中世纪"以手护手"观念出发，发展了"与因主义"的外观保护理论；莱德如普和卡纳里斯从信赖责任的角度都更加明确了这一点。[⑤] 卡纳里斯还特别指出，不考虑可归责性，将导致过于严厉的而且更是完

---

① 刘晓华：《权利外观责任的司法实现——以善意取得为视角》，载《法学论坛》2013 年第 4 期。

② Westermann/Gursky/Eickmann，Sachenrecht，S. 647. 转引自程啸：《不动产登记法研究》，法律出版社 2011 年版，第 202 页以下。

③ ［德］雅各布·福图纳特·施塔格尔：《动产善意取得作为"即时取得"——〈德国民法典〉第 932 条以下的一项新规定》，王立栋译，载《中德私法研究》（第 10 卷），北京大学出版社 2014 年版。

④ 刘保玉、郭栋：《权利外观保护理论及其在我国民法典中的设计》，载《法律科学》2012 年第 5 期。

⑤ Claus Wikhelm Canaris，Die Vertrauenshaftung in deutschen Privatrecht，Beck，1971，S. 491 ~516. 转引自刘晓华："权利外观责任的司法实现——以善意取得为视角"，载《法学论坛》2013 年第 4 期。

全荒谬的违反制度的法律后果。[①] 但事实上，这都是民法教义学事后的合理化努力，均违背了民法体系。[②]

权利外观主义主要用于理解与解释两大问题：善意取得与表见代理。但其实是时效制度赋予了善意取得与表见代理稳定社会秩序的功能，而与权利外观主义无关。权利的安定性是每个法律秩序追求的基本价值[③]，因此需要避免权利处于长期不稳定的状态。长时间存在的事实状态，将因其长时间存在而被认为是合理的，这种"事实的规范力"体现了人们对法律秩序的追求。[④] 这正是时效制度的正当基础所在。以善意取得为例，由于中世纪教会法的规定[⑤]，在此特殊情形下时效期间被缩短为零，而成为即时取得。表见代理也应作相同解释。

法律规定，无权代理人所为负担行为与无权处分人所为处分行为在效力上均为待定，一般情况下行为只有获得本人或有权处分人的追认始发生效力。在本人或者有权处分人主动作出追认或拒绝追认的意思表示之前，在这一时段内，客观上行为的效力都处于不确定的状态，故而第三人的权利也处于长期不稳定的状态。但在法定情形下，即《合同法》第 49 条所特别规定的表见代理制度与《物权法》第 106 条所特别规定的善意取得制度，将这一时效缩短为零——负担行为与处分行为将立即发生效力，此处效果与教会法一致。此时，本人与原权利人被赋予不利益的后果并非所谓"值得信赖的权利外观"弥补权利瑕疵，而是出于权利安定与秩序稳定这一罗马法时就有的目的，一旦第三人完成与无权代理人签订合同或是从无权处分人手中取得财产这一关键性步骤，其对本人的请求权即可顺畅地实现满足，使标的物可以继续流转、后手也无须再担风险。因此，没有必要用"权利外观"这一含糊的、难以判断的概念——不同学者的理解

---

① ［德］C. W. 卡纳里斯：《德国商法》，杨继译，法律出版社 2006 年版，第 107 页。

② ［德］雅各布·福图纳特·施塔格尔：《动产善意取得作为"即时取得"——〈德国民法典〉第 932 条以下的一项新规定》，王立栋译，载《中德私法研究》（第 10 卷），北京大学出版社 2014 年版，第 156 页。

③ Messner：*Naturrecht*，1984，第 410 页以下。

④ ［德］格奥尔格·耶林内克（Georg Jellinek），《一般国家学》（*Allgemeine Staatslehre*）第 11 章，第二节，第一小节。参见瓦·耶林内克对此所作的注解，载于《法学家报》，1951 年，第 347 页及以下。转引自［德］雅各布·福图纳特·施塔格尔：《动产善意取得作为"即时取得"——〈德国民法典〉第 932 条以下的一项新规定》，王立栋译，载《中德私法研究》（第 10 卷），北京大学出版社 2014 年版，第 164 页。

⑤ 《教会法大全》（*Corpus Iuris Canonici*），1214 年，第 10 章，第 2、26、27 节。

相距甚远——作为一项固定制度的判断标准，其后果将是裁判结论的难以统一。

综上，无论是善意取得还是本案的表见代理，都不适于从权利外观认识其本质，其只是一种法定的将效力待定的时效缩短为零的制度，以保证第三人权利的稳定性，《合同法》第49条简洁明了地指出了这一点。在本案中，只要完成乙向丙出具代理权证书（此即已满足最低限度的善意要求）、丙与乙签订合同这两项步骤即可满足表见代理的要求，而不应无视实体法的规定，再以甲的“无辜”“相比于乙的恶意更值得同情”等所谓归责性因素，或强调权利外观是否达到“值得充分信赖的程度”等复杂的、人为增添混乱的理论来裁判案件。

四、登记是不动产物权变动唯一公示手段

（一）学者观点归纳

本案中还有一个值得探讨的问题是，在对裁判观点1的说理过程中，法官认定丙非善意有一点理由是丙未实地探访房屋情况即进行交易、未获得房屋占有即挂牌出售，值得怀疑。事实上，认为占有在不动产交易中占据重要地位的学者不在少数。他们多从意思自治、注意义务、诚实信用、经济效率、交易安全、公平正义等方面，强调占有应当辅助登记发挥作用。例如，仅当不动产占有人与登记权利人不一致时，受让人应尽简单调查询问的审查义务①；或要求买受人对不动产上是否存在冲突必须尽实地调查义务，否则直接认定为恶意②；认为把登记作为不动产物权变动的单一要素形式推理方式只是一种理想类型，而在复杂的现实生活中裁判结果的正当性将饱受争议，因此要求以多元要素论矫正严格的规则带来的不正义。以本案（连成贤诉臧树林案）为例，该学者认为法官考虑占有要素、放弃登记的单一要素是适当的，再辅以考虑信赖之外观要素与善意之主观要素的做法无疑正确。③ 更有学者要求混合登记与占有，确认不

---

① 席志国：《中国物权法论》，中国政法大学出版社2015年版，第190页。

② 马新彦、邓冰宁：《论不动产占有的公示效力》，载《山东社会科学》2014年第3期。

③ 陈永强：《未登记已占有的房屋买受人的权利保护》，载《环球法律评论》2013年第3期；陈永强：《物权变动三阶段论》，载《法商研究》2013年第4期；许德风：《不动产一物二卖问题研究》，载《法学研究》2012年第3期；对“连成贤诉臧树林案”的评析，参见陈永强：《论中间型物权变动之多元要素解释方法》，载《法商研究》2016年第2期。

动产占有具有与登记相同的完全公示效果①；甚至有观点直接要求以不动产交付占有为所有权归属认定的核心，并确认其物权变动效力与对抗效力②，比如有学者认为本案（连成贤诉臧树林案）实际上否认了不动产登记的公示效力。③

上述观点自称从实务出发、参照交易习惯，要求注重利益权衡。学者们为了论证自身观点，比如称占有在一定程度上具有公示效力，引用了一些法条或司法意见。孙宪忠教授认为，《建筑物区分所有权的解释》④ 第 1 条第 2 款：基于与建设单位之间的商品房买卖民事法律行为，已经合法占有建筑物专有部分，但尚未依法办理所有权登记的人，可以认定为物权法第六章所称的业主。该条直接体现了占有具有权利公示效力。他甚至认为，《物权法》第 142 条的“但书”间接承认了占有具有权利公示效力，即建筑物、构筑物的占有人等有相反证据证明自己的权利时，这些建筑物、构筑物可不归属土地物权人的规定，体现了占有的公示作用。⑤ 还有学者引用了最高人民法院民一庭编《民事审判指导与参考》《北京市高院审理房屋买卖合同纠纷案件指导意见》等资料。这些资料显示，在处理一房二卖纠纷时，法院对先占有房屋的受让人给予了优先保护。⑥

（二）对实体法的正确理解

笔者并不赞同上述看法。《物权法》第 5 条规定，物权的种类和内容，由法律规定。因此，所有权作为一种法律上的概念，其内容、取得、变更、消灭必须遵从法律之规定。第 6 条规定，不动产物权的设立、变更、转让和消灭，应

---

① 江河：《不动产占有人在交易中的权益保护》，载《北方法学》2014 年第 4 期。

② 刘竞元：《不动产交付占有物权变动效力的证成与其对抗力分析》，载《政治与法律》2015 年第 10 期。

③ 景光强：《特殊动产物权变动解释论——重新审视〈物权法〉第 24 条》，载《法律适用》2016 年第 6 期。

④ 《最高人民法院关于审理建筑物区分所有权纠纷案件具体应用法律若干问题的解释》，法释〔2009〕7 号。

⑤ 孙宪忠：《中国〈物权法〉中物权变动的规则原理简述》，载《法学研究》2008 年第 3 期。孙宪忠回忆称，立法时之所以考虑不动产占有的公示效果，原因是估计中国有一亿左右的城市居民的住房还没有办理登记过户，为满足实践需要，故不拘泥“登记统一公信力”原则。参见孙宪忠：《中国物权法总论》，法律出版社 2014 年版，第 309 ~ 310 页。

⑥ 《一房数卖情形的处理》，载最高人民法院民事审判第一庭编《民事审判指导与参考》，第 34 集，法律出版社 2008 年版，第 220 页；《北京市高级人民法院关于审理房屋买卖合同纠纷案件适用法律若干问题的指导意见（试行）》，（京高法发〔2010〕458 号）第 13 条等。

当依照法律规定登记。这里即将登记作为不动产物权变动的唯一公示方式。第9条明示，不动产物权的设立、变更、转让和消灭，经依法登记，发生效力。因此，登记是不动产物权变动发生效力的唯一法定要件。第16条在此基础上再次明确，不动产登记簿是物权归属和内容的根据。由上述物权法定原则、公示原则、不动产物权变动登记生效原则可知，出卖人交付不动产，只能算一种债的清偿而未发生所有权变更，《物权法》仅承认变更登记时双方具有物权合意而发生物权变动之效力；即使原权利人一直占有房屋，只要登记这一唯一的公示要件与物权变动生效要件经审查发生变更，其即失去所有权。登记簿作为"正确性的推定"，是唯一法定的供交易方参考的因素，除此以外人为增设或减少物权变动生效要件，如要求登记并且简单地/详细地查看占有，或再加上善意/合理信赖等泛泛概念，或提前至登记之前、只需交付占有即可，都是违背《物权法》规定的，而所谓的交易习惯、利益权衡等论据也相当脆弱，难以抗衡实体法，因此不应予以采纳。

至于《物权法》第142条的"但书"部分，从条文上理解，其指的是如果有相反证据提供证明，则建设用地使用权人建造的建筑物、构筑物及其附属设施的所有权将不属于建设用地使用权人，文中不仅没有提及"占有"一词，所谓的"相反证据"还可以直接理解为不动产登记簿的记载，因此称该条体现占有的公示作用尚无道理。至于对《建筑物区分所有权解释》第1条第2款的理解，起草人曾特别强调：应当格外注意，第1条第2款对业主身份界定标准例外情形的规定，是为了解决业主自治过程中出现的表决权难以确定的问题，但可以认定为业主的人不等于司法解释已经认定其为专有部分的所有权人，如要递进为法律意义上的所有权人，还需满足《物权法》的相关规定。[①] 这里"满足《物权法》的相关规定"即为登记生效规定，因此，认为该条直接体现所谓占有的公示效力也是违背本来意旨的。至于民事审判指导与参考、北京市高院出具的指导意见，则其一方面并非法律或者具有法律效力的司法解释，尚不具备充足的规范力和信服力，实体法的体系依然统一；另一方面，这也印证了如本案法院这样采取和稀泥的做法的案例也大量存在，应予以批判。

---

① 杜万华、辛正郁、杨永清：《最高人民法院〈关于审理建筑物区分所有权纠纷案件具体应用法律若干问题的解释〉〈关于审理物业服务纠纷案件具体应用法律若干问题的解释〉的理解与适用》，载《法律适用》2009年第7期。

（三）我国登记制度的发展

上述学者对登记是唯一公示手段抱以不信任的最重要的原因是，其认为我国登记制度存在巨大瑕疵。事实上，《物权法》颁行已近10年，《不动产登记暂行条例》[①]《不动产登记条例实施细则》[②] 去年也已实施，我不动产登记制度已日臻完善，足以为公示公信原则提供有力支撑。无论是孙宪忠教授所指“约一亿城市居民住房未登记过户”的情形，还是众多学者因我国不动产登记法的缺失和不足而要求以占有等多种要素补足公示公信的担忧，至今都大为改观。首先，《不动产登记暂行条例实施细则》第25条要求行政机关对本区域内未登记的不动产进行首次登记，第2条第2款要求房屋等建筑物、构筑物应与其依附土地一起登记，亦即，所有未登记的住房未来都将统一纳入不动产登记簿中[③]。其次，以程啸教授的观点为例，其认为我国不动产登记法应以统一登记制度为目标，实现登记范围、登记机构、登记程序的统一，完善各项制度保障，确保登记状态与实际权利关系八九不离十。[④] 而《条例》已实现了7个统一：第2、5条明确了登记范围和类型；第6、11条统一了登记机构和人员；第2、3、4、5、6章分别统一了登记簿、登记程序、登记信息共享与保护、法律责任、前后工作的衔接过渡要求，大大增强了不动产统一登记的权威性与公信力，[⑤] 将有效杜绝因分散登记带来的重登、漏登、登记错误的发生。[⑥] 此为中央立法下登记制度的发展。

此外，第433号判决载明，本案系争房屋坐落于上海市浦东新区周浦镇瑞安路。上海市浦东新区房地产登记处曾专门撰文介绍该处认真核实登记材料之

---

① 国务院令第656号。

② 国土资源部令63号。

③ 《不动产“总登记”前置，未登记将产权普查》，载《中国经营报》2015年3月7日。如，深圳近期启动了本市“总登记”，参见“深圳启动地籍调查和土地总登记，5年内摸清土地资产家底”，深圳新闻网2016年9月13日，http://www.sznews.com/news/content/2016-09/13/content_13857421.htm，最后访问时间2016年9月19日。

④ 程啸：《不动产登记法研究》，法律出版社2011年版，第3、8章。

⑤ 王广华：《让不动产统一登记走上法治轨道》，载《中国国土资源报》2014年12月23日。

⑥ 国土资源部政策法规司，国土资源部不动产登记中心编：《不动产登记暂行条例释义》，中国法制出版社2015年版，第2页。

经验。[1] 该处认真查处当事人制假、用假的行为，如伪造身份证、冒名顶替、伪造委托公证文书等。以查处伪造公证文书为例，该处专设与公证处联络的岗位，逐一核实公证书的真伪；在2007年到2010年三年时间内，查处了当事人欲以伪造的公证文书骗取登记的案件46件，为登记制度的真实与完善付出了巨大的成本，成效显著。所谓登记不足的风险已被控制在最小范围之内。

在上述文章中学者还经常引用所谓“公平观念”“公民朴素正义”为甲辩护，认为立法所规定的单一的不动产登记公示制度有违“实质正义”，在甲与丁之间造成了“显失公平”的后果，故应舍弃现有法律规则而适用法律原则。但在法理学上，适用法律原则必须进行严格的逻辑推导与合理化证成，而非在泛泛的价值观念上进行评判。设置不动产登记公示与生效制度作为立法者的一项政策，是在充分考虑各项要素、结合中国过去与现在的实情作出的慎重选择，其本身应当被推定为公正且必须在司法实践中予以贯彻，否则公示公信制度将永远难以建立，事实上这一制度本身才是实现正义最坚实的基础。

综上，我国登记制度实质上已能为登记公示与生效主义提供充足的支持，登记作为不动产物权变动的唯一公示手段没有任何予以修正的理由，毕竟秩序正在且必须完整地建立起来。

结　论

回顾本案中法官的3条裁判观点，第1条应修正为乙构成表见代理，乙与丙买卖合同实属有效；第2条应修正为丙与丁买卖合同有效，房屋所有权归属丁；第3条修正为，甲占有房屋不具有本权，丁得向甲主张妨害排除请求权。原因已如上述。

权利外观主义与不动产占有具有公示效力是在本案中两个妨碍正确推理路径、具有较大迷惑性的学说，而且他们在第三人非属善意、利益权衡之下应照顾原权利人等观点上存在交集，互相照应。但表见代理只需完成法定步骤即可实现法定效果，人为增设要件反添混乱也违背制度本来旨意；不动产仅以登记

① 上海市浦东新区房地产登记处：《浦东新区房地产登记处认真做好登记材料的核查工作》，载中国房地产研究会房地产产权产籍和测量委员会秘书处编：《房地产产权产籍和测量简报》2010年第5期。转引自程啸：《不动产登记法研究》，法律出版社2011年版，第297～298页。

发生公示效力亦为法定原则，任何在占有要素上做文章的举动不仅违法而且不当。直接适用简洁明了的实体法、既不质疑也不过度解读是最适当的选择。

还想强调的是，针对实体法的直接适用将导致裁判结果显失公正，要求舍弃规则直接适用其内心“正义原则”裁判的观点，或者在司法裁判中认为严格依据实体法裁判会导致“司法僵化”结果的观点，都应对其论据进行审慎审查，而事实上其论证逻辑多数情况下都是极其脆弱的。一般而言，立法者所表达出来的选择才是深思熟虑的、正确的、最好的选择，学者们的修正往往是对现有秩序的一种得不偿失的破坏，模糊的“正义原则”、摇摆不定的“利益权衡”让司法变得异常混乱——还是“僵化”一些为宜。亚里士多德在其著名的论断中将已成立的法律获得普遍的服从作为法治的首要意义①，这在当前法治威信尚且脆弱的中国尤为关键。本案中，法官无视实体法的规定，臆造了内心觉得“公正”的判决，但非常脆弱乃至于并不成立的合理化证成，对法律秩序造成了深远的负面影响。

参考文献

著作类：

［1］程啸：《不动产登记法研究》，法律出版社 2011 年版。

［2］国土资源部政策法规司，国土资源部不动产登记中心编：《不动产登记暂行条例释义》，中国法制出版社 2015 年版。

［3］韩世远：《合同法总论》（第三版），法律出版社 2011 年版。

［4］江平：《民法学》（第二版），中国政法大学出版社 2011 年版。

［5］刘家安：《物权法学》，中国政法大学出版社 2015 年版。

［6］全国人大常委会法制工作委员会民法室编：《物权法（草案）参考》，中国民主法制出版社 2005 年版。

［7］孙宪忠编：《不动产登记暂行条例专家解读与法律适用》，中国法制出版社 2015 年版。

［8］孙宪忠：《中国物权法总论》，法律出版社 2014 年版。

［9］田士永：《物权行为理论研究——以中国法和德国法中所有权变动的比较为中心》，

① 亚里士多德：《政治学》，吴寿彭译，商务印书馆 1965 年版，第 199 页。

中国政法大学出版社2002年版。

［10］王泽鉴:《民法物权》(第二版),北京大学出版社2010年版。

［11］王泽鉴:《债法原理》(第二版),北京大学出版社2013年版。

［12］席志国:《中国物权法论》,中国政法大学出版社2016年版。

［13］朱庆育:《民法总论》,北京大学出版社2013年版。

期刊类:

［1］陈伟、谢可君:《无权处分行为中财产犯罪的性质认定——以“司机盗卖房产案”为切入》,载《西部法学评论》2016年第3期。

［2］杜万华、辛正郁、杨永清:《最高人民法院〈关于审理建筑物区分所有权纠纷案件具体应用法律若干问题的解释〉〈关于审理物业服务纠纷案件具体应用法律若干问题的解释〉的理解与适用》,载《法律适用》2009年第7期。

［3］景光强:《特殊动产物权变动解释论——重新审视〈物权法〉第24条》,载《法律适用》2016年第6期。

［4］江河:《不动产占有人在交易中的权益保护》,载《北方法学》2014年第4期。

［5］刘保玉、郭栋:《权利外观保护理论及其在我国民法典中的设计》,载《法律科学(西北政法大学学报)》2012年第5期。

［6］刘道远、徐蓓:《不动产冒名处分行为规则研究》,载《河南财经政法大学学报》2016年第3期。

［7］刘竞元:《不动产交付占有物权变动效力的证成与其对抗力分析》,载《政治与法律》2015年第10期。

［8］刘晓华:《权利外观责任的司法实现——以善意取得为视角》,载《法学论坛》2013年第4期。

［9］马新彦、邓冰宁:《论不动产占有的公示效力》,载《山东社会科学》2014年第3期。

［10］汪渊智:《我国〈合同法〉第四十九条的解释论》,载《政法论丛》2012年第5期。

［11］张佳红:《论不动产善意取得制度下原权利人的利益保护——以“连某某诉臧某某排除妨害纠纷”一案为视角》,载《法制与社会》2016年第20期。

［12］［德］雅各布·福图纳特·施塔格尔:《动产善意取得作为“即时取得”——〈德国民法典〉第932条以下的一项新规定》,王立栋译,载《中德私法研究》(第10卷),北京大学出版社2014年版。

论个人破产制度中的破产欺诈*

【摘要】随着市场经济改革的不断深化，司法体系的不断进步，个人信用制度的不断完善，社会福利保障水平的不断提高，这些年关于建立个人破产制度的呼声也越来越高，而随之被提出来的问题即破产欺诈。破产欺诈是个人破产制度研究中不可回避的问题之一，而理解破产欺诈的法律概念与类型则是研究该问题的基础。通过比较分析各国应对破产欺诈挑战时采取的诸多措施与建立的诸多制度，在结合我国的实际情况与相关学者的建言下，本文逐一探讨分析了个人破产欺诈的防范机制、被侵权人的救济机制与法律责任，为我国将来建立相关的机制提供一些意见与建议。

【关键词】个人破产；破产欺诈；防范救济；法律责任

绪 论

不管是普通法系国家还是大陆法系国家，个人破产一直作为破产法的调整对象之一，对其所在国的社会、经济、文化产生重要的影响。相较于国外业已形成较为成熟的制度体系，我国关于个人破产制度的相关立法设计尚未启动，相关的制度探讨还停留在理论阶段。虽然在我国破产法起草的整个过程中，个人破产制度曾经一度是可选项之一，但终究没有在2006年被确定为法律。

随着时代不断发展与进步，我国需要个人破产制度在一定程度上已经成为

* 作者：中国政法大学法学院2014级2班　索东汇
指导老师：中国政法大学民商经济法学院　李曙光

学术界共识。[①] 虽然也有学者[②]认为受我国信用、财产登记制度与社会诚信氛围等要素的影响，个人破产制度易诱发破产欺诈，故对于其建立持反对态度。然而更多的学者[③]认为，通过对其制度的合理设计，能够有效避免破产欺诈，故对于其建立持支持态度。关于个人破产制度的众多学说，无论是反对者还是支持者，都回避不了一个问题，即破产欺诈。

在支持建立个人破产制度的研究里，大多聚焦于其在我国设立的理由，以及相关的具体制度如何设计等问题。[④] 其中，关于个人破产制度中的破产欺诈问题，尚无学者专门研究，只是在研究个人破产制度中略有涉及。[⑤] 因为我国的破产法并未对个人破产有相关规定，故关于破产欺诈的专门研究，更多是以企业破产欺诈为出发点。[⑥]

然而破产欺诈是个人破产制度研究中必须面对、不能回避的问题之一。故本文首先通过分析破产欺诈的定义、构成要件两方面的内容，详细阐释了破产欺诈的法律概念；紧接着又讨论破产欺诈的五种典型类型，进一步深究其内涵、外延。在厘清破产欺诈法律概念与类型的基础上，完成了对于个人破产欺诈的

---

① 参见李曙光、贺丹：《破产法立法若干重大问题的国际比较》，载《政法论坛》2004 年第 5 期；参见文杰、张丽琴：《建立我国个人破产制度问题研究》，载《上海社会科学院学术季刊》2002 年第 3 期；参见汤维建：《关于建立我国的个人破产程序制度的构想（下）》，载《政法论坛》1995 年第 4 期；参见郭兴利：《个人破产能力与构建和谐社会》，载《山东师范大学学报》（人文社会科学版）2009 年第 1 期；参见王雪丹：《关于二元经济体制对个人破产制度影响的思考——兼与朱涛博士商榷》，载《前沿》2010 年第 12 期。

② 参见陈秋云：《论个人破产制度的中国选择》，载《理论月刊》2010 年第 3 期；参见朱涛：《“个人破产”为时尚早——从农村经济现状论之》，载《前沿》2009 年第 8 期。

③ 参见杨显滨、陈风润：《个人破产制度的中国式建构》，载《南京社会科学》2017 年第 4 期；参见齐明：《我国破产原因制度的反思与完善》，载《当代法学》2015 年第 6 期；参见许德风：《论个人破产免责制度》，载《中外法学》2011 年第 4 期；参见郭兴利：《建立个人破产制度：化解个人债务纠纷的新路径》，载《山东师范大学学报》（人文社会科学版）2010 年第 2 期。

④ 参见许德风：《论个人破产免责制度》，载《中外法学》2011 年第 4 期；参见孙颖：《论我国个人破产法律制度的构建》，载《现代法学》2006 年第 3 期。

⑤ 参见李帅：《论我国个人破产制度的立法进路——以对个人破产“条件不成熟论”的批判而展开》，载《商业研究》2016 年第 3 期；参见刘静：《试论当代个人破产程序的结构性变迁》，载《西南民族大学学报》2011 年第 4 期。

⑥ 参见孙向齐、杨继锋：《关联企业破产违法行为的规制》，载《法学杂志》2009 年第 9 期；参见张艳丽：《破产可撤销行为构成要件分析——针对我国新〈企业破产法〉第 31 条、32 条规定》，载《法学杂志》2007 年第 3 期。

界定，为接下来的相关探讨定下基调。本文第二、第三部分则紧接着讨论个人破产欺诈的防范机制与个人破产欺诈中被侵权人的救济机制。在探讨个人破产欺诈的防范机制时，选取了前置程序、破产保全、自由财产、失权与复权四个较为典型的个人破产制度进行相关理论、实践分析。在探讨个人破产欺诈中被侵权人的救济机制时，选取了破产免责与破产撤销权制度两个较为典型的个人破产制度进行分析。最后在第四部分，从法律责任的角度，讨论分析个人破产欺诈的民事、刑事责任两方面内容。其中，民事责任主要探讨了承担破产欺诈民事责任的四种归责方式，刑事责任则主要以刑法的角度探讨了相关问题。

一、个人破产欺诈的界定

（一）破产欺诈的法律概念

破产欺诈作为学术界与实务界阐释破产领域中欺诈的专业术语，有别于通常意义上的民事欺诈。虽然我国尚缺乏关于个人破产的相关法律规定，但单论现行的《中华人民共和国企业破产法》（以下简称《破产法》），其中也没有专门的法条以破产欺诈命名，而只是简单罗列了几种欺诈行为。即便是在个人破产制度已经行之多年的国家，考察其立法，也难言其法律对破产欺诈作出了明确的界定。例如，美国、英国是把欺诈性条文在破产法中罗列；德国、日本则是从法律行为的理论出发，基于民事欺诈理论来阐释破产领域的欺诈性。①

法律术语表述的语焉不详为理论探索破产欺诈提供了可以发挥的空间。有学者从手段、财产状态与侵害利益的角度出发对于破产欺诈作出了界定。② 也有学者从破产程序时间的角度观察，详细界定了破产欺诈发生的特定时间。③

而我国学界对于破产欺诈构成要件的解析，一般是在以其本质上属于侵权

---

① 参见林琳：《破产欺诈的防范与救济》，中央民族大学硕士学位论文 2011 年 3 月。

② 破产欺诈是指行为人（主要是债务人）违反破产法的有关规定，通过隐瞒事实真相或制造虚假情况等手段，实施某种物之处分或交易行为，导致破产财产减少或破产财产负担的增加，或使破产财产状况不明，直接损害债权人利益，乃至社会利益的行为。参见张艳丽：《破产欺诈与立法对策》，载《法学杂志》2005 年第 6 期。

③ 破产欺诈是指破产人或其他破产程序参与人在破产宣告前一定期限内，或在破产程序中，以图谋自己或他人利益或以损害债权人利益为目的，而实施的有关欺诈行为。参见刘文慧：《破产欺诈行为探析》，载《企业经济》1995 年第 5 期。

行为的前提下，[①] 在兼顾考虑破产法特性的情况下，来讨论相关要素。具体而言，即行为人主观上必须具有欺诈故意、破产欺诈必须具有违法性、必须具有相应的损害事实、破产欺诈与损害事实之间必须具有一定的因果关系。

综上所述，个人破产制度中的破产欺诈法律概念可以从以下三个方面进行讨论与界定。首先是行为人违反了破产法的有关条文，这里的行为人分为三类，分别是债务人、债权人和参与破产程序的其他相关人员。其次是必须限定在破产宣告前的法定期限内或破产程序结束前的特定时间段内，而手段一般为隐瞒或伪造相应的事实。最后行为人须以牟利或者损害债权人利益为目的，实施了某种财产损害行为，侵害了相应债权人的利益。

（二）破产欺诈的类型

在纷繁复杂的学术研究中，关于破产欺诈的分类或划分标准，根据不同学者分析角度的不同，会有多种表现形式。比如，有学者以有无发生破产原因为标准，将其划分为虚假与真实破产中的欺诈。[②] 有学者则参考借鉴了我国《破产法》中的相关规定，对其进行相应的分类、划分。[③] 也有学者在总结现实生活中发生的案例后，对破产欺诈进行了归类。[④] 在这里需要指出的是，除了利用公司法人独立地位进行相应破产欺诈等情况，一些法人破产欺诈类型与个人破产欺诈类型在诸如隐匿财产、无偿交易、偏颇清偿等多数情况下并没有本质的区别。

一般而言，个人破产制度中的破产欺诈主要可以划分为以下五种类型：隐匿财产、无偿行为、偏颇清偿、非正常交易、蓄意破产。

1. 隐匿财产

隐匿财产，主要指债务人在特定时间段内[⑤]，对其全部或者部分财务信息不予以公开披露，或者隐匿全部或部分破产财产的相关行为。

---

① 参见葛现琴：《破产欺诈及其防治对策研究》，郑州大学硕士学位论文 2002 年 5 月。

② 参见林琳：《破产欺诈的防范与救济》，中央民族大学硕士学位论 2011 年 3 月。

③ 欺诈行为包括立法规定的无偿转让财产、放弃债权、以明显不合理的价格进行交易的行为。参见王欣新：《破产撤销权研究》，载《中国法学》2007 年第 5 期。

④ 隐匿、私分或无偿转让财产，变卖、非正常压价出售财产，对原来没有财产担保的债权提供财产担保，放弃自己的债权，对未到期债务提前清偿，设定虚假债务，擅自扩大优先清偿范围，不合理地增加清偿。参见彭真军、栗保卫：《论破产欺诈中债权人救济制度之完善》，载《求索》2011 年第 6 期。

⑤ 特定时间段是指在破产宣告前的法定期限内或者在破产程序结束前的时间段。

2. 无偿行为

无偿行为，一般指债务人在特定时间段内进行的没有给付相应的对价并且导致破产财产减少进而损害债权人相关利益的行为。[①] 在这里主要指的是无偿转让财产或财产性权利的相关行为，其转让的行为方式则涵盖积极作为与消极不作为两种形式，其中消极不作为就涵盖放弃债权。需要注意一点，尽管放弃债权从本质属性来说是无偿行为，许多国家也把其归为无偿行为，[②] 但是我国《破产法》将放弃债权单独归为一项可撤销行为。

3. 偏颇清偿

偏颇清偿，也称偏颇交易、优惠交易等。偏颇清偿是指债务人在出现破产原因、宣告破产之前，因其之前存在的债权债务关系向债权人进行各种财产或财产性权利的转让，让少数债权人的清偿顺序或者清偿地位比其他债权人更为优先，使其最终在事实上得到了更多清偿。[③] 虽然有学者认为偏颇清偿与破产欺诈具有本质的不同，属于不同的法律概念，[④] 但是也有学者认为不能将偏颇清偿与破产欺诈完全割裂。[⑤] 一般而言，将偏颇清偿列为广义的破产欺诈范畴之内并无不妥之处。

4. 非正常交易

非正常交易，在我国《破产法》中也被称为以明显不合理的价格进行交易。一般指债务人没有遵守相应的交易规则而处分自身财产的行为。判断非正常交易的尺度在于实际成交价格与市场价格的偏差程度，实际成交结果是否有损债务人的财产或者清偿能力。从比较法视野来看，非正常交易与美国破产法中规定的欺诈性转让在效力范围上存在重合之处。美国破产法第 548 条就有欺诈性转让也包括低价交易等行为的相关规定。[⑥]

5. 蓄意破产

蓄意破产，是指行为人通过积极或消极行为促使其出现破产原因进而达到

---

① 参见张庞坤：《破产欺诈法律规制研究》，中国海洋大学硕士学位论文 2011 年 6 月。

② 参见王欣新：《破产撤销权研究》，载《中国法学》2007 年第 5 期。

③ 参见刘黎明、田鑫：《美国破产法之偏颇清偿制度及对我国的借鉴意义——兼论我国新破产法第 32 条及相关条款》，载《法学评论》2008 年第 3 期。

④ 参见李志强：《论破产法上的偏颇性清偿》，载《政法学刊》2008 年第 2 期。

⑤ 参见丁慧敏：《偏颇清偿可构成虚假破产罪》，载《政治与法律》2010 年第 7 期。

⑥ 参见王欣新：《破产撤销权研究》，载《中国法学》2007 年第 5 期。

其破产目的的行为，其实质上是将破产程序作为手段来谋取不法利益。目前我国学术界在探讨蓄意破产时，多是指企业破产，即通过滥用股东有限责任与法人独立人格来实施破产欺诈行为。[①] 但事实上，在个人破产制度下，也极有可能出现自然人意图通过蓄意破产来达到逃避个人债务的行为。

二、个人破产欺诈的防范机制

（一）前置程序的筛选

通过前置程序的筛选来防范个人破产欺诈，是世界各国在面对越来越频繁的破产欺诈行为时采取的应对方法。以比较法的视野来观察分析，通过前置程序来达到对个人破产欺诈的防范目的，在实践中有多种路径，不同的路径根据实际需要既可以单独实施也可以组合实施以更好地达到防范效果。

除了最基本的从提出申请主体的角度出发，区分债务人与债权人申请个人破产的相关条件。[②] 一种较为合理的路径是根据债务人自身的经济状况来设置、适用具有差异性的破产程序，在实现个人破产案件分流的情形下，降低破产欺诈的发生频率。2005 年美国修改破产法时所提出的“平均收入检验”即与此种路径相吻合。所谓“平均收入检验”主要是指通过衡量债务人收入与当地平均收入及未来收入预期之间的关系，来确定不同的债务人适用美国破产法中第 7、11、13 章中的其中一章。[③]

关于个人破产制度是否能够适用全部自然人，也存在许多不尽相同的观点、看法。有学者认为应该设置一个较高的破产申请门槛，规定只有当个人经济状况出现重大变故，如失业、丧失劳动能力等情况，无法按期偿还债务时，方可申请破产，以防止诸如为逃避债务、滥用破产申请等破产欺诈的发生。[④] 也有学者承继这一思路，认为应该对较高的申请门槛做进一步细化，如规定范围较窄

---

① 参见张庞坤：《破产欺诈法律规制研究》，中国海洋大学硕士学位论文 2011 年 6 月。

② 参见文杰、张丽琴：《建立我国个人破产制度问题研究》，载《上海社会科学院学术季刊》2002 年第 3 期。

③ 参见蒋贤锋：《个人破产立法调整的效果：美国经验及对我国的启示》，载《金融理论与实践》2015 年第 5 期。

④ 参见孙颖：《论我国个人破产法律制度的构建》，载《现代法学》2006 年第 3 期。

的个人可申请的债务类型。[①] 还有学者从其他角度出发，认为在准入源头设计相应的破产原因制度很有必要。[②] 从比较法的角度来看，德国破产法第304条就区分了对于从事经济活动与不从事经济活动的自然人对于申请个人破产条件的不同要求。对于前者的适格，需要求其债权债务关系简单、财产状况清晰明了。[③] 无论个人破产申请的门槛多低，一旦设置申请门槛，就意味着不是全部的自然人均可申请个人破产。笔者也认为，从防范破产欺诈的角度出发，建立一个较高的破产申请门槛比较符合中国的国情。

通过建立在个人破产申请前需要接受一定的咨询服务，在个人破产受理前经过庭外债权债务和解的个人破产前置程序也是一条可行的路径。纵观其他世界各国，对于此种路径也有一定的规定。德国就有关于债务清偿庭外和解程序和庭内和解程序的相关立法，其法律规定只有在前两个程序都没有成功后才会进入正式的破产程序。[④] 美国破产法中也有关于破产申请人负有申请破产前接受相应咨询服务义务的类似规定[⑤]。因为考虑到此种路径较为耗时耗力，可以在实践操作中和之前提到的考虑债务人的经济情况来适用不同的破产程序结合起来，对于一些重大的、关系复杂的个人破产案件才适用此种路径。

在构建个人破产制度时，考虑到我国相关信用制度尚不完备、社会诚信氛围尚待改善等因素，应通过设置必要的前置程序，来降低破产欺诈出现的相对比例。

（二）破产保全制度的规范

破产保全制度有助于维持债务人破产财产的完整性，有利于预防相关财产的流失，进而到达到相应的防范效果。有学者单纯的将破产保全制度发挥效力的时间限定在破产程序开始时，[⑥] 这无疑会限缩防范破产欺诈的效果。但其实广

---

① 参见赵万一、高达：《论我国个人破产制度的构建》，载《法商研究》2014年第3期。

② 参见齐明：《我国破产原因制度的反思与完善》，载《当代法学》2015年第6期。

③ 参见许德风：《论个人破产免责制度》，载《中外法学》2011年第4期。

④ 参见赵万一、高达：《论我国个人破产制度的构建》，载《法商研究》2014年第3期。

⑤ 参见刘静：《试论当代个人破产程序的结构性变迁》，载《西南民族大学学报》（人文社会科学版）2011年第4期。

⑥ 破产保全制度是指破产程序开始时为保持债务人财产的完整性而限制以债务人财产为标的的执行行为及其他行使权利的行为的制度。参见付翠英：《破产保全制度比较：以美国破产自动停止为中心》，载《比较法研究》2008年第3期。

义上的破产保全制度发挥效力的时间，既涵盖破产程序开始后，也涵盖破产程序开始前。①

破产保全制度限制或冻结了处在破产临界点的债务人对于其财产或财产性权利处分、行使的权利，能够有效防范债务人各式各样的破产欺诈，确保相关程序顺利、平稳进行。从防范破产欺诈的角度来进行相应的分析，破产申请提出以后至法院决定启动破产程序之前的时间段尤为重要。若此时缺乏保全措施，于债务人而言，可以在此期间进行隐匿财产、不正当交易等行为；于债权人而言，也可以进行偏颇清偿等行为，不利于对破产欺诈的防范。从比较法视野观察，美国破产法中亦有破产保全的相关规定，称作自动冻结制度或者自动停止制度。②

我国在构建个人破产制度时，应通过设计科学完备的破产保全制度来防范破产欺诈现象的发生。但是在设计破产程序开始前的保全制度时，要同时兼顾破产程序效率与破产欺诈的防范，力求达到二者之间的平衡。

（三）自由财产制度的限制

针对自由财产的范围作出限定，同样能够在很大程度上防范破产欺诈现象的发生。有学者将自由财产作如下界定：“在个人破产制度下，由法律规定或法院酌情决定的，可由破产人自由管理、使用和处分的，不得查封和扣押并用于分配清偿的财产。”③ 从域外法域观察，新加坡对于自由财产制度的相关规定可供借鉴。其法律规定，在法院决定个人破产时，债务人的财产在能够维持其必要的生活需求外，比如保留基本的衣服、炊具、家具等，其余的财产皆由债权人分配；并且对于债务人破产后取得的相关收入，在能够维持其基本的生活需要外，皆不能由其本人掌控。④ 我国当下的司法实践中也有表面上近似的制度，即在民事强制执行中对最低生活保障财产进行豁免，为其生活与抚养家属保留

① 参见张艳丽：《破产保全制度的合理设置》，载《政法论坛》2008 年第 1 期。

② 参见付翠英：《破产保全制度比较：以美国破产自动停止为中心》，载《比较法研究》2008 年第 3 期。

③ 文秀峰：《个人破产法律制度研究——兼论我国个人破产制度构建》，中国人民公安大学出版社 2006 年版，第 140 页。

④ 参见陈建萍、孟军：《个人破产者的重生——新加坡个人破产法律制度的启示》，载《西北大学学报》（哲学社会科学版）2004 年第 5 期。

必要的生活用品与房屋。[①]

我国在构建个人破产制度时，可以通过对于自由财产的严格限制，尽可能杜绝债务人企图利用个人破产来逃避债务的相关行为，继续享受原有生活品质现象的发生。有学者也认为，有清偿能力的债务人在严格的自由财产制度限制下，会选择清偿债务而不是继续逃避。[②]

（四）失权与复权制度的应用

通过失权制度对于债务人公私法上的权利或资格进行相应的限制或剥夺，以阻遏债务人妄图通过破产欺诈逃避债务的念头；同时通过复权制度对其恢复权利与资格进行严格的条件限制，使其进行破产欺诈的代价远大于履行正规法定程序的成本。综合运用的失权与复权制度是世界各国在应对欺诈挑战时能够动用的一项有力的法律工具。

失权的具体内容较为丰富，从人身自由、经济财产、身份资格等各个方面对债务人进行相关的限制。[③] 我国台湾与香港地区都对失权内容有具体的规定。前者直接具体规定了债务人会丧失的身份资格；而后者对债务人的限制，则既涵盖身份资格，也涵盖日常行为和消费。[④] 有学者将失权的后果描述为一系列的否定性社会评价，[⑤] 是对失权制度很形象的表述。在此种否定性社会评价之下，任何债务人想实施破产欺诈时都会有一丝顾虑。

失权制度对于债务人权利或资格的限制或剥夺并不是无期限的。复权制度即允许债务人在完成债务清偿、剩余债务被债权人免除或失权期限已届满条件下对其权利或资格的限制予以解除，恢复其失权前的状态。相关学者考虑我国

---

① 参见李帅：《论我国个人破产制度的立法进路——以对个人破产“条件不成熟论”的批判而展开》，载《商业研究》2016 年第 3 期。

② 参见郭兴利：《建立个人破产制度：化解个人债务纠纷的新路径》，载《山东师范大学学报》（人文社会科学版）2010 年第 2 期。

③ 失权的内容包括：消费限制、信贷限制、收入支配限制、出入境限制、担任特定公私职务的禁止等方面。参见陈育、赵海、程姚艳：《个人信用与个人破产制度法律关系的分析——兼论我国建立个人破产制度的现实意义》，载《财经科学》2009 年第 8 期。

④ 参见赵万一、高达：《论我国个人破产制度的构建》，载《法商研究》2014 年第 3 期。

⑤ 失权制度指破产人因破产宣告所受到的破产程序以外的公私权力限制或资格限制等一系列社会否定性评价。参见李景义：《论自然人经济主体与我国个人破产法律制度的构建》，载《开发研究》2013 年第 6 期。

社会现实，认为关于复权的条件之一应为债务人无欺诈行为。[①] 笔者亦认同此观点，此条件配合失权制度会增大破产欺诈的违法成本，有效防范破产欺诈。理论上关于复权的相关设计为三种，一种为申请复权也称许可复权，一种为当然复权，一种为混合复权[②]。在实践中，复权制度存在两种体例。一种为申请复权，以意大利、法国为代表；一种为混合复权，其中以日本为代表。[③] 作为混合复权代表的日本，不仅在其破产法第366条规定有当然复权的四种情形，也在第367条规定有申请复权的三个条件。[④] 混合复权在一定程度上将客观的法定条件与主观的法官审查相结合，在提高效率的同时，也有利于防范破产欺诈。但也有学者坦言，考虑到我国的国情，对于破产人应当实行申请复权。[⑤] 笔者也认为鉴于我国尚处于社会转型期，考虑到防范破产欺诈的重要性，在考虑构建复权制度时应更多地考虑申请复权，或者在兼顾效率的考量下采取混合复权。

三、个人破产欺诈中被侵权人的救济机制

（一）破产免责制度的运用

运用破产免责制度在一定程度上可以实现对于个人破产欺诈中被侵权人的救济。有学者认为构成破产免责的要件之一为债务人诚信，[⑥] 即不能有破产欺诈。破产免责制度还包括免责的撤销。免责的撤销是指债务人通过破产欺诈行为取得免责之后的法定期限内，经过特定申请程序，最终由法院作出撤销免责的决定。[⑦] 从比较法的视野来分析，尽管美国个人破产制度规定了债务人可以自

---

① 参见陈育、赵海、程姚艳：《个人信用与个人破产制度法律关系的分析——兼论我国建立个人破产制度的现实意义》，载《财经科学》2009年第8期。

② 混合复权：以当然复权为主、申请复权为辅。

③ 参见汤维建：《关于建立我国的个人破产程序制度的构想（下）》，载《政法论坛》1995年第4期。

④ 参见杨显滨、陈风润：《个人破产制度的中国式建构》，载《南京社会科学》2017年第4期。

⑤ 参见刘静：《试论当代个人破产程序的结构性变迁》，载《西南民族大学学报》2011年第4期。

⑥ 破产免责，是指在破产程序终结后，对符合法律规定免责条件的诚信债务人未能依破产程序清偿的债务，在法律规定的范围内免除其继续清偿责任。参见邢培泉：《我国个人信用与破产免责》，载《河南社会科学》2007年第5期。

⑦ 参见郭兴利：《建立个人破产制度：化解个人债务纠纷的新路径》，载《山东师范大学学报》（人文社会科学版）2010年第2期。

动免责，无需特别申请。[①] 但美国破产法第727条中也明确规定了不能当然免责的几种情况，其中一种就是存在破产欺诈行为。[②] 德国破产法也规债务人免责的条件之一是诚实、可靠，并将存在破产欺诈列为不予免责的事由之一。[③]

从救济个人破产欺诈中被侵权人角度来观察，通过灵活运用破产免责制度，针对在法院作出免责决定时间节点之前，债务人存在破产欺诈的，法院不允许其免责；针对在法院作出免责决定时间节点之后，发现债务人存在破产欺诈的，经特定的申请程序，法院可撤销其先前作出的免责决定。此种制度设计，不属于许可免责制度中的当然免责或称自动免责，而属于许可免责的范畴。我国学者也多支持构建许可免责制度，[④] 以确保破产欺诈发生后，对于被侵权人有相应的救济机制。而不管是支持许可免责制度还是支持当然免责制度，不管是普通法律系还是大陆法系国家，一般都认可债务人存在破产欺诈行为的不能免责。[⑤] 当讨论免责的撤销制度时，应注意与个人破产制度中的破产撤销权制度相区隔。主要在于后者是针对破产程序开始前的特定行为；而前者则是针对免除债务的相关决定。

（二）破产撤销权制度的保障

破产撤销权制度在发挥破产法公平原则、救济被侵权人权利、保障破产程序有序进行等诸多方面的功用不可磨灭。通过破产撤销权制度可以针对破产申请受理前的破产欺诈行为，申请法院撤销，极大地保护了被侵权人也即相关债权人的利益。我国《破产法》规定了破产管理人为行使破产撤销权的主体。[⑥] 但也有学者指出现行的由管理人行使撤销权的设计存在管理人动力不足，压力不够等问题。[⑦] 有学者进一步指出，应该允许债权人在破产管理人缺位的情况下，

---

① 参见孙颖：《论我国个人破产法律制度的构建》，载《现代法学》2006年第3期。

② 参见解玉娟：《试论我国破产免责制度的构建》，载《河北法学》2009年第2期。

③ 参见屠新全、马远：《商自然人破产法律制度研究》，载《皖西学院学报》2004年第1期。

④ 参见杨显滨、陈风润：《个人破产制度的中国式建构》，载《南京社会科学》2017年第4期；章艺霞：《金融视角下的个人破产制度》，载《南方金融》2009年第4期。

⑤ 参见李景义：《论自然人经济主体与我国个人破产法律制度的构建》，载《开发研究》2013年第6期。

⑥ 参见王欣新：《破产撤销权研究》，载《中国法学》2007年第5期。

⑦ 参见祝伟荣：《破产撤销权制度的反思与重构——以利益衡平理念为视角》，载《法律适用》2012年第5期。

提起诉讼，行使破产撤销权。[①] 诸多争论的目的之一就在于探讨如果发生破产欺诈行为后，究竟由谁行使破产撤销权更有利于保护相关债权人的利益，以保证破产程序的公平进行。

在我国考虑构建个人破产制度中的破产撤销权制度时，关于其行使主体的问题应该重新进行系统的思考。同时，应该借鉴德国破产法的相关经验，[②] 采用概括加列举的立法体例，让某些新出现的破产欺诈行为能够得到有效的法律规制。并区分不同性质的可撤销行为的消灭时效或除斥期间，适当延长性质较为严重的破产欺诈行为的消灭时效或除斥期间，以更好地救济破产欺诈中的被侵权人。

四、个人破产欺诈的法律责任

（一）破产欺诈的民事责任

我国在讨论关于破产欺诈的民事责任时，一般将其归为侵权责任的范畴。[③] 在探讨其承担主体时，应注意到自然人与法人的不同。个人破产欺诈的民事责任承担人因为是自然人，所以并不涉及法人之中的董事、监事、高级管理人等相关人员，其一般包括债务人、债权人等。从破产欺诈的性质上推导，其归责原则应当适用过错责任原则。但是涉及特定情景时，也可适用过错推定，以此提醒不同相对人的不同义务。虽然过错推定原则一般被认为仍属于过错责任原则的范畴，但是二者在证明责任上尚有一些区别，故在此单独讨论。

从民事侵权责任的角度出发，考虑破产领域中欺诈行为的特殊性，将破产欺诈的民事责任的承担方式主要归纳为四种：返还财产、恢复原状，损害赔偿，民事惩戒，债权请求权后置。

1. 返还财产、恢复原状。破产欺诈被撤销后，根据法律行为原理，应该把行为人所处分的财产及财产性权利返还至破产财产，同时行为人与其相对人的法律关系应恢复至原状。此处的行为人一般指称债务人，但特殊情况下，也可

---

① 参见唐军：《论破产撤销权》，载《社会科学研究》2013 年第 1 期。

② 参见彭真军、栗保卫：《论破产欺诈中债权人救济制度之完善》，载《求索》2011 年第 6 期。

③ 参见程春华、周立英：《破产法律责任的解析与完善》，载《甘肃社会科学》2004 年第 4 期。

指称债权人。

2. 损害赔偿，指行为人对于因实施破产欺诈造成的相应损害，应以其财产赔偿债权人因此遭受的相应损失。一般侵权上的损害赔偿涵盖财产与精神损害赔偿两个方面。但鉴于破产欺诈造成的损害一般是指对破产财产的损害，所以一般仅以其财产进行相应的赔偿。

3. 民事惩戒，涵盖两个方面的内容。一方面是指通过失权制度对于破产欺诈人的相应民事权利进行限制，或通过复权制度对其复权条件进行严格的限制来对破产欺诈人进行惩戒。另一方面是指通过对免责制度的运用，部分或者全部不予免除其欲通过破产程序免除的债务，以达到惩戒效果。

4. 债权请求权后置，是指债权人因实施了破产欺诈行为，使得其债权请求权可以通过法院判决劣后于同一顺位中其他债权人的请求权。从比较法视野的观察，美国破产法中第510条即有关于债权请求权后置的相关规定。[①] 我国《破产法》虽然尚未确立该原则，但是在未来的个人破产法立法时可以考虑引进该项原则，以确保实质意义上的公平。

（二）破产欺诈的刑事责任

破产欺诈的刑事责任并不等同于有罪破产，在有罪破产制度下，无论有无相应的欺诈行为，破产本身就是犯罪。[②] 随着时代的发展，在古罗马、中世纪奉行的有罪破产原则渐渐被破产免责主义取代。[③] 现今所称的破产欺诈的刑事责任是指行为人违反了破产法的有关条文规定且符合刑法关于犯罪的相关构成要件，在特定时间段内[④]，通过隐瞒或伪造事实等手段，以牟利或者损害债权人利益为目的，进行损害债权人利益的破产欺诈行为而要承担的相应的刑事处罚。从本质上讲，破产欺诈刑事责任与民事责任的承担者在主体范围上并无不同，但会对其具体承担的罪名有影响。

在我国，因为《破产法》并没有规定个人破产制度，故在刑法领域，也没有关于个人破产欺诈的刑事责任的相关规定。事实上，即便是针对企业破产时

---

① 参见邓高虹：《破产欺诈的法律责任研究》，江西财经大学硕士学位论文2004年4月。

② 参见娄进波：《论西方法律中的破产犯罪》，载《中外法学》1992年第3期。

③ 参见潘家永：《虚假破产罪探析——兼论破产犯罪的相关问题》，载《政法论坛》2008年第2期。

④ 特定时间段是指在破产宣告前的法定期限内或者在破产程序结束前的时间段。

发生的欺诈行为，《破产法》与《中华人民共和国刑法》（以下简称《刑法》）也没有规定专门的破产欺诈罪，而只有在《刑法》第162条规定了虚假破产罪。但是个人破产制度的建立离不开对破产欺诈刑事责任的完善，而相关刑事责任的完善会进一步对破产欺诈行为人产生阻遏效果。在我国未来的个人破产制度中对破产欺诈行为应予以严惩，明确惩戒措施包括刑事处罚。从法律上确立破产欺诈刑事责任的目的不仅在于惩罚，也在于预防破产欺诈，① 以确保相关程序的公平、公正。学界也呼吁应制定完善的个人破产犯罪制度作为配套措施，② 有学者还建议应对某些极端的欺诈行为课以终身失权的处罚。③ 但是对于破产欺诈刑事责任的相关规定应该放在哪一部法律当中，现在尚有争论。有学者就认为："对破产欺诈行为刑事责任的完善，不是破产法所能解决的。"④ 笔者也认为，将来的个人破产制度立法，关于破产欺诈的刑事责任的规定不会在破产法中出现，而是以刑法修正案的模式提出。

世界其他国家和地区，关于破产欺诈的刑事责任已经有了较为完善的规定，我们在将来的个人破产制度体系建设中可以适当的参考与借鉴。在我国香港地区，对于破产欺诈的刑事责任就有较为制度化的规定，并且将债权人的债权视为刑法法益加以保护。破产条例中第129、132条直接规定了破产欺诈的种种行为，并在其他法条中规定了具体的刑罚。⑤ 英国的个人破产法则将有无破产欺诈作为条件，对于无欺诈行为的，免除债务期限最长为12个月，而对于有欺诈行为的，则给予严厉制裁。⑥ 日本则在破产法第265条专门规定有破产欺诈罪，并更加重视与之相关的预防工作，将原来以重视实质性犯罪预防为中心转向以程序性犯罪预防为主。⑦

---

① 参见蒋国艳：《论我国个人破产制度的构建》，载《广西社会科学》2010年第8期。

② 参见魏盛礼、黄丹峰：《突发性灾害事故下个人破产制度立法探析》，载《企业经济》2010年第2期。

③ 参见刘静：《试论当代个人破产程序的结构性变迁》，载《西南民族大学学报》2011年第4期。

④ 王欣新：《破产撤销权研究》，载《中国法学》2007年第5期。

⑤ 参见杨显滨、陈风润：《个人破产制度的中国式建构》，载《南京社会科学》2017年第4期。

⑥ 参见李景义：《论自然人经济主体与我国个人破产法律制度的构建》，载《开发研究》2013年第6期。

⑦ 参见行江、瞿晔：《日本破产犯罪立法研究》，载《安徽大学学报》（哲学社会科学版）2013年第3期。

结　论

自从2007年《破产法》正式施行以来，至今已经约有11个年头。随着市场经济改革的不断深化，司法体系的不断进步，个人信用制度的不断完善，社会福利保障水平的不断提高，这些年关于建立个人破产制度的呼声也越来越高，而随之被提出来的问题即破产欺诈。尽管建立个人破产制度在学术界已经取得一定的共识，但中国自古以来欠债还钱的的传统观念与广大公民对于破产欺诈的担忧在很大程度上会阻碍个人破产制度的立法进程，也是相关制度迟迟无法得到确立的原因之一。

值得注意的是，除了个人破产制度自身建设与个人破产欺诈息息相关，其他配套制度建设情况，诸如个人信用体系的建设水准、社会福利与保障体系的完善程度、司法系统的科学化水平与破产欺诈的刑事立法进程，也都与个人破产欺诈存在着某种程度的联系。

本文以个人破产制度中的破产欺诈为研究对象，从个人破产欺诈的法律概念与类型等两个方面入手，首先探讨个人破产欺诈的界定问题。之后通过比较分析各国应对破产欺诈挑战时采取的诸多措施与建立的诸多制度，在结合我国的实际情况与相关学者的建言下，逐一探讨分析了个人破产欺诈的防范机制、被侵权人的救济机制与法律责任，为我国将来建立相关的机制提供了一些意见与建议。

参考文献

期刊类：

［1］赵树文：《系统论范式下我国公司资本规制立法的完善》，载《法商研究》2017年第5期。

［2］杨显滨、陈风润：《个人破产制度的中国式建构》，载《南京社会科学》2017年第4期。

［3］李帅：《论我国个人破产制度的立法进路——以对个人破产“条件不成熟论”的批判而展开》，载《商业研究》2016年第3期。

［4］齐明：《我国破产原因制度的反思与完善》，载《当代法学》2015年第6期。

［5］蒋贤锋：《个人破产立法调整的效果：美国经验及对我国的启示》，载《金融理论与实践》2015 年第 5 期。

［6］赵万一、高达：《论我国个人破产制度的构建》，载《法商研究》2014 年第 3 期。

［7］李景义：《论自然人经济主体与我国个人破产法律制度的构建》，载《开发研究》2013 年第 6 期。

［8］行江、瞿晔：《日本破产犯罪立法研究》，载《安徽大学学报》（哲学社会科学版）2013 年第 3 期。

［9］韩长印：《破产撤销权行使问题研究》，载《法商研究》2013 年第 1 期。

［10］唐军：《论破产撤销权》，载《社会科学研究》2013 年第 1 期。

［11］祝伟荣：《破产撤销权制度的反思与重构——以利益衡平理念为视角》，载《法律适用》2012 年第 5 期。

［12］陈俊：《破产管理人注意义务的比较法考察》，载《中国注册会计师》2012 年第 4 期。

［13］彭真军、栗保卫：《论破产欺诈中债权人救济制度之完善》，载《求索》2011 年第 6 期。

［14］刘静：《试论当代个人破产程序的结构性变迁》，载《西南民族大学学报》2011 年第 4 期。

［15］许德风：《论个人破产免责制度》，载《中外法学》2011 年第 4 期。

［16］李曙光、王佐发：《中国〈破产法〉实施三年的实证分析——立法预期与司法实践的差距及其解决路径》，载《中国政法大学学报》2011 年第 2 期。

［17］王雪丹：《关于二元经济体制对个人破产制度影响的思考——兼与朱涛博士商榷》，载《前沿》2010 年第 12 期。

［18］尤甜：《灾后重建与个人破产制度的建立》，载《经济导刊》2010 年第 8 期。

［19］蒋国艳：《论我国个人破产制度的构建》，载《广西社会科学》2010 年第 8 期。

［20］丁慧敏：《偏颇清偿可构成虚假破产罪》，载《政治与法律》2010 年第 7 期。

［21］陈秋云：《论个人破产制度的中国选择》，载《理论月刊》2010 年第 3 期。

［22］孙宏友：《论英国破产法制度发展及其对我国个人破产立法的启示》，载《河北法学》2010 年第 3 期。

［23］魏盛礼、黄丹峰：《突发性灾害事故下个人破产制度立法探析》，载《企业经济》2010 年第 2 期。

［24］郭兴利：《建立个人破产制度：化解个人债务纠纷的新路径》，载《山东师范大学学报》（人文社会科学版）2010 年第 2 期。

［25］孙向齐、杨继锋：《关联企业破产违法行为的规制》，载《法学杂志》2009 年第

9 期。

[26] 朱涛:《"个人破产" 为时尚早——从农村经济现状论之》, 载《前沿》2009 年第 8 期。

[27] 陈育、赵海、程姚艳:《个人信用与个人破产制度法律关系的分析——兼论我国建立个人破产制度的现实意义》, 载《财经科学》2009 年第 8 期。

[28] 章艺霞:《金融视角下的个人破产制度》, 载《南方金融》2009 年第 4 期。

[29] 解玉娟:《试论我国破产免责制度的构建》, 载《河北法学》2009 年第 2 期。

[30] 郭兴利:《个人破产能力与构建和谐社会》, 载《山东师范大学学报》(人文社会科学版) 2009 年第 1 期。

[31] 刘黎明、田鑫:《美国破产法之偏颇清偿制度及对我国的借鉴意义——兼论我国新破产法第 32 条及相关条款》, 载《法学评论》2008 年第 3 期。

[32] 付翠英:《破产保全制度比较: 以美国破产自动停止为中心》, 载《比较法研究》2008 年第 3 期。

[33] 潘家永:《虚假破产罪探析——兼论破产犯罪的相关问题》, 载《政法论坛》2008 年第 2 期。

[34] 李志强:《论破产法上的偏颇性清偿》, 载《政法学刊》2008 年第 2 期。

[35] 张艳丽:《破产保全制度的合理设置》, 载《政法论坛》2008 年第 1 期。

[36] 王欣新:《破产撤销权研究》, 载《中国法学》2007 年第 5 期。

[37] 邢培泉:《我国个人信用与破产免责》, 载《河南社会科学》2007 年第 5 期。

[38] 廖凡:《美国破产法金融合约例外条款评析》, 载《证券市场导报》2007 年第 5 期。

[39] 张艳丽:《破产可撤销行为构成要件分析——针对我国新〈企业破产法〉第 31 条、32 条规定》, 载《法学杂志》2007 年第 3 期。

[40] 孙颖:《论我国个人破产法律制度的构建》, 载《现代法学》2006 年第 3 期。

[41] 张艳丽:《破产欺诈与立法对策》, 载《法学杂志》2005 年第 6 期。

[42] 李曙光、贺丹:《破产法立法若干重大问题的国际比较》, 载《政法论坛》2004 年第 5 期。

[43] 陈建萍、孟军:《个人破产者的重生——新加坡个人破产法律制度的启示》, 载《西北大学学报》(哲学社会科学版) 2004 年第 5 期。

[44] 程春华、周立英:《破产法律责任的解析与完善》, 载《甘肃社会科学》2004 年第 4 期。

[45] 屠新全、马远:《商自然人破产法律制度研究》, 载《皖西学院学报》2004 年第 1 期。

［46］华金秋:《试论个人破产与财务管理》，载《中央财经大学学报》2003 年第 1 期。

［47］葛现琴:《破产欺诈成因分析》，载《经济师》2002 年第 9 期。

［48］李曙光:《关于新〈破产法〉起草中的几个重要问题》，载《政法论坛》2002 年第 3 期。

［49］文杰、张丽琴:《建立我国个人破产制度问题研究》，载《上海社会科学院学术季刊》2002 年第 3 期。

［50］陈爱国:《规范企业破产行为完善我国破产制度》，载《金融理论与实践》1998 年第 11 期。

［51］陈爱国、白财富:《借破产之名　行逃债之实——企业破产欺诈伎俩种种》，载《企业管理》1998 年第 9 期。

［52］刘文慧:《破产欺诈行为探析》，载《企业经济》1995 年第 5 期。

［53］汤维建:《关于建立我国的个人破产程序制度的构想（下）》，载《政法论坛》1995 年第 4 期。

［54］娄进波:《论西方法律中的破产犯罪》，载《中外法学》1992 年第 3 期。

［55］吴松江:《我国个人破产重生制度立法研究》，中国政法大学硕士论文 2016 年 12 月。

［56］徐辉:《论个人破产制度中的债务人财产》，对外经济贸易大学博士论文 2014 年 4 月。

［57］张庞坤:《破产欺诈法律规制研究》，中国海洋大学硕士学位论文 2011 年 6 月。

［58］林琳:《破产欺诈的防范与救济》，中央民族大学硕士论文 2011 年 3 月。

［59］邓高虹:《破产欺诈的法律责任研究》，江西财经大学硕士学位论文 2004 年 4 月。

［60］葛现琴:《破产欺诈及其防治对策研究》，郑州大学硕士学位论文 2002 年 5 月。

［61］Lawless, Robert M, Bankruptcy Filing Rates After a Major Hurricane, Nevada Law Journal, Vol. 6, 2005, p. 7.

［62］Fan, Wei and White, Michelle J, Personal Bankruptcy and the Level of Entrepreneurial Activity, Journal of Law and Economics, Vol. 46, 2003.

［63］Allen N. Berger, Marco A. Espinosa – Vega, W. Scott Frame, and Nathan H. Miller, Debt Maturity, Risk, and Asymmetric Information, Working Paper, Federal Reserve Bank of Atlanta, No. 2004 – 32, 2004.

［64］Adler, Barry Polak, Ben Schwartz, Alan, Regulating Consumer Bankruptcy: A Theoretical Inquiry, The Journal of Legal Studies, Vol. 29, No. 2, 2000, pp. 585 – 613.

［65］Garrard Glenn, Essentials of Bankruptcy: Prevention of Fraud, and Control of Debtor, Virginia Law Review, Vol. 23, No. 4, 1937, pp. 373 – 388.

［66］Craig Peyton Gaumer, Bankruptcy Fraud, Crime and Punishment, 43 S. D. L. Rev. 527, 1998.

[67] Ralph C. II McCullough, Bankruptcy Fraud: Crime without Punishment, 96 Com. L. J. 257, 1991.

[68] Tabb, Charles Jordan, The History of The Bankruptcy Laws in the United States, 3 Am. Bankr. Inst. L. Rev. 5, 1995.

著作类:

[1] 徐根才:《破产法实践指南》, 法律出版社 2016 年版。

[2] [英] 费奥娜·托米:《英国公司和个人破产法》, 汤维建等译, 北京大学出版社 2010 年版。

[3] [美] 小戴维·A. 斯基尔:《债务的世界: 美国破产法史》, 赵炳昊译, 中国法制出版社 2010 年版。

[4] 尹正友、张兴祥:《中美破产法律制度比较研究》, 法律出版社 2009 年版。

[5] 文秀峰:《个人破产法律制度研究: 兼论我国个人破产制度的构建》, 中国人民公安大学出版社 2006 年版。

[6] 程春华:《破产救济研究》, 法律出版社 2006 年版。

[7] 李飞:《当代外国破产法》, 中国法制出版社 2006 年版。

[8] 李曙光:《转型法律学》, 中国政法大学出版社 2004 年版。

[9] Fiona Tolmie, Corporate and Personal Insolvency Law, Routledge - Cavendish, 2017.

[10] F. H. Lawson and Bernard Rudden, Law of Property, Oxford University Press, 2002.

[11] David G. Epstein, Steve H. Nickles, James J. White, Bankruptcy, West Group, 1998.

中立帮助行为的可罚性边界*

——从犯罪构成要件的角度分析

【摘要】 中立帮助行为是一个比较宽泛的概念，在定义时，只能从客观上考虑，主要从犯罪构成要件中的犯罪客体要件去界定，而不能从主观层面来考虑，同时也不应当考虑价值层面，因此，其应当被定义为：偶然与犯罪结合，客观上促进了犯罪行为，造成法益侵害后果，外观上呈现出日常生活性、职业性、业务性等在一般情况下合法且不具有危险性的行为。中立帮助行为并不都具有不法性和可罚性，因此确定其不法性边界和可罚性边界尤其是确定可罚性边界是必要的。笔者认为不法性边界应当由犯罪构成要件中客观方面要件来确定，影响其边界的主要因素应当是情形的紧迫性和行为的帮助性；可罚性边界应当由犯罪构成要件中主体要件和主观方面要件来确定，影响其边界的主要因素应当是主观上的故意，包括直接故意和间接故意。

【关键词】 中立帮助行为；犯罪构成要件；不法性；可罚性；边界

引　言

刑法中会讨论这样一类案例：甲要用菜刀杀死乙，于是去丙的杂货店买了

* 作者：中国政法大学法学院2015级　张楚璇

一把菜刀，丙知道了甲买菜刀的目的是杀人，但丙还是将菜刀卖给了甲；再如甲要到某地去杀死乙，乘坐出租车，出租车司机丙知道甲到目的地是为了杀乙，丙还是在没有受到胁迫的情况下把甲载到了目的地；再如丙欠甲一笔钱，然而甲是在逃犯，在甲实施危害国家安全犯罪活动的过程中，丙偿还了甲这笔欠款，甲因此在此犯罪活动中获得了一笔钱，给其进行犯罪带来了巨大的帮助。

在这类案例中，丙的行为都在客观上帮助了甲的犯罪，并且主观上都至少能够认识到甲的犯罪意图，但是丙实施的又是日常生活中的行为，如商品销售、客运服务、偿还欠款等。那么丙的行为是否应当受到刑法上的评价呢？也就是说丙是否成立正犯甲的帮助犯或者丙能否独立成罪呢？

在2016年引发全民关注的“快播案”中，快播公司提供的是一种P2P技术服务，这种技术联系了淫秽视频的发布者和观看者两端，快播公司是否涉嫌传播淫秽物品牟利罪？在一审第一次开庭时，辩护律师提出“技术中立”的抗辩理由，是否能够成立？

学界对于前述案例中丙的行为，称作“中立帮助行为”，或称为“外部中立的行为”“日常生活行为”“职业典型行为”“中性业务行为”等[①]。“快播案”中的“技术中立”问题也和这类案件有关，在和网络服务有关的案件中，网络服务商往往仅提供一个平台，犯罪人却会利用这个平台进行犯罪活动，那么网络服务商的角色就类似于前述案件中的提供中立帮助的丙。

“追求法益保护与自由保障之间的平衡是刑法学永恒的主题。”[②]，因此，从犯罪构成要件上讲，刑法不能惩罚虽然侵害法益却不具有不法性的行为，因为刑法需要保障自由，刑法也必须惩罚侵害法益、具有不法性且主观有责的行为，因为刑法需要追求法益的保护。刑法的这种价值观将在中立帮助行为的可罚性这个问题上集中展现，因此，笔者将从犯罪构成要件的角度论述中立帮助行为如何界定、是否可罚，以及如果可罚其可罚性的边界在哪里。

一、中立帮助行为的定义

在探究中立帮助行为的可罚性及其边界的时候，首先应当明确什么是中立

① 陈洪兵：《论中立帮助行为的处罚边界》，载《中国法学》2017年第1期。

② 张明楷：《刑法原理》，商务印书馆2011年版，第9页。

帮助行为，其定义为何，只有明确了这一点，才能继续探讨后续问题。对中立帮助行为定义的探讨一直都有，从不同的视角众说纷纭。但笔者认为，一个概念的定义的提出，其目的是解决现实问题，如在上文中所提及的案例，应当通过一种对“丙”行为的界定，来解决“丙”的行为是否不法、“丙”是否可罚的问题。以往学界所提出的定义虽然对该问题的思考有所助益，但是都较为注重在语词上做文章，难以切实解决问题，因此，笔者试提出一种较为明确的对中立帮助行为的定义，试图结合犯罪构成要件，来解决实际问题。

（一）学界定义：主客观方面、价值层面等多方面混淆

学界对中立帮助行为有多种定义，比如，有从中立帮助人主观视角来下的定义：“实施者假使面对与正犯相同情况的其他人也会从事的行为，因为其行为自始是为了实现独立犯罪或犯罪人之外，而且并非法所不许可目的之自我目的。”① 也有从客观上下的定义：“中立的帮助行为并没有一个明确的定义，一般来说，是指外表上属于日常生活行为、业务行为等不追求非法目的的行为，客观上对他人（正犯）的犯罪起到促进作用的情形。”②，还有从社会价值的角度下的定义：“基于偶然原因与他人的违法犯罪行为联结并在客观上为他人的违法犯罪活动提供便利，但却是社会个体为保障社会存续发展以及公民正常交往所需而承担所负之社会责任的行为。”③

（二）应有的定义：仅从客观上来定义

定义之不同，是因为下定义者所站之立场不同，所观察之角度不同。笔者尝试跳开这些定义，从解决实际问题的角度出发，试图用更加清晰实用的方式对中立帮助行为下一个定义。

第一，在给中立帮助行为下定义时，应当明确中立帮助行为应该是和犯罪产生关联的行为。若虽然有帮助，但和犯罪无关，则不应当被纳入中立帮助行

---

① 洪兆承：《中性行为与帮助犯》，台湾政治大学法律学研究所 2009 年硕士论文，转引自曹波：《中立帮助行为刑事可罚性研究》，载《国家检察官学院学报》2016 年第 6 期。

② 张明楷：《论帮助信息网络犯罪活动罪》，载《政治与法律》2016 年第 2 期，转引自曹波：《中立帮助行为刑事可罚性研究》，载《国家检察官学院学报》2016 年第 6 期。

③ 曹波：《中立帮助行为刑事可罚性研究》，载《国家检察官学院学报》2016 年第 6 期。

为的范畴，比如，在犯罪人赶往犯罪现场的路上，由于路人看到犯罪人赶路很累，给其递了一杯水缓解其疲劳，就不应当认定为中立帮助行为，因为该行为与犯罪没有关联。如果把所有的帮助行为都列入中立帮助行为的范畴，则这个概念的意义就会被削弱，这也不是刑法应该探究的问题。正是因为中立帮助行为和犯罪产生关联，并增加了危险，该行为才客观上侵犯了法益，成立了四要件说[①]中犯罪构成要件的第一个要件。

第二，在给中立帮助行为下定义时，应当只从客观上考虑。从犯罪构成要件来说，“行为”这一要件无疑是四要件说的犯罪客观方面。“关于犯罪构成要件，依据传统的犯罪构成理论，是按照犯罪客体、犯罪客观要件、犯罪主体、犯罪主观要件的逻辑顺序来进行排列的。……首先，坚持从客观到主观这一认定犯罪的顺序是保障公民权利免受侵害的要求。……其次，犯罪客体、犯罪客观要件、犯罪主体、犯罪主观要件的传统顺序是按照司法机关认定犯罪的顺序。……最后，如果采用‘四要件说’，将客体放在前面就有利于其他构成要件的确定，有利于犯罪构成理论的深化。”[②] 将案件事实对应于刑法规范，判断其是否构成犯罪、构成何罪时，应当遵循从客观到主观的顺序，因此，在考虑客观方面的时候，就不能同时还将主观方面也考虑进去，这样就打乱了主客观分离的犯罪构成要件的体系，导致混乱。除此之外，笔者认为在定义时应当先只考虑犯罪客体要件，即法益的侵害，其他的危害行为、因果关系等犯罪客观方面要件，应在界定该中立帮助行为是否不法时，再加以运用，从实践角度，这样会使得定义和对定义的运用更加清晰，但实际上由于四要件学说本身就存在内部的部分重叠，如犯罪客体要件中的“法益侵害”和犯罪客观方面要件中的“危害结果”是有部分重叠的，再如“帮助”一词本身就内含了犯罪人和帮助人双方行为的因果关系，也就成立帮助行为和危害结果的因果关系。因此完全从犯罪客体要件定义而不涉及犯罪客观方面要件，是难以做到的。因此至少定义时只能考虑客观上而不能考虑主观上的要素。

---

① “四要件说”是从苏联引进的一种犯罪构成要件学说，现为我国通说。“新中国成立初期，国家提倡学习苏联，在刑法学上从苏联引进了其犯罪构成理论。……但通说为四要件说，即认为犯罪构成要件可以分为四个方面，即犯罪客体、犯罪客观方面、犯罪主体、犯罪主观方面，有关要件则分属四个方面。”引于马克昌主编：《刑法》（第三版），高等教育出版社，第37页。

② 李永升主编：《刑法总论》，法律出版社2011年版，第92～93页。

第三，在给中立帮助行为下定义时，不应当考虑该行为的价值。行为是客观的，而价值是主观的，一个行为被评价为具有正面价值还是具有负面价值，很大程度上会因为评价人的标准的不同而不同，正如前述事例中，为还债而资助危害国家安全犯罪活动的行为，很难说是具有“维护公民正常交往和诚实信用”的正面价值，还是具有“只顾及自己‘无债一身轻’，而不考虑国家安全”的负面价值。

第四，在给中立帮助行为下定义时，应当认识到，该行为是一个待评价的行为，并不是某个行为被确认为中立帮助行为之后就一定不法或合法、可罚或不可罚。中立帮助行为虽然作为特点较为鲜明的一类行为，其范围仍然较大，不能够把其当作完全无差别的一个整体，笼统地认定不法或合法、可罚或者不可罚。中立帮助行为还可以再分类，再在这其中考虑这些行为是否不法，不法的行为是全部可罚、部分可罚还是全部不可罚的问题，即中立帮助行为是否不法、是否可罚及其可罚性边界的问题。

基于以上四点，笔者认为，中立帮助行为应当这样定义：偶然与犯罪结合，客观上促进了犯罪行为，造成法益侵害后果，外观上呈现出日常生活性、职业性、业务性等在一般情况下合法且不具有危险性的行为。

犯罪行为是一种社会现象，也是一种社会行为。“犯罪行为是一种反社会行为，是犯罪的外部表现。”[①] 犯罪行为从微观上讲是人的一种恶行，与人的行为相联系，从宏观上讲是社会的一种恶害现象，与社会的各种矛盾相关联，可以说犯罪是一种社会行为，因为社会犯罪现象是特定时空条件下所有个体犯罪行为的集合，因此，犯罪行为是社会行为中的反社会的越轨行为。作为社会行为，犯罪行为自人类社会存在以来就一直存在，而和犯罪行为相关联的行为也随着社会的发展而越发成为常态。

“在分工高度复杂化的背景之下，个体之间的协作性和依赖性成为个体正常交往之当然前提，任何人只要想有意义地生活于现今社会，就不可能脱离其他个体承担所负之社会职责。”[②] 我们应当认识到，在现代社会中，由于社会分工高度复杂，任何人都难以“离群索居”，人们互相依赖，互相提供帮助，并且这

① 李晓明、李洪欣：《犯罪学》，中国人民公安大学出版社 2012 年版，第 136 页。

② 曹波：《中立帮助行为刑事可罚性研究》，载《国家检察官学院学报》2016 年第 6 期。

种帮助已经从生活化逐渐转向职业化，犯罪行为作为自人类社会产生以来就存在的社会行为，自然也难以完全脱离他人的帮助，因此我们应当认识到，一个行为从客观上促进犯罪，是一件再正常不过的事情；而需要动用刑法去评价的客观上促进犯罪的行为，只是一小部分；即使这一小部分值得刑法评价，但同时也值得刑法惩罚的，只是更小的一部分。因此，中立帮助行为是一个较大的概念，其具体是否不法、具有不法性后是否可罚，都还需要其他的要件来进一步评判。

二、中立帮助行为与不法的帮助行为的关系

中立帮助行为和不法的帮助行为的概念，并非逻辑上的并列关系，而是交叉关系。

（一）中立帮助行为的分类

如前所述，中立帮助行为虽然作为特点较为鲜明的一类行为，其范围仍然较大，不能够把其当做完全无差别的一个整体，笼统地认定合法或不法、可罚或者不可罚，其还可以再分类。在此之前，已经确认了犯罪构成四要件的犯罪客体之存在，即中立帮助行为对犯罪行为客观上有促进作用，即其会使法益受到侵害。接下来应当讨论犯罪客观方面——由于现阶段仍然在讨论行为的违法性，还没有涉及主观归责的步骤，因此分类的标准仍应当是根据客观方面的要素，即危害行为、犯罪对象、危害结果、因果关系等要素——如果是根据这些要素再分类，则可能导致中立帮助行为的违法性的两分——部分具有不法性，另一部分不具有不法性。不具有不法性的中立帮助行为不是犯罪，当然也就不可罚；具有不法性的中立帮助行为则满足了犯罪的客观构成要件：犯罪客体要件和犯罪客观方面的要件。

（二）不法的帮助行为的分类

笔者认为，不法的帮助行为也应当分为两类，一类是纯粹的不法的帮助行为，另一类则是具有不法性的中立帮助行为。有学者作出这样的表述：“行为主体在决定是否做出行为时，除遵循实施行为的有关要求外，无必要、也无义务、更无权力对行为相对人进行审查或者筛选，亦即中立帮助行为的相对人具有普

遍性、无差别性，是包括犯罪人在内的全体社会成员。相反，若某种行为的相对人只是违法犯罪者，该行为就是专为帮助他人实施违法犯罪行为而存在，其在社会交往中除促进违法犯罪以外，别无其他合法正当的社会意义。”① 笔者认为这种说法中的“专为帮助他人实施违法犯罪行为而存在”的帮助行为，应当说的是不法的帮助行为中的第一种，即纯粹的不法的帮助行为。

（三）两者的交叉关系

笔者认为，除去纯粹的不法的帮助行为，另一种不法的帮助行为即具有不法性的中立帮助行为，因此就中立帮助行为与不法的帮助行为这两个概念来说，其应当是交叉关系。

用逻辑关系图表示，则如下：

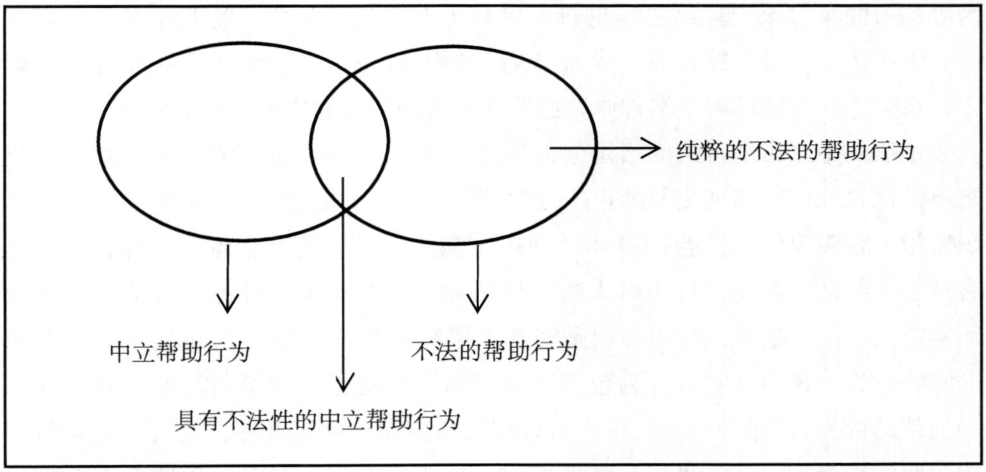

图 1

三、中立帮助行为的不法性边界

从前述中立帮助行为和不法的帮助行为的关系中可以看出，对中立帮助行为进行分类是必要的。中立帮助行为已经从定义上确定了其具备犯罪客体要件，即其从客观上促进了犯罪行为，具备法益的侵害性。因此，犯罪客观方面是区

① 曹波：《中立帮助行为刑事可罚性研究》，载《国家检察官学院学报》2016 年第 6 期。

分中立帮助行为是否具有不法性的标准，其不法性的边界应当由犯罪客观方面的危害行为、犯罪对象、危害结果、因果关系等要素来决定。

（一）中立帮助行为的不法性判断：客观方面要件

中立帮助行为的不法性边界需要犯罪客观方面要件来判断，犯罪客观方面要件的四个要素中，分为非决定性要素和决定性要素。

1. 决定性要素

笔者认为在犯罪客观方面要件中，中立帮助行为不法性的决定性要素应当应当是危害行为。

我们来对比这样两个案例。第一，犯罪人甲想要杀死仇人乙，于是到丙的杂货店买菜刀，其要在一个月后趁乙的丈夫出差，乙独自一人在家之时，用从丙处购得的菜刀杀乙。第二，犯罪人甲和仇人乙冤家路窄，路上相逢，一言不合，大打出手，恰逢路边有一家杂货店，为丙所开，于是甲到丙处买得一把菜刀，杀了乙。在这样两个案件中，犯罪客观方面的要素之满足程度是不同的。

不法的中立帮助行为应当是危害行为。“危害行为，是指在行为人意识支配之下的危害社会并被刑法所禁止的行为”[①]，“刑法上的行为[②]，是指基于人的意识实施的客观上侵犯法益的身体活动……据此，行为具有有体性、有意性、有害性三个特征：首先，行为时人的身体活动，……其次，行为是给予人的意识而实施的，……最后，行为必须是客观上侵犯法益的行为”[③]。包括实行行为和非实行行为，其中非实行行为包括预备行为、教唆行为和帮助行为（属危害行为的帮助行为）。帮助行为是指为实行犯提供方便、创造条件，使实行犯顺利实行犯罪的行为，包括提供工具场所等有形的帮助和提供信息、创造条件、强化犯意等无形的帮助。[④] 笔者认为，即使是行为的外观看似中立，是日常的生活、职业、业务行为，也可能成为危害行为，也即可以创设、增加风险——和没有

---

① 曲新久主编：《刑法学》（第五版），中国政法大学出版社，第 84 页。

② 此处的行为指的是作为违法构成要素的危害行为。“但‘危害行为’概念除了指作为违法构成要件要素的行为外，有时还用来指称具备法定犯罪构成的犯罪行为（行为的结合要素的机能）。后一种意义上的危害行为就是犯罪行为。本款探讨的是前一种意义的危害行为。”引于张明楷：《刑法原理》，商务印书馆 2011 年版，第 133 页。

③ 张明楷：《刑法原理》，商务印书馆 2011 年版，第 133 ~ 134 页。

④ 曲新久主编：《刑法学》（第五版），中国政法大学出版社，第 160 页。

危害性的其他中立帮助行为相比，区别是情形的紧迫性和行为的帮助性。对于紧迫性来说，在上述两个案例中，两个丙出售菜刀的行为都是在其意志支配之下的行为（不考虑有、无限制行为能力人等情况），且都具有帮助属性（如前所述，社会上的大部分人类活动，都难以避免帮助属性），但并不都是属危害行为的帮助行为。在第一个案例中，笔者认为其行为是中立帮助行为，但并非属危害行为的中立帮助行为，该行为应当更偏向于普通的日常销售行为——原因在于，该行为的发生不具有紧迫性，并没有从实际意义上创设和增加风险，虽然犯罪人甲提前一个月买菜刀的目的也是杀人，但其完全可以在这一个月的时间内通过多种其他途径得到菜刀，其也完全可以在这一个月内改变犯罪意图；在第二个案例中，笔者认为丙的行为是危害行为，正是由于情形的紧迫性，甲在买刀之后伤害乙的可能性是极高的，其没有时间从它处获得菜刀，也没有思考的时间来放弃犯罪意图，因此丙卖给甲菜刀的行为在实际意义上创设和增加了风险。对于帮助性来说，若甲乙打架的场地只有一家杂货店，甲不能够在其他较近的地方买刀，这种情况下丙的中立帮助行为的帮助性就强；若当场还有多家杂货店，且都出售菜刀，则丙的中立帮助行为的可替代性就强，相应其帮助性就弱。总的来说，判断一个中立帮助行为是否是危害行为，应当看情形的紧迫性和行为的帮助性。

2. 非决定性要素

非决定性要素包含犯罪对象、危害结果和因果关系，由于这三个要素对于不法的中立帮助行为没有特殊性，因此不是决定性要素。

（1）犯罪对象

由于不是所有的犯罪行为都有行为对象，对中立帮助行为也是如此。以脱逃罪为例，如果中立帮助行为人为了偿还债务，在正犯脱逃的过程中，给了其一大笔钱，使得其脱逃有了较大的助益。《刑法》第 310 条规定："明知是犯罪的人而为其提供隐藏处所、财物，帮助其逃匿或者作假证明包庇的，处三年以下有期徒刑、拘役或者管制；情节严重的，处三年以上十年以下有期徒刑。"在窝藏罪中，从法条上看，刑法除了规定主观明知外，对于客观上的帮助行为并没有区分其是否具有日常生活性、职业性、业务性。但结合《刑法》第 362 条的规定："旅馆业、饮食服务业、文化娱乐业、出租汽车业等单位的人员，在公安机关查处卖淫、嫖娼活动时，为违法犯罪分子通风报信，情节严重的，依照本法第三百一十条的规定定罪处罚。”我们可以看到，362条中所说的“通风报信”行为，可以说是上文所说的“纯粹的不法的帮助行为”了，已经不具有中立性了，因此，笔者推测，在窝藏包庇罪的其他情况下，即行为人的行为确实具有中立性时，应当是不被处罚的。在脱逃罪的例子中，虽然帮助犯被正犯化了，但是也可以看出，没有犯罪对象的犯罪行为，也可以由中立帮助行为人的帮助，因此犯罪对象不是中立帮助行为的必然要素。

（2）危害结果

广义的危害结果是指行为对外界产生的影响或造成的变动。狭义的危害结果是指实行行为对直接客体（利益）造成的损害事实。中义的危害结果是指行为对直接客体（利益）的实际损害（实害）和可能的损害（危险）。[①] 从犯罪构成要件上讲，第一就是犯罪客体要件，犯罪客体要件即法益的侵害，这和犯罪客观方面要件中的广义的危害结果是相同的，因此中立帮助行为都会构成广义的危害结果，因为这本身就是其定义中的一个部分。因此，危害结果要素是中立帮助行为必然具备的，当然也是不法的中立帮助行为所必然具备的。

（3）因果关系

该中立帮助行为和法益侵害的结果应当有因果关系。关于因果关系判定的学说，主要有条件说、相当因果关系说、客观归责理论等。其中相当因果关系说认为，“根据我们的社会生活经验对事物作一般性的考察，如果认为一定的行为产生一定的结果通常是相当的，就认为存在因果关系”[②]。客观归责理论又称客观归属论，“……基本形成共识的是，当与结果具有因果关系的行为制造出法律所不允许的危险（制造危险），而这种危险在该当构成要件的结果中得到实现（实现危险）时，可以承认该结果对该行为的客观的归属”[③]。但无论是相当因果关系说还是客观归责理论，都将“归责”纳入了因果关系的考量，因此范围变得狭窄，且和犯罪构成要件的主观方面有所混同。“条件说”在确定因果关系的范围上，较其他学说要宽泛，其弊端是可能导致刑事责任的扩大。但是在坚

---

① 曲新久主编：《刑法学》（第五版），中国政法大学出版社，第90～91页。

② 陈家林：《外国刑法通论》，中国人民公安大学出版社2009年版，第200页。

③ ［日］曾根威彦：《客观的归属论的理论的考察——以罗克辛的见解为中心》，载《西原春夫先生古稀祝贺论文集》（第1卷），成文堂1998年版，第66页，转引于陈家林：《外国刑法通论》，第204～205页。

持因果关系客观性的场合，通过认定主观上有罪过的严格把关，可以有效防止因果关系扩大化带来的刑事责任扩大化。正因为如此，“条件说”在德国、日本等国的审判实践中占支配地位。[①] 从条件说的角度来看，不管中立帮助行为的提供是否具有紧迫性，都和最后的法益侵害结果有因果关系，因此，在前述两个案例中，两个丙的中立帮助行为都和危害结果有因果关系。但是因果关系之存在其实是必然的，所谓“帮助”，其实就内含了两者行为之间的因果关系，因此因果关系已然体现在了中立帮助行为的定义中，不能作为区分不法的中立帮助行为的判断标准之一。虽然在前述在定义中只考虑犯罪客体要件，但实际上，就四要件学说本身来说，各种要件其实也有部分重叠，如犯罪客体要件中的“侵害法益”和犯罪客观方面要件中的“危害结果”，因此，难以做到完全从犯罪客体方面去界定，但仍然应当坚守在定义时只考虑客观方面。

（二）中立帮助行为的不法性边界：紧迫性和帮助性

从以上讨论可以看出，决定性因素中的危害行为占据了判断中立帮助行为的不法性的主导地位，不法的中立帮助行为即在情形具有紧迫性时提供帮助性较强的中立帮助的行为，即中立帮助行为的不法性边界是情形的紧迫性和行为的帮助性。

1. 紧迫性的判断标准

紧迫性应当从时间、地点、犯罪人的犯罪意图强弱等情况来判断。

首先，中立帮助行为和犯罪行为的发生时间间隔越短、发生地相隔越近，则紧迫性越强。原因是，时间间隔越短，发生地相隔越近，则犯罪人从别处获得帮助的可能性越小、中途放弃犯意的可能性越小，因此越紧迫，帮助行为的危害性也越强；就这点来说，如果犯罪行为当场发生，而中立帮助人当场卖给犯罪人犯罪工具，则紧迫性最强，该中立帮助行为的不法性也最强。

其次，犯罪人对犯罪的意图越强烈，则紧迫性越强。这一点，对于犯罪人来说是主观的，但对于中立帮助行为人来说是客观的，在此阶段还只是不法性的探讨，没有到可罚性的探讨，因此，不能以犯罪人的主观来论证中立帮助行为人的主观，但是可以用犯罪人的主观来论证中立帮助行为人的客观，即从客

① 曲新久主编：《刑法学》（第五版），中国政法大学出版社，第 99 页。

观上说，中立帮助行为人的行为所带来的紧迫性。如对于脱逃罪的犯罪人来说，其脱逃的主观欲望越强烈，则中立帮助行为人所带来的紧迫性越强，其中立帮助行为的不法性就越强，但这并不代表其可罚性越强、可归责性越大。

2. 帮助性的判断标准

帮助性应当从帮助行为的可替代性强弱、本身危险性强弱等情况来判断。

首先，中立帮助行为的可替代性越弱，则帮助性越强。如犯罪人欲打车到犯罪地，但是深夜荒郊，只有唯一一辆出租车停在路边可供搭乘，则其提供的帮助对于犯罪人来说是不可替代的，因此帮助性极强；反之，如果犯罪人可以通过多种交通工具或走路到达，则中立帮助行为的帮助性很弱，相应其不法性也越弱。

其次，中立帮助行为本身的危险性越强，则帮助性越强。现今社会中，任何行为都不能说完全没有危险性，虽然很多危险国家并没有制定法律来管制，但也不能否认其危险性——卖出去的刀可能会用于行凶，卖出去的化学原料可能会被提炼毒药，开车可能造成交通事故，等等，这些行为的危险性也有不同，比如，杂货店卖给犯罪人一个铁锅，犯罪人使劲用铁锅砸死了被害人，或者杂货店卖给犯罪人一把西瓜刀，犯罪人用其毫不费力就杀死了被害人，这其中虽然都是卖东西的行为，但其危险性是有本质不同的，正如卖枪支的危险性和卖刀的危险性不同，只不过法律只禁止了买卖枪支，没有把买卖刀具管制起来。因此，中立帮助行为本身的危险性越强，其帮助性也越强，其相应的不法性也越强。

四、中立帮助行为的再分类和可罚性边界

在上文讨论了中立帮助行为的一级分类和不法性边界，但仅仅明确其不法性边界对于解决实际问题是没有帮助的，因此还需要对一级分类下的不法的中立帮助行为进行二级分类，并确定不法的中立帮助行为的可罚性边界。

（一）中立帮助行为的再分类

在前文中，笔者已经论述了中立帮助行为以是否具有不法性为标准的分类，但该分类并没有解决问题，因此还需要继续对中立帮助行为分类。在具有不法性的中立帮助行为中，还可以分为可罚的中立帮助行为和不可罚的中立帮助行为。用图表示，如图 2：

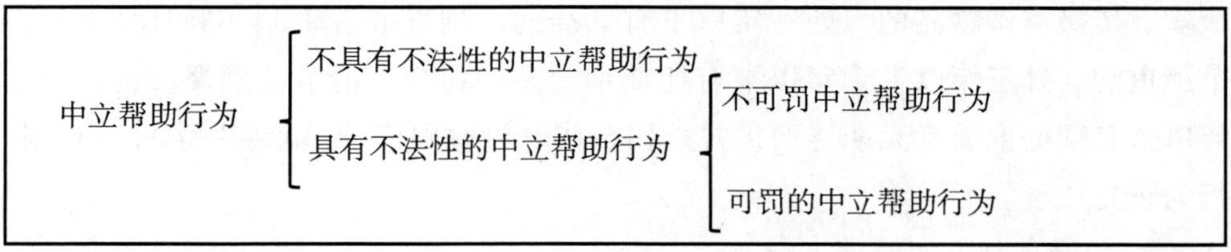

图 2

用逻辑关系图表示，则如下：

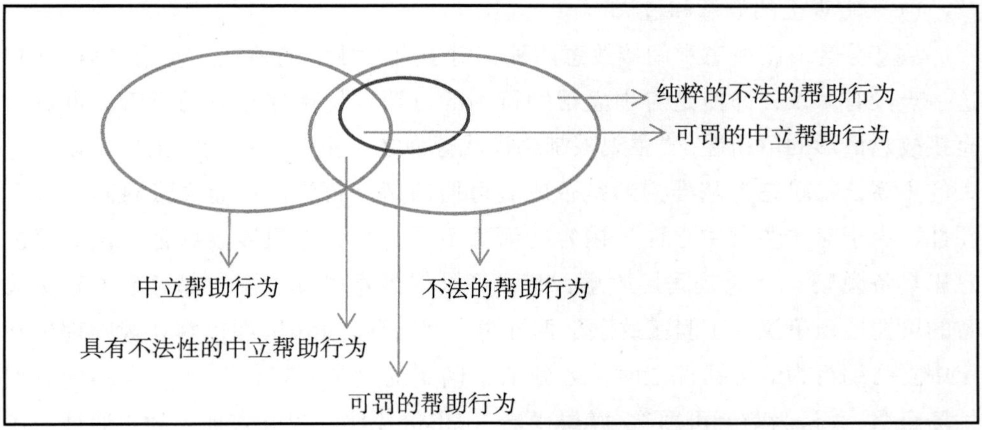

图 3

（二）中立帮助行为的可罚性边界

对不法的中立帮助行为再分类的标准应当是犯罪主体要件和犯罪主观方面要件。

1. 犯罪主体要件

犯罪主体是指实施犯罪行为，并且应当对自己的罪行依法负刑事责任的人，包括自然人和单位。[①] 其中的主要问题在于，单位能否成为中立帮助行为的主体？应当是可以的，比如，提供印刷业务的公司，帮助犯罪人印刷含有淫秽内容的书籍，单位也构成中立帮助行为的主体。但实际上这样的帮助犯有一部分已经被正犯化了，如《刑法》第 363 条："以牟利为目的，制作、复制、出版、

① 曲新久主编：《刑法学》（第五版），中国政法大学出版社，第 66 页。

贩卖、传播淫秽物品的，处三年以下有期徒刑、拘役或者管制，并处罚金；情节严重的，处三年以上十年以下有期徒刑，并处罚金；情节特别严重的，处十年以上有期徒刑或者无期徒刑，并处罚金或者没收财产。”就将中立的“复制”行为正犯化了。

2. 犯罪主观方面要件

犯罪主观方面要件即行为人是故意或者过失、有无认识错误、有无期待可能性等问题。

（1）主观上的故意和过失

故意分为直接故意和间接故意两种，对于直接故意的情况，应当是可罚的，这一点没有争议，即使是对中立帮助行为的可罚性持保守意见的学者，也赞同直接故意情形的可罚性，“主观限制路径从行为之‘主观中立性’出发，以行为人的主观认知状态为基准判断是否成立可罚的帮助行为，从而主张限制行为可罚性。由于对‘主观中立性’内容的侧重不同，又分为间接故意否定说和促进意思具备说”①。无论是间接故意否定说还是促进意思具备说，都肯定了直接故意的可罚性，争议在于间接故意是否可罚，德国学者 Roxin 在以客观规则理论判定中立帮助行为的可罚性之时，区分了“确定的故意的场合”和“未必的故意的场合”，并认为前者可罚②；德国学者 Kudlich 主张，仅知道他人的犯罪计划还不够，还需要通过自己的行为促进他人犯罪的意识和意思，也就是以具有“促进的故意”为必要③，但这种区分的观点遭到了一些批判，被认为“于法无据”，“不论是德国刑法典还是我国刑法都没有为两种故意规定不同的处理方式与法律效果”④。

笔者认为，无论是直接故意还是间接故意，都具有可罚性，即使是间接故意，明知道自己的行为会增加法益的侵害，且自己的行为有较强的帮助性、情形具有紧迫性，还以放任的心态去帮助法益的侵害，即使其所为的是一个中立帮助行为，也仍然是可罚的。“把故意划分为直接故意与间接故意，是根据《刑法》第 14 条的规定所作的理论上的分类。在刑法条文上统称为故意犯罪。在其

① 曹波：《中立帮助行为刑事可罚性研究》，载《国家检察官学院学报》2016 年第 6 期。

② 陈洪兵：《论中立帮助行为的处罚边界》，载《中国法学》2017 年第 1 期。

③ 曹波：《中立帮助行为刑事可罚性研究》，载《国家检察官学院学报》2016 年第 6 期。

④ 曲新久主编：《刑法学》（第五版），中国政法大学出版社，第 112 页。

他方面的情况相同的条件下，直接故意比间接故意的主观恶性程度要严重，因此，在它支配下实施犯罪行为的社会危害性也较为严重。这是在量刑时必须考虑的，但是也不能把这种区别绝对化。”[①] 由此可见直接故意和间接故意的区别主要体现在量刑上，而在定罪上是不区分的，因此都具有可罚性，只不过可罚的程度不同。

对于过失来说，笔者认为不应当具有可罚性。对于前述故意的情况，可以成立片面共犯行为：犯罪人并不知道或者说不在意中立帮助行为人是否知道其犯罪意图，因此其没有共同犯罪的意思，但是对于中立帮助行为人来说，如果其帮助行为的主观上是故意，则应当认为其有帮助犯罪人完成犯罪的意图，其行为是一种片面帮助行为。对于片面帮助行为是否可以成立共同犯罪，“……我们认为，片面教唆犯和片面实行犯是不可能发生的，而单方面帮助他人犯罪，他人不知道的情况，在社会生活中是客观存在的，问题是如何处理才好。由于毕竟是帮助他人犯罪，比较起来，还是以从犯处理为宜”[②]。另外，根据有学者认为，我国《刑法》第 198 条第 4 款有关保险诈骗罪共犯的规定、第 350 条第 2 款关于毒品犯罪共犯的规定，已然从立法论的角度肯定了片面帮助犯；以及《关于惩治骗购外汇、逃汇和非法买卖外汇犯罪的决定》等司法解释中也可以找到肯定片面帮助犯的根据。[③] 对于帮助故意的成立，并不一定要求双方之间具有双向的意思联络，单向的、片面的意思联络也能成立共同犯罪故意，此外，也要求片面帮助人对危害结果也有故意，因此笔者也赞同片面帮助行为可以成立共同犯罪，正是因为成立共同犯罪，帮助行为才具有可罚性。对于过失的情况来说，不能够成立共同犯罪，因而不具有可罚性。

（2）主观上有无认识错误

认识错误分为事实认识错误和法律认识错误，事实认识错误分为对象错误、打击错误、行为方式、方法的错误、因果关系的认识错误、非故意犯罪过程中的认识错误等。对于认识错误的情况，笔者认为中立帮助行为人的认识错误和普通犯罪人的认识错误从定性上来说并没有区别。因此确定了其他的要件，对

---

① 曲新久主编：《刑法学》（第五版），中国政法大学出版社，第 106 页。

② 高明暄、马克昌主编：《刑法学》（第六版），北京大学出版社、高等教育出版社，第 166 页。

③ 参考田鹏辉：《片面共犯研究》，中国检察出版社 2005 年版，第 28～31 页，转引于张伟：《帮助犯研究》，中国政法大学出版社 2012 年版，第 106 页。

存在认识错误的情况，按照普通犯罪人的认识错误来处理即可。

3. 超法规要素

“超法规的正当化行为，是指刑法虽然未予明文规定，但根据共同生活的观念和法律之精神应排除行为的违法性的事由。”[①] 在刑法规定之外，大家普遍认为，义务冲突、自救行为、被害人承诺、安乐死、依照法律的行为、执行命令的行为等，属于超法规的正当化行为[②]。对于超法规要素，一般只有在穷尽一切免责事由之后再予以考虑。

需要用到超法规要素在中立帮助行为中也有所体现。中立帮助行为之“中立”，本来就体现在该行为的日常生活性、职业性、业务性等上，因此，对于中立帮助行为人，是存在帮助犯罪和履行义务等的冲突的。以出租车为例，对于出租车行业来说，出租车司机“不得拒载、不得中途卸载”，这是他们的行业规定，是其职业义务。因此，如果犯罪人在路边向出租车司机招手，出租车司机知道其有犯罪目的，要是其拒载，就违反了其“不得拒载”的义务；如果其在犯罪人上了车之后得知其有犯罪目的，要是其中途令犯罪人下车，就违反了其“不得中途卸载”的义务。

在犯罪构成要件的主观方面要件中所含的期待可能性问题，是属于对上述义务冲突、自救行为、执行命令的行为等行为的概括抽象。

笔者认为，期待可能性在中立帮助行为的可罚性问题上，仍有适用余地。“期待可能性，是指行为人在行为时存在履行守法义务避免实施犯罪行为的可能性。如果存在这种可能性，则应当负刑事责任；如果不存在这种可能性，则可成为排除责任的事由，免除或减轻刑事责任。其基本精神在于法不强人所难，当人在实施犯罪行为面前没有选择余地时，尽管存在故意或过失的心理，也可考虑排除或减轻责任。[③] 如，在联邦诉斯特莫尔（Commonwealth v. Staymore）的案例中，根据把汽车停放在特定区域超过两个小时构成犯罪的法律规定，被告是有罪的。被告力图移开他的车，但无能为力，因为街道被一个他没有参加也没有理由预测到的政治游行所阻断了。他的有罪判决被法庭撤销了，尽管判决

---

① 田宏杰：《刑法中的正当化行为》，中国检察出版社2004年版，第85页，转引于陈庆安：《超法规排除犯罪性事由研究》，上海社会科学院出版社2010年版，第7页。

② 参见陈庆安：《超法规排除犯罪性事由研究》，吉林大学2008年博士学位论文。

③ 曲新久主编：《刑法学》（第五版），中国政法大学出版社，第122页。

完全符合法令的字面规定。[①]

对于中立帮助行为来说，可能正是由于其中立性，所以其不是绝对站在犯罪人一方的，其有其自己的立场，所以才更可能产生无期待可能性的情况。

在上述出租车案例中，假设出租车司机的中立帮助行为具有了较强的情形紧迫性和较高的帮助性，满足了不法性，另外出租车司机主观上又明知，具备了主观上的故意要素，笔者认为：如果出租车司机没有受到胁迫，仅仅是由于遵守其行业规定、职业义务而将犯罪人载到犯罪地点，笔者认为这不属于没有期待可能性的情况，因为本次职业义务的不履行不会对其有较大的影响，反而其行为较大程度上帮助了犯罪人，基于此种考量，其不应当被减免责任。如果出租车司机受到胁迫，犯罪人用刀抵着出租车司机，那么出租车司机出于自救行为，不得不把犯罪人载到犯罪地点，那么这属于没有期待可能性，可以减免责任。

但也正是由于期待可能性是一种超法规免责事由，需要被慎重适用。

五、结论

中立帮助行为是一个比较宽泛的概念，在定义时，只能从客观上考虑，主要从犯罪构成要件中的犯罪客体要件去界定，而不能从主观层面来考虑，同时也不应当考虑价值层面，因此，其应当被定义为：偶然与犯罪结合，客观上促进了犯罪行为，造成法益侵害后果，外观上呈现出日常生活性、职业性、业务性等在一般情况下合法且不具有危险性的行为。在确定一个行为为中立帮助行为时，即已经确定了其对犯罪构成要件中犯罪客体要件的满足，再根据该行为是否具备犯罪构成要件中的犯罪客观方面要件，特别是其中的危害行为要素，据此将中立帮助行为分为具有不法性的中立帮助行为和不具有不法性的中立帮助行为，这时候就产生了中立帮助行为的不法性边界，其边界应当从情形的紧迫性和行为的帮助性两方面来界定，具体的界定要素已经在上文阐释。仅仅界定一个中立帮助行为的不法性还不是最终目的，因为刑法依然不能对其评价，还需要界定其可罚性，因此需要再在具有不法性的中立帮助行为中，把其分为具有可罚性的中立帮助行为和不具有可罚性的中立帮助行为，这时候就产生了

① 参见［美］彼得·萨伯：《洞穴奇案》，陈福勇、张世泰译，三联书店 2012 年版，第 23 页。

中立帮助行为的可罚性边界，其边界的界定应当根据犯罪构成要件中的主体要件和主观方面要件，特别是主观方面要件中的故意要素，笔者赞同不区分直接故意和间接故意，并认为过失的情形不具有可罚性。

笔者在本文中，抛弃了已有学者对中立帮助行为的定义，将其重新定义，目的是从一个更加清晰实用的角度让这个概念具有实际意义和可操作性。已有的学者定义大多掺入主观的因素、价值的因素等，虽然笔者也对这些因素加以认可，但是这些因素对于一个行为的定义，从犯罪构成的界定来说并没有好处。笔者仅仅以犯罪构成要件中的客观要件对其界定，则可从后续其他犯罪构成要件对其按顺序区分其不法性和可罚性，这样更加清晰。

确定中立帮助行为的可罚性边界具有重要的意义，随着现代社会分工的高度复杂化，任何人想要实施一个社会行为而完全不依靠别人是难以实现的，犯罪人实施犯罪行为也是如此，特别是随着科学的进步、互联网的发达，各种各样的中立平台相继出现，为犯罪行为提供了许多便利，这些行为虽然外观上是生活行为、职业行为、业务行为等，具有合法性和中立性，甚至其行为人还有义务作出这样的行为，但是从客观上来说，其犯罪发生联结，给犯罪提供便利，甚至成为犯罪必不可少的一个环节。所以给这样一大类行为以“中立帮助行为”这个概念是必要的，但是我们并不能笼统认为，中立帮助行为都是不法的、可罚的，其中合法的或者虽不法但不可罚的仍占很大一部分，由此我们确定中立帮助行为的不法性边界和可罚性边界是必要的，然而确立不法性边界的最终目的还是确定可罚性边界，因此确定中立帮助行为的可罚性边界是最重要的问题，以此来达到打击犯罪的目的。

参考文献

[1] 陈洪兵:《论中立帮助行为的处罚边界》，载《中国法学》2017 年第 1 期。

[2] 张明楷:《刑法原理》，商务印书馆 2011 年版。

[3] 曹波：《中立帮助行为刑事可罚性研究》，载《国家检察官学院学报》2016 年第 6 期。

[4] 马克昌主编:《刑法》(第三版)，高等教育出版社。

[5] 李永升主编:《刑法总论》，法律出版社 2011 年版。

[6] 李晓明、李洪欣:《犯罪学》，中国人民公安大学出版社 2012 年版。

［7］曲新久主编:《刑法学》(第五版)，中国政法大学出版社。
［8］陈家林:《外国刑法通论》，中国人民公安大学出版社 2009 年版。
［9］高明暄、马克昌主编:《刑法学》(第六版)，北京大学出版社、高等教育出版社。
［10］田鹏辉:《片面共犯研究》，中国检察出版社 2005 年版。
［11］张伟:《帮助犯研究》，中国政法大学出版社 . 2012 年版。
［12］田宏杰:《刑法中的正当化行为》，中国检察出版社 2004 年版。
［13］陈庆安:《超法规排除犯罪性事由研究》，上海社会科学院出版社 2010 年版。
［14］彼得 · 萨伯:《洞穴奇案》，陈福勇、张世泰译，三联书店 2012 年版。

我国遗嘱信托受托人确定制度的评析与构想*

【摘要】随着中国经济的迅速发展，个人积累的财富也日益增多，遗嘱信托在中国将具有十分远大的前景。我国遗嘱信托在指定的受托人拒绝或者不能担任时采取由受益人指定的模式，而世界各国皆采取法院指定模式。本文着力论证肯定我国的受益人指定模式，同时指出我国目前遗嘱信托受托人确定制度的缺陷与不足，并试图构建完善我国的遗嘱信托受托人确定制度。

【关键词】遗嘱信托；信托；受托人确定；受益人

序　言

信托是源自英国法的一种为他人利益管理财产的制度。[①]《美国信托法重述》（第三版）将信托定义为：信托（除回复信托与拟制信托外）是一种有关财产的信义关系，产生于设立信托的意思表示，财产的名义所有权人负有衡平法上的义务，为公益或一人或数人之利益（至少其中一人非为单独受托人）而管理财产。[②]

遗嘱信托，即采遗嘱的方式设立信托，以使自己的意思在死后能得到实现

* 作者：中国政法大学法学院1301班　林金谷
指导老师：中国政法大学民商经济法学院副教授　赵廉慧

① 谢哲胜：《信托法》，元照法律出版社2007年版，第5页。

② Restatement (Third) of Trusts, § 2 Definition of Trust.

或延续，它可以将遗产传承的风险降到最低。遗嘱信托能够有效避免家族争产，妥善照顾遗族或特定人，可合法节税，可用于不测时的遗产管理或处分。① 在国外，采取信托的方式处理遗产是其他方式无法比拟的，日益受到重视。如英国王妃戴安娜生前就立下遗嘱信托，“要求将她1/4的动产平分给自己的17名教子，而另外3/4财产则留给威廉和哈里王子，但必须要等到他们25周岁时才能予以继承。威廉在2007年6月21日年满25周岁时，他将可以不受限制地支取由其中的650万信托基金获得的投资收益。交付信托机构的遗产经过专业的运作，实现了资产的大幅增值，并保证了受益人每年都会有丰厚的回报”②。苹果教父乔布斯也选择了这种方式，“他和妻子在2009年已把至少三笔不动产委交信托管理；目前尚不清楚，乔布斯是否把他的股票和其他非房地产资产也交托信托管理。如果他真的这么做，外界可能永远不会知道这些资产将如何分配”③。

受托人在信托关系中起着举足轻重的作用（信托法又叫受托人法），因为信托目的的有效实现、受益人利益的实现，都取决于受托人的管理。“选择正确的受托人对于有效的信托管理和信托目的的实现都是至关重要的。”④ 故受托人的确定是遗嘱信托中至关重要的一个环节，决定着受益人的利益实现以及委托人的意愿能否真正落实。一个公平、合理、高效的遗嘱信托受托人确定制度对于充分发挥遗嘱信托的积极作用是至关重要的。目前已有的一些书籍论文大都只对遗嘱信托做概括论述，在涉及受托人确定制度方面也大都浅显地认为应学习国外的法院指定模式，本文则认为应肯定目前的受益人指定模式并加以改进。望本文能够对我国受托人确定制度的完善作出一丝贡献。

一、案例导读

祖父S想给自己的孙子B 10万英镑，这时B才刚刚两岁，祖父不想把这10

① 张军建：《信托法基础理论研究》，中国财政经济出版社2009年版，第98~99页。

② 新浪新闻：《特殊的礼物：戴安娜生前留遗嘱　珠宝平分给未来儿媳》，载 http：//news. sina. com. cn/o/2011-04-29/140222381955. shtml，最后访问日期2016年10月13日。

③ 利得财富：《乔布斯巧用信托处理遗产》，载凤凰网 http：//finance. ifeng. com/money/trust/20111020/4879432. shtml，最后访问日期2016年10月13日。

④ Andrew R. Fischer, and Elder Abuse, “A private Problem That Requires Private Solutions”, 8 Health & Biomedical Law Society (2012), 100.

万英镑全部给孙子，于是他立下遗嘱，遗嘱中写明把钱转移给自己所信赖的朋友T，要T在B 18岁之前，管理运用信托财产，且每年都给B 1000英镑，等B到了18岁的时候再把余额全部给他。遗嘱中没有规定T拒绝或不能担任受托人时的后备方案。S死亡后，T拒绝担任受托人，此时应该怎么办？由谁来选任受托人更为合理？①

二、遗嘱信托的生效问题

遗嘱信托的成立和生效的问题，作为本文的先行问题，故在此先厘清。我国遗嘱信托到底什么时候成立并且生效呢？（若无无效事由，通常遗嘱信托成立时即生效）

《信托法》第8条第3款规定：采取信托合同形式设立信托的，信托合同签订时，信托成立。采取其他书面形式设立信托的，受托人承诺信托时，信托成立。关于此条中涉及遗嘱信托的部分，人大法工委的解释是："当被指定人明确表示承诺该委托时，以遗嘱形式设定的信托才成立。"②

不少学者对此提出了批判。其中代表性的观点认为，根据第8条，采取信托合同以外的其他书面形式设立信托的，"受托人承诺信托时，信托成立"，这一条的反面解释是，在以遗嘱这种"信托合同以外的其他书面形式"设立信托的时候，若没有得到受托人的承诺则信托不能成立。这样做似乎混淆了双方行为和单方行为，也和英美信托法上的"衡平法不允许信托因缺乏受托人而无效"的法理不符。③

遗嘱是单方法律行为，设立遗嘱信托的行为也应该属于单方行为。史尚宽先生因此论述道："在信托使第三人于信托死亡后为受益权人之特权，非死后处分，盖第三人非承继信托人所有之受益权，因信托契约之结果，与信托人之死亡同时取得受益权。"④ 据此对信托法第8条的批判还有："遗嘱信托依其法律性质属于单方行为，其生效与否，不需要以受托人为条件，只要遗嘱本身符合《继承法》的生效要件，立遗嘱人死亡之日，即应为遗嘱信托生效之日，因此信

① 改编自赵廉慧：《日本信托法修改及其信托观念的发展》，载《北方法学》2009年第4期。

② 卞耀武主编：《中华人民共和国信托法释义》，法律出版社2002年版，第60页。

③ 赵廉慧：《信托法解释论》，中国法制出版社2015年版，第122页。

④ 史尚宽：《继承法论》，中国政法大学出版社2000年版，第403页。

托财产是否转移以及受托人是否欠缺并不影响遗嘱信托的生效。[①]”按照美国法，只要存在有效的财产转移，日本、我国台湾地区“信托法”上也是认为遗嘱信托自遗嘱发生效力时生效，不以受托人是否承诺为要件。[②]

可见，当今“遗嘱信托自遗嘱发生效力时即应生效”已是英美与大陆法系国家的通说，《信托法》第 8 条的规定明显欠妥。另外同法 13 条规定，设立遗嘱信托，应当遵守继承法关于遗嘱的规定。且这与《信托法》第 13 条受益人还可另行选任受托人相互矛盾，受托人没有承诺，信托都没有成立，哪来的受益人？

笔者认为：在法律规定缺乏理性时，为维护法律的稳定性与实效发挥，法律人要以解释的方法使其合理化，故可将《信托法》第 13 条解释为第 8 条这一一般条款的特别条款，即适用遗嘱信托设立时要优先适用特别条款第 13 条，使得遗嘱信托在遗嘱生效时即成立生效，但其他的非遗嘱的书面形式设立信托的，则受托人承诺信托时，信托成立。这样的解释就可化解当前法律规定的矛盾与适用的尴尬。当然，以后有机会修法时还是要对其进行修改。

三、国内外关于遗嘱信托受托人确定的相关立法

（一）中国《信托法》规定

中国《信托法》关于遗嘱信托受托人确定的规定很简略但也很独特，在第 13 条第 2 款规定：遗嘱指定的人拒绝或者无能力担任受托人的，由受益人另行选任受托人。受益人为无民事行为能力人或者限制民事行为能力人的，依法由其监护人代行选任。遗嘱对选任受任人另有规定的，从其规定。归纳起来就是当受托人拒绝或者不能担任受托人时，先遵从遗嘱的选任受托人的方式规定，若遗嘱没有规定则由受益人确定受托人。由此确立起中国独特的受益人指定模式。

（二）日本、韩国、我国台湾地区“信托法”的规定

日本《信托法》（2006 年）第 6 条第 1 款规定：法院指定受托人。如果遗

---

① 周小明：《信托制度：法理与实务》，中国法制出版社 2012 年版，第 168 页。

② 王志诚、赖源河著：《现代信托法论》，中国政法大学出版社 2002 年版，第 47 页；方嘉麟：《信托法之理论与实务》，中国政法大学出版社 2004 年版，第 285 页；［日］道垣内弘人：《信托法入门》，姜雪莲译，中国法制出版社 2014 年版，第 22 页。

嘱没有指定受托人的条款，或者遗嘱指定的受托人未能或不能接受信托，法院可依利害关系人的请求指定受托人。可见日本是规定由利害关系人请求，法院进行指定受托人，受益人没有选任的权力。

我国台湾地区“信托法”第46条：“遗嘱指定之受托人拒绝或不能接收信托时，利害关系人或检察官得声请法院选任受托人。但遗嘱另有订立者，不在此限。”可见我国台湾采取法院根据利害关系人或检察官的请求选任受托人，也没有受益人的直接选任受托人的空间。

韩国《信托法》17条规定：“（一）在受托人任务终止时，有关利害关系人可以向法院申请选任新受托人。（二）前款的规定，适用于根据遗嘱指定的受托人不接收信托或不能接收信托的情形。”可见，韩国完全同日本由法院根据利害关系人请求选任受托人。

（三）英美国家规定

目前学界的通说观点认为，现代信托起源于英国的用益制度（USE）。[①] 美国则吸收发展了英国的信托制度。目前，在遗嘱指定受托人拒绝或不能担任时，英美信托法普遍都规定由法院指定受托人，没有受益人指定的余地。在普通法上，信托受益人永远也没有指定受托人的权力；在信托文件没有规定或者没有在任或离任的受托人愿意接受指定新受托人的时候，法院有权指定。[②]

综上，遗嘱指定的受托人拒绝或不能接受信托的，可另行指定受托人。指定受托人的具体方式，各国信托法都承认：（1）遗嘱如指定了候选受托人，或者规定了指定新受托人的方法，首先应当按照遗嘱的规定指定新受托人。（2）遗嘱没有规定的，英美信托法规定由法院指定；日本、韩国和我国台湾地区承继了英美法的规则，由信托当事人申请法院指定。[③]

相反，中国信托法则只规定了受益人的选任权，没有法院介入的余地。

---

① 张天民：《失去衡平法的信托——信托观念的扩张与中国〈信托法〉的机遇与挑战》，中信出版社2004年版，第8页。

② Trust Act，1925（England and Wales），s. 41；Restatement（Second）of Trust，&108.

③ 何宝玉：《信托法原理研究》，中国法制出版社2015年版，第127页。

四、受益人指定模式与法院指定模式评析

当遗嘱指定受托人拒绝或者不能担任时，由法院指定模式是世界各国的通说，而只有中国采取受益人指定模式，仿佛中国信托法在此成了一朵奇葩，于是诸多信托法学者主张应该引用国外法院指定模式。然而笔者认为这种观点并不妥当，虽说中国法律一直都是西方的舶来品，我们一直在借鉴西方先进法律制度，然而我国法律或许也体现出立法者结合本国特色的创造，不应对国外的规则亦步亦趋。个人认为，我国受益人指定模式具有更大的合理性，更加适合中国的模式，甚至应值得他国进行借鉴。

（一）反驳支持法院指定模式、否定受益人指定模式的观点

1. 有学者在书中引用到："在实践中，如果允许受益人选任新受托人，受益人可能会指定和自己有关系的人，这样会导致受托人和受益人之间的制衡关系失效。"① 类似观点还有："日本新《信托法》将此权利赋予利害关系人，在事实上增大了遗嘱信托实施的可能性。尤其是在以遗嘱人为了防止受益人肆意挥霍财产、保障其未来生活为目的的信托中，得由遗嘱人的继承人或者其他利害关系人申请指定受托人是十分必要的。"②

如果仔细推敲这种观点其实站不住脚。在信托中受托人两大主要义务是忠实义务和善管义务，其主要职责是勤勉地按照信托目的，忠实地为受益人的利益服务，其并没有制约受益人的权利与义务，除非是信托文件中要求或是为了信托目的。相反，受益人有监督受托人的权利。因此，选任哪个受托人其实并不是最重要的，最重要的是信托文件怎么规定，每个受托人都得按照信托文件忠实勤勉地执行。

而由利害关系人去申请法院指定并不一定能起到很大效果，很多情况下，受益人就是唯一的利害关系人，由其去申请指定和由其直接指定的结果往往是一样的，却多了一道司法程序，耗费了司法资源，耽误了时间精力。而且我们要注意到，在遗嘱信托中设置由受托人对受益人进行制衡的信托并不多，很多

---

① Lusina Ho, Trust Law in China, Sweet&Maxwell Asia, 2003, p. 81.

② 马巍：《遗嘱信托法律制度研究》，中国政法大学 2010 年硕士学位论文。

都是单纯为了受益人的利益而设置，只需受益人指定即可，为了一小部分的信托而特意设置让法院指定的制度似乎矫枉过正了。

而在有除了受益人以外的利害关系人存在时，可以让其他利害关系人与受益人协商选任，或者完全可以让其他利害关系人充当监督的角色，一旦受益人选任的受托人与受益人串通，不履行或不妥当履行其义务和职责，采取可以请求法院予以更换受托人这样一种有效的事后救济模式（这在后文“关于我国制度建议”的部分会展开）。

2. 有学者在其书中提到：“立法者的本意似乎是，允许受益人指定受托人是因为已没有其他的人可以行使指定权——立遗嘱的人（委托人）已经死亡而受托人拒绝行动。”① 并进一步认为这样的立法理由不充分。这实际上是对立法的较为浅层的解读。事实上这样规定有多方面的理由，如节省司法资源，增进效率，尊重当事人的自由选择，不对私权力过多干预等。正如何宝玉在其书中所说，“我国法院对非诉讼事务的管辖权不像英美那样广泛，信托法不宜为人民法院创设新的管辖权。在这种情况下，宜由信托受益人自行指定新受托人，以解决遗嘱信托缺乏受托人的问题。由受益人指定新受托人，不仅程序简单，节省时间，而且能够较好地体现受益人的利益”②。“这样规定，主要是为了减少法院对信托事务的干预，尽可能由当事人自行解决信托管理的一些程序问题。”③

3. 有学者在其书中还提到：“‘法院可以根据利害关系人的申请选任受托人’这样的规定更为全面，更符合促进遗嘱成立生效的原则，也凸显尊重意思自治原则的私法精神。”④ 笔者并不能赞同这样的观点。遗嘱信托自遗嘱生效时即已成立生效，与受益人或者法院指定受托人无关。原本是受益人为了自己的利益而指定受托人，或者受托人可以与其他利害关系人协商解决的私事，法院硬生生地要介入进来，硬生生地设了一道必经司法程序，由法官来决定最终的人选，受益人的意思自治无法得到应有的承认，这怎么能说是“凸显尊重意思自治原则的私法精神”呢？

4. 有学者主张应优先尊重委托人的意愿，因此应排除受益人等的选任权而

---

① 赵廉慧：《信托法解释论》，中国法制出版社 2015 年版，第 122 页。

② 何宝玉：《信托法原理研究》，中国政法大学出版社 2005 年版，第 201 页。

③ 何宝玉：《信托法原理研究》，中国法制出版社 2015 年版，第 127 页。

④ 赵廉慧：《信托法解释论》，中国法制出版社 2015 年版，第 123 页。

由法院选任。如上海交通大学的徐卫："委托人的意愿是信托法中最主要的'指路牌'。[①] 在遗嘱信托中，委托人的意愿更应予以关注和优先尊重。既然遗嘱是一种特殊的身份行为，自然应尊重遗嘱人的意愿。同样地，作为以遗嘱为基础而设立的遗嘱信托也应特别关注遗嘱人（委托人）的意愿，而不能单纯地由受益人的行为加以左右。为保证遗嘱信托能在尊重委托人的意愿之下运行，避免受托人在信托事务的处理上单纯地受受益人左右和关注受益人利益。在受托人职位存在空缺需要填补时，不能赋予受益人直接选任权，而是应当限制受益人的参与角色。"[②]

这种观点也有值得推敲之处。必须尊重委托人的意愿是毋庸置疑的。然而遗嘱生效时信托生效，此时委托人已离去，如何尊重委托人的意愿？不赋予受益人指定的权利而由法官指定受托人就能够尊重委托人的意愿？那法官又如何能得知死者的意愿呢？事实上我们唯一能得知委托人意愿的只有通过信托文件，而立法上已经给予其充分的尊重了。《信托法》第 13 条规定，遗嘱对选任受托人另有规定的，从其规定。另外，新选任的受托人仍然还是要按照信托文件的规定对财产进行管理，要在尊重委托人的意愿下进行活动。由尊重委托人的意愿推理出要否认受益人的选任权并且交由法官选任，这一逻辑链条是存在问题的。由受益人选任新受托人是不会违背尊重委托人意愿的宗旨的，不过为了更好地保障委托人的意愿得以实现，引入利害关系人的事后监督是不可或缺的，这也是我国信托法需要完善的地方。

（二）支持受益人指定模式

1. 尊重意思自治精神，减少公权干预

正如前文所述，遗嘱信托自遗嘱生效时成立生效，此时受益人成为信托基本当事人，其有权利为了更好地实现自己的受益权而去指定受托人。受益人可以与其他利害关系人协商选任出都满意的受托人，既然当事人意思自治可以解决的问题，法院为何又要规定强行介入呢？法律如果规定必须依据申请由法院最终决定受托人本质上就是对当事人意思自治的干预，其最终可能选出不符合

---

① S. I. Strong, "Arbitration of Trust Disputes: Two Bodies of Law Collide", 45 Vanderbilt Journal of Transnational Law (2012), 1193.

② 徐卫：《遗嘱信托受托人选任规则的反思与重构》，载《交大法学》2014 年第 3 期。

受益人意思的受托人——这更是对受益人意思自治的剥夺。司法权作为公权力的重要一支，其要介入私人领域要有充分且正当的理由。在这样一个鼓励自由开放，尊重市民自治的现代社会中，法院这样的做法无疑是不可取的。

2. 立足国情，节约司法资源

在当前法制建设还不完善的中国，司法资源的紧张是众所皆知的，无谓的对司法资源的浪费是应该禁止的。在高度灵活讲究自治的信托法领域，法院没有必要去介入这些程序性问题，减少对信托事务的干预。目前有持这种观点的学者。[①] 正如前文所说，对受托人的制约的遗嘱信托只是少部分，而且大部分时候都是受益人自己去申请，往往会得到跟受益人自己直接指定一样的效果，此时强行要求受益人去法院履行一遍司法程序，浪费司法资源，意义何在呢?

3. 增进效率，节省时间，尽早确定信托权利义务关系

遗嘱人死亡后，大量遗产事务以及信托事务急需解决，此时需要尽早确定受托人，以确定权利义务关系。司法程序往往效率低下，若有争议，各自举证再由法院裁决则要旷日持久，若必须要经过司法程序才能确定，实不利于社会法律关系的稳定，而且也浪费了大量的时间精力。若无争议时由受益人直接指定，有争议时受益人可与其他利害关系人协商后再行指定，迅速快捷，何乐而不为?

4. 法律体系解释的一致

《信托法》第40条确定了当受托人职责终止时，依据信托文件—委托人—受益人的顺序进行选任新受托人的规则，没有赋予法院选任受托人的权力。若径直改遗嘱信托为法院指定模式，那么与《信托法》第40条相互矛盾。反而坚持遗嘱信托受益人选任模式使得整个《信托法》体系解释一致，浑然一体。

5. 可采取事后救济途径来弥补其不足

对于像对受益人指定不合适的受托人而产生不良后果的担忧完全可以用事后由利害关系人请求变更的救济途径来替代法院事先规制途径。法院扮演一个消极却有效的救济者角色要比担任一个低效却主动干预私人领域的角色更加合理一些。真正能够产生纠纷的信托遗嘱非常少，法院势必鞠躬，也给当事人徒增麻烦，似乎没有必要。而当采取受益人指定模式，可以用更加有效的事后救济方式来弥补其不足时，那么关于法院指定模式的优势就荡然无存了。

---

① 何宝玉:《信托法原理研究》，中国政法大学出版社2005年版，第201页。

五、我国遗嘱信托受托人确定制度的缺陷

虽然笔者肯定了我国的受益人指定模式，然而另外，我们要看到当前制度的不足之处。

（一）未规定遗嘱未指定受托人的情形

《信托法》第 13 条规定：遗嘱指定的人拒绝或者无能力担任受托人的，由受益人另行选任受托人。该法条规定了拒绝或无能力两种情形，却遗漏了当遗嘱没有指定受托人的情形。

有学者对此提出当遗嘱没有指定受托人时，遗嘱无效，故不产生新受托人选任的问题。其依据在于《信托法》第 9 条第 1 款："设立信托，其书面文件应当载明下列事项：（一）信托目的；（二）委托人、受托人的姓名或者名称、住所；（三）受益人或者受益人范围；（四）信托财产的范围、种类及状况；（五）受益人取得信托利益的形式、方法。"其认为第 9 条为强制性规定，没有指定受托人违反了强制性规定而无效，信托都无效了当然谈不上新受托人的选任问题。周小明博士也认为此种情况下信托无效。①

然而这种观点是违背了信托法的基本原理的，也不一定构成对《信托法》第 9 条的正确解读。一方面，英国的 Knight v. Knight（1840）案确立了著名的信托设立的"三个确定性"原则，即意图的确定性（certainty of intention）、信托财产的确定性（certainty of subject matter）和受益人的确定性（certainty of objects），而并没有受托人的确定性原则。事实上，英美法谚有云：信托不因欠缺受托人而无效（A trust shall never fail for wanting of a trustee）。另有学者指出，"信托有自己的生命，它并不依赖于受托人存在与不存在的事实。没有受托人的信托就像是一艘轮船。虽然其中的船员都遇难了，没有人驾驭，但这艘船仍然是一艘船。一旦找到新的船员，它能再次驶向大海"②。因此从学理的角度看，在遗嘱没有指定受托人时，从尊重遗嘱人意愿的角度出发，应使遗嘱信托有效。

---

① 周小明：《信托制度：法理与事务》，中国法制出版社 2012 年版，第 172～173 页。

② Kenneth G. C. Reid，"Patrimony Not Equity：the trust in Scotland"，8 European Review of Private Law 3（2000），p. 433.

而既然遗嘱信托有效，那么也将面临选任受托人的问题。另一方面，法律没有直接规定违反《信托法》第9条的法律后果，该条只是要求信托文件“应当”载明受托人，但没有载明并不一定就可以推断出信托设立无效。我国最高人民法院创造性地对强制性规范进行了效力性与管理性的划分。笔者在这里更倾向于认定其为管理性规范，具有倡导性的意义。原因在于作为民商法之一分支的信托法应该坚持民商法的基本价值理念——私法自治。私法自治的工具是法律行为，法律行为的工具则为意思表示。[①] 易言之，当事人的意思表示只要不违反法律且不悖于公序良俗，就在当事人之间发生法律效力，而法律应尊重当事人的意思表示，不得非法干预。[②] 除非有充分的法律规制的需要，否则不应当轻易认定法律行为无效。而且从体系解释上看，《信托法》第11条已详尽地列举了信托设立无效的几种情形，认定无效应依第11条来进行。再将第9条认定为效力性强制规范，似为不妥。

综上，我国信托法没有规定遗嘱中没有指定受托人的情形，确为一大法律疏漏。从完善的角度看，其实没有必要进行修法，只需运用法律解释技巧，通过颁布司法解释等方法让其适用《信托法》第13条的规定即可。

（二）没有发挥利害关系人的监督作用及建立相应的法院救济制度

在肯定受益人指定模式的同时，我们要看到其可能带来的一些问题，为了让该模式能够真正发挥积极的作用，我们需要发挥利害关系人的监督作用，在必要时引入法院进行事后救济。利害关系人没有权利指定受托人，但其可以监督受托人的选任。在受益人选任不合理的受托人时使得信托目的无法完成甚至损害到利害关系人利益时，利害关系人应该可以请求法院予以更换。没有了事前审查的情况下，让法院充当事后救济的作用是必要的。

（三）缺乏有多个受益人有争议时或者受益人无法确定时的解决途径

正如有学者书中所说：“我国信托法也仅仅规定了受益人及其监护人享有选任权，但没有规定这些选任主体亦不存在时、各个受益人（及其监护人等）就

---

① ［德］迪特尔・梅迪库斯：《德国民法总论》，邵建东译，法律出版社2000年版，第142～143页。

② 龙卫球：《民法总论》，中国法制出版社2002年版，第53页。

新受托人人选有争议或者无法确定之时的救济程序。"①

当有多个受益人时，其在选任受托人时意见可能会产生分歧，这时候应该先由他们协商一致解决或者表决决定，如果实在不能做出一致决定或者表决有严重不公平现象等，应该允许受益人提请法院进行决定。在这一点上，《美国统一信托法》的规定可值得我国借鉴。《美国统一信托法》第704（C）条规定："非慈善信托受托人职位出现空缺而需要填补时，须按下列优先顺序进行补充：①信托文件指定的作为继任受托人的人；②全体合格受益人一致同意指定的人；③法院选任的人。"

因此当受益人或者其监护人由于特殊原因无法确定受托人时，应该允许相关利害关系人请求法院进行选任。

（四）缺乏受托人确定程序制度

我国并没有规定受托人确定的程序，这是不合理的，不利于实践中选任的规范化与冲突解决。尤其是关于受托人承诺期限规定的缺乏。

日本《信托法》第5条规定了接受遗嘱信托的催告：利害关系人可以确定一个合理的期限，要求遗嘱指定的人在期限内明确表示是否接受信托，遗嘱指定的人在确定的期限内未给予明确答复的，视为不接收信托。

尽早确定受托人对遗嘱信托意义重大，确定期限有利于尽快确定权利义务关系，日本的立法值得我国参考。

六、关于我国遗嘱信托受托人确定制度的构想

接下来笔者结合前文分析以及国外立法，按照时间顺序，试图构建完善我国的遗嘱信托受托人确定制度。②

（一）遗嘱生效时遗嘱信托成立生效，此时为不完全效力信托（对受托人没有约束力）；

由受益人确定一个合理的期限（若受益人不能确定则由其他利害关系人确定），要求受托人在合理期限内进行承诺；

---

① 赵廉慧：《信托法解释论》，中国法制出版社2015年版，第123页

② 此处参照了日、韩、英、美等国外立法以及我国台湾地区立法。

若受托人在期限内承诺，则遗嘱信托成为完全效力信托；若受托人未在期限内承诺或者直接拒绝或者不能担任，则产生接下来的受托人选任问题。

（二）遗嘱文件有关于选任新受托人的规定的，适用信托文件的规定。

（三）遗嘱文件没有规定的，由受益人另行选任受托人。受益人为无民事行为能力人或者限制行为能力人的，依法由其监护人代行选任。

（四）若有其他利害关系人的，受益人在选任时应与其他利害关系人协商，但最终由受益人决定。

（五）若有多个受益人的，受益人之间应协商或表决选举受托人，若无法达成一致的或者表决明显不公平等，则受益人可以请求法院确定受托人。

（六）若受益人以及其监护人因特殊原因不能确定受托人的，利害关系人可以请求法院确定受托人。

（七）若受益人选任受托人违反信托目的、违反法律规定或者造成其他利害关系人损害的，其他利害关系人在遗嘱信托成立6个月内可以请求法院变更受托人。（规定期限促使法律关系尽快确定）

结　语

德国著名哲学家黑格尔说：存在即合理。在世界各国都采取法院指定模式的情况下，中国却采取了受益人指定模式，初看确实不合情理应改变。然而所谓诸多反驳的理由细细推敲并不能站得住脚。立足国情，减少公权力的无谓介入，尊重当事人意思自治，节约司法资源，并辅之以完善的事后监督机制，这才是真正适合中国遗嘱信托的选择。

随着国内媒体对香港影星梅艳芳、企业家李嘉诚，英国戴安娜王妃、美国“流行天王”迈克尔·杰克逊等所立遗嘱信托的报道与披露，遗嘱信托日益受到关注，民众对遗嘱信托已不再陌生。而随着中国高收入人群的逐渐增多，对设立遗嘱信托的需求急剧增大，可以说：遗嘱信托的明天是晴空万里！

参考文献

著作类：

[1]［德］迪特尔·梅迪库斯：《德国民法总论》，邵建东译，法律出版社2000年版。

[2]［日］能见善久：《现代信托法》，赵廉慧译，中国法制出版社2011年版。

[3] [日] 道垣内弘人:《信托法入门》，姜雪莲译，中国法制出版社 2014 年版。

[4] 卞耀武主编:《中华人民共和国信托法释义》，法律出版社 2002 年版。

[5] 龙卫球:《民法总论》，中国法制出版社 2002 年版。

[6] 史尚宽:《继承法论》，中国政法大学出版社 2000 年版。

[7] 周小明:《信托制度：法理与实务》，中国法制出版社 2012 年版。

[8] 王志诚、赖源河合著:《现代信托法论》，中国政法大学出版社 2002 年版。

[9] 谢哲胜:《信托法》，元照法律出版社 2007 年版。

[10] 方嘉麟:《信托法之理论与实务》，中国政法大学出版社 2004 年版。

[11] 赵廉慧:《信托法解释论》，中国法制出版社 2015 年版。

[12] 张军建:《信托法基础理论研究》，中国财政经济出版社 2009 年版。

[13] 霍玉芬:《信托法要论》，中国政法大学出版社 2003 年版。

[14] 张天民:《失去衡平法的信托——信托观念的扩张与中国〈信托法〉的机遇与挑战》，中信出版社 2004 年版。

[15] 何宝玉:《信托法原理研究》，中国法制出版社 2015 年版。

[16] Lusina Ho, *Trust Law in China*, Sweet & Maxwell Asia, 2003.

[17] Andrew R. Fischer, and Elder Abuse, "*A private Problem That Requires Private Solutions*", 8.

[18] Health & Biomedical Law Society (2012).

[19] S. I. Strong, "*Arbitration of Trust Disputes: Two Bodies of Law Collide*", 45 Vanderbilt Journal of Transnational Law (2012).

[20] Kenneth G. C. Reid, "*Patrimony Not Equity: the trust in Scotland*", 8 European Review of Private Law 3 (2000).

期刊类:

[1] 徐卫:《遗嘱信托受托人选任规则的反思与重构》，载《交大法学》2014 年第 3 期。

[2] 赵廉慧:《日本信托法修改及其信托观念的发展》，载《北方法学》2009 年 4 期。

[3] 马巍:《遗嘱信托法律制度研究》，中国政法大学毕业论文，导师王涌，2010 年 3 月。

网页类:

[1] 新浪新闻:《特殊的礼物：戴安娜生前留遗嘱　珠宝平分给未来儿媳》，载 http://news.sina.com.cn/o/2011-04-29/140222381955.shtml，最后访问日期 2016 年 10 月 13 日。

[2] 利得财富:《乔布斯巧用信托处理遗产》，载凤凰网 http://finance.ifeng.com/money/trust/20111020/4879432.shtml，最后访问日期 2016 年 10 月 13 日。

破产撤销权的司法实践研究*

——以85个案例为样本

【摘要】 破产撤销权是保全债务人财产的重要制度之一，我国《破产法》实施以来，各地法院对破产撤销权的法律适用有了一定的实践经验积累。本文以破产撤销权2008～2015年的85个案例为样本进行类型化研究，旨在发现并总结实践中的争议与可能产生的错误，进而尝试给出建议。

【关键词】 破产撤销权；案例分析；类型化研究

一、研究目的

破产程序实质上是一种集中处理陷入财务困境者资产的机制，一方面需要使债权人能够较为公平地得到清偿，另一方面要让债务人有序退出市场或重新获得生机。债务人与债权人之间目的不同，必然存在利益上的冲突，法律制度需要对各方进行利益衡量。其中，为了防止债务人因私人情感或未来利益关系而恶意处分财产，造成债权人之间的不公平，破产撤销权制度应运而生。

我国《企业破产法》第31条、第32条（以下对《企业破产法》第31条简称为31条，第32条简称为32条）对管理人如何行使破产撤销权进行了具体规

* 作者：中国政法大学法学院2012级2班　吴　寒

指导老师：中国政法大学民商经济法学院副教授　孙　强

定。第 31 条列举了五项债务人可被撤销的处分财产的行为，分别是：（一）无偿转让财产的；（二）以明显不合理的价格进行交易的；（三）对没有财产担保的债务提供财产担保的；（四）对未到期的债务提前清偿的；（五）放弃债权的。这些特定行为需发生在人民法院受理破产申请前一年内，并需由管理人向人民法院请求撤销。第 32 条在此五项特定行为之外又规定，对于人民法院受理破产申请前六个月内，债务人已经陷入不能清偿到期债务，并且资产不足以清偿全部债务或者明显缺乏清偿能力的情形，管理人有权向人民法院请求撤销对个别债权人进行清偿的行为，但个别清偿使债务人财产受益的除外。2013 年最高人民法院发布《最高人民法院关于适用〈中华人民共和国企业破产法〉若干问题的规定（二）》（以下简称《司法解释（二）》）对破产撤销权在司法实务中的认定又进行了进一步的解释。

从立法文本来看，破产撤销权的规定要件清晰，文意似乎也不难理解，法官只要沿着法条所言，依次将案件事实与法律要件进行比对即可做出准确的判断。然而笔者通过对部分案件裁判文书的阅读，发现实践中存在司法裁判标准不一、与学理研究相冲突等问题。作为保全债务人财产的重要制度，破产撤销权在实践中的意义不言而喻，因此，十分有必要对其争议与可能产生的错误进行系统研究，以保障破产程序的有效运行。

二、研究方法

（一）案例数量与来源

笔者在 openlaw 案例检索平台、北大法宝、中国裁判文书网上对“破产撤销权”“破产法三十一条”“破产法三十二条”进行检索，检索截止时间为 2015 年 5 月 11 日，案例分布于 2008 ~ 2015 年。

为了研究的针对性，笔者删去了涉及破产撤销权主体、管辖的争议，非法定情形不予撤销、个别清偿的合同无效等原因的案件以及直接撤诉的案件。并将相同案件的一审和二审判决视为一个案例，对当事人相同、法院相同、合同内容基本相同仅标的不同的判决视为一个案例。对于一个判决中涉及多个实体要件争议的，仍然视为一个案例，不增加总体样本数，但在分类统计中分别归类。最终样本数为 85 个。

（二）分析方法

本文主要采用类型分析法。首先，将案件依据《破产法》31 条与 32 条进行分类。其次，在 31 条下，按照法条列举的行使破产撤销权的事由分为五类：（一）无偿转让财产，（二）以明显不合理价格进行交易，（三）对没有财产担保的债务提供财产担保，（四）对未到期的债务提前清偿，（五）放弃债权；在 32 条下，按照裁判的主要依据分为三类：（一）是否满足破产原因，（二）是否需要债权人的主观明知，（三）是否属于获益清偿。

三、案例分布

（一）31 条与 32 条的比例统计

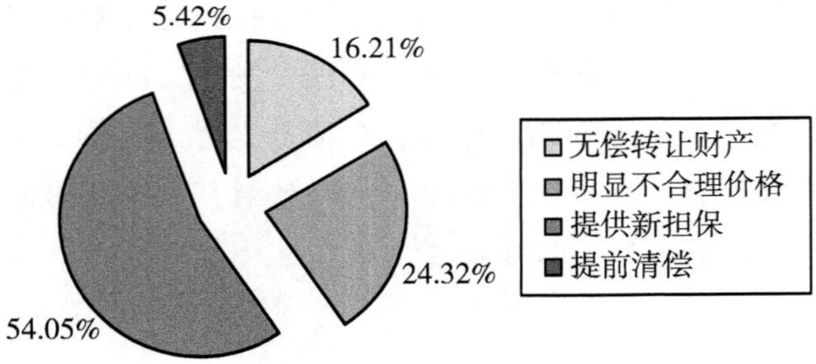

图 1：适用 31 条各项事由裁判案件比例图

如图 1 所示，31 条的适用最多的是对没有财产担保的债务提供财产担保的案件，占 54. 05%，其次是明显不合理价格的认定案件，占 24. 32%，无偿转让财产占 16. 21%，提前清偿案件占 5. 42%，没有检索到放弃债权的案件。

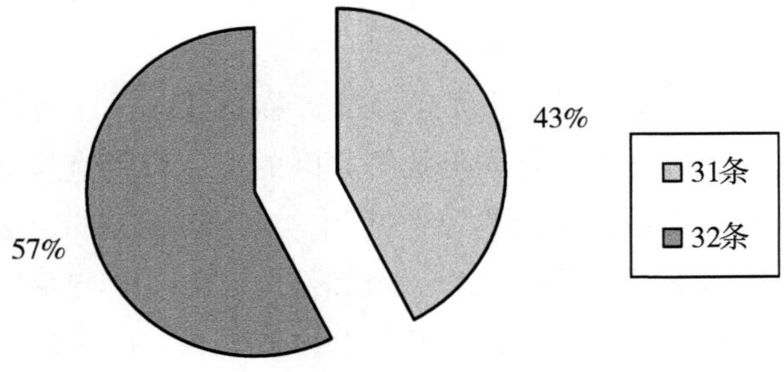

图 2：适用 31 条与 32 条裁判案件比例图

如图 2 所示，司法实践中根据根据 31 条提起诉讼的占全部案例的 43%，根据 32 条提起撤销的占 57%，略多于根据 31 条提起的案件数量。

（二）判决结果的数量统计

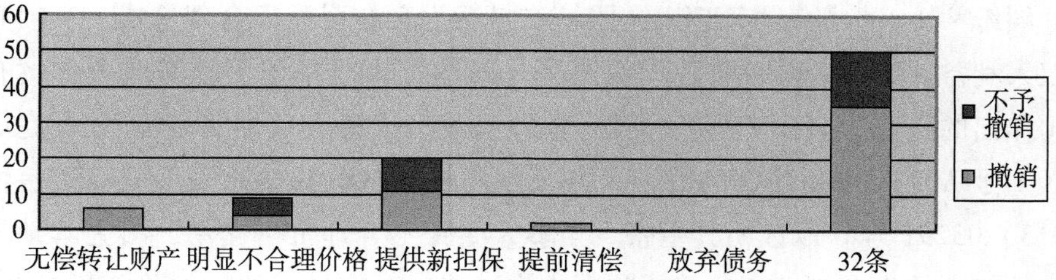

图 3：判决结果数量统计图

如图 3 所示，在 31 条的五项事由中，“放弃债务”没有案例样本，“无偿转让财产”和“提前清偿”两项判决结果均为支持管理人请求，撤销争议行为，几乎没有争议；但在“明显不合理价格”“提供新担保”方面，管理人提出撤销的请求有接近一半的案例没有得到法院支持，相对而言争议较大。

适用 32 条的案例中有 30% 管理人的请求未得到支持，其中不予撤销的判决几乎均是因为法院认为符合但书中“使债务人受益”的清偿，仅 1 例是因为原告没有证明清偿时满足破产原因而予以驳回。可见实践中的主要争议在于受益清偿的认定。

四、适用 31 条的撤销权案例

（一）无偿转让财产

无偿转让财产撤销的案例相对较少，且案情较为简单，某些案例中被告甚至直接表示愿意返还受让的财产。[①] 值得注意的问题是：（1）无偿转让的财产包括物权亦包括债权；（2）争议之关键在于被告举证自己是否支付了对价，如合同约定了价款但原告方主张其并未支付、土地使用权的变更被告是否能证明是投资行为等。总体而言，此条款在实践中争议较少。

① 浙江南孔律师事务所与琚乐乐破产撤销权纠纷一审民事判决书，（2012）衢江商初字第 1774 号。

（二）以明显不合理价格进行交易

从法院的判决理由来看，在司法实践中判定价格合理与否较为模式化，主要依赖于举证上的评估报告判定，如：许永桂与嘉粤集团有限公司管理人撤销之诉纠纷①中，嘉粤集团管理人主张该交易行为存在明显不合理价格，有损其他债权人利益。为此，向一审法院提交了一份湛江市千福田土地房地产评估有限公司作出的《嘉粤集团有限公司位于湛江开发区人民大道中20号汇景豪庭居住小区1号A座4号商住楼的商铺及办公室房地产估价报告》［湛千福田房估字（2013）03291号］以证明其主张。当事人主张不合理价格交易，多为不动产或标的额较大的汽车等动产。其通常模式为：首先对交易时的标的价值进行评估，其次法院根据《最高人民法院关于适用〈中华人民共和国合同法〉若干问题的解释（二）》第19条，“人民法院应当以交易当地一般经营者的判断，并参考交易当时交易地的物价部门指导价或者市场交易价，结合其他相关因素综合考虑予以确认”，以70%为界限，将评估价与市场价的70%相比较，得出结论。对于没有提交评估亦未申请进行司法评估的，法官根据双方举证自行判定市场交易价是否合理。

另外，在不动产、动产之外，也有可能是针对服务合同的价格争议。②可循之例中，法官向当地司法局发函询问该法律服务相关评价，但二审法院并没有完全采纳司法局的复函，而是在此基础上根据公平及诚实信用原则，结合破产法的相关规定，对法律服务费的“合理价格”进行酌定，最终判决律所及合伙人退还部分费用。笔者认为对于服务类合同，本案是一个很好的示例：首先尽最大可能对服务进行价格评估，如向行政部门征询、参考一般市场价等；其次判断该服务是否属于32条中使债务人受益的清偿，如果是，则可保留已支付的合理范围内的对价，仅返还超额部分，反之则应全部返还。

从案件原由来看，有一类案件是阴阳合同引发的不合理价格争议，需要法官在评估价格的合理性之前首先确定当事人的真实意思表示，根据真实的意思表示进行进一步的判断。

---

① 许永桂与嘉粤集团有限公司管理人撤销之诉纠纷二审民事判决书，（2014）粤高法民终字第11号。

② 广东东成律师事务所、韩晓东诉佛山市南海广亿五金制品有限公司管理人破产撤销权纠纷民事裁定书，（2014）粤高法民二申字第1265号。

（三）对没有财产担保的债务提供财产担保

担保类案件相对较多，判定是否是满足 31 条第三项的担保主要有两个要件，一是在破产受理一年之前存在没有财产担保的债务；二是在破产受理一年以内为其提供了担保，其中，反担保亦在其约束范围内。需要注意的是如果在破产受理一年以内以财产为新债务设置担保是允许的，因为伴随着新担保的设置，债务人财产获得相应的增加，这并不损害债权人的利益，[①] 实践中对一年以内的新债务设置担保不予撤销。

在直接适用法条判定之外，有两类问题值得注意：

第一，设立担保的意思表示与登记的时间相分离，应以何时间点为受理破产申请一年内的基准？多数法官选择与《物权法》的体系保持统一，以担保物权的设立要件为判断依据，如："提供担保的本质是权益的让渡和取得，根据我国《物权法》第 187 条的规定，抵押权人经抵押登记后才实际取得抵押权，因此提供抵押担保的时间应以抵押登记时间为准，而不以双方形成抵押合意的时间为准，故即使建行 × × 行关于其与长三角公司的抵押合意形成于本案债务形成之前的抗辩为真，也不能认定本案所涉的债务系成立之时已有财产担保的债务。"[②] 若仅依订立借款合同时即有设立抵押的合意为抗辩，法院一般不予支持。

在检索中有一例特例，在嘉兴市友邦达管桩有限公司破产管理人与任春荣、陆金珠破产撤销权纠纷案中[③]，对于第一笔 160 万元的借款，法院认为："无法判断借款时双方就抵押达成过合意，故该部分借款应认定为属于《破产法》第 31 条规定的情形，对管理人关于撤销担保权的诉请，应予支持。"但对于后一笔 2000 万元的借款，法院则认为："如在双方签订主合同的同时，债务人即向债权人提供担保的，那么，这一担保行为则因其并未改变特定债权人的清偿地位，故不应予以撤销。于本案中，根据《抵押借款合同》的记载，在友邦达公司向任春荣、陆金珠借款的同时，友邦达公司即作出了提供抵押担保的意思表示，

---

① 王卫国：《破产法精义》，法律出版社 2007 年版，第 90 页。

② 见中国建设银行股份有限公司某分公司、浙江某公司诉浙江某公司破产撤销权纠纷民事判决书，（2013）浙绍商终字第 296 号。

③ 见嘉兴市友邦达管桩有限公司破产管理人与任春荣、陆金珠破产撤销权纠纷二审民事判决书，（2014）浙嘉商终字第 151 号。

而且，其中2000万元借款也确系在签订《抵押借款合同》的同一时间段内完成了交付，故债务人的行为显然并不属于《破产法》第三十一条第（三）项所规定的‘对没有财产担保的债务提供财产担保的’情形，管理人无权对此主张撤销。”

第二，对于实践中“借新还旧，为新贷设担保”的做法是否属于可撤销之列？从检索到的判决结果来看，法院无一例外地认为新的借款合同和旧的借款合同是两个独立的合同，其借款用途在所不问；且“借新还旧是银行普遍采取的对债务人暂缓清偿的做法，其用意是为支持债务人解决财务困难，并非有意瓜分债务人的财产”①。如果法院予以撤销，银行就有可能放弃“借新还旧”，对陷入财务困境的企业而言融资将更加困难，这显然不符合《企业破产法》企业再建主义的立法理念，因此借款用途为新贷偿还旧贷并不影响对是否属于新债务的认定。②

（四）对未到期的债务提前清偿

适用此条款的判决较少，一是《最高人民法院关于适用〈中华人民共和国企业破产法〉若干问题的规定（二）》第12条对清偿时未到期，但破产申请受理前已到期的债务排除出撤销范围之内。二是针对银行的加速到期条款，法院亦普遍予以承认，认为此种情况视为债务已到期，不予撤销。

但无论哪一种情况，均需再证明其不符合32条的偏颇性个别清偿，留待后文讨论。

（五）放弃债权

令人意外的是，笔者并没有找到人民法院适用放弃债权一款判决撤销或不予撤销的案例。这说明，在商业交往中虽然债务人可能基于施惠于关联企业、私下交易等原因会放弃债权，但直接放弃债权的行为并不常见。

---

① 温州中源立德会计师事务所、浙江光正大律师事务所与中国建设银行股份有限公司绍兴分行破产撤销权纠纷一审民事判决书（2014）绍越商初字第3029号。

② 如：温州中源立德会计师事务所、浙江光正大律师事务所与中国建设银行股份有限公司绍兴分行破产撤销权纠纷一审民事判决书（2014）绍越商初字第3029号；浙江吉福装饰材料有限公司管理人与中国建设银行股份有限公司乐清支行破产撤销权纠纷二审民事判决书（2012）浙温商终字第1326号等。

五、适用32条的撤销权案例

（一）是否达到破产法第二条第一款情形

破产申请得到受理并不意味着企业之前就不具备破产原因，为了全体债权人的公平受偿，我国立法上规定在破产受理前六个月内的个别清偿行为可撤销。一般而言，判断债务人是否达到破产原因有资产负债标准、现金流标准等。我国《破产法》第2条第1款采复合式标准：第一，需不能清偿到期债务；第二，企业资产不足以清偿全部债务或者明显缺乏清偿能力，二者均需具备方达到破产原因。

在检索到的50个适用32条裁判的案例中，几乎所有债权人都会提出清偿之时破产条件没有成就的抗辩，但没有一例得到支持。法院的判决与《最高人民法院关于适用〈中华人民共和国企业破产法〉若干问题的规定（一）》第3条保持一致。从举证的角度看，破产方一般会出具资产负债表、审计报告、资产评估报告等材料证明当事人确实已达到资不抵债的情况。即便在资产总额稍大于负债的情况下，由于变现困难且易贬值的固定资产比例较大且有大量到期不能清偿的债务，法院亦会认定企业已达到《破产法》第2条第1款的情形。① 部分案例中还附有企业全面停产、诸多债权人上访等事实佐证企业已达到破产原因。有学者认为，管理人承担达到破产条件的举证责任会加大其行使撤销权的难度。② 然而从实践来看，管理人举证并不会造成过重的负担，法院也不会对此问题进行过于严苛的审查。

（二）债权人是否有善意抗辩权

实践中部分债权人确实提出了善意受偿的主张，有自然人的借款偿还也有银行的直接划扣行为，但绝大多数法院均没有支持被告方的主张，认为法律上

---

① 宁波振兴房地产开发有限公司与象山桦东房地产开发有限公司破产撤销权纠纷一审民事判决书，（2013）甬象商初字第959号。

② 韩长印：《破产撤销权行使问题研究》，载《法商研究》2013年第1期。

没有依据。[①] 在检索中仅出现两例法院的判决不同，威海绿能供热有限公司管理人与威海市商业银行股份有限公司张村支行破产撤销权纠纷二审民事判决书，(2014) 威商终字第318号；南通美嘉利服饰有限公司破产管理人诉江苏银行股份有限公司南通观音山支行破产撤销权案，(2009) 港民二初字第0168号。二者均为银行的划扣行为。

以威海法院判决为例，一审法院原本没有支持银行划扣的善意抗辩，判决其仍为个别清偿，予以撤销。二审法院认为个别清偿需要债权人主观上知道债务人已陷入破产困境，对于不知而受偿的善意债权人应当予以保护，推翻了一审法院的判决："本案中，商业银行张村支行在借款合同履行后，按月从绿能公司账户扣款，并非绿能公司主动向债权人支付，且被上诉人并没有证据证明商业银行张村支行知道绿能公司存在企业破产法第二条第一款规定的情形。企业破产法第三十二条的规定，是为了赋予获得受偿权的债权人以善意抗辩权，即只有当债权人明知债务人出现了《破产法》第2条第1款规定的破产原因而仍然为个别受偿时，人民法院才能依据管理人的申请对其进行撤销。"

从上述判决结果的呈现不难发现，债权人的善意在不同法官的裁量中地位不同：部分法官仅将此作为参考因素，而部分法官却将此视为可独立对抗个别清偿撤销的依据。笔者认为，这实质上源于破产法中债权人与债务人之间不可规避的利益冲突，在法无明文规定的情况下，法官结合案情可能作出不同的利益衡量。而这种利益衡量是否具有合理性，留待下文问题与分析部分进一步探讨。

（三）获益清偿的判定

所谓的"使债务人财产受益"指可以给债务人财产带来相应的利益。[②]《最高人民法院关于适用〈中华人民共和国企业破产法〉若干问题的规定（二)》第

---

① 如：(1) 浙江金贸竹木家具有限公司管理人与安吉县农村信用合作联社破产撤销权纠纷一审民事判决书，(2012) 湖安商初字第913号；(2) 武宁鑫鸿高科技电子有限公司破产管理人与郎华锋请求撤销个别清偿行为纠纷一审民事判决书，(2014) 武民二初字第10号；(3) 宁波振兴房地产开发有限公司与象山桦东房地产开发有限公司破产撤销权纠纷一审民事判决书，(2013) 甬象商初字第959号；(4) 金华唯一不锈钢带有限公司破产管理人与贾仁良破产撤销权纠纷二审民事判决书，(2013) 浙金商终字第1221号；(5) 温州亚一制笔有限公司管理人与上海浦东发展银行股份有限公司温州苍南支行破产撤销权纠纷一审民事判决书，(2013) 温平商初字第441号。

② 王卫国：《破产法精义》，法律出版社2007年版，第93页。

16条对此进行了列举式解释，包括：为维系基本生产需要的水电费、劳动报酬、人身损害赔偿金等。从判决来看，一般需要被告方证明债务人能够受益，且能够得到财产的增加。然而“使债务人财产受益”的但书规定，实践认定仍然分歧较大。

1. 维系生产经营需要

“企业的生产经营需要”涉及的范围很宽泛，从企业运行的实际情况观察，不可能仅限于司法解释（二）中提及的水电费，至少涉及的还可能有：生产原料的购买、抢修设备的费用、材料款、顾问咨询费等。

法官的个案裁量并不统一。如对于电器公司生产需要的“款到发货的电线铜丝”被认定为获益清偿，不予撤销；① 对于供热公司供热所需的煤炭、蒸汽、抢修电缆费用被认定为获益清偿，不予撤销，但同公司购买的阀门、普通工程款及相关材料款就没有得到支持；② 铜厂或金属材料公司购买的生产原料废铜被撤销等；③ 没有明确证据支持的财务顾问费不予认定为受益清偿，被撤销。④

从法院的判决论证来看，被认定为获益清偿的债权有三层标准：第一，债务的清偿具有必要性，即与企业的从业具有密切联系，如生产原料是否对企业

---

① 宁波岚宝电器有限公司破产管理人诉宁波世茂铜业股份有限公司请求撤销个别清偿行为纠纷民事判决书，(2015）甬余商初字第157号。

② ①威海润兴贸易有限公司、威海绿能供热有限公司管理人破产撤销权纠纷二审民事判决书，(2014）威商终字第316号；②原告威海绿能供热有限公司管理人诉被告威海市金汇商务有限责任公司破产撤销权纠纷一案民事判决书，(2014）威环商初字第99号；③原告威海绿能供热有限公司管理人诉被告威海润兴贸易有限公司破产撤销权纠纷一案民事判决书，(2014）威环商初字第100号；④原告威海绿能供热有限公司管理人诉被告中信银行股份有限公司威海分行破产撤销权纠纷一案民事判决书，(2014）威环商初字第199号；⑤原告威海绿能供热有限公司管理人诉被告威海魏桥科技工业园有限公司破产撤销权纠纷一案民事判决书，(2014）威环商初字第200号；⑥原告威海绿能供热有限公司管理人与被告威海润兴贸易有限公司破产撤销权纠纷一案民事判决书，(2014）威环商初字第203号；⑦原告威海绿能供热有限公司管理人与被告威海华宝防腐保温材料有限公司请求撤销个别清偿行为民事判决书，(2014）威环民初字第578号；⑧原告威海绿能供热有限公司管理人与被告威海绿能热力工程有限公司请求撤销个别清偿行为民事判决书，(2014）威环民初字第579号；⑨原告威海绿能供热有限公司管理人与被告威海启阳电力设备安装有限公司请求撤销个别清偿行为民事判决书，(2014）威环民初字第260号；⑩原告威海绿能供热有限公司管理人与被告威海市利尔居建筑工程有限公司请求撤销个别清偿行为民事判决书，(2014）威环民初字第259号。

③ 如宜兴市新芳铜厂有限公司管理人与安徽鑫港炉料股份有限公司请求撤销个别清偿行为纠纷二审民事判决书，(2015）锡商终字第00097号；宜兴市中元金属材料有限公司管理人诉洪泽圣洪铜业有限公司请求撤销个别清偿行为纠纷民事判决书，(2014）宜商初字第1165号。

④ 金华唯一不锈钢带有限公司破产管理人与中国农业银行股份有限公司金华金东支行破产撤销权纠纷二审民事判决书，(2013）浙金商终字第1255号。

的正常运转有重大影响，若为影响较小的生产原料则难以证明其能够使得债务人因此获得盈利；第二，债务的清偿具有紧迫性，比如合同协商过程中要求即时清结、不修复相关设备或重建某工程将导致企业全面停产；第三，债权人往往具有独特性，若有多个债权人同时提供相同货物或服务而只有某一个或几个债权人得到清偿，往往被认定为侵害了债权人的公平受偿权，不能得到支持。

2. 客观上避免债务人财产减少或保障现金流持续

一些法院认为，债务的清偿额若少于债务的实际额，则可以认定为受益清偿。如温州诚达会计师事务所与温州银行股份有限公司破产撤销权纠纷一审民事判决书，（2013）温鹿商初字第3026号中法院认为，由于房价的下跌，出售厂房以清偿债务的行为客观上有利于债务人财产，故而不予撤销。浙江嘉诚中天律师事务所与王龙宝二审民事判决书，（2013）浙嘉商终字第325号中，当事人亦提出抵偿60万元债务的布匹实际价值为18万元，但由于证据不足未得到法院的支持，仍被撤销，布匹已灭失，应折价返还60万元。

部分法院认为对银行的贷款清偿能够客观上避免债务人财产减少。一般情况下，无论是自然人的借款还是银行等金融机构的贷款，都被认为是个别清偿，予以撤销，但浙江省乐清市人民法院作出的一系列判决与此观念背道而驰："该清偿行为的确发生在破产申请受理前六个月内，但江南矿业集团有限公司清偿的是正常贷款的到期应付利息，如不支付到期利息，根据合同约定江南矿业集团有限公司将构成违约，违约的后果是贷款被宣告提前到期，江南矿业集团有限公司需立即归还部分或全部借款本金，所欠利息结清，还需支付相应的逾期罚息及复利。由此可见，2012年6月21日江南矿业集团有限公司对被告的清偿行为使江南矿业集团有限公司避免了因不能清偿到期债务而产生的违约责任，该清偿行为事实上使江南矿业集团有限公司的财产受益。使债务人财产受益的个别清偿不应予以撤销。"①

---

① 见温州华明会计师事务所有限公司与上海浦东发展银行股份有限公司温州乐清支行破产撤销权纠纷一审民事判决书，（2014）温乐商初字第976号。另，相似判决内容可见①温州华明会计师事务所有限公司诉浙江乐清联合村镇银行股份有限公司破产撤销权纠纷民事判决书，（2014）温乐商初字第915号。②温州华明会计师事务所有限公司与交通银行股份有限公司温州乐清支行破产撤销权纠纷一审民事判决书，（2014）温乐商初字第947号；③温州华明会计师事务所有限公司与浙江乐清农村商业银行股份有限公司象阳支行破产撤销权纠纷一审民事判决书，（2014）温乐商初字第951号；④温州华明会计师事务所有限公司诉招商银行股份有限公司温州江滨支行破产撤销权纠纷民事判决书，（2014）温乐商初字第919号。

法官的论证逻辑是，清偿银行的债务一是为了保障贷款期限的延续，防止企业现金流的断裂；二是为了避免违约责任的损害扩大。前者可能有争议，但后者笔者认为完全没有说服力。违约责任是全体不能得到清偿的债权人可共同主张的利益，没有理由因为银行这一特定主体将收取较高的罚息就可以获得优先地位。对前者而言，实际上也是站不住脚的，因为在清偿银行债务之时，债务人已经达到了破产标准，换言之，其即便使得银行贷款能够延续，也不能改变资不抵债的境况，不能使得债务人财产有所增益。

六、问题与分析

笔者通过对判决文书的分类整理，发现实践中仍有裁判结果对立、裁判标准不统一、实践与学理研究相冲突的情况。以下即对此展开分析。

（一）财产担保成立之时间点判定

31 条第 3 款中规定，在破产申请受理前一年内新设之担保可撤销。实践中可撤销期限前有书面合同证明财产担保的合意，但在可撤销期限内才办理相关手续取得担保物权是否可以撤销，不同法官裁判标准不统一。从比较法的角度来看，一些国家破产法规定，如果债务人对该项债务在可撤销期间之前以书面合同承诺以特定物提供担保，只是延至可撤销期间内才办理完毕担保手续的，其行为仍然有效，但美国破产法认为此种情况仍属于可撤销之列。[①]

我国没有针对此种情况的特殊规定，但将此种情况下的担保视为合意，成立之日起即有效设立，进而不予撤销，显然突破了我国《物权法》上规定的取得抵押权的法定原则。笔者认为，首先在没有特殊规定的情况下应当严格以担保物权的设立法定条件为时间基准，即如果在一年之前有担保合同之成立，但在一年之内方完成登记之要件，仍归为可撤销之列，以保障与物权法体系的统一；其次担保权人没有及时完成形式要件取得担保物权，其不利后果应自行承担，否则将侵害其他债权人的合法权益。

---

① 王欣新：《破产撤销权研究》，载《中国法学》2007 年第 5 期。

（二）借新还旧之新担保

31 条中规定为旧有债务提供的新担保可撤销，实践中债权人常以“借新还旧，为新贷提供担保”的形式意图规避此项规定。对此种情况提供的担保是否可撤销这一问题上，司法判决与学界的普遍观点相背离。

此类案件多出现于银行作债权人的情况，法院普遍判决此种情况下担保行为不予撤销，认为借新还旧是金融机构的常见做法，其目的在于适当延迟债务人的清偿时限，而非瓜分债务人财产。借新还旧仅为法律行为的动机，并不能影响其作为新成立债务的性质。这与许多学者的态度背道而驰。学界普遍认为对借新还旧这一操作形式应进行实质审查，新债权与旧债权具有一致性，对其提供担保仍可撤销。如亲历《破产法》立法过程的王卫国教授认为：“这实质上是以变通方式对原来没有财产担保的债务提供财产担保，应属撤销权追溯的对象。”① 可见司法实践中更倾向于形式上的认定，且更倾向于对金融秩序的保护。

（三）债权人善意受偿之对抗效力

32 条规定个别清偿可撤销，但其中是否包含赋予债权人善意抗辩权的意思，实践中标准不一。多数学者认为，清偿行为的撤销不以主观要件为必要。② 这意味着，债权人善意受偿并非判定是否撤销的决定性因素。笔者认为从 32 条法条文本来看，可撤销的个别清偿判断采客观标准，并没有债权人须明知债务人清偿时已经达到破产原因的条件，债权人仅以善意受偿作为绝对化的事由对抗撤销权行使缺乏法条依据，法官强行通过对立法目的的揣测而解释出善意抗辩权过于牵强。从举证责任来看，债务人清偿债务时债权人去主动审查对方的资产负债表、考察其届期偿债能力是不现实的，由管理人证明债权人此时明知债务人已陷入破产边缘却仍受偿的难度极大，除非债务人在当地有较大影响，否则几乎无法证明此主观要件。若贸然赋予债权人善意受偿的抗辩权，会造成债务人与债权人的利益失衡。

---

① 王卫国：《破产法精义》，法律出版社 2007 年版，第 90 页。类似观点亦可见王洪平、房绍坤：《破产撤销权行使的实体条件释论——以〈破产法〉第 31、32 条的规定为分析对象》，载《中国商法年刊》，2007 年。

② 李永军：《破产法的程序结构与利益平衡机制》，载《政法论坛》2007 年第 1 期。

更加值得注意的是，承认债权人有善意抗辩权的两个案例中，债权人均为商业银行。破产撤销权本质上仍是一种权利，管理人在对债务人的财务、商业发展、社会影响等情况做出通盘考量后进行选择，一些数额较小、针对自然人清偿的债务对债务人财产影响细微，对此类善意受偿的债权人，考虑到诉讼成本与时间成本，可能就此忽略。向法院提出请求的，往往是数额较大、对破产程序的实施举足轻重的债务。对于法官来说，直接面临的是银行与企业之间的利益冲突，更宏观地看，体现了司法在金融业与实体经济之间的保护倾向。如果金融机构根据借款合同扣划的行为能够依照 32 条得到豁免，实则意味着将金融机构的地位抬升至通过实体交易而出现的一般债权人之上，即侧重保障金融机构借贷的稳定性。

（四）受益清偿之判断标准

32 条在个别清偿普遍可撤销之外增加了一项但书——“使债务人受益的清偿”，司法实践中如何衡量“债务人受益”，标准过于模糊。《司法解释（二）》采用列举式两款——维系基本生产需要、支付劳动报酬和人身损害赔偿金——明确不予撤销，同时又另加一款“使债务人财产受益的其他个别清偿”，形成一个较为开放的体系，赋予法官较大的裁量权。

对于《司法解释（二）》明确列举的两款，如上文所述，法官可从债务清偿的必要性、债务清偿的紧迫性、债权人的独特性三方面考量已清偿的维系基本生产需要的债务是否属于受益债务。值得关注的是对“其他个别清偿”的界定。通过检索可以发现，部分法官将客观上避免债务人财产减少或保障其现金流持续的债务清偿亦归入此类，判决不予撤销。

笔者认为，从《司法解释（二）》中的列举式规范形式可以看出，最高人民法院的态度是获益清偿不应进行扩张解释。32 条的立法目的在于当债务人已经具备或接近具备破产原因的情况下，维持一个公平有序的清偿顺序，但书的目的在于保障债务人基本的营业活动，以使得其破产财产价值最大化。如果过分扩张，则所有债权人均可找出一定的使债务人受益的原因，如避免高额的违约赔偿、保障未来的合作关系等，显然会给不诚信者以可乘之机。因此，即便是对银行等金融机构为求得避免高额罚息或保障贷款期限的延续而进行清偿，也应当持谨慎的态度进行审查，一般不应否定管理人行使撤销权。

结　论

综上所述，从调查的85个样本的统计分析来看，我国人民法院适用《破产法》31条、32条进行撤销权的判断标准较为统一，破产撤销权在实践中运行情况良好，管理人提起破产撤销权请求没有制度设计层面的过大障碍，基本达到了保全债务人财产，保障债权人公平受偿的目的。

同时，由于法条本身的模糊性或规定的空白，司法实践中在财产担保成立之时间点判定、债权人善意受偿之对抗效力两个问题上裁判结果不一致；在借新还旧之新担保是否可撤销的问题上与学界观点相冲突；在受益清偿之判断上标准不统一，有扩张适用但书条款，保护金融机构扣划行为的趋势。

笔者认为，这些实务中的问题亟待解决。这几类案件在数量上占据了破产撤销权案件的半数以上，且争议相对较多，利益关系较为复杂。其中关于担保的问题，最高人民法院可以指导性案例的方式加以明确，因为其涉及的问题较为简单，订立统一标准亦没有过多障碍。而对其他问题，显然难以用司法解释等方式直接解决。从问题分析部分不难看出，这几类问题中通常是银行为债权人。从表面上体现为其扣划、借新还旧等特定交易模式的法律性质如何认定；从根源上则是金融机构的借贷资金链稳定与债务人、其他一般债权人之间如何进行利益衡量。从判决结果观察，首先所有判决均肯定了借新还旧，给新贷提供担保的有效性；其次部分法官对银行扣划偿债行为认定为善意，不在可撤销的个别清偿之列；还有部分法官将对银行的清偿解释为“使债务人受益”的清偿，属于32条但书的豁免范围，可以说司法实践中有保护金融机构稳定性的倾向，部分地区可能由于特殊的经济发展背景而倾向更为显著。笔者认为，此种价值取向并非不可取，但更具有正当性的方式是通过立法的方式予以明确，而非通过司法方式贯彻地方的经济政策。学界对此类问题有一定的重视，但可参考的资料仍十分有限，仍需对破产法撤销权背后的利益衡量进行更深入的讨论。

参考文献

著作类：

［1］李永军、王欣新、邹海林：《破产法》，中国政法大学出版社 2009 年版。

［2］王卫国：《破产法精义》，法律出版社 2007 年版。

期刊类：

［1］崔艳峰、房绍坤：《论主观意思在破产撤销权中的地位》，载《贵州社会科学》2015 年第 4 期。

［2］乔博娟：《论破产撤销权之行使——兼析〈最高人民法院关于适用《中华人民共和国企业破产法》若干问题的规定（二）〉》，载《法律适用》2014 年第 5 期。

［3］韩长印：《破产撤销权行使问题研究》，载《法商研究》2013 年第 1 期。

［4］王欣新：《破产撤销权研究》，载《中国法学》2007 年第 5 期。

［5］王洪平、房绍坤：《破产撤销权行使的实体条件释论——以〈破产法〉第 31、32 条的规定为分析对象》，载《中国商法年刊》2007 年。

［6］李永军：《破产法的程序结构与利益平衡机制》，载《政法论坛》2007 年第 1 期。

［7］杨阳：《银行提前收贷与破产撤销权适用的冲突研究》，华东政法大学 2014 年硕士学位论文。

［8］尚怀耀：《破产撤销权若干问题探究——以南通某破产撤销权诉讼案为例》，西南政法大学 2013 年硕士学位论文。

关于我国经营者集中申报标准的完善建议*

——以引入市场份额指标为视角

【摘要】 关于我国的经营者集中的申报标准历来争议颇多，但相关法律法规都只确定了将经营者的营业额作为申报的唯一标准。而由于营业额具有灵活多变、参考价值不具稳定性的特点，不但使很多无需申报的经营者必须进行申报，浪费了行政资源；而且也导致占据市场超高份额的经营者却无需申报的结果，失去申报存在的意义。为改良这一现状，根据我国目前的法律规定并对照其他国家和地区的立法经验，我们应将市场份额指标引入申报标准中，将其设定为前置性检验标准，以使这一问题得到妥善解决。

【关键词】 经营者集中的申报标准；营业额指标；市场份额指标；完善建议

绪　论

经营者集中是指经营者合并、通过股权、资产收购以及合同等方式取得对其他经营者的控制权，或者能够对其他经营者施加决定性影响的结合行为①。此种现象由来已久，许多商业交易主体都倾向于选择经营者集中的方式来增强自

* 作者：中国政法大学法学院 2013 级　武春旭

① 国务院反垄断委员会编：《中华人民共和国反垄断法》知识读本，人民出版社 2012 年版，第 137 页。

身的人力资源、经济资本以提高自身市场竞争力，谋求利益最大化。但是这个过程通常会伴随着一些问题的发生：如经营者集中后会出现一个具有市场支配地位的、能够阻碍其他竞争者的经营者。为了防止此类经营者扰乱正常的市场秩序，拥有反垄断法的国家通常都会设置一个关于经营者集中的申报审查制度，我国也不例外。

我国在 2008 年出台的国务院《关于经营者集中申报标准的规定》（以下简称《规定》）第 3 条规定了我国对经营者集中的申报标准①（也称之为一般性申报标准），显而易见，我国采取的是营业额标准。之所以采取营业额标准或许是因为这种审查方法较为简便、对于经营者营业额的计算也较为容易，但是问题是：在现在这个经济飞速发展的时代，只采取营业额计算标准是否仍然合适呢？从 2012 年来，在互联网大背景下，我国企业合并的现象频频发生②。从一般角度来讲，大企业合并常常跟市场垄断相互联系，而企业合并作为经营者集中最为常见的方式势必要得到重视。但很遗憾的是，由于我国目前的经营者集中审查标准只采取了营业额指标，这使得申报标准片面化，无法促使集中的经营者较好地进行申报，也无法全面、有效地对经营者集中进行审查。

有鉴于此，本文将从“滴滴打车与快的打车合并”这一热点合并事件入手，探讨我国现有经营者集中申报标准的弊端，在保留营业额标准的同时，以引入市场份额指标为角度，提出笔者自己的看法。

一、滴滴打车与快的打车完成合并

（一）事件始末

2015 年 2 月 14 日，中国最大的两个打车软件平台：滴滴打车和快的打车宣

---

① 国务院《关于经营者集中申报标准的规定》第 3 条：经营者集中达到下列标准之一的，经营者应当事先向国务院商务主管部门申报，未申报的不得实施集中：（一）参与集中的所有经营者上一会计年度在全球范围内的营业额合计超过 100 亿元人民币，并且其中至少两个经营者上一会计年度在中国境内的营业额均超过 4 亿元人民币；（二）参与集中的所有经营者上一会计年度在中国境内的营业额合计超过 20 亿元人民币，并且其中至少两个经营者上一会计年度在中国境内的营业额均超过 4 亿元人民币。

② 从 2012 年的优酷与土豆合并，到 2013 年爱奇艺与 PPS 合并、搜狗与搜搜合并，再到 2014 年京东与易迅合并，最后到 2015 年滴滴与快的合并、58 同城与赶集网合并、美团与大众点评合并及世纪佳缘网和百合网合并，经营者集中成为大趋势。

布合并。由于这两家打车软件占据了国内打车软件份额的95%以上[①]，它们两者的合并引发了社会的轩然大波，业内人士认为此举极有可能涉及垄断，对打车软件的发展非常不利，呼吁商务部等有关部门介入，评估两者合并对竞争的影响。

2月25日，商务部新闻发言人沈丹阳表示：商务部已经注意到有关媒体的报道，但是目前商务部还没有收到有关滴滴打车和快的打车相关交易经营者集中申报。而根据《中华人民共和国反垄断法》（以下简称《反垄断法》）等法律法规关于经营者集中的规定，经营者集中达到相应的标准的，应事先向商务部申报，未申报的不得实施集中。也就是说，滴滴打车和快的打车认为两者的合并无须经过事先申报和审批。

另一款打车软件易到用车针对滴滴、快的宣布合并一事向商务部反垄断局、国务院反垄断委员会办公室、国家发改委价格监督检查和反垄断局举报“滴滴和快的的合并行为”未按要求向有关部门申报，严重违反《反垄断法》，请求立案调查并禁止两家公司合并。

（二）延伸出的法律问题：营业额与市场份额的博弈

从滴滴与快的合并事件可以看出，争论的焦点在于二者的合并是否需要向监管部门申报。“从我国关于经营者集中的申报标准来看，滴滴打车和快的打车两家软件的所有者北京小桔科技有限公司和杭州快迪科技有限公司的营业额远远低于上述申报标准，这就给监管部门提出新的问题”[②]：两家营业额很低、但市场份额却很高的互联网企业合并是否一律无须事先申报呢？

虽然根据现行的经营者集中申报标准来看，滴滴打车和快的打车的合并是无须事先申报的。但笔者认为从维护市场正常竞争环境的角度看，有必要对滞后的经营者集中申报标准进行修正，以适应互联网行业新的发展形势。而且，仔细观察会发现《规定》这一行政法规对经营者集中的审查标准与《反垄断法》的规定是存在脱节的，根据《反垄断法》第27条之规定，经营者集中主要考虑

---

① 据英国《金融时报》网站2月18日报道，易观国际表示，滴滴打车和快的打车共占中国网上打车市场的99.8%。

② 王刚：《互联网思维解读滴滴与快的合并背后的法律新问题》，http：//www.66law.cn/domainblog/91920.aspx.

的审查因素是参与集中的经营者的市场份额、市场控制力和相关市场集中度等。因此，从市场份额来讲，滴滴打车和快的打车占据了95%以上的市场份额，这么高的市场份额理应得到监管部门的重视，应对集中对市场的影响做进一步评估，且“在认定合并能否产生或加强市场优势地位时，市场份额是最为重要的因素”①，故而突破单一营业额标准、引入市场份额指标作为申报标准的一部分是十分必要的。

综上，笔者认为，应在营业额指标之上，辅以前置性市场份额指标作为新的申报标准。

二、一般性申报标准引入市场份额指标的原因及意义

我国的《反垄断法》在起草的过程中，大量借鉴并吸收了欧盟的做法。同样，在经营者集中的申报标准上也参考了欧盟的经验，采用了更加容易测算的营业额指标。那么为何我国要采用营业额这一指标作为唯一考量呢？对此，国务院法制办给出的回应是：“申报标准是经营者集中是否需要进行事先申报的门槛，应当客观、明确，便于参与集中的经营者以及反垄断执法机构判断和掌握，并有明确的行为预期。经营者的营业额是反映经营者经济力的重要指标，较为客观、明确，世界各国大都采用这一指标确定经营者集中的申报标准。《规定》采用了这一国际通行做法②。”除此之外，在《反垄断法》出台过程中，全国人大法律委员会的委员对申报标准就有诸多不同意见，“有些常委认为这个申报标准定得过低，有些认为不应定得过高，有些认为应当分行业规定不同标准，还有些建议在申报标准中增加市场份额标准”③，但最终还是选择了营业额指标作为唯一的申报标准。

不得不承认的是，采取营业额标准有一定的道理，尤其是在《反垄断法》刚刚施行的年限里，采取这一标准确实有助于解决问题，但从以下几个方面考虑，引入市场份额指标更能达到审查的目的，保障正常的市场秩序。

---

① 阮赞林主编：《反垄断法教程》，上海人民出版社2011年版，第123页。

② 国务院法制办就《国务院关于经营者集中申报标准的规定》答记者问，http://news.xinhuanet.com/newscenter/2008-08/04/content_8950758.htm

③ 王晓晔：《论反垄断法》，社会科学文献出版社2010年版，第333页。

（一）营业额指标作为单一申报标准的弊端分析

1. 申报标准中营业额指标明显滞后

关于经营者集中的申报标准是在2008年8月1日经国务院通过的，其所公布的营业额数额是依据2008年之前的统计数据形成的。根据国家统计局网站显示的数据，从2007年到2014年，国内的经济形势有了重大改变，相应地，市场经营者的营业额也在波动变化。2007年的国内生产总值为268019.4亿元，而2014年的国内生产总值为636138.7亿元，是2007年的2.37倍；同样，居民消费水平也从2007年的7572元上升到2014年的17705元[①]。

这些数据都反映出我国的经济形势已经发生了重大变化，而市场经营者作为经济市场最基本的因子，其营业额也一定在持续波动变化。但是关于经营者集中的审查标准中的营业额指标却一直停滞不前，可以说，彼时设定的营业额数额标准已经不再适用此时的经济市场了。另外，相比之下，“市场份额说明了企业的经济实力，进而很大程度说明其可能的行为方式。如果不是孤立考察企业在短时期的市场份额，而是考察其多年的发展，说服力就更大”[②]。因此，应当建立营业额数额调整机制并且引入市场份额指标才能够保证这一申报标准具有时效性和公允性。

2. 采用单一营业额标准致使部分经营者集中申报失去意义

“由于我国经营者集中的申报模式为‘可选择的双重营业额’模式，即可在‘全球范围内的营业额合计超过100亿元人民币’以及‘在中国境内的营业额合计超过20亿元人民币’之间选择适用，但是都需要满足‘其中至少两个经营者上一会计年度在中国境内的营业额均超过4亿元人民币’的要求[③]。”所以，我们可以假设这样一种情况：如果有两个参与集中的经营者的营业额很高，达到了申报标准，但两者都属于小型企业，并不会对市场竞争产生影响。那这样的

① 来源于国家统计局网站：http：//data. stats. gov. cn/easyquery. htm？ cn = C01，最后访问时间2015年12月22日。

② Beschluss des KG vom 16. 12. 1987, Untersagung eines Zusammenschlusses wegen Erlangen einer ueberragenden Marktstellung bei Weichweizen – Haushaltsmehl, WuW 10/1988, S. 891.

③ 孙仙冬：《我国经营者集中申报标准法律问题研究》，载《暨南大学硕士学位论文集》2015年6月。

申报意义在哪里呢?

其实现实中这样的假设情况层出不穷，比如在“福建福日电子股份有限公司收购深圳市中诺通讯有限公司股权案”中，两个经营者的营业额达到了申报标准，但是从市场份额来看，2013 年度福日电子手机年产量和销量均为 198 万部，在中国手机市场的占有率仅为 0.136%（全球市场份额为 0.11%），而同年中诺通讯手机年产量为 1260 万部，在中国手机市场的占有率仅为 0.86%（全球市场份额为 0.7%），可见单独采用营业额标准很有可能导致相关市场中的蝇量级经营者需要进行申报，而这些申报从保护市场竞争的角度来看明显是无意义的。

除上述案件之外，“北京威卡威有限公司发行股份并支付现金购买宁波福尔达智能科技股份有限公司股权案”“丰田收购舒尔茨公司（Scholz AG）39.9%股权”等案件都是如此。如果我们在考虑营业额基础之上，辅之以市场份额指标的考虑，这就能在申报前排除此类案件，减少行政资源的浪费。

（二）考虑市场份额指标具有法律依据和实践基础

1. 将市场份额指标作为申报标准具有法律依据

根据《反垄断法》第 27 条之规定，审查经营者集中，应当考虑以下因素：（一）参与集中的经营者在相关市场的市场份额及其对市场的控制力；很明显，在《反垄断法》的层面上已经规定了市场份额指标应当被作为审查经营者集中的考虑因素，这说明立法者在对经营者集中可能造成的垄断现象已经有了预测，认为市场份额是必须被作为考虑的方面的，且“并购申报门槛不应太低”[①]。

同样，《规定》第 4 条中“经营者集中未达到本规定第三条规定的申报标准，但按照规定程序收集的事实和证据表明该经营者集中具有或者可能具有排除、限制竞争效果的，国务院商务主管部门应当依法进行调查”。这一兜底性条款给我们解决上述问题提供了一个途径。“反垄断委员会可以通过制定关于本条的具体实施条例和指南，以确定未达到第 3 条规定的营业额申报标准而国务院商务主管部门又对其进行调查的经营者集中之情形。其中之一便是参与集中的企业或集中后成立的企业的市场份额达到一定程度，具有限制、排除竞争的效

① 王晓晔：《〈中华人民共和国反垄断法〉中经营者集中的评析》，载《法学杂志》2008 年第 1 期。

果，而未达到第 3 条规定的营业额申报标准之情形[①]。” 因此，我们会发现将市场份额标准作为申报标准在法律层面上是有据可依的。

2. 商务部在实务当中更倾向于考虑市场份额标准

就笔者对于商务部发出的关于实际审查经营者集中的公告的检索和考量，发现商务部在具体的实务当中，无一例外地将市场份额作为真正具有审查意义的标准。进一步讲，商务部在对经营者集中的审查决定中有三种类型：禁止、附条件批准以及无条件批准三类决定，接下来笔者将对前两类案件进行举例[②]，来论证市场份额指标更具审查意义。

就禁止集中这一情形而言，商务部最新禁止的一起案件是“马士基、地中海航运、达飞设立网络中心经营者集中反垄断审查案”[③]，对于为何要禁止这三个经营者集中设立网络中心，商务部的论证完全围绕在三者在相关市场的市场份额和市场结构上，并未提到营业额。

就附条件禁止这一类型而言，商务部最新的一起案件为“恩智浦收购飞思卡尔全部股权案经营者集中反垄断审查案”[④]，在禁止决定的竞争分析中，商务

---

① 于连超：《我国经营者集中申报标准的确立及其再改进》，载《中国工商管理研究》2009 年第 10 期。

② “无条件批准”这一类型的含义指的是经营者集中现象并不触及市场份额较大的情况，因此这一情形无需列举。而且通过笔者对于商务部网站“通知公告”一栏的审查，发现没有关于无条件批准类型的论述，只有列表。

③ 商务部公告 2014 年第 46 号。“运力份额是反映集装箱班轮运输企业市场力量的重要指标之一。截至 2014 年 1 月 1 日，马士基、地中海航运、达飞在亚洲——欧洲航线运力份额分别为 20.6%、15.2%、10.9%，分别排名第一、第二、第三，任一交易方的运力份额均超过其他竞争对手。交易方合计运力份额高达 46.7%，运力整合后的市场控制力明显增强。经审查，商务部认为此项经营者集中形成了交易方紧密型联营，在亚洲——欧洲航线集装箱班轮运输服务市场可能具有排除、限制竞争效果。参与集中的经营者不能证明该集中对竞争产生的有利影响明显大于不利影响或者符合社会公共利益。因此，商务部决定禁止此项经营者集中。”

④ 商务部公告 2015 年第 64 号。“全球及中国射频功率晶体管市场结构类似，市场竞争者较少、集中度较高。排名前八位的市场竞争者的合计市场份额达到 90% 左右。其中，飞思卡尔和恩智浦的市场份额分别位居全球第一和第二，遥遥领先于其他竞争者，缺乏有效的竞争约束。2013 年，飞思卡尔和恩智浦的全球市场份额分别为 30.3% 和 20.8%，合计市场份额为 51.1%。2014 年，飞思卡尔和恩智浦的全球市场份额分别为 22% 和 32%，合计市场份额为 54%。此外，恩智浦和飞思卡尔在该领域均采用 LDMOS 和氮化镓两种流程技术，此两种流程技术均为射频功率晶体管的主流技术，两公司采用此两种技术生产的产品 2012 年合计占市场份额的 84%，预计 2018 年将增至 92%。鉴于此项经营者集中可能会对全球射频功率晶体管市场产生排除、限制竞争的效果，根据恩智浦向商务部提交的《桑巴协议》以及最终承诺，商务部决定附加限制性条件批准此项集中。”

部同样围绕着两个经营者的市场份额展开了论证。

因此，我们会发现，虽然《规定》提出要考虑经营者的营业额，只有当营业额标准满足时才需要审查，但是在实际操作中，作为监管部门的商务部反垄断局却更注重市场份额的考虑，所以将市场份额指标引入审查标准也具有了实践基础。

三、域外国家与地区的经营者集中申报标准

要探讨我国关于经营者集中申报的标准，不可避免地要从其他国家或地区找到参照，以便更好地制定出适应我国的市场份额标准。根据各国法律制度内容的不同，可以大致将申报标准划分为以下类型："资产规模和交易规模双重标准、当事人年销售额标准、资产总额标准和市场占有率标准。"①

（一）占据主流地位的"当事人规模标准"和"交易规模标准"

1. 欧盟采用"当事人年销售额标准"

"当事人规模标准是指具有共同体意义的企业合并必须向主管机关申报，而'共同体意义'的衡量标准就是当事人的营业额②。"

根据欧盟理事会《关于控制企业合并的第4064/89号条例》③，只有那些具有"共同体意义"的企业合并才有必要依据欧共体法向欧共体委员会进行申报，不具有共同体意义的企业合并仍适用成员国的法律，向成员国的有关机构申报。在这里，共同体意义的含义是指：所有相关经营者全球范围内的营业总额不低于50亿欧元，同时至少有两个相关经营者在欧盟范围内的营业总额不低于2.5亿欧元④。

不过，该条的不足之处在于，不具有共同体意义的企业若要合并，需同时向所涉及的所有成员国企业合并主管机关申报，这会给企业带来很大的不便。因此，1310号条例对"共同体意义"的条件进行了修正。根据该项修正，"共同体意义"的条件包括：（1）涉及合并的企业的全球销售总额不低于25亿欧

---

① 刘继峰：《竞争法学》（第二版），北京大学出版社2016年版，第201~202页。

② 谭睿：《反垄断法之经营者集中比较研究》，载《中国政法大学硕士学位论文》2011年3月。

③ Green paper on the Review of Council Regulation（EEC）No. 4064/89，11 Dec 2001，para. 160.

④ 见4046号条例第1条第2款。

元；（2）涉及合并的企业至少在欧盟三个成员国的共同市场销售总额不低于1亿欧元；（3）涉及合并的企业中至少有两个企业各自在欧盟上述三个成员国的市场销售额不低于2500万欧元；（4）涉及合并的企业中至少有两个企业各自在欧盟市场的销售额不低于1亿欧元；（5）涉及合并的企业各自在欧盟市场上销售额的2/3以上不是来自同一个成员国。同时，若涉及合并的企业不能满足上述申报标准，但需同时向三个以上的欧盟成员国主管机构申报，则涉及合并的企业可以只向欧盟委员会申报该项合并。

通过对欧盟法条例的列举，可以看到欧盟采用的依然是“销售总额”这一与“营业额”相类似的概念，也没有引用市场份额作为申报的标准。“但是在欧盟法关于市场竞争的规定中，却有对经营者集中后的市场份额的考量”①：①集中后的企业至少要达到25%的市场份额。如果在共同体市场上的市场份额达不到25%，则被认为不会对竞争带来威胁。②如果市场份额达到40%或50%，则会被认为有产生市场支配地位的严重危险，但需要进一步考察案件的其他方面。但是，市场份额在25%～35%则一般不被认为会产生市场支配地位。③超过50%的过高的市场份额有可能被作为产生市场支配地位的初步证据，除非能够证明在该市场上存在来自其他企业的有效竞争或者有相当程度的潜在竞争。

综上，欧盟采用的是在销售额的基础之上再分析其市场份额的额度，来进行对集中的经营者的审查，因此欧盟此处的市场份额指标可以借鉴。

2. 美国与韩国均结合“资产规模”和“交易规模”标准

美国的经营者集中申报标准是当事人规模标准和交易规模标准的结合，同时，只要交易规模达到一定的程度，“无论合并企业的当事人规模如何，均需向主管机关进行申报”②。

《克莱顿法》第7条规定了美国反托拉斯法的当事人规模标准。根据该条规定，符合以下三种情况之一的合并企业需进行申报：（1）从事制造业的合并企业的总资产或年销售额不低于1亿美元，被合并者的总资产或年销售额不低于1亿美元；（2）不从事制造业的合并企业的总资产或年销售额不低于1亿美元，

---

① 李怀超：《经营者集中反垄断规制的国际比较研究》，载《中国社会科学院研究生院硕士论文》2013年4月。

② 潘志成：《中煤经营者集中审查程序比较——以英博收购AB案为例展开》，载《中外法学》2010年第3期。

被合并企业的总资产不低于1000万美元；（3）合并企业的总资产或年销售额不低于1000万美元，被合并企业的总资产或年销售额不低于1亿美元[①]。《克莱顿法》第7条同时规定了交易规模标准，按其规定，在企业合并完成以后，涉及合并的所有企业在符合“当事人规模”标准的前提下，必须满足另一个条件，即“交易涉及的有投票权限的证券或资产不低于1500万美元”[②]。同时，一旦交易涉及的有投票权的证券或者资产不低于2亿美元时，即使涉及合并的企业达不到当事人规模标准的要求，也必须进行申报。

从上述《克莱顿法》关于经营者申报标准的规定，我们可以发现美国采用的主要依据也是以“年销售额”“总资产”这样的概念来界定的，并没有采取市场份额计算方式。但由于美国属于判例法国家，他们在一些判决中却更注重市场份额的考量：以两个判例为例，在1962年的Brown Shoe Co. v. United States案[③]中，法院认为市场份额是“确定合并对相关市场上的有效竞争可能的产生的影响时最为重要的因素之一”；其后在1963年的United States v. Philadelphia National Bank[④]案中，美最高法院宣布了在高度集中的市场背景下推定违法行为规则，总括来说，如果由市场份额计算出的市场集中度超过一定门槛，法院一般就可以推定合并将实质减少竞争。而美国法院的判例恰巧反映出：市场份额指标在判断经营者集中的市场阻碍性质上更具有参考意义。

韩国与美国相同，对于申报标准，韩国使用了当事人规模和交易规模[⑤]。

首先，资产总额或者销售额的规模大于1000亿韩币以上的公司或者该公司

---

① Clayton Act, 7A (a) (1): any voting securities or assets of a person engaged in manufacturing which has annual net sales or total assets of $10, 000, 000 or more are being acquired by any person which has total assets or annual net sales of $100, 000, 000 or more; any voting securities or assets of a person not engaged in manufacturing which has total assets of $10, 000, 000 or more are being acquired by any person which has total assets or annual net sales of $100, 000, 000 or more; or any voting securities or assets of a person with annual net sales or total assets of $100, 000, 000 or more are being acquired by any person with total assets or annual net sales of $10, 000, 000 or more.

② Clayton Act, 7A (a) (2): and as a result of such acquisition, the acquiring person would hold—15 per centum or more of the voting securities or assets of the acquired person, or an aggregate total amount of the voting securities and assets of the acquired person in excess of $15, 000, 000.

③ 370 U. S. 294&343 (1962).

④ 374 U. S. 321 (1963).

⑤ 卢载滢：《中韩反垄断法中的经营者集中规制制度比较研究》，载《对外经济贸易大学博士学位论文》，2014年3月。

的特殊关系人与资产总额或者销售规模大于200亿韩币的公司实施经营者集中时，或者反过来资产总额或者销售额的规模大于200亿韩币的公司或者该特殊关系人与资产总额或者销售额的规模大于1000亿韩币的公司实施经营者集中时发生申报义务。

韩国的方法与美国的相同，二者均采取的是“当事人规模标准”和“交易规模标准”。通过对以上三个国家的比较，可以发现采用营业额标准确实是国际通用做法，市场份额指标作为申报标准确实较少。

（二）我国相关地区规定的经营者申报标准

1. 台湾地区采用市场份额标准

根据我国台湾地区“公平交易法”第11条第1款之规定，我们会发现台湾地区采用的是单一的市场份额标准：事业结合时，有下列情形之一者，应向中央主管机关申请许可：（1）事业因结合而使其市场占有率达三分之一者；（2）参与结合之一事业，其市场占有率达四分之一者；（3）参与结合之一事业，其上一会计年度之销售金额，超过中央主管机关所公告之金额者。但是，本法同时对于上述情况做出了例外规定，据此法第12条之规定，对于前条之申请，如其结合，对整体经济之利益大于限制竞争之不利益者，中央主管机关得予许可。

通过对台湾立法的考量，笔者认为台湾地区的申报标准可谓别具一格，市场份额标准作为世界上少用的标准在台湾地区得到了实践，同时“公平交易法”赋予台湾的反垄断机构的自由裁量空间较大，准许其在达到规定的标准时，比较其经济利益和限制竞争的不利益而作出最终判断。但是，我们不得不承认的是台湾这一立法例也存在一定漏洞：不同行业的经营者的资产规模和市场销售额之间存在很大差异，比如钢铁行业和文具行业这两种生产企业的资产规模和销售额差异就很大，而立法规定统一的资产规模标准和销售额标准作为申报标准就不尽合理。

2. 香港地区采用“安全港”标准

香港《竞争条例》（第619章）（以下简称《条例》）已于2015年12月14日在香港全面实施。“如其他司法辖区的竞争法一样，《条例》旨在通过禁止妨碍、限制或扭曲竞争的行为，保护和促进香港市场的公平竞争①。”

通过《条例》和《合并守则指引》②的规定可以得知目前香港对于经营者集中（香港称之为“业务实体合并”）的规定只限定于电讯行业，并且限定在电讯行业的传送者牌照方面，尚未涉及其他经济领域。同时要注意的是，香港地区未采用与大陆相同的经营者集中事先申报制度，而是鼓励当事方在潜在并购前期阶段同香港竞争事务委员会（以下简称竞委会）接洽，并取得竞委会就交易的非正式意见，若合并的业务实体未遵从此意见而影响市场竞争效果，竞委会才会介入调查。对于此举，笔者认为这跟香港地区的特殊性有关，香港经济属于资本主义经济，倡导市场自控，“如果要求香港与大陆同样实施强制申报制度，则会违背香港一贯秉持的自由开放的经济政策”③。

根据《条例》附表7第2部第3条第2款，合并即告发生有3种情形④。对于上述经营者集中的类型，《合并守则指引》在“竞争评估”这一章节中对经营者集中提出了审查标准。香港的监管部门并未使用最低营业额或并购价值标准，而是关注界定相关市场、评估交易是否具有或相当可能具有大幅减弱在该等界定市场的竞争的效果，为此在《合并守则指引》第3.13节提出了作为参照的“安全港”标准：一般而言，如合并交易的各方在横向合并后的市场占有率合计为40%或以上，该合并便相当可能会引起对竞争问题的关注，竞委会可能须对该交易展开详细调查。

作为审查标准的“安全港”具体有两项准则⑤：第一项准则以集中率为基

---

① 黄志豪、韦肯逊：《香港〈竞争条例〉全面实施》，http：//www.zhichanli.com/article/20263.

② 《合并守则指引》是香港竞争事务委员会出台的一部规范性文件，是对于《条例》中企业合并事项的指引。香港竞争事务委员会作为负责执行《条例》的机关具有文件解释权，但此指引并不具有法律约束力，仅有指导效果。

③ The New Competition Ordinance – Headache or Opportunity?, Mark Williams, Executive Director of Asian Competition Forum, Lawyers of Hong Kong, 2013.11.

④ （a）2个或多于2个先前不从属于每一其他方的业务实体不再互不从属于每一其他地方；（b）某人或某些人或其他业务实体，取得某一或某些其他业务实体的全部或部分直接或间接的控制；或（c）某业务实体（“进行收购实体”）收购另一业务实体（“收购对象实体”）的全部或部分资产（包括商誉），会有第3款所列的结果。其中本条第3款对第2款第3项做出了解释，即第2款第2项所提述的结果是进行收购实体处于以下形势：在收购对象实体在紧接收购之前所经营的业务或该业务有关部分（视情况所需而定）方面，取代或在相当程度上取代收购对象实体；第4款又对第2条第2项作出解释，若成立的联营商号在持久的基础上执行自主经济实体的所有职能，亦可构成第2条第2项所指的合并。

⑤ 见香港竞委会《合并守则指引》3.15和3.16。

础，此集中率量度在相关市场上领先的公司的总市场占有率，竞委会拟采用四大公司集中率为基础的检验。若合并后四家（或更少）最大的公司在相关市场上的市场占有率合计（CR4）低于75%，而合并公司的市场占有率低于40%，则竞委会不大可能介入调查；若CR4为75%或以上，而合并实体的合计市场占有率低于相关市场的15%，那么竞委会亦不大可能介入调查；第二项准则则以HHI为基础，同时竞委会将HHI的指数分成不足1000、1000至1800之间、1800以上三类加以界定[①]。

这两项安全港指标均属于指示性质，《合并守则指引》指出竞委会不大可能会对处于这些门槛之下的合并做进一步评估，但却不会明确排除做出干预的可能性。因此，对于竞委会给出的指标，大陆也可以进行借鉴和改良。

四、对于现有申报标准的完善建议

（一）设定前置性市场份额标准

其实，在2014年的时候，商务部在实践操作中已经意识到只考虑营业额指标对于经营者集中审查是不全面的，因此，商务部出台了《关于经营者集中简易案件适用标准的暂行规定》（下文简称《简易案件规定》），此规定对于简易案件进行了说明，并将申报的类型划分为三种：同一相关市场、上下游市场、既不在同一相关市场又不存在上下游关系，此举除了能够减轻行政机关的压力、提高工作效率之外，更创新的是采用市场份额标准作为判定简易案件的的标尺。从这个举措可以看出，市场份额作为考量的因素在经营者集中申报标准中被考虑的比重越来越高。

在营业额指标审查之前设置一个前置性市场份额标准是十分必要的，具体而言，对于未达到此市场份额标准的经营者集中案件，一般不需要申报；只有达到了此市场份额标准的集中的经营者才需要向商务部反垄断局进行申报。进入申报程序之后，再参照营业额标准，对该经营者集中的案件作出最终决定。经过两步骤的筛选，能够准确划分出需要真正进行申报的那些集中经营者，同时可以在一定程度上规避掉那些本不需要申报的集中经营者：如市场份额很低

---

① 见香港竞委会《合并守则指引》3.16～3.19

但营业额很高的经营者集中类型。

那么如何设计这个市场份额标准呢？笔者认为可以参照前文所述的《简易案件规定》，同时根据欧盟、我国台湾地区的市场份额标准和香港地区的“安全港”标准对大陆市场份额指标进行初步设定（表一）。

表一：前置性市场份额标准设定

相关市场类型	参照标准
同一相关市场	所有参与集中的经营者所占的市场份额之和<25%
上下游市场	所有参与集中的经营者在上下游市场所占的份额均<35%
既不在同一相关市场，又不存在上下游关系	所有参与集中的经营者与交易有关的每个市场所占的份额均<40%

（二）依集中类型的双重可选择经营额申报标准

经过了上述程序的验证，对于达到或超过上述标准的经营者集中案件，就需要进入到下一程序的营业额指标审查，即依集中类型的双重可选择营业额申报标准。具体如下（表二）[①]：

表二：依集中类型的双重可选择营业额申报标准设计

<table>
<tr><td rowspan="5">排除未达市场份额标准</td><td>集中类型</td><td colspan="3">适用标准</td></tr>
<tr><td rowspan="2">经营者合并</td><td>参与集中的所有经营者上一会计年度在全球范围内的营业额合计≥A亿元人民币</td><td rowspan="4">并且</td><td rowspan="4">其中至少两个经营者上一会计年度在中国境内的营业额均≥C亿元人民币</td></tr>
<tr><td>or　参与集中的所有经营者上一会计年度在中国境内的营业额合计≥B亿元人民币</td></tr>
<tr><td rowspan="2">收购有表决权股/资产</td><td>参与集中的所有经营者上一会计年度在全球范围内的营业额合计≥D（小于A）亿元人民币</td></tr>
<tr><td>or　参与集中的所有经营者上一会计年度在中国境内的营业额合计≥E（小于B）亿元人民币</td></tr>
</table>

① 孙仙冬：《我国经营者集中申报标准法律问题研究》，载《暨南大学硕士学位论文集》2015年6月。

续 表

	集中类型	适用标准
排除未达市场份额标准	通过合同等形式取得控制权	同收购有表决权/资产的情况
	设立合营企业	同经营者合并的适用标准，但是应当加入对新设合营企业的投资额（或者资产额）≥F 亿元人民币的规定
	经营者特定联合行为	同经营者合并的适用标准，但是应当加入联合行为涉及的标的金额（以一个会计年度为准）≥G 亿元人民币的规定
	非经营者参与的集中行为	同一相关市场中所有参与集中的非经营者所占的市场份额之和≥30%
		所有参与集中的经营者在上下游市场所占的份额均≥35%
		所有参与集中的经营者与交易有关的每个市场所占的份额均≥35%

对图表中的具体数字没有列明，有待经济学家根据目前市场经济状况确定营业额数额（同时要注意的是，此营业额数额必须要定期调整，以适应不断变化的经济形势）。笔者认为，先对要申报的经营者集中案例进行市场份额的审查、再进行具体营业额的审查，将会达到审查的真正目的，实现审查的实际意义。

五、结语

关于对经营者集中的申报标准已经在我国实施了 7 个春秋，对于我国各类经营者集中都发挥了重大作用，但运行时间越久越是需要及时调整。所以将市场份额指标引入审查标准是必然之举，通过对市场份额的审查确定需要进行下一步申报的集中的经营者，再参考营业额指标进行审查，会使得审查这一程序更具实质意义，以体现《反垄断法》真正的立法宗旨和精神内涵。当然，对于具体的市场份额指标和营业额指标仍需要经济学专业人士的界定和分析，笔者在此仅仅根据我国目前的规定和域外的立法，折中性地提出了一些观点以供参考。在经济飞速发展的时代，经营者集中事件频发，所以将市场份额指标纳入申报标准也是经济推动的结果，我们也要以发展的眼光期待在未来会有更好的申报标准以完善目前的经营者集中申报现状。

参考文献

1. 国务院反垄断委员会：《中华人民共和国反垄断法》知识读本，人民出版社 2012 年版，第 137 页。

2. 阮赞林主编：《反垄断法教程》，上海人民出版社 2011 年版，第 123 页。

3. 王晓晔：《论反垄断法》，社会科学文献出版社 2010 年版，第 333 页。

4. 刘继峰：《竞争法学》（第二版），北京大学出版社 2016 年版，第 201 ~ 202 页。

5. 王刚：《互联网思维解读滴滴与快的合并背后的法律新问题》，http：//www. 66law. cn/domainblog/91920. aspx.

6. 王晓晔：《〈中华人民共和国反垄断法〉中经营者集中的评析》，载《法学杂志》2008 年第 1 期。

7. 潘志成：《中煤经营者集中审查程序比较——以英博收购 AB 案为例展开》，载《中外法学》2010 年第 3 期。

8. 于连超：《我国经营者集中申报标准的确立及其再改进》，载《中国工商管理研究》2009 年第 10 期。

9. 国务院法制办就《国务院关于经营者集中申报标准的规定》答记者问，http：//news. xinhuanet. com/newscenter/2008 – 08/04/content_ 8950758. htm.

10. 黄志豪、韦肯逊：《香港〈竞争条例〉全面实施》，http：//www. zhichanli. com/article/20263.

11. 孙仙冬：《我国经营者集中申报标准法律问题研究》，载《暨南大学硕士学位论文集》2015 年 6 月。

12. 谭睿：《反垄断法之经营者集中比较研究》，载《中国政法大学硕士学位论文》2011 年 3 月。

13. 李怀超：《经营者集中反垄断规制的国际比较研究》，载《中国社会科学院研究生院硕士论文》2013 年 4 月。

14. 卢载滢：《中韩反垄断法中的经营者集中规制制度比较研究》，载《对外经济贸易大学博士学位论文》2014 年 3 月。

15. Beschluss des KG vom 16. 12. 1987，Untersagung eines Zusammenschlusses wegen Erlangen einer ueberragenden Marktstellung bei Weichweizen – Haushaltsmehl，WuW 10/1988，S. 891.

16. Green paper on the Review of Council Regulation（EEC）No. 4064/89，11 Dec 2001，

para. 160.

17. Clayton Act, No. 7 (a), 15 Oct 1914.

18. The New Competition Ordinance – Headache or Opportunity? Mark Williams, Executive Director of Asian Competition Forum, Lawyers of Hong Kong, 2013. 11.

行政机关确认行政行为无效现状与体系构建*

【摘要】《中华人民共和国行政诉讼法》（以下简称《行政诉讼法》）中规定了法院确认行政行为无效的判决形式，意味着无效行政行为在法律中得到承认。然而理论界对于行政行为的无效确认主体构想有法院和行政机关，而现行法中没有相应的规定，实践中的做法呈混乱状态。笔者在参考学界观点和比较法实例的基础上，从主体、标准、申请时限、后果以及与诉讼的衔接等方面对行政机关确认行政行为无效的问题进行了体系构建。

【关键词】无效行政行为；无效确认；行政复议；救济途径；时间限制

一、问题的提出

1996年通过的《中华人民共和国行政处罚法》（以下简称《行政处罚法》）第3条第2款规定："没有法定依据或者不遵守法定程序的，行政处罚无效。"这引起了行政法学界对于行政行为无效一说存废问题的讨论。在该法条中"无效"一词的含义与大陆法系国家通说的概念的内涵外延不一致，遭到不少学者的诟病，也引起了学术界对于行政行为无效确认的体系构建的重视。

---

* 作者：中国政法大学法学院1302班　简鑫琦
指导老师：中国政法大学法学院副教授　张　力

（一）行政行为界定之争

出现无效行政行为的定义以及存废之争，与我国“违法即无效”的传统认识有关。过去不少学者认为，撤销即确认无效：“……针对这种无效行政行为的法律制度，就是撤销。所谓撤销，是指依法取消无效的行政行为，使其从虚假成立时起就丧失效力，从而恢复到其未作出之前的状态。”[①]“……中国的行政法学中，行政行为的撤销与无效仅成了一种提法上的差别，因为撤销行政行为本身便意味着该行政行为被确认无效。所以，行政行为无效的理论完全适用行政行为撤销的理论。”[②]

然而，依照德国和日本等大陆法系国家和地区的通说，“无效”是和可撤销、合法有效以及不成立相并列的一类状态，对于民事法律行为和行政行为皆适用该效力状态分类体系。因而在奥托迈耶提出之初就赋予了无效行政行为特定的内涵：因具有重大而且明显的违法情形而自始不产生法律效力的行政行为，在后果上表现为自始、当然、确定无效。[③]

（二）我国学界的现行通说

将无效和可撤销、合法有效以及不成立相并列，已经为我国大多数行政法学者所接受。叶必丰一直在坚持行政行为绝对公定力的前提下肯定无效行政行为存在的意义：“具体行政行为的无效，在学说上是指成立时具有重大且明显的瑕疵，而被视为自始不具有法律效力。”[④] 江利红在章剑生主编的《行政法与行政诉讼法》一书中将无效和可撤销作为存在违法的行政决定的两种并列状态。[⑤]章志远以发生的先后为序，将行政行为效力的具体形态分为无效、生效、有效和失效四种情形。并将无效解释为：“行政行为作出之时因欠缺法定实质要件而

---

① 熊文钊主编：《现代行政法原理》，法律出版社2000年版，第270页。

② 胡建森主编：《行政法学》，法律出版社1998年版，第295页。

③ 然而随着无效行政行为理论逐渐完善，奥托迈耶所提到的部分情形被划入“假象行政行为”领域中，认为自始不成立。

④ 叶必丰：《行政行为的效力研究》，中国人民大学出版社2002年版，第178～180页；姜明安主编：《行政法与行政诉讼法》，北京大学出版社、高等教育出版社2015年版，第205页。

⑤ 章剑生主编：《行政法与行政诉讼法》，北京大学出版社2014年版，第129页。

自始全然不发生法律效力的状态。”① 在学术论文中更是有大批的学者一直在进行无效行政行为理论的研究及其救济体系的完善。②

理论界通说将无效行政行为界定为具有重大且明显的瑕疵的行政行为。除了该原则性的确认标准外，对于具体判断标准，学者们也基本是从主体、内容、形式和程序四个方面具体分析，对于应当确认为无效的情形观点基本一致。③

（三）新法中对“行政行为无效”的规定

在理论界对此体系的构建趋于完善之时，2014 年 11 月修正后的《行政诉讼法》中第 75 条规定：“行政行为有实施主体不具有行政主体资格或者没有依据等重大且明显违法情形，原告申请确认行政行为无效的，人民法院判决确认无效。”将 2000 年《最高人民法院关于〈中华人民共和国行政诉讼法〉若干问题的解释》中的“确认无效判决”在法律中正式确立，这是法律中对“无效行政行为”的存在的认可，并且赋予了行政相对人诉讼这一救济途径。但是按照理论界的观点，构建无效行政行为理论的意义在于拓宽当事人的救济途径，一方面是通过赋予当事人抵抗权，另一方面是通过取消无效确认申请的时间限制。

然而我们可以看到，在修正后的《行政诉讼法》中并没有给予这种新增加的诉讼请求以特殊的突破时效限制的规定。笔者翻阅了本法修改时的资料，发现不论是在常作为我国法律借鉴对象的德国、日本还是在我国台湾、澳门地区的行政诉讼法中对于无效确认均无起诉期限的限制，但是我国不仅最后通过的这部新法中并没有为无效确认规定特殊的起诉期限，就连全国人大常委会审议稿、最高人民法院修改建议稿和北大、清华、人大、中国政法等高校的修改建议稿中也完全没有提及起诉期限的特殊设置。对此，最高人民法院《行政诉讼

---

① 章志远主编：《行政法学总论》，法律出版社 2014 年版，第 82 页。

② 沈岿：《法治和良知自由—行政行为无效理论及其实践之探索》，载《中外法学》2001 年第 4 期；王锡锌：《行政行为无效理论与相对人抵抗权问题探讨》，载《法学》2001 年第 10 期。金伟峰：《论我国的无效行政行为制度》，载《长春市委党校学报》2002 年 5 期；《我国无效行政行为制度的现状、问题与建构》，载《中国法学》2005 年第 1 期；金伟峰：《建立我国行政诉讼中的确认无效诉讼制度》，载《政法论坛》2005 年。

③ 金伟峰对于无效行政行为确认标准的构建体系略有不同，但实质内容基本相同，唯一有别之处是：相较其他学者的标准多了“违反一事不再理原则作出的行政行为”这一情形。

法》建议稿主要执笔人之一梁凤云认为没有起诉期限的限制，可能给法院带来数量庞大的“滥诉”。[①]

（四）小结

笔者认为之所以会出现上述现象，在很大程度上是因为我国现行的法律中没有规定行政机关可以先行对行政行为的无效进行确认，导致无效行政行为在过了诉讼时效后一条救济途径堵塞自然全部涌向另一条路径。然而在新《行政诉讼法》中因为滥诉的担心而将另外一条救济路径也堵塞显然是因噎废食，将会导致受侵害主体仅因为一时法律意识的薄弱或其他客观原因而丧失了最基本的法律救济，但法律救济路径的穷尽并不意味着问题的解决，相反意味着矛盾的激化和社会不稳定因素的产生。在笔者看来，科学合理的做法是改变法院和行政机关两者相互推诿的现状，先疏通行政复议该路径，通过将行政复议前置来过滤掉大部分的无效确认请求从而解决滥诉问题。

即使不出于解决可能出现的滥诉问题，行政机关本身对无效行政行为的审查和补救也十分重要。自1990年12月24日《行政复议条例》[②]颁布，我国统一行政复议制度建立后，行政法上的常规救济途径除了诉讼外还有行政复议这一途径，并且若借鉴西方国家行政法上的穷尽行政救济原则，我们应当尽量将大部分的此类问题通过行政体系中的自我监督解决掉而不能全部堆积到诉讼中进行解决。但是此制度设计绝非直接规定所有的行政机关不受时间限制的都可以宣告某行政行为无效如此简单，而是应当平衡法安定性和个案正义，在依法行政和信赖保护之间做权衡，对此问题进行深入的分析，得出细致可行的方案。

二、现行法律法规及规章分析

在现行法律中，不乏行政行为“无效”的明确规定，但通过对比不难发现，这些行政行为“无效”的含义与行政法学中无效行政行为理论并不等同。

如：《草原法》第63条中规定：“……非法批准征收、征用、使用草原的文件无效……”《行政处罚法》第3条第2款规定：“没有法定依据或者不遵守法

① 梁凤云：《新行政诉讼法讲义》，人民法院出版社2015年版，第452页。

② 根据《中华人民共和国行政复议法》（主席令〔1999〕第16号），此文件已被废止。

定程序的，行政处罚无效。”《土地管理法》第78条规定：“无权批准征收、使用土地的单位或者个人非法批准占用土地的，超越批准权限非法批准占用土地的，不按照土地利用总体规划确定的用途批准用地的，或者违反法律规定的程序批准占用、征收土地的，其批准文件无效……”这些法律规定中的无效多是和违法相等位的一个概念。而新《行政诉讼法》第75条规定的确认行政行为无效的标准“行政行为有实施主体不具有行政主体资格或者没有依据等重大且明显违法情形”按照学理通说属于假象行政行为。

除此之外，现行法律法规等规范性文件中还有关于行政机关可以宣告无效的规定，笔者在此进行详细的分析和探讨。

（一）法律中的非典型性规定

对于法律层面的规范性文件进行检索，仅仅发现在《中华人民共和国专利法》（以下简称《专利法》）中有所收获。《专利法》第45条规定：“自国务院专利行政部门公告授予专利权之日起，任何单位或者个人认为该专利权的授予不符合本法有关规定的，可以请求专利复审委员会宣告该专利权无效。”对于专利授权行为的性质，学界看法不一，主流学说有以下几种：行政备案行为说、行政许可行为说、司法行政行为说和行政确认行为说，但可以看到无论是上述哪一种学说实质上都不否认专利授权行为是行政行为。然而关于此条文中规定的“专利复审委员会宣告该专利权无效”这一行为是否是行政行为却存在激烈争议。

《专利法》在第46条明确规定了请求人或者权利人“对专利复审委员会宣告专利权无效或者维持专利权的决定不服的，可以自收到通知之日起三个月内向人民法院起诉。”学者和司法实践多依据此法条将这种复审行为认定为行政行为，但也不乏学者对此表示异议，并从不同的角度作出解释：学者李明德认为，法律完全可以将专利复审委员会作为准司法机构对待，其决定可以视为一审判决。若当事人不服，可直接向北京市高级人民法院起诉，无须经过北京市第一中级人民法院。[①] 何伦建学者专门撰文对此问题做了深刻的法理分析，认为专利

---

① 李明德：《专利权与商标权确权机制的改革思路》，载《华中科技大学学报》（社会科学版）2007年第5期。

复审委员会的专利无效程序的性质为准司法程序，从而该专利无效复审程序则应该作为一个审级，而且专利复审委员会的决定应该具有法院判决的效力。[①]

笔者认为，上诉观点是出于改善现行的专利权诉讼体制的需求而提出的，并没有现行法上的依据，甚至于可能和现行法规定相背离。专利复审委员会是一个具有独立法人资格的国家知识产权局直属事业单位，并且根据我国专利法的授权具有行政管理职能，因而其作为授权组织在授权范围内作出行政行为是没有问题的，但具体而言其作出的“专利权无效宣告”的行为性质在笔者看来尚待分析。

根据《专利审查指南（2010）》[②] 第四部分第三章第4.1节中审查范围的规定，我们可以看出，专利复审委员会作为中国专利局的内设机构，其进行“无效宣告请求”的审查时，针对的是当事人提出的无效宣告理由和提交的证据。《专利法实施细则》第65条规定：依照《专利法》第45条的规定，请求宣告专利权无效或者部分无效的，应当向专利复审委员会提交专利权无效宣告请求书和必要的证据一式两份。无效宣告请求书应当结合提交的所有证据，具体说明无效宣告请求的理由，并指明每项理由所依据的证据。以上所称无效宣告请求的理由，是指被授予专利的发明创造不符合《专利法》第2条、第20条第1款规定，或者属于《专利法》第5条、第25条的规定，或者依照《专利法》第9条规定不能取得专利权。

从上述法律规定中，我们可以看到专利复审委员会对“无效宣告请求”作出的这种审查并不是对于前面的专利授权行政行为的合法性审查，而是对于专利权成立与否的再审查，第三人只需要举出专利权无效的证据即可而不需要证明行政机关的专利授权行为达到了“明显且重大违法”的程度。有学者提出可以理解为专利授权行为不需要达到明显且重大违法就可以认定为无效，但是一旦认定行政行为无效就意味着要有国家赔偿，而这里并没有对国家赔偿进行规定，甚至可以看到实践中对于这种情况根本不承认国家赔偿的存在。笔者认为，应当区分开此种专利无效宣告复审与对先行政行为的审查，如果先行政行为的

---

① 何伦建：《专利无效诉讼程序性质的法理分析》，载《知识产权》2006年第4期。

② 目前已经根据《国家知识产权局关于修改〈专利审查指南〉的决定》（国家知识产权局令第67号）和《国家知识产权局关于修改〈专利审查指南〉的决定》（国家知识产权局令第68号）被修订，修订不涉及本文所引用部分内容。

作出机关即专利权授权机关在授权时的确有明显且重大的违法情况，在现有的救济体系下，当事人可以针对前面重大且明显违法的专利授权行为提起行政诉讼，要求行政赔偿，而前面的专利授权行为的结果即专利权随之无效，但是在先授权机关没有明显且重大违法事项存在的情况下，行政相关人仍然可以通过《专利法》第46条申请专利无效宣告，其性质不等同于申请对前行政行为的复议。①

（二）地方政府规章中的典型性规定

相对比法律中行政行为的行政机关无效确认在法律上的缺位，地方在行政程序立法中对于无效行政行为制度的探索较为积极与活跃。地方的先行先试，无疑将推动作为法律层级的《行政复议法》中无效行政行为制度的建立，同时也反映了全国性法律法规出台的必要性。

2008年公布施行的《湖南省行政程序规定》第159条规定了，行政机关不自行纠正行政执法违法行为的，有监督权的机关可以根据违法行为的性质、程度等情况依照职权确认无效。并在第161条规定，具有下列情形之一的，行政执法行为无效：不具有法定行政执法主体资格的；没有法定依据的；法律、法规、规章规定的其他无效情形。无效的行政执法行为，自始不发生法律效力。2011年公布施行的《辽宁省行政执法程序规定》第66条与前述规定内容完全相同。② 同时，在现行有效的地方政府规章中，2011年施行的《汕头市行政程序规定》、2015年施行的《江苏省行政程序规定》、2015年施行的《宁夏回族自治区行政程序规定》等均有与《湖南省行政程序规定》第161条内容相同的规定。

较为特殊的是2012年施行现行有效的《山东省行政程序规定》，该文件在第132条规定，行政决定有下列情形之一的，应当确认无效：行政机关无权作出的；未加盖行政机关印章的；内容不可能实现的；应当确认无效的其他情形。

① 笔者对于这种审查存在的合理性本身存在疑问，一方面是学者普遍反映的“循环诉讼”问题；另一方面是原来之所以有许多学者主张只能由专利复审委员会对专利权的效力作出判断的原因在于：由法院直接进行专利权的效力审查对于法院而言太过于专业，难以与有量化需求的专利授权标准保持合理的一致，而今在北京、上海和广州陆续建立了知识产权法院，虽然实行效果尚待考察，但可以预见对于这个问题的解决会起到很大程度的帮助。

② 本地方政府规章已经于2011年12月作出了一定修改，增加了部分条文，但本文所指的条文内容没有变动。

无效的行政决定，自始不发生法律效力。

2015年施行的《兰州市行政程序规定》虽然未规定行政行为无效的情形，但也在第99条规定："有关行政机关不自行纠正的，由监督机关依照职权分别作出责令补正或者更正、责令履行法定职责、确认违法或者无效、撤销等处理。"

我们可以看到，在新的《行政诉讼法》出台之前，就有部分地方政府规章中对无效行政行为认定的具体标准作出了规定，并且规定了监督机关可以根据行政行为的违法情况作出无效确认。且无论该文件是否是在新的《行政诉讼法》出台之后制定，其对于无效行政行为的具体判断标准的规定都基本一致：不具有法定行政执法主体资格的，没有法定依据的以及法律、法规、规章规定的其他无效情形。仅2012年施行现行有效的《山东省行政程序规定》中对于具体标准的界定较为别致，基本上和理论界的标准一致，规定了主体、形式、内容三种以及其他情形，仅对于理论上的程序要件没有作出明确规定。这些规章中都无一例外地规定了作出原行政行为的行政机关可以先自行纠正，未自行纠正的，监督机关可以作出无效确认。但是对于无效行政行为的效力，都只是规定了自始无效而未规定任何时候都可以提起。

（三）小结

综上所述，在现行的法律层面，并没有文件对行政机关确认行政行为无效的标准、程序或主体进行规定，穷尽式的检索后仅仅发现在《专利法》中有近似规定，但在笔者进行分析后可以发现该规定并非本文所讨论的真正意义上行政机关对于无效行政行为的确认。而在地方政府规章中出现了此类规定，对于无效行政行为认定的标准大致有两种情况：大部分与《行政诉讼法》中规定相近，可以概括为无主体资格或者无法定依据；仅山东省从主体、形式和内容上规定。但是以上的规定都建立在复议申请期限和违法确认申请相同的基础上，因而考虑因素较少，亦未完全体现无效行政行为的性质特征和特殊救济。

三、实践中的运用

或许是因为除《专利法》以外，法律上没有关于行政机关无效确认的规定，在实践中几乎所有起诉"无效确认"行为的案例都是关于专利权无效宣告的诉讼。而通过分析可以发现《专利法》中"宣告无效"并非真正意义上的行政行为无效确认，因而真正可考的此类实践不多，但少有的几个有参考意义的例子就能够有力地说明完善我国的行政机关无效确认制度的需要。

（一）行政机关个案中主动确认行政行为无效

2001 年 3 月 9 日，临清市人民政府作出“关于丰秋芝等五户用地的批复”，并依据此文件为马庆生办理了集体土地使用证，兴达公司对此申请复议并提起诉讼，复议机关和一二审法院立场一致地认为，该申请已经超过了法定复议期限，兴达公司因此失去了行政复议救济权，进而亦丧失了行政诉讼司法救济权，应当采取其他行政救济方式保护自己的合法权益。由于兴达公司多次上访，临清市人民政府作出临政处字（2004）第 1 号行政处理决定书，指出：“马庆生虽然取得了临清市人民政府批准的土地使用批准文件和土地使用证，但因认定马庆生合法使用该宗土地的事实和依据错误，故应认定无效并撤销。”马庆生对此申请复议并提起诉讼，复议机关和一二审法院再次立场一致地认为“处理决定认定该登记行为违法并决定其无效证据充分，符合法律规定。”在 2005 年 9 月 9 日，因兴达公司法定代表人李子强之父李延河反复多次上访，临清市人民政府又作出临政处字（2005）第 1 号行政处理决定书：“撤销临清市人民政府于 2001 年 3 月 9 日作出的临政土字（2001）2 号文件中，批准马庆生使用唐园镇 406 平方米土地（0703005 号）的具体行政行为。”① 复议机关和一二审法院又一次立场一致地认为：临清市政府从事实出发，本着有错必纠的原则自行撤销批准行为，属自我纠错，并不违法。②

此纠纷历经三次复议，六次行政庭审，总结复议机关以及各法院的观点，大致如下：对于当事人提起行政机关无效确认的申请，应当加以时间限制，不得超过复议申请期限，否则将丧失行政复议救济权和行政诉讼司法救济权；但对于原行政机关自己进行无效确认，何时都不晚，并且还可以同时撤销该行政行为；在最后的一轮争议中，法院还认同行政机关只要发现原行政行为“违

---

① 据后续产生的民事诉讼二审的判决书所述，因兴达公司法定代表人李子强之父李延河反复多次上访，临清市人民政府于 2005 年 9 月 9 日作出临政处字［2005］第 1 号行政处理决定书。

② （2002）临行初字第 44 号行政裁定书、（2003）聊行终字第 1 号行政裁定书、（2004）临行初字第 46 号行政判决书、（2005）聊行终字第 7 号行政判决书、（2005）聊行初字第 13 号行政判决书、（2007）鲁行终字第 14 号行政判决书。

法”，就可以不受时间拘束，随时“从事实出发，本着有错必纠的原则自行撤销批准行为”。真正应当受保护的公民的复议救济权和诉讼救济权被否定，应当受约束的行政机关却可以随时决定确认无效甚或直接撤销原行政行为，现行法律法规中对于行政机关确认行政行为无效的规定的缺位所造成的后果可见一斑。

在2011年的“付云甫诉桑植县公安局交通警察大队等车辆牌证和罚款及行政赔偿再审案”中，桑植交警队直接认定张家界市范围内机动车辆行驶牌证的办理机关为张家界市公安局车辆管理所，植农机局核发的湖南省农用机动车驾驶证待换、遗失待补凭证及号牌（湖南G41489）驾驶证无效，并在否定原驾驶证颁发行为的效力的基础上对其证件及车辆予以暂扣。再审法院认为：“桑植农机局对付云甫颁发牌证的行为并不属明显地超越职权的行政行为，付云甫有理由相信桑植农机局作出的行政行为是合法有效的。如因行政机关间的职权争议确认行政行为无效，而致使行政相对人因此取得的行政许可丧失，不利于对行政相对人合法权益的保护。本案中，付云甫持有桑植农机局颁发的行车证照驾车上路行驶，桑植交警队对其证件及车辆予以暂扣，法律依据不足，依法应承担相应的赔偿责任。”我们可以看到，法院首先认定了桑植农机局对付云甫颁发牌证的行为不是无效行政行为，因而桑植交警队否定前行为效力而作出的行政处罚没有法律依据。若前面的行政行为确实是无效行政行为，按照笔者前述列举的2008年公布施行的《湖南省行政程序规定》第161条的规定“无效的行政执法行为，自始不发生法律效力”，本案的交警队是否可以直接确认原行政行为无效，在现行法律、法规和规章中并没有判断的依据。

（二）规范性文件中确认行政行为无效

在2001年《国家工商行政管理总局关于纠正企业名称的通知》中，国家工商行政管理总局指出：根据《企业名称登记管理规定》（2012年修订）第7条的规定，凡使用“中国”字样的企业名称，应经国家工商行政管理总局核准。北京、上海……新疆维吾尔自治区工商行政管理局及其下属工商行政管理局越权核准的企业名称属无效行政行为，不受法律保护。并在该通知后附了一份越权核准使用“中国”字样的企业名单，其中涉及11个公司。[①] 在尚没有法律法

① 详见国家工商行政管理总局关于纠正企业名称的通知（工商企字［2001］第187号）。

规规定的情况下，国家工商行政管理总局是否可以通过部门规范性文件确认一系列行政行为无效，而同样地，这些企业是否可以主张合理信赖利益，这些问题都亟待解决。

（三）公民申请行政机关确认行政行为无效

在2015年审结的“袁仁香等与杭州市人民政府拆迁行政复议上诉案”中，二审法官认为：“6上诉人直至2014年8月28日才向杭州市人民政府提出确认该《房屋拆迁许可证》无效的行政复议申请，显然已超过法律规定的行政复议申请期限。……上诉人袁仁香等6人提出‘上诉人提起的是确认无效之复议请求，无效的行政行为自始、当然、确定无效，对其审查，不受时效的限制’等上诉理由，均缺乏事实和法律依据，本院不予采纳。”可以看到，本案中所涉的复议机关直接以已过行政复议申请期限为由，作出不予受理决定。而一审、二审法官也都直接以复议期限已过驳回原告的请求，回避了复议中是否可以进行行政行为的无效确认这个问题。对于两个审级的法院的判决，我们可以做这样两种含义剖析：一种猜测是：法院对于复议中进行无效确认是认可的，但是对于无效确认复议的提起，加以了和普通的违法可撤销行政行为一致的时间限制；另一种猜测是：法院不认可无效行政行为确认这种复议请求的存在，直接将其作为违法确认请求中的一类处理，因而直接认定行政复议申请期限已过。

在2016年审结的“丁海仙、陈国凤诉杭州市人民政府土地行政复议案”中，二审法院认为：“一、……上诉人丁海仙、陈国凤最迟于2002年5月8日……就已经知道……具体行政行为。而两上诉人直至2015年3月才申请行政复议，已超过《行政复议法》第九条规定的法定申请期限……故两上诉人原提出的行政复议申请不符合《中华人民共和国行政复议法实施条例》第二十八条第（四）项规定的受理条件……二、上诉人的行政复议请求无论是确认原具体行政行为无效还是撤销原具体行政行为等，均不改变其知道原具体行政行为的时间，也不影响其复议申请时效的计算。其以复议请求是‘确认原具体行政行为无效’为由，主张不适用《行政复议法》第九条规定的复议期限，该理由缺乏依据，并不成立。”此判决未否定公民要求行政机关“确认行政行为无效”的申请，但却否定对此予以特殊的时限取消，实质上是对于无效确认最重要价值的抹杀。

（四）小结

通过上述分析我们可以看出，在实践中，在公民申请行政机关确认行政行为无效时，复议机关或者法院均以申请复议期限为由，拒绝进行实体问题审查，否定“无效行政行为始终无效”这一为利益受损者主张的观点；而行政机关自身在有其他利益考量时，却可以通过确认行政行为无效来实现自身的目的，并且由于无效确认的法律标准和法律后果尚不明确，行政机关依职权确认无效的行为基本不受规范和限制，倘若法院和行政机关统一战线，公民的利益将完全不受保护而为行政机关和法院所支配。

通过分析我国学界的通说、现行法律的规定和实践中的情形，可以看出对于行政机关确认行政行为无效的标准、主体限制、时间限制和法律后果等问题亟待法律法规的完善。而在不少国家及地区对此问题的研究已经趋于完善，法律规定较为健全，值得我们加以借鉴。

四、比较法实例

英美法系国家强调对行政行为的事中规范而不承认无效行政行为的存在，更无须谈对本文所探讨问题的规定。但在大陆法系上，已经有不少国家和地区将无效行政行为理论运用于立法与司法实践中，并规定了行政机关得以对无效行政行为作出确认。典型的规定有如下几种：

我国台湾地区“行政程序法”中先是在第 111 条规定了行政处分①无效的判断标准：“行政处分有下列各款情形之一者，无效：一、不能由书面处分中得知处分机关者。二、应以证书方式作成而未给予证书者。三、内容对任何人均属不能实现者。四、所要求或许可之行为构成犯罪者。五、内容违背公共秩序、善良风俗者。六、未经授权而违背法规有关专属管辖之规定或缺乏事务权限者。七、其他具有重大明显之瑕疵者。”接着就在第 113 条规定：“行政处分之无效，行政机关得依职权确认之。行政处分之相对人或利害关系人有正当理由请求确认行政处分无效时，处分机关应确认其为有效或无效。”并且我国台湾地区“行

① 我国台湾地区的“行政程序法”中的行政处分，是指行政机关就公法上具体事件所为之决定或其他公权力措施而对外直接发生法律效果的单方行政行为，相当于我国行政法上的可诉的行政行为概念。

政诉讼法”第6条第2款规定：“确认行政处分无效之诉讼，须已向原处分机关请求确认其无效未被允许，或经请求后于三十日内不为确答者，始得提起之。”这里将行政机关的无效确认作为前置程序[①]；并将“无效行政处分”的确认机关限制为作出原行政处分的机关；对于无效的确认期限虽然没有作出明确的规定，但是通过第117条和第121条的规定，我们可以看出我国台湾地区的“行政程序法”对于违法行政处分的撤销才加以了时间期限，而对无效行政处分的确认并无时间限制。

而在葡萄牙《行政程序法》第133条规定了无效行政行为的确认标准：有越权瑕疵之行为；不属作出行为者所属法人之职责范围之行为；标的属不能、不可理解或构成犯罪之行为；侵犯基本权利之根本内容之行为；受胁迫而作出之行为；绝对不依法定方式作出之行为；在不守秩序下作出之合议机关决议，又或在未具法定人数或未达法律要求之多数而作出之合议机关决议；与既判案件相抵触之行为；随先前已被撤销或废止之行政行为而发生之行为，只要就维持该随后发生之行为并不存在有正当利益之对立利害关系人。而在第134条第2款“任何利害关系人可随时主张行政行为无效；任何行政机关及法院也可随时宣告行政行为无效”。即直接规定任何行政机关和法院均可宣告行政行为无效，且不受时间的限制，此规定完全否认无效行政行为公定力。我国澳门地区“行政程序法典”对该问题基本继受了葡萄牙《行政程序法》的规定。

德国《联邦行政程序法》第43条第3款规定：“无效行政行为始终不产生效力。”并于第44条第1款中规定了无效行政行为的概括式标准——具有严重且明显瑕疵。并在第2款中列举了具体的情形：虽已书面作出，但作出的行政机关却未表明该行为由谁作出；根据法规，行政行为仅可以交付一定的文书方式作出，而未交付文书的；行政机关在第3款第1项所列权限之外作出行政行为，且未得到授权；基于事实理由不能实施的行政行为；行政行为的完成以违法行为为要件，该违法行为构成犯罪或罚款事实要件；违反善良风俗。在第3款中反列举了不会构成行政行为无效的原因。第5款规定：“行政机关可随时依职权确认行政行为无效；申请人有正当权益的，行政机关应其申请也必须确认

---

① 在我国台湾地区，违法和撤销之诉也必须先经过行政机关的处理尚能提起。德国则不然。

无效。”另外德国《行政法院法》第 68 条第 1 款规定：“提起确认无效之诉之前，须在一前置程序审查行政行为的合法性及合目的性。法律有明文规定的，或属下列情况，不需要该审查：（1）行政行为是由一个联邦最高行政机关作出，或一个州最高行政机关作出的，除非法律规定对此必须审查；（2）纠正性质的决定或复议决定首次包含了一负担。”并在第 74 条第 1 款规定：“确认无效之诉须于复议决定送达后 1 个月内提起。根据第 68 条不需要作出复议决定的，应在行政行为公布后 1 个月提起诉讼。”

在行政机关对行政行为的无效确认问题上，这些国家和地区的相关法律规定都是在早期制定并且经过长期的实践一直保留，于我国而言具有很强的借鉴意义。但可以看到，这些国家与地区的法律规定在无效的确认事由上、有权确认机关、是否将申请行政机关无效确认作为无效确认诉讼的前置程序等方面都有不同的选择，具体在我国怎样构建此体系还应当结合我国的国情和我国理论界长期形成的共识进行分析。

五、体系构建

从我国目前理论研究的现状来看，无效行政行为理论存在的合理价值和积极意义已得到了大多数学者的赞同，除叶必丰外几乎大部分学者均认可了行政行为的有限公定力，并将抵抗权从政治和宪法意义上的一个专有概念引入行政法之中。

赋予当事人以抵抗权的确可以适当平衡行政相对人和行政机关之间的关系，并对相对人有一定的利益保护作用。然而在笔者看来，无效行政行为不应当如“有限公定力说”所主张的那样绝对不具有公定力：一方面是考虑到保持社会秩序和维护国家公权力基本威信的需要，对于抵抗权的行使方式和限度必然加以限制；另一方面，由于具有行政行为的外壳，即使其重大且明显违法，也具有高权性，会直接对行政相对人的权益造成影响。因而，笔者主张的观点是：即使是无效行政行为也具有一定程度上的公定力。相对比现在大部分学者的有限公定力说和以叶必丰学者为主要代表的绝对公定力说，笔者处于中间状态，一方面认可无效行政行为也有公定力，另一方面认为在此情况下的公定力是有限的，相对人可以行使一定限度的抵抗权，其他行政机关和法院也可以对基于完全公定力上的构成要件效力、确定力等予以否定。基于无效行政行为下的有限公定力，考虑到法安定性和个案正义，依法行政和信赖保护之间的权衡，笔者在此对该体系作出如下构建。

（一）无效行政行为的标准

无效行政行为实际指向“重大且明显违法的行政行为”，只是由于其违法程度的严重性而区别于普通的违法行政行为，因而对应的效力为无效。然而“重大且明显违法”一词过于模糊，应当从主体、内容、形式和程序四个方面建立具体标准：

1. 主体瑕疵。具体表现为：第一，行政主体不受有权委托行使完全不属于自己职能范围内的行政行为，这又包括两个方面的内容，一是职能完全不同的行政主体去行使另一行政主体的职权，二是行使同一职能的行政主体不符合地域管辖的规定来行使职权①；第二，行政主体在行使职权时不具有正当组织，比如《行政处罚法》第 37 条规定：行政机关在调查或是进行检查时，执法人员不得少于两人。若行政主体在行使职权的时候不符合该规定则为无效行政行为。

按照《行政诉讼法》第 75 条的规定，行政行为的实施主体不具有行政主体资格的情况下，法院可以判决确认无效。笔者认为，这种规定一方面有悖于行政行为和行政诉讼的性质，另一方面也不利于法院司法工作的开展和公民的救济权实现：当行为主体不具备行政主体资格时，该主体的行为不应当具有受政府威信所保障的效力，不应当定义为行政行为，而是视情况可以作为民事侵权行为予以对待，公民可以提起民事诉讼来维护自己的权利，最终以行为主体进行侵权损害赔偿的方式给相对人以救济；《行政诉讼法》的目的在于解决行政争议，保护公民、法人和其他组织的合法权益，而在此情形下并不存在行政争议，“不具有行政主体资格”的判断也并非必须通过行政诉讼解决，在行政诉讼中确认“行政行为”无效不能直接给予当事人以救济，相当于在正常的救济程序前加了一个不必要的前缀，还可能导致民事庭引用此条款以推脱职责。因而“实施主体不具有行政主体资格”不应当属于行政行为重大且明显违法的情形之一。

2. 内容瑕疵。包括以下几个方面：第一，行政行为所确定的内容不可能实

① 在此情形下，已经不属于《行政诉讼法》中规定的违法行政行为中的超越职权情形，而是属于行使与自己职能完全不相干的行政行为，具有重大且明显的违法性质。实际上也属于完全不具有法律依据的情形。

现，包括法律上的不能和事实上的不能；第二，行政行为的内容违反善良的风俗；第三，行政行为的内容没有任何的法律或者事实依据。《行政诉讼法》中将主要证据不足的或者适用法律、法规错误的行政行为界定为违法行政行为，与此衔接对应的没有任何的法律或者事实依据的行政行为即应当被认定为严重违法以至于无效的行政行为。

3. 形式瑕疵。行政行为无效的形式标准主要是指法律法规对于某些行政行为的作出规定了最基本的形式要求，这些形式的存在是行政相对人提起复议、行使诉权的前提，则违反了这些形式将导致行政行为的无效。如我国《行政处罚法》第34条第1款规定："执法人员当场作出行政处罚决定的，应当向当事人出示执法身份证件，填写预定格式、编有号码的行政处罚决定书。行政处罚决定书应当当场交付当事人。"该行政处罚决定书就是一种法定的形式要件，如果缺乏这种形式要件该行政行为就是无效的。

4. 程序瑕疵：对于程序瑕疵是否可以成为确认行政行为无效的事由，学说界一直有较大争议，笔者认为应当将程序瑕疵两分，对于必要的、主要的程序不予遵守的应为无效。例如我国《行政处罚法》第41条规定："行政机关及其执行人员在作出行政处罚决定之前，不依照本法第三十一条、第三十二条的规定向当事人告知给予行政处罚的事实、理由和依据，或者拒绝听取当事人的陈述、申辩，行政处罚决定不能成立；当事人放弃陈述或者申辩权利的除外。"这里的不能成立应当认定为实质意思是"无效"较为合适。但《行政处罚法》第3条第2款规定将不遵守法定程序的行政处罚一概规定为无效，似有过于宽泛之嫌。笔者认为应当与概括性标准的范围大致保持一致：程序瑕疵达到非常严重的程度以至于背离了法律的宗旨和实质精神时才能够构成行政行为的无效。

（二）确认机关

对于确认机关的规定，笔者并不赞成葡萄牙《行政程序法》中的做法，规定任何行政机关均可宣告行政行为无效。一方面，若是赋予相对人或其他组织、机关的意思表示具有与行政主体相同的法律效力，可以任意推翻或否定行政主体已作的意思表示。那么，任何有效的行政管理或法律秩序将无从谈起，行政将陷于瘫痪，公共利益或其他社会成员的个人利益以及该相对人本身的其他利益都将受到严重损失。另一方面，赋予所有的行政机关以无效确认的权力并没有多大的必要性，可以通过允许其他行政机关对基于无效行政行为的有限公定力上所产生的其他效力的否定，来达到相应情景下维护相对人利益的目的。并且假使其他机关作出了无效确认，原行政行为对行政相对方的实质影响仍然要由原行为作出机关来消除，在对相对人造成损失需要赔偿时也还是需要经原行为作出机关确认后再进行后续的赔偿工作。因而，笔者主张从依职权进行确认和应申请确认两种不同情形出发对确认机关作出范围限定。

首先，依职权进行行政行为无效确认的机关应当仅限于该行政行为的作出机关及其监督机关。之所以赋予先行政行为的作出机关如此职权，一方面是应该给予该行政机关以自我监督和及时纠正的机会，另一方面是考虑到确认无效后消除不利影响和赔偿的后续工作的方便。其次，先行政行为作出机关的监督机关也可以依职权确认无效，这一方面是监督关系中监督方应有的职权，另一方面在我国现行政府体制中监督机关的权威对于该无效确认的效力及确认后相关工作的开展有较大的保障作用，并且这样的设置和我国现行的地方政府规章中的规定相吻合，但是需要注意的是，依职权进行无效确认同样应当遵守合理合法的程序，若涉及行政相对人或者其他利益相关人的重大利益的损害，应当听取意见和陈述，甚至进行专家论证。同时，在笔者前述列举的“付云甫诉桑植县公安局交通警察大队等车辆牌证和罚款及行政赔偿再审案”中，若是先行政行为确实有重大且明显违法事项，任何行政机关和法院都可以作出“个案”中的无效确认，否定其公定力从而在此基础上否定先行政行为的构成要件效力。此外，对于先行政行为给相对人加以的义务，若相对人行使抵抗权拒绝履行，在我国当前体制下有非诉行政执行和有权行政机关强制执行两种强制执行方式。在非诉行政执行的情况下，毋庸置疑法院会对先行政行为的合法性进行审查从而否定无效行政行为的强制执行力，作出不予强制执行的决定。在由先行政行为作出机关以外的有强制执行权的机关进行强制执行工作时，该有权机关也可以根据重大且明显瑕疵否定先行政行为的执行力，从而避免对无效行政行为进行强制执行可能对行政相对人造成的巨大损失。但负责强制执行的行政机关除非以监督机关的身份，否则不能直接作出无效确认，而只能作出在个案中否定其部分效力并向先行政行为作出机关提出建议。

对于应申请确认无效的情况，笔者认为不必要重新建立一套新的申请程序和审查体系，而是应当对我国现有行政复议制度进行完善，将无效确认作为一种新的复议请求加以承认，并在审查的具体过程中的举证制度和复议申请期限制度上进行适当的调整，在决定形式上予以配合。当然，除了复议机关以外，行政相对人在行政机关作出无效行政行为时就可以行使抵抗权予以拒绝、提出建议加以阻却，但是这并不能作为一套正式的申请程序成立，一方面是举证困难，另一方面是行政相对人在诉讼中或者复议中可以直接以行政机关前面作出的无效行政行为为审查对象。同样，行政相对人在有权行政机关强制执行时也会当场消极抵抗，但是这也不能视为一个正式的申请，且相对人完全可以以强制执行行为为审查对象，认定强制执行机关的行为由于建立在没有执行力的行为上从而没有法律和事实依据，且该行政机关未履行其对自己强制执行的先行政行为的执行力进行基本审查的职权，因而应承担过错责任。同样，在先行政行为作为另外一个行政行为的构成要件时，后行政机关也有对先行政行为进行构成要件效力审查的职权，当事人可以因为后行政行为建立在没有构成要件的行为上从而否定后行政行为的合法性。在笔者看来，建立一套应申请的审查机制意义在于为相对人提供一条便捷可行的救济途径，然而该机制本身必须是正式且完备，可作为审查对象的。因而对于应申请进行无效确认的机关应当限制于复议机关，应申请启动的审查程序也应当仅限于复议程序。

（三）无效确认的复议申请期限

关于行政行为无效确认的申请期限是否应当加以时间限制这一问题，实务界和理论界处于几乎截然相对的状态。理论界几乎所有学者均认可行政行为的无效确认申请没有时间期限。而实务界一方面是现行的无效确认之诉的法律规定中并不支持给无效行政行为加以特殊的起诉时效，另一方面是在笔者前述列举的案例中可以看到法院完全不认可无效确认复议申请不受时间限制的主张。笔者分析，之所以会出现如此截然不同的观点是因为两者出发的角度不同，我国的行政法学的学者多从以法律限制行政机关来保护行政相对人权益不受侵害的角度出发，而司法实践工作者①通常会倾向于维护社会安定性。其中笔者看到的较为中立的观点是重庆市北碚区人民法院的邓成江的观点：“采取‘允许但不

① 包括狭义的法院检察院工作者，也包括广义的司法实践工作者——行政执法人员。

鼓励’的策略，通过设计合理的举证责任模式，适当降低原告在法定起诉期限内提起诉讼的成本及承担的风险，激励其尽早向法院提起确认无效诉讼。在不同时限内提起的确认无效诉讼，针对不同情况法院适用不同形式的裁定或判决予以解决。”①

笔者在此对各学者和法律工作者的观点综合分析后，提出自己的观点：首先，笔者赞成邓成江提出的原则上基于依法行政原则应当取消对明显且重大违法的行为无效确认的申请时间限制，但是应当鼓励公民在一定时间内提起诉讼或复议的观点。其次，笔者对于鼓励措施有不同的设置方式。无效行政行为本身就是自始、当然、确定无效，由于该类行政行为本身具有明显且重大的瑕疵，在无效行政行为制度建立和完善后，行政相对人和其他公民法人以及行政机关在此行为上都不再具有值得保护的信赖利益，因而笔者认为无效确认本身并不会影响社会秩序和社会第三人利益，只有在确认无效之后撤销因为否定构成要件效力而失去事实与法律依据的一系列行为才会真正影响法的安定性，然而公民要回复到无效行政行为作出前的状态就意味着必然要撤销因无效行政行为而引发的一系列法律关系。笔者在此的构想是：公民在提起无效确认的诉讼和复议请求时可以附带提出对于基于该无效行政行为所引起的一系列有利害关系的特定行政行为②的撤销或者违法确认请求。对于无效行政行为的确认申请本身不受时间限制，但对于因为否定了先行政行为的构成要件从而应当被否定合法性的其他行政行为而言，违法确认和撤销请求的诉讼时效和复议申请期限和另案提起的情况一样计算。实质上，笔者提出这种案件合并的构想是出于使当事人能够得到更快捷方便的救济的想法，如果出于实践中的其他困难，当事人完全可以先对先行为提起无效确认，再对基于此产生的行政行为提起复议或者诉讼。当然，对于复议，情况则有所不同，由于某一特定的复议机关所审查的行政行为有限，因而当事人只能在向先行政行为的复议机关提起无效确认复议请求获得支持后再分别向其他行政行为的复议机关分别提起撤销或者确认违法请求。同样对于依职权进行的无效确认，其效果只能及于先行政行为本身，及于该先行政行为而引起的其他一系列行政决定在作出之时就处于违法可撤销状态，相

① 邓成江：《无效行政行为不受起诉期限限制之理性思考》，载《人民司法》2014 年第 21 期。

② 可以是一系列，但是当事人基于诉讼或复议的要求要将对象特定化。

应的行政机关是否将其撤销并不取决于该行政行为是否被无效确认，因而无效确认对于法律关系的稳定性没有影响[①]，因而不应当对行政相对人或利害相关人的复议申请和起诉加以时间限制。

（四）行政机关无效确认的后果

本身无效行政行为的定义就是“重大且明显违法的行政行为”，因而应当处于违法行政行为的下位概念，之所以单独将此概念提出就在于赋予当事人以更加宽广的救济以对应这种行政行为的重大明显瑕疵。其中主要的一种例外保护就是取消时间限制，即在违法可撤销的复议申请期限经过后行政机关仍然可以审查并宣告无效。但是出于法安定性的信赖保护的考虑，不能在确认先行政行为无效之时直接将基于此无效行政行为而产生的其他行政行为都予以撤销，这时保护相对人和利害关系人的方式只有间接救济方式——赔偿。在违法可撤销的复议申请期间尚未经过时，当事人完全可以请求撤销先行政行为和因为无效行政行为的有限公定力而产生的一系列法律关系，并请求行政机关赔偿损失。且对于无效行政行为有合理信赖利益的第三人也可以就该无效行政行为单独要求行政赔偿，如第三人在不知某行政决定未经必要程序作出的情况下信赖了该行政决定，该第三人在得知无效确认行为后可以选择接受该无效确认行为而向先行政行为作出机关要求基于合理信赖利益的赔偿。

无论是行政机关依职权还是应申请进行和无效确认，利害相关人都可以以确认行为为对象提起行政诉讼或者申请复议。

（五）无效确认复议和诉讼的衔接

在比较法上的立法例中，我们可以看到对于无效确认的复议和诉讼关系有这样两种处理方式：一种是葡萄牙和我国澳门地区的做法，将诉讼和复议作为并列的方式随当事人挑选。还有一种是德国和我国台湾地区的做法，将行政复议作为诉讼的前置程序。

这两种规定各有利弊，都有自身的理论基础，很多学者在讨论诉讼和复议

---

① 其实所谓的对于其他法律关系稳定性的影响是因为无效行政行为本身的存在所引起的，然而其他学者已有许多论证，无效行政行为制度产生就是在法安定性和个案正义权衡中的产物，现我国大部分学者也已经认同该制度存在的合理性。

的关系时都有阐述，在此不再赘述。但笔者更倾向于后者，一方面是我国行政法和行政诉讼、复议制度很多方面都借鉴了日本、德国和我国台湾地区，从整个体系的角度上看我国更加适合采用德国体系中的处理方式；另一方面是我国行政诉讼之所以未对诉讼时效加以特殊的规定正是出于对滥诉问题的担心，将行政复议作为无效确认之诉的前置程序可以有力地解决此问题，若该问题是杞人忧天，则更是消除了最基本的担忧。虽然从我国现行政复议的胜诉率和结案率来看，复议机制亟待完善。但是这不应当成为行政机关推脱其审查职权的一种方式，将行政复议作为无效确认诉讼必要的前置程序，是明确了无效审查是行政机关不可推诿的责任，若是未积极合理地处理就可能成为被告，因而行政机关在必定要做的基础上就会倾向于将此工作做好。并且，行政复议是必要程序但不是唯一最终程序，当事人完全可以在行政复议解决不力之后提起诉讼，最终通过诉讼的途径获得救济。

六、结论

通过上述分析，我们可以看到，我国的现行法中并没有关于无效行政行为的行政机关确认的规定，而《行政诉讼法》中基于对滥诉问题的担心即使确立了无效确认之诉也未取消时效限制。因而确立不受时间限制的无效确认复议体系是为这些民众提供有序救济避免他们走上申诉上访等途径的重要方式，并且将复议作为无效确认的前置程序可以促进《行政诉讼法》在滥诉的担心消除后取消对于无效确认的起诉时效限制。同时，地方政府规章中虽然有相关的规定，但是这些规定中对于无效行政行为的确认标准不甚合理，与学界通说观点中理解的无效行政行为不甚相同，且不同地区的规定也各有不同。

法律法规上的缺位以及地方政府规章规定的各不同，导致中国当前的实践中对此问题的处理也十分混乱。首先是无效行政行为的标准问题，许多行政机关对于重大且明显违法的标准的界定并不准确，甚至由于法律规定的缺位无须论证其无效确认的某行政行为是否符合无效行政行为的标准；其次是确认主体的问题，上述列举的案例中出现了既非某行政行为的作出机关、亦非该作出机关的监督机关的行政机关对该行政行为予以确认的情形；最后是无效确认的时间程序问题，在实践中往往有这种情况出现，公民申请行政机关进行无效确认会被行政机关以复议申请期限已过为由直接在程序层面驳回，而行政机关自身却不受时间限制不受程序约束而作出无效确认，这是对于无效行政行为制度的侮辱，该制度设计的初衷就在于给公民以抵抗权以及特殊救济，而实践中该救济权无法实现，且行政机关滥用无效确认，且还不像撤销废止等有一系列条件和程序约束。

因而，亟待在法律层面对这些问题作出清晰合理的规定。笔者认为，首先对无效行政行为的确认标准应当明确且全面地从主体、内容、形式、程序四方面展开规定，其次在程序上应当允许当事人随时向复议机关提出申请，或者是由无效行政行为的作出机关或者监督机关，按照与撤销行政行为相一致的程序主动确认无效，并给有合理信赖利益的利害关系人提供行政赔偿。该确认行为的利害相关人都可以以此确认行为为对象提起行政诉讼或复议。在诉讼制度未对行政行为制度加以完善规定的情况下，行政体系内应当先建立完备的监督体系，从而督促诉讼体系的完善，实现对于公民合法利益的必要救济。

参考文献

著作类：

[1] 姜明安主编：《行政法与行政诉讼法》，北京大学出版社、高等教育出版社 2015 年版。

[2] 江必新、邵长茂、方颉琳编：《行政诉讼法修改资料汇编》，中国法制出版社 2015 年版。

[3] 叶必丰：《行政行为的效力研究》，中国人民大学出版社 2002 年版。

[4] 梁凤云：《新行政诉讼法讲义》，人民法院出版社 2015 年版。

[5] 章志远：《行政法学总论》，北京大学出版社 2014 年版。

[6] 章剑生主编：《行政法与行政诉讼法》，北京大学出版社 2014 年版。

[7] 应松年主编：《外国行政程序法汇编》，中国法制出版社 2004 年版。

[8] 应松年主编：《行政法学新论》，中国方正出版社 2004 年版。

[9] 王名扬：《美国行政法》，中国法制出版社 1999 年版。

[10] 吴庚：《行政法之理论与实用》，三民书局 2000 年版。

[11] 马怀德主编：《行政诉讼原理》，法律出版社 2003 年版。

[12] 陈新民：《行政法学总论》，三民书局 1997 年修订六版。

[13] 吕立秋：《行政诉讼举证责任》，中国政法大学出版社 2001 年版。

期刊类：

［1］朱雁：《论建立我国无效行政行为制度》，载《行政法学研究》2004 年第 1 期。

［2］章志远：《行政行为无效若干问题研究》，载《河南省政法管理干部学院学报》2002 年第 1 期。

［3］李霄：《专利权无效行政诉讼若干问题研究》，中国政法大学 2007 年硕士学位论文。

［4］易玲：《专利确权研究——以有效性判断为中心》，湘潭大学 2012 年硕士学位论文。

［5］梁志文：《专利授权行为的法律性质》，载《行政法学研究》2009 年第 2 期。

［6］杨海坤、朱恒顺：《行政复议的理念调整与制度完善——事关我国“行政复议法”及相关法律的重要修改》，载《法学评论》2014 年第 4 期。

［7］章志远：《行政行为效力论》，苏州大学 2002 年硕士学位论文。

［8］赵宏：《行政行为效力问题研究》，中国政法大学 2002 年硕士学位论文。

［9］张红卫：《无效行政行为研究》，中国政法大学 2010 年硕士学位论文。

［10］邓成江：《无效行政行为不受起诉期限限制之理性思考》，载《人民司法》2014 年第 21 期。

我国公众小额融资门户的法律定位及归责机制研究*

【摘要】 小微企业融资难与融资成本高，是现阶段我国金融市场亟待解决的重大问题。近年来，小微企业利用互联网发展出了P2P、众筹等多种融资门户，试图解决上述问题。一方面，这种面向公众的小额融资门户，使得直接融资成本降低，资金配置更高效；但另一方面，囿于当前对这类面向公众的小额融资门户法律定位不明，故其无法被纳入我国的监管体制，运行过程中的诸多商业创新也无法得到有效保护。从长远考虑，这种定位不明的状态无论是对投资者权益的保护，还是对行业的发展都极为不利。本文以美国、欧盟的监管经验为模板，对我国公众小额融资门户进行定位与论证，在排除了交易所、经纪商等的可能性后，最终将其界定为参与型投资顾问。进而基于投资顾问的身份和参与型的行为特征，研究其应尽的义务和需要承担的责任。

【关键词】 公众小额融资门户；企业融资；法律定位；归责机制

绪 论

公众小额融资门户（micro crowdfunding portal）一词，初见于2012年美国

---

* 作者：中国政法大学法学院1203班 平 浩

JOBS 法案。其将公众小额融资门户定义为，“一系列不同形式的，面向公众提供小额融资信息发布、查询和匹配并促成融资交易等中介服务的网络平台”[①]。

公众小额融资（micro crowdfunding）是依托互联网，“利用社交网络由大量人集体协作完成的融资方式。其基本模式是，筹资者在融资门户里发布融资请求，说明融资用途和使用方案，感兴趣的投资者自愿提供资金，并根据融资请求获得相应的物质或精神回报”[②]。公众小额融资门户目前主要有债权融资（Lending－based crowd－funding）、股权融资（Equity－based crowd－funding）、资产支持证券（assest backed securities）等多种模式。

2007 年 7 月，以债权融资形式的 P2P 开始登陆我国；2011 年 6 月，以股权融资形式的众筹融资门户也纷纷成立。通过各个小额融资门户，只需要很低的资金，投资者就能最真实地体验到自己为他人创造的价值，并获得可观的收益。“对筹资者来说，相比到银行申请小额贷款，小额融资门户能更好地节约时间，同时避免银行贷款繁杂的手续。相对于传统的融资渠道，毫无疑问，公众小额融资的方式具有很多先天的优势，也很符合时代发展的需求。”[③]

依托于互联网的巨大优势，公众小额融资门户在我国迅速发展，这种新型融资形态也引起了学者和监管部门的高度关注。中国社科院副院长李扬于 2014 年 9 月 17 日指出，“中国金融业正处在改革的十字路口，当下要借鉴美国经验，走市场化的道路。主要的抓手应当是鼓励创造大量新的互联网经营交易产品，在混业经营的框架下发展直接融资”。彭冰教授于《我国 P2P 借贷平台的监管模式研究》一文也指出，“这种依托互联网直接融资的金融形态具有强大的活力和市场需求，应有相应的地位和监管模式予以保护”。这种思路不仅得到了袁康等其他学者的赞同，也得到了我国监管部门的积极回应。

“2014 年 3 月 20 日，央行连续组织互联网金融企业的 CEO、高管与互联网金融行业专家对即将出台的互联网金融监管办法进行座谈讨论。”[④] 5 月 26 日，

① 袁康：《互联网时代公众小额集资的构造与监管——以美国 JOBS 法案为借鉴》，载《证券市场导报》2013 年 6 月 10 日。

② 袁康：《互联网时代公众小额集资的构造与监管——以美国 JOBS 法案为借鉴》，载《证券市场导报》2013 年 6 月 10 日。

③ 张玉梅：《P2P 小额网络贷款模式研究》，载《生产力研究》2010 年 12 月 15 日。

④ 《站在“风口”的众筹受中国政府鼓励》，载《国际融资》2015 年 5 月 15 日。

证监会在调研中指出，“股权式众筹可能会纳入证监会监管的范围之内”。9 月 22 日，“央行调查司副司长徐诺金表示，‘在互联网金融监管上已经取得共识’[①]，有可能是网上网下、线上线下一体化监管。”11 月 19 日，国务院总理李克强主持召开国务院常务会议，会议指出，“要建立资本市场小额再融资快速机制，开展股权众筹融资试点”[②]。

故，无论是市场、学界还是监管部门，均对公众小额融资门户起到的帮助小微企业融资、改善我国投资环境、激发民间金融活力的作用抱有很高的期待。然而，由于现行法律并未对公众小额融资门户准确定位，使得其与银行传统的存贷款业务、证券的承销发行业务的界限变得十分模糊，极易诱发非法集资等刑事犯罪。这种法律上的不确定性，已经阻碍到该行业的进一步发展。

目前对于公众小额融资门户的研究，有金融、法律等多个专业领域的专家学者参与，也有一些阶段性的成果产生。但是，在法律领域来看，关于互联网金融监管的论著汗牛充栋，却鲜有较令人信服的研究成果。原因在于，对于两大关键问题，一直没有得到很好的解决：

第一，关于互联网金融的交易模式在法律上的归类问题。目前的 P2P、众筹、第三方支付、大数据金融这样的分类方式非常不严谨，且概念上多有重合之处，法律学者直接引用这样的概念，不符合法学上概念严谨的基本要求。

第二，关于互联网金融的各种形式的法律性质的认定问题。法律性质的确定，是监管的基本前提。但是，大多数的论文著述仅仅站在微观层面上大谈风险防控，却忽视了这一基本问题的探讨。

第三，关于互联网金融的归责基础与归责机制，当前未有极令人信服且具代表性的论证。因此，笔者想以上述三个问题为切入，展开自己的思考。

本文着眼于这样的关键问题，有以下几重意义：

第一，对于互联网金融，尤其是对于互联网融资方式而言，将有助于明确作为直接融资形式的公众小额融资门户的法律地位的确定，为互联网金融的演变提供一定的借鉴作用。互联网金融的监管细则正在酝酿的过程中，本文将为即将出台的监管细则提供合理化建议。

---

① 《人物》，载《服务外包》2014 年 10 月 5 日。

② 《站在“风口”的众筹受中国政府鼓励》，载《国际融资》2015 年 5 月 15 日。

第二，制度贡献层面上，将我国互联网融资中 P2P、众筹等各类不同的融资形式用法律化的术语予以认定。将互联网技术与传统融资相融合的融资门户进行合理化解释，明确法律地位，将公众小额融资形式与公众小额融资门户合理地纳入我国的金融市场与金融监管体制之中。

第三，从投资者保护与资本市场的运作层面来看，正确赋予公众小额融资门户的法律地位，明确在交易过程中所确立的责任基础，对于划清各方责任界限、维护市场的良好运行也具有十分重要的作用。

综上，这种新型融资模式超越了传统融资模式的法律结构和监管框架，融资主体及融资门户的法律地位、融资行为的合法性以及资本形成与投资者保护的平衡等问题成为了信息时代金融法制需要亟待回应的新命题。

一、我国公众小额融资门户的概念及范畴辨析

（一）公众小额融资门户的概念及特征

1. 公众小额融资门户的概念

公众小额融资门户一词，初见于 2012 年美国 JOBS 法案之中。JOBS 法案将其定义为，一系列不同形式的“提供公众小额融资信息发布、查询和匹配并促成融资交易等中介服务的网络平台”①。

2. 公众小额融资门户的特征

由上述定义可以看出，公众小额融资门户主要具有如下的特征：

（1）面向公众

与向少量的成熟投资者（VC、PE 等）融资不同，公众小额融资向一大群投资者筹集资金，每个投资者只需投资少量的资金，即可形成雨窗效应②，最终帮助筹资人完成项目资金的积累。面向公众融资是公众小额融资门户的典型特征，也是其与 VC、PE 之间明显的区别。

---

① 袁康：《互联网时代公众小额集资的构造与监管——以美国 JOBS 法案为借鉴》，载《证券市场导报》2013 年 6 月 10 日。

② 雨窗效应广泛用于债券投资领域，其最初是指小雨虽然很不起眼洒在窗上，但会弄得窗很迷蒙，最终会汇集成水滴留下来。后来在债券市场被投资者用来指积少成多、聚沙成塔的情形。

（2）小额融资

小额融资，是公众小额融资门户与网上公开发行证券行为的主要区别。各国对于小额的定义有着明显的差异，以中美两国为例，我国将小额界定为当地人均工资收入的30%以下。

美国JOBS法案中以投资者的收入为标准，将小额做了两种区分：

“①前12个月内收入不足10万美元的投资人所投金额不得超过2000美元或其年收入的5%；②前12个月内收入超过10万美元的投资人可以将其收入的10%用于此类投资，但上限为10万美元。”①

（3）信息中介

“在公众小额融资中，筹资者通过融资门户发布资金需求信息，投资者根据该信息作出投资决策并将资金转移给筹资者的整个过程”②，融资门户只起到一个管道的作用。由于门户本身并不作担保或承诺收益，因此其只是基于信息而提供中介服务的信息中介。此项特征，是公众小额融资门户与某些以信用中介为运营特征的P2P、某些以消费、捐赠为运营特征的众筹的不同之处与实质区别，也是在随后的定位过程中的关键特征因素。

（4）直接融资

公众小额融资门户通过互联网将筹资者与融资者直接连通，资金供需双方依托融资门户的信息匹配而直接发生债权借贷或者股权投资关系，融资门户并不充当借贷关系的主体。具体言之，其既不向贷方发行票据或者打包资产作为投资理财产品进行出售获得资金；也不根据借方的请求而发放贷款。③ 采用直接融资的手段是其与间接融资法律关系的明显不同之处。

（二）公众小额融资门户范畴辨析

1. 公众小额融资门户与P2P辨析

值得注意的是，虽然公众小额融资门户的债权融资模式包含着P2P这样的网贷平台，但并非所有的P2P都属于本文公众小额融资门户中的债权融资形态。

① 孙潇潇：《网络众筹尝试新渠道》，载《中国证券报》2014年3月18日。

② 袁康：《互联网时代公众小额集资的构造与监管——以美国JOBS法案为借鉴》，载《证券市场导报》2013年6月10日。

③ 这是间接融资较为典型的运作方式。

举例说明，以人人贷网络平台为首的，向贷方发行票据（或者打包作为投资理财产品进行出售）获得资金后，根据借方的请求发放贷款的运营形态，便不属于此处的债权融资，也不属于本文所讨论的小额融资门户的范畴。

原因在于，在这种模式下网络平台成为介入借贷关系中的主体。信用中介模式下的人人贷[①]已经发展成为一种间接融资的形式，与本文所讨论的公众小额筹集资金的直接融资态势并不相符。

故，承担信用中介角色的一类 P2P 不在直接融资之列，不属于公众小额融资门户的范围。

2. 公众小额融资门户与众筹辨析

需要注意的是，和 P2P 平台一样，并非所有的众筹平台都属于公众小额融资门户的范畴。虽然二者均作为筹集公众资金的形式出现，一定程度上公众小额融资门户与众筹有着相似之处。

但是，众筹的模式不仅包括股权众筹，还包括商品众筹、捐赠形式的众筹、债权形式的众筹等。由于消费性质（商品式）与公益性质（捐赠式）的众筹模式并不具备以生产经营为目的的资金融通形式，因此，其不具有投资盈利的基本属性，不在本文的讨论范围之内。

故而，仅有投资性的众筹融资形式（包含债权、股权等形式的众筹）属于公众小额融资门户的范围。

3. 公众小额融资门户与网上公开发行证券辨析

"网上公开发行证券，即原公司放弃原有通过承销商公开发行股份的传统路径，通过使用互联网平台向拥有小额资金的持有人发行股份融资。"[②] 这种交易方式虽然与公众小额融资的股权式融资方式具有接近之处，但两者仍有一定的区别。

第一，公众小额融资门户设有自己的平台来作为筹资者与投资者之间的桥梁，而网上公开发行更多的是使用发行人自己的网站；

---

① 2011 年 9 月，银监会下发《关于人人贷有关风险提示的通知》，要求银行业金融机构采取有效措施，做好风险预警监测与防范。

② 袁康：《互联网时代公众小额集资的构造与监管——以美国 JOBS 法案为借鉴》，载《证券市场导报》2013 年 6 月 10 日。

第二，公众小额融资具有微金融、微循环的特性，其融资额度较小[①]，相比于网上直接公开发行所进行的数千万融资的大项目，公众小额融资门户显然难以与其相提并论。

综上，公众小额融资门户，是指一系列不同形式的，提供公众小额融资信息发布、查询和匹配并促成融资交易等中介服务的网络平台。公众小额融资门户其与P2P、众筹等概念有着相互交叉的关系，其与网上公开发行证券有着实质上不同。

二、我国公众小额融资门户发展状况及交易结构分析

（一）我国公众小额融资门户兴起的基本轨迹

“长期以来，我国民间金融力量的发展处于十分薄弱的状态。掌握着绝大部分金融资源的商业银行在选择信贷客户时，又倾向于选择那些有能力提供担保的‘大企业、大项目’。信贷市场因缺乏层次性导致的供需结构失衡，使得中小企业、个体工商户乃至个人在有借款需求时很难得到商业银行的青睐。由于中小客户缺乏商业银行的信贷支持，再加上其本身存在旺盛的借款需求，这些都使得他们不得不寻求其他的融资途径，于是促成了民间金融的兴起和发展。”[②]

在金融危机的刺激及国家政策的积极引导下，公众小额融资门户顺应时代的需求，得到迅速发展壮大。笔者接下来将对债权式、股权式以及资产支持证券式这三种主要的公众小额融资模式的发展轨迹进行梳理。

1. 债权式小额融资门户的发展轨迹

2004年，中国人民银行提出正确认识民间金融对于我国正规金融的重要补充作用，给了民间金融一定的政策空间。“在正规金融不断通过设立小额贷款公司、消费金融公司来满足多层次金融需求时；民间金融也在法律的灰色地带进

---

① 袁康：《互联网时代公众小额集资的构造与监管——以美国JOBS法案为借鉴》，载《证券市场导报》2013年6月10日。

② 陈益清：《行业演变中我国P2P借贷平台的法律性质认定》，载《金融法苑》2013年12月31日。

行着金融创新。”2007 年 7 月，国内第一家[1]以债权融资为主的公众小额融资门户——“拍拍贷”于上海成立并开始正式运营，债权式公众小额融资门户正式出现在我国。

“2012 年，随着 808 信贷、搜搜贷等一批新平台的上线，中国的债权式公众小额融资门户进入了快速发展期。[2] 2014 年年底，我国活跃的债权式融资门户已超过 300 家，今年以来整个网贷行业的成交量估计将高达 200 亿元，无论从机构数量还是交易金额来看，国内的网贷行业都可谓初具规模。”[3]

2. 股权式小额融资门户的发展轨迹

“股权式小额融资门户是指投资者对项目或公司进行投资，获得其一定比例的股权，该类融资模式以股权众筹为代表。”[4]

2008 年金融危机爆发，银行出于防范风险的考虑紧缩银根，加之央行频繁的正回购使资金流紧张，加大了小微企业的筹资难度，这使得股权式公众小额融资门户有了广阔的空间。股权类众筹目前处于跨越式发展期，产品种类迅速增加，平台交易规模屡创新高，各平台本身也屡次获得融资成为投资机构的投资标的。

2013 年，随着众筹网、追梦网、淘梦网、觉 JUE. SO、亿觅创意、大家投、天使会等新一批众筹融资平台的上线，一些敏感的大公司已经开始进军众筹领域。2014 年 2 月 20 日，香港上市公司联合光伏和众筹网（网信金融旗下）共同启动光伏互联网金融领域的战略合作，三方通过股权众筹模式将在深圳前海联合开发 1MW 的分布式太阳能电商项目。

据中国电子商务研究中心（100EC. CN）监测数据显示，预计到 2025 年，中国众筹规模将达到 460 亿美元至 500 亿美元。可以看出，无论从机构数量、发展速度还是募集金额来看，国内的众筹行业可谓是前景广阔。

---

① 李爱君、马翘楚：《民间借贷网络平台法律问题研究》，载《金融法学家（第二辑）》2010 年 10 月 6 日。

② 网贷之家：《2012 年网贷行业交易统计》，http：//shuju. wangdaizhijia. com/Wdzj/ReportHour. page，最后访问时间 2015 年 1 月 16 日。

③ 陈益清：《行业演变中我国 P2P 借贷平台的法律性质认定》，载《金融法苑》2013 年 12 月 31 日。

④ 孙潇潇：《网络众筹尝试新渠道》，载《中国证券报》2014 年 3 月 18 日。

表一① 2014 年上半年主要股权众筹平台供给数据统计

平台名称	项目个数	已募资金额（万元人民币）	参与投资人数（个）
原始会	113	11182	295
天使会	277	3258	333
大家投	40	1123	472

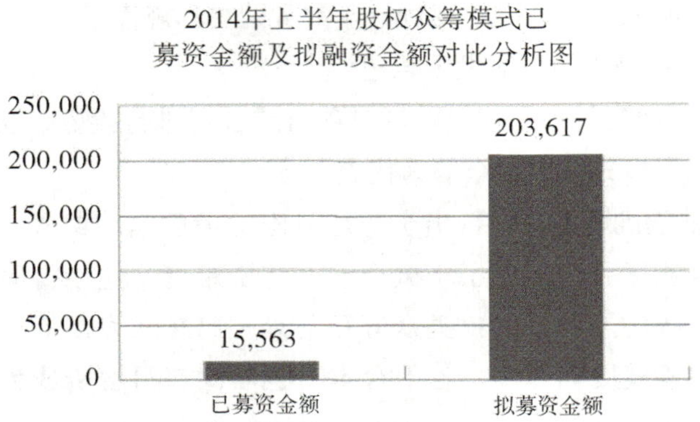

图一②

2014 年，是中国股权融资式公众小额融资门户的元年。据世界银行发布的众筹报告称，中国将是全球最大的众筹市场，预计规模会超过 500 亿美元。主要原因有以下三点，首先，由于众筹沉稳的金融逻辑适合中国草根融资者的需求；其次，民间资本通过众筹的方式可以解决为中小企业特别是创业企业融资难的问题；最后，众筹的想象力很大，可以在各个领域延伸。

然而，从上图也可看出，目前股权式小额融资的资金需求远远高于供给，资金缺口巨大，股权融资市场不健全的现状。

综合看来，我国股权式公众小额融资门户发展迅速。在众筹模式下，几乎所有的互联网金融模式都可以囊括其中。譬如，众筹网已经涉足于多个领域，通过艺术众筹、电影众筹、农业众筹、传统服务业众筹等创新的模式来帮助行业内的小微企业提供资金的持续支持。

① 中国电子商务研究中心（100EC. CN），2025 年中国众筹市场规模，http：//b2b. toocle. com/detail－－6143777. html，最后访问时间 2015 年 3 月 20 日。

② 私募通，http：//www. pedata. cn/main_ do/list，最后访问时间 2015 年 3 月 20 日。

3. 资产支持证券式小额融资门户的发展轨迹

资产支持证券模式是指，企业在通过互联网融资门户将基础资产打包之后，设立特殊目的信托（SPV），之后在互联网上向公众出售资产支持证券产品，并以此作为收益凭证的互联网新型融资方式。

该类模式最早起源于2013年，最具代表的是阿里小贷和东方资产管理公司之间的专项资管计划——《东证资管——阿里巴巴金融专项资产管理计划》。

方案中，阿里资产证券化的预期产品收益率在6%左右，低于目前市场流行的信托8%的收益率，这也意味着阿里小贷的融资成本较低。在目前最新的证监会公布的证券公司设立专项资产管理计划审批表中可以发现，资产证券化项目涉及的领域十分广泛，涉及多空分级产品、车辆收费、城投建设以及上市公司回购项目等。

目前已经申报成功的有齐鲁证券沪深300多空分级和国泰君安证券资管上港两个项目。此外，还有光大、东吴、中金、东海、海通、宏源、广发、中信建投等券商的项目在排队等待之中，累计共10个项目在审批流程。[①] 该模式的发展速度可谓也十分迅速。

（二）我国公众小额融资门户交易结构分析

公众小额融资门户模式经过近些年的发展，已经形成了一些初具规模的行业领军网站。具有代表性的有5IGIVE、宜信、团贷网、拍拍贷、红岭等。而经历了2014年井喷式发展之后，当前公众小额融资门户主要形成了四种代表性的运营模式。

1. 债权融资（Lending - based crowd - funding）

“债权融资，即是投资者对项目或公司进行投资，获得其一定比例的债权，未来获取利息收益并收回本金的一种融资方式。”[②]

当前公众小额融资门户所进行的债权融资是指通过广义的P2P（Peer to Peer，简称P2P）网络借贷平台来完成的一种融资方式。广义的P2P不仅包括原有狭义P2P中的两种形态，也包括债权式众筹的两种模式。上述不同模式共同

---

① 朱茵：《东方证券阿里小贷资产证券化获批》，载《中国证券报》2013年7月5日。

② 众筹的运作模式及法律风险详细分析，http：//www. vccoo. com/v/71beb0，最后访问时间2015年3月20日。

构成公众小额融资门户的债权融资交易形态。

(1) 公众小额融资门户中债权融资 P2P 的两种运营模式

①完全中介模式

即平台本身仅仅作为提供借贷信息的角色，借贷双方依托小额融资门户的信息匹配而直接发生借贷关系。融资门户只是起到管道作用而完全提供线上服务，在债务出现违约时，这种模式下的债权式公众小额融资门户本身不承担支付本金和利息的责任。

上海的“拍拍贷”作为债权式公众小额融资门户的代表。“在这种模式中，法律关系较为简单，完全中介模式的公众小额融资门户应被视为融资居间合同中的居间人的角色，为借贷人和贷款人达成交易提供服务，并从中收取佣金。”①

②信用转换模式

即该模式下的公众小额融资门户“在线上提供交易信息，具体的交易手续、交易程序以及对于借款人的资信审查都是由网络借贷平台的工作人员在线下与客户面对面完成。”② 在这类运营模式中，公众小额融资门户可以通过引入第三方担保等形式来进行信用增级，积木盒子是其典型的代表，③ 其交易模式已经完全发展成了线下操作和线下审核。

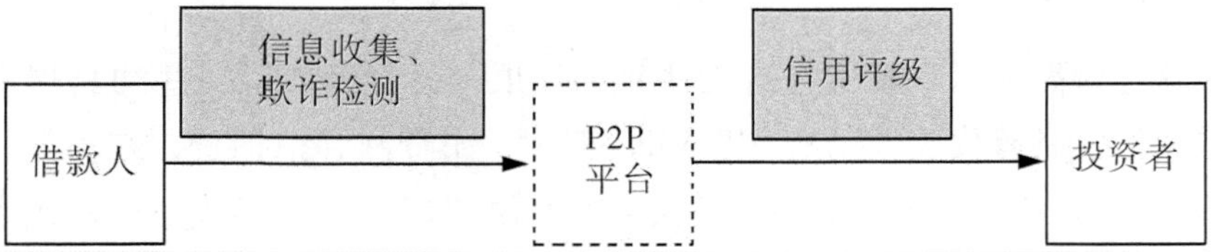

图二④

此外，正大集团旗下的“正大 e 贷”以及平安集团旗下的“陆金所”也是典型代表。⑤“这种模式作为最初 P2P 模式在中国经过本土化改良形成的变种，也是目前 P2P 行业的主流的模式。在这一商业模式中，法律关系已经复杂化，

① 陈益清：《行业演变中我国 P2P 借贷平台的法律性质认定》，载《金融法苑》2013 年 12 月 31 日。

② 陈益清：《行业演变中我国 P2P 借贷平台的法律性质认定》，载《金融法苑》2013 年 12 月 31 日。

③ 积木盒子网址，http：//www. jimubox. com/？ f = baidu_ pz&ag_ kwid = 871 – 8 – c8cad40c736b6296. c0f5a5fd0d6188c3，最后访问时间 2015 年 3 月 19 日。

④ 拍拍贷，www. paipaidai. com，最后访问时间 2015 年 3 月 20 日。

⑤ 《P2P 网贷平台，线下比线上更热》，载《新金融观察》2012 年 11 月 26 日第 28 版。

本身就已经有很多更为具体的分化。”① 信用转换模式的债权式公众小额融资门户在一定程度上已经参与了交易的过程，属于实质性介入的居间人，而非完全信息中介。

（2）公众小额融资门户中债权众筹的两种运营模式

①完全中介模式

这种模式的原理与上述 P2P 中的完全中介模式相类似，门户均承担一种融资居间合同中居间人的角色，不介入双方的交易，只收取佣金。债务出现违约时，债权式众筹平台亦不承担支付本金和利息的责任。

②信用转换模式

债权式众筹的信用转换模式与上文中的 P2P 信用转换模式也有着十分相似的运行程序，因二者均属广义的 P2P，债权式众筹的信用转换模式也是由平台的工作人员在线下当面地向筹资者核实信用程度，办理交易手续。平台的工作人员完全在线下为客户服务并担任审核的工作。

（3）债权式众筹与 P2P 的关系

需要说明的是，我国的债权式众筹与美国、欧盟的债权式众筹在交易结构上有着很大的不同。从上文分析的交易结构可以看出，我国的债权式众筹与 P2P 的交易结构十分类似，或者说从交易结构上看，我国的债权式众筹与 P2P 并无二致。而美国、欧盟的债权式众筹与其国内的 P2P 则有着明显的界分。美国的 P2P 主要是资金供需双方一对一的借贷，债权式众筹则表现为一对多的借贷关系。我国债权式众筹人数的模糊性和向 P2P 的趋同性是债权式众筹发展至我国的一个变种。

2. 股权融资（Equity – based crowd – funding）

“即投资者对项目或公司进行投资，获得其一定比例的股权，该类融资模式以股权众筹为代表。”② 其实，股权式众筹并非刚刚出现，投资者在 IPO 的时候申购新股就是股权众筹的一种表现方式。但在互联网金融领域，股权众筹主要特指通过网络购买较早期的股权，是 VC（venture capital investment，风险投资）的补充。③

---

① 陈益清：《行业演变中我国 P2P 借贷平台的法律性质认定》，载《金融法苑》2013 年 12 月 31 日。

② 孙潇潇：《网络众筹尝试新渠道》，载《中国证券报》2014 年 03 月 18 日。

③ 刘英、罗明雄：《互联网金融模式及风险监管思考》，载《中国市场》第 43 期。

股权众筹模式在我国出现后便受到各方追捧，其中的模式又可分为三种。[①]

（1）凭证式众筹

凭证式众筹以美微创投为代表，其创始人通过淘宝等电商平台，创办了“美微会员卡在线直营店”。“消费者可通过淘宝系统拍下相应金额的会员卡，得到会员卡后除了能够享有‘订阅电子杂志’的权益，还可以拥有美微传媒的原始股份100股。”[②]

美微创投于2012年10月5日开始在淘宝店上架公司股权，4天内共募集80万元。又于2013年2月进行第二轮众筹，共募集387万元，拥有1000多名股东。

然而，这种凭证式众筹的运营风险却十分巨大。“根据《证券法》的规定，向不特定对象发行证券，或者向特定对象发行证券累计超过200人的，都属于公开发行，都需要经过证券监管部门的核准才可。”[③] 美微创投已经涉嫌非法集资，最终“美微会员卡在线直营店”被淘宝关停，其创始人也随即被证监会约谈。[④]

目前，凭证式众筹并非我国众筹模式的主流，现如今该类众筹模式主要通过代持协议来规避《证券法》的核准性规定。[⑤]

（2）会籍式众筹

会籍式众筹并非简单地以获得筹资公司的股权为投资初衷，其投资人所获得的更多是众筹所带来的圈子价值与人脉资源及其他隐性的福利。会籍式众筹最为成功的案例是3W连锁咖啡馆。3W连锁咖啡创立于2012年，每个人10股，每股6000元，每人限投6万元。

---

① 参见ZOL新闻中心，《中国创业者融资的三个案例：美微、3W、大家投》，http://news.zol.com.cn/article/142695.html，最后访问时间2015年2月21日。

② 参见http://blog.voc.com.cn/blog_showone_type_blog_id_853655_p_1.html，最后访问时间2015年4月30日。

③ 丁辰灵：《众筹融资模式下的中国创业案例》，参见http://blog.sina.com.cn/s/blog_b33dfe080101reyi.html，最后访问时间2015年5月10日。

④ 2013年1月，证监会以不符合公开募股的主体条件为由，叫停了美微网站发售会员卡募集资金的活动。要求美微网不得再通过网络发行原始股并保护现有投资人利益，同时还需向证监会不定期汇报公司经营情况。

⑤ 参见36Kr：《众筹在中国的模式分析》，http://www.36kr.com/p/209228.html，最后访问时间2015年3月20日。

会籍式众筹的3W咖啡虽然面向社会融资，但其并非接受所有公众的资金，“要成为3W的股东则必须符合一定的条件。其强调的是构建互联网创业和投资圈，搭建顶级圈子文化，投资者获得的价值更多的在于圈子和人脉上”[①]。这种新颖的模式因此也吸引了包括沈南鹏、徐小平、曾李青等数百位知名人士。一时间，这种众筹模式引起了一股通过众筹的方式创办咖啡馆的热潮。

（3）天使式众筹

天使式众筹是目前最为成功、也最为成熟的众筹模式，其已形成一整套成熟的交易结构与流程。当筹资者在小额融资门户上“发布项目后，需要吸引到足够数量的小额投资人。在凑满融资额度后，投资人就按照各自出资比例成立有限合伙企业（领投人任普通合伙人，跟投人任有限合伙人），再以该有限合伙企业法人身份入股被投项目公司，持有项目公司出让的股份。而融资成功后，作为中间平台的大家投[②]则从中抽取2%的融资顾问费”[③]。

现笔者以天使式众筹的代表——大家投公众小额融资门户为例，分析其交易结构与交易方式：

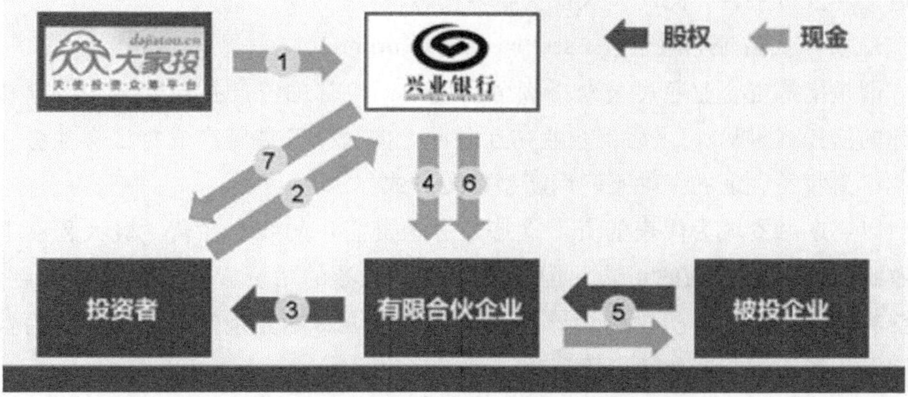

图三

① 丁辰灵：《众筹融资模式下的中国创业案例》，参见 http：//blog. sina. com. cn/s/blog_ b33dfe080101reyi. html，最后访问时间2015年5月10日。

② 大家投是天使式众筹的代表门户。

③ 丁辰灵：《众筹融资模式下的中国创业案例》，参见 http：//blog. sina. com. cn/s/blog_ b33dfe080101reyi. html，最后访问时间2015年5月10日。

①大家投委托兴业银行深圳南新支行托管投资资金；

②投资者认购满额后，将钱款打入兴业银行托管账户；

③大家投协助成立有限合伙企业，投资者按出资比例拥有有限合伙企业股权；

④兴业银行将首批资金转入有限合伙企业；

⑤有限合伙企业从兴业银行获取资金后，将该资金投入被投企业，同时获得相应股权；

⑥兴业银行托管的资金将分批次转入有限合伙企业，投资者在每次转入前可根据项目情况决定是否继续投资；

⑦若投资者决定不继续投资，剩余托管资金将返还予投资者，已投资资金及股权情况不发生其他变化。投资者可自主选择是否愿意担任有限合伙企业的一般合伙人。[①]

天使式众筹中，各方的法律关系较其他众筹而言已经复杂化。首先，此类众筹肩负着一定的信息审核任务，因此该模式有着较高的门槛；其次，此类众筹有着明显的马太效应。在这种模式之中，股权筹资平台的法律特征与职能更接近证券发行平台，面向大众替企业融资。[②]

3. 资产支持证券融资（assest backed securities）

即是指筹资企业通过公众小额融资门户，将基础资产打包之后，设立特殊目标的信托（SPV）。之后，企业在互联网上向公众开展资产支持证券业务，并以此作为收益凭证的一种互联网新型融资方式。

以广东融资城为代表的资产支持证券融资门户的线上经营，极大程度上丰富着我国互联网金融的形式。但是资产支持证券的融资模式，面临数额巨大，易伴有资产风险隔离机制的设计不到位和信息披露不完全等诸多问题，而且这些问题均亟待被制度化的手段解决。

4. 混业融资

我国的公众小额融资门户目前处于混业状态。可以发现，在互联网金融平台上出现股权投资、债权借贷共存是大概率事件，甚至有可能发展成为常规现象。

事实上，当前行业中已经出现数起 P2P 网贷平台推出股权众筹产品或众筹

① 参见众筹的运作模式及法律风险详细分析，http：//www.vccoo.com/v/71beb0，最后访问时间 2015 年 3 月 20 日。

② 胡吉祥、吴颖萌：《众筹融资的发展及监管》，载《证券市场导报》2013 年第 12 期。

平台推出 P2P 产品的案例。① 而在美国，网贷平台实际上就已经接受 SEC 的监管。金融本身具有的混业经营态势在互联网金融平台上更容易呈现和蔓延，需要从多角度加强和统一监管，降低监管成本，提高监管效率，避免出现监管真空或交叉及重复监管。②

综上，我国公众小额融资门户发展迅疾，交易结构具有繁杂、相互融合的特点。“由于权利义务结构复杂且关涉不特定投资者利益，其本身也引发了相应的监管问题，因而，需要厘清各方的法律构造。”③

三、我国公众小额融资门户的法律定位

“公众小额融资门户的筹资者通过门户发布资金需求信息，投资者根据该信息作出投资决策并将资金转移给筹资者，整个融资过程需要由三类主体共同协作方得以完成，即筹资者、融资门户和投资者。筹资者以投资收益为对价向不特定的投资者募集资金，涉及证券发行，可能会引发《证券法》调整及监管的介入。理论界对于公众小额融资的法律疑问也更多地集中于投资型公众小额融资的法律性质以及各类参与主体的法律地位之上。”④

由于，筹资者的法律地位是确定公众小额融资门户的法律地位的前提与基础。因此，首先，笔者将对筹资者进行法律定位，确定公众小额融资门户的定位基础；其次，对公众小额融资门户进行法律定位。

（一）筹资者的法律定位

筹资者（promoter）是公众小额融资的发起人，通过许诺股权或利息回报向不特定的投资者募集资金。与没有经济利益回报的赞助型公众小额融资不同，投资型公众小额融资中的股权或利息回报可能会使公众小额融资具有证券发行

① 京东众筹平台于 2015 年成立，其已在 2015 年第一季度推出了第一批 P2P 产品，预计在第二季度推出第二批 P2P 产品。

② 何一峰、江翔宇：《准金融机构的监管现状、问题以及对策初探》，载《上海保险》2011 年第 6 期。

③ 袁康：《互联网时代公众小额集资的构造与监管——以美国 JOBS 法案为借鉴》，载《证券市场导报》2013 年 6 月 10 日。

④ 袁康：《互联网时代公众小额集资的构造与监管——以美国 JOBS 法案为借鉴》，载《证券市场导报》2013 年 6 月 10 日。

的特征因而引发《证券法》的调整。

因此投资型公众小额融资是否构成证券发行，筹资者是否属于发行人，是研究投资型公众小额融资的法律结构首先要解决的问题。[①]

1. 筹资者以股票、公司或政府债券、证券投资基金份额为融资标的

根据我国《证券法》第2条，“在中华人民共和国境内，股票、公司债券和国务院依法认定的其他证券的发行和交易，适用本法……”

由此可见，如果筹资者在小额融资门户里发行股票、公司债券、政府债券等等已经明确写入《证券法》的金融产品，则筹资者应当被认定为发行证券。

2. 筹资者以其他金融产品或投资合同为融资标的

互联网金融时代兴起，小额融资门户的产品日新月异，各种各样的金融工具、投资协议、投资合同繁多。囿于我国《证券法》尚未树立一种一般性的判断标准来认定其他金融形态的金融工具是否属于证券，因此：

第一，笔者将通过 Howey[②] 案确立的投资合同判断标准，结合美国 SEC 对 Prosper[③] 的监管经验，从正向分析筹资者的投资合同是否属于证券范畴；[④]

第二，通过 Reves[⑤] 法案确立家庭相似性标准，从反方向论证本文所涉的投资合同是否可以被排除至证券概念之外。

通过一正一反的论证，得出公众小额融资门户所涉的投资合同是否属于证券，是否需要受到《证券法》调整。[⑥]

---

① 袁康：《互联网时代公众小额集资的构造与监管——以美国 JOBS 法案为借鉴》，载《证券市场导报》2013年6月10日。

② 在 Howey 案件中，荷威公司将大片柑橘地出售给公众，客户被提供了两份合同，一份是土地出让合同，一份是柑橘树管理服务合同，管理服务合同由荷威山间公司履行。尽管土地的购买者有权安排其他服务公司照看柑橘树，但是荷威山间公司仍然负责了85%以上的柑橘树。荷威山间公司具有全权经营权，它将柑橘地收获后的纯利润分配给土地所有者，而大部分所有者并不是这柑橘所在地的居民。该案联邦最高法院认定，荷威和荷威山间公司根据联邦证券法在提供和出售有价证券是因为他们提供和销售投资合同。

③ Prosper 是当前全球第一大网络借贷平台。

④ See Prosper Marketplace, Inc, Cease - and - Desist Order, Securities Act of 1933 Release No. 8984, 94 SEC Docket 1913 (Nov. 24, 2008).

⑤ Reves 法案可以通过反向排除的方式判断一份投资合同是否属于证券。

⑥ See SEC v. W. J. Howey. Co 328U. S. 298 ~ 299 (1946).

（1）引入 Howey 测试与 Reves 标准的必要性以及权威性

在笔者运用这两个判断标准界定筹资者地位之前，有一个问题需要提前解决，即为何要用 Howey 测试与 Reves 标准这两个域外的判断标准以及这两个标准是否具有足够的权威性。

首先，是引用上述两种判断标准的必要性问题。囿于国内目前尚无对于非典型性金融工具（投资合同）是否属于证券的判断标准，因此，笔者如要合理定位我国目前出现的投资合同的性质，则需要借鉴域外关于如何判断一份投资合同是否属于证券的原理与经验，本文在接下来引入的 Howey 测试与 Reves 标准则是域外最常使用、引用频率最高的两种判断标准。故，从必要性上，笔者有必要引入上述两种判断标准。

其次，是上述两种判断标准的权威性问题。Howey 测试出现于 1946 年，Reves 标准则出现于 1990 年。两种判断方式自出现后，就被 SEC 视为判断一项投资合同是否属于证券的最重要的两项标准，且一直沿用至今。Howey 测试与 Reves 标准，是目前公认的最为成熟、也最具权威性的判断模型。故，从权威性上，适用上述两种判断标准所得出的我国投资合同是否属于证券的结论，具有权威性、合理性。

综上，从必要性及权威性的角度考虑，本文有必要引用上述两种判断标准，并且结合国内具体投资合同的性质所得出的结论也具有说服力、权威性。

（2）Howey[①] 测试——投资合同的正向判断标准

①Howey 测试的一般标准

“在 Howey 测试中，美国联邦最高法院对于投资合同是否是证券提出了一个四要素的判断方法：

第一，利用钱财进行投资；

第二，投资于普通企业；

第三，由于发起人或者第三人的努力；

第四，期望自己获得利润。”[②]

---

① See Silla Brush，Online Lender Lobbies Congress for Industry Consumer Regulator，http：//thehill. com/business – a – lobbying/102323 – online – lender – lobbies – congress – for – industry – consumer – regulator，最后访问时间 2012 年 12 月 17 日。

② 陈益清：《行业演变中我国 P2P 借贷平台的法律性质认定》，载《金融法苑》2013 年 12 月 31 日。

“在公众小额融资中，尽管并非所有的筹资者都会与投资者订立书面合同，但是基本上都存在着要约、承诺以及相互间的权利义务内容等合同的构成要件。因此，公众小额融资中筹资者与投资者之间的投资合同关系存在无疑。我们可以用 Howey 标准检验公众小额融资中的合同是否构成证券。”①

②Prosper 的正向判断实例

以美国为例，SEC 将 Prosper 的投资合同视为证券的理由是：首先，投资者以自身拥有的资金进行投资；其次，普通企业存在，投资人的资金也是投向了该“普通企业；再次，在 P2P 网络借贷平台上，出借者与借款者的行为基础是存在“Prosper”这个网络借贷平台。借贷行为依赖于“Prosper”，它是借贷合同的提供者和推动者；② 最后，活跃在“Prosper”的绝大多数投资者都是希望自己的投资能够获利。③

③对我国公众小额融资门户的判定分析

结合我国市场现状，可以对我国目前存在的小额融资门户做如下分析：

“第一，公众小额融资中存在着资金从投资者向筹资者的转移，投资者根据众筹计划所披露的信息进行投资决策。即投资者确向筹资者投入了资金。

第二，公众小额融资所获的资金用于共同的事业（普通企业）。根据公众小额融资的规则，若融资数额未达到预定目标则视为失败，资金将返还投资者。而一旦融资数额超过预定目标则融资成功，所筹资金由筹资者使用。投资者的固定收益或资本权益建立在项目的成功运行基础之上”④，成功之后，最终投资者将资本投入筹资的企业之中。

第三，投资者的利润主要来源于筹资者的努力。“公众小额融资的投资者往往不直接参与项目公司的管理，投资收益的产生依赖于筹资者的成功经营。”⑤

---

① 袁康：《互联网时代公众小额集资的构造与监管——以美国 JOBS 法案为借鉴》，载《证券市场导报》2013 年 6 月 10 日。

② 陈益清：《行业演变中我国 P2P 借贷平台的法律性质认定》，载《金融法苑》2013 年 12 月 31 日。

③ Prosper Marketplace, Inc, Cease - and - Desist Order, Securities Act of 1933 Release No. 8984, 94 SEC Docket, 1913 (Nov. 24, 2008).

④ 袁康：《互联网时代公众小额集资的构造与监管——以美国 JOBS 法案为借鉴》，载《证券市场导报》2013 年 6 月 10 日。

⑤ 袁康：《互联网时代公众小额集资的构造与监管——以美国 JOBS 法案为借鉴》，载《证券市场导报》2013 年 6 月 10 日。

第四，通过小额融资门户的筹资者以固定收益或资本权益作为回报，投资者投资确以获得利润为目的。

因此，从该角度分析，公众小额融资门户的投资合同符合 Howey 的正向标准，构成了证券理论中的“证券”。由于公众小额融资是通过网络向不特定的公众筹集资金，投资者数量众多且不特定，因此构成了证券公开发行[①]，应当受到《证券法》的调整。

（3）家庭相似性标准（family resemblance test）——投资合同的反向排除

①家庭相似性标准——Reves[②] 的原理与一般标准

“家庭相似性测试的原理是，首先推定所有投资合同都是证券，如果该投资合同与判例归类所列的非证券票据相类似”[③] 或者通过了 Reves 的四项判断标准，那么该推定是可抗辩的。[④] 换句话说，小额融资门户的融资如果通过发行投资合同（债权融资、股权融资、资产支持证券融资、混业经营的运营形式）来进行，除非能够证明它与判例所确定的非证券票据具有相似性或满足家庭相似性的四项标准，否则就推定为《证券法》上的证券，应当受《证券法》调整，其发行受证券监督部门的监管。

“家庭相似性的标准包含以下四个要素：

一是买方和卖方的动机（buyer and seller motivations），即以商业营利为目的；

二是转让分销的计划（the plan of distribution），即分配计划中含有基于投资或者投机为目的的交易；

三是公众投资者的合理预期（the investing public's reasonable expectations），即公众投资者是否将这一行为视为有价证券；

四是替代监管的可能性（the possibility of an alternative regulatory scheme），即实际上是否存在另一监管体制以降低其风险”[⑤]。Reves（家庭相似性标准）是通过反向排除的方式区分某一疑难的票据是否属于证券。

---

① 袁康：《互联网时代公众小额集资的构造与监管——以美国 JOBS 法案为借鉴》，载《证券市场导报》2013 年 6 月 10 日。

② Reves v. ernst. Young，494 U. S. 56（1990）.

③ 陈益清：《行业演变中我国 P2P 借贷平台的法律性质认定》，载《金融法苑》2013 年 12 月 31 日。

④ See Jack R. Magee，Peer – to – peer Lending in the United States：Surviving after Dodd – frank，Copyright（c）2011，North Carolina Banking Institute.

⑤ 陈益清：《行业演变中我国 P2P 借贷平台的法律性质认定》，载《金融法苑》2013 年 12 月 31 日。

②Prosper 的反向排除实例

SEC 在判断国内最大的 P2P 平台 Prosper 所发行的投资合同是否属于证券时，其认为，由于 Prosper 涉及的投资合同，其并未被列在非证券票据的目录上。因此，如果想通过反向排除的方式判断 Prosper 发行的投资合同（债权）是否属于证券的范畴，则必须还要通过“家庭相似性”的标准测试。具体分析情形如下：

“首先，在网站注册的投资者是以他们的资金能够得到预期回报为动机，而 Prosper 为投资者提供了组合投资和获得高回报的机会。即使有些出借者的动机是无私的，但是平台主要的投资者都是追求盈利的。

其次，在网站上出售的债权面向不特定的公众而非特定的某一个投资者。

再次，投资者有理由相信在 Prosper 上购买债权是一种投资行为，Prosper 在网站上有宣传它所发行的债权的回报率高于传统的投资业务。

最后，网站没有设置可降低投资者风险的管理制度（即投资者风险自担），也没有其他的监管人，削弱了对投资者的保护。”[①] 即，没有可替代的监管体制能够降低风险。

因此，由于其没有列在已有的非证券目录上，也未能通过四项标准测试。故，根据 Reves 标准，从反向判定 Prosper 发布的投资合同属于证券。

③对我国公众小额融资门户的适用分析

结合我国小额融资门户现状可以发现，小额融资门户所涉的投资合同也并未在任何的法律文件中列明为非证券票据，故判断投资合同是否属于证券的范畴也应看其是否能通过家庭相似性的标准测试，能通过则不认定是证券，否则其将被划入证券的范畴。分析如下：

第一，不论是四种融资门户中的哪一种，投资者均是为了获得资产的增值与回报，属于获得商业利益的目的；

第二，投资合同均是面向不特定的多数发布，属于转让与分销的目的；

第三，投资者均把对自己资产的处理行为视作一种投资，而且大多数融资项目也会暗示自己的回报率，属于对投资有合理预见范畴；

第四，我国目前尚未有针对小额融资门户的法律规制，因此小额融资平台更缺少可替代的降低风险的管理机制，因此不属于有替代监管的可能性。

---

① 陈益清：《行业演变中我国 P2P 借贷平台的法律性质认定》，载《金融法苑》2013 年 12 月 31 日。

综上，我国小额融资门户不符合 Reves 的家庭判断标准（具体言之，其不符合第四项替代可能性标准）。因此，从反向排除的方式可以得知其发布的投资合同不属于非证券范畴。故，我国公众小额融资门户所涉及的投资合同属于证券范畴。

（4）我国公众小额融资门户的判定结果

综合上文，可以得出如下结论：

第一，根据 Howey 测试确立的投资合同的正向判断标准，得知公众小额融资门户发布的投资合同属于证券范畴；

第二，通过 Reves 判例确立的投资合同反向排除规则，在我国公众小额融资门户内存在的投资合同不属于作为非证券的情形。

因此，通过一正一反两种论证方式，最终可以得出，筹资者在公众小额融资门户内发布投资合同的行为属于证券发行行为，筹资者本人和融资门户均应受《证券法》的监管。

（二）公众小额融资门户的合法性问题

由前文可知，公众小额融资门户的筹资者发行股票、公司债券、政府债券、投资基金份额、投资合同的行为均可被视作发行证券的行为。那么，在确定公众小额融资门户到底是承担了何种证券交易角色（如证券经纪商、投资顾问、交易所或其他角色）之前，笔者首先要解决公众小额融资门户的合法性问题。

本部分接下来将会对公众小额融资门户的小额数量及其与非法集资做一个率先区分，进而讨论其在证券交易中从事的是何种角色，需要承担何种责任。

1. 公众小额融资的额度界定

多大的额度作为小额，是一个难以准确界定的数字。2010 年 11 月最高人民法院审议通过了《最高人民法院关于审理非法集资刑事案件具体应用法律若干问题的解释》，其中对非法集资的额度进行了首次量化①。但由于非法集资属于

---

① 《最高人民法院关于审理非法集资刑事案件具体应用法律若干问题的解释》第三条　非法吸收或者变相吸收公众存款，具有下列情形之一的，应当依法追究刑事责任：（一）个人非法吸收或者变相吸收公众存款，数额在 20 万元以上的，单位非法吸收或者变相吸收公众存款，数额在 100 万元以上的；（二）个人非法吸收或者变相吸收公众存款对象 30 人以上的，单位非法吸收或者变相吸收公众存款对象 150 人以上的；（三）个人非法吸收或者变相吸收公众存款，给存款人造成直接经济损失数额在 10 万元以上的，单位非法吸收或者变相吸收公众存款，给存款人造成直接经济损失数额在 50 万元以上的；（四）造成恶劣社会影响或者其他严重后果的……

间接融资，其与公众小额融资这种直接融资的融资方式有着本质的区别和差异（笔者在下一个部分具体说明）。显而易见，这样的小额的认定，对本文并没有实际的意义。[①]

除此之外，小额的界限涉及期限的问题。在一定期限内多次进行小额融资，最终金额如果突破了对于小额界定的范畴，是否也应当进行规制。[②] 我国现行法律对上述问题尚未有所详细说明，因此，笔者将结合 JOBS 法案对小额融资的额度进行先一步的讨论。

（1）小额额度的标准

①域外经验

“2012 年 4 月 5 日，美国总统奥巴马签署了全名为创业企业融资法案（Jumpstart OurBussiness Startups Act，简称 JOBS 法案），法案旨在通过放宽金融监管要求来鼓励美国小微企业融资，扶植企业成长并创造就业机会。”[③] 法案将新兴成长公司（Emerging Growth Companies，简称 EGC）单独列为公开发行人，允许其每年通过网络平台募集不超过 100 万美元的资金。对于小额的认定标准，其通过对投资人进行规制的方式设定了如下标准：

“I. 前 12 个月内收入不足 10 万美元的投资人所投金额不得超过 2000 美元或其年收入的 5%；

II. 前 12 个月内收入超过 10 万美元的投资人可以将其收入的 10% 用于此类投资，但上限为 10 万美元。”[④]

受制于汇率及各国的薪酬待遇、消费水平等因素，虽然 100 万美元的融资总额和个人收入 10 万美元的绝对性标准，目前对我国公众小额融资门户中的小额资金的判断标准参照意义不大。然而，JOBS 法案中以年收入的比例作为投资的相对性标准却可以为我国所借鉴。[⑤]

②我国参照标准

在我国现行法中，已经有了与此类似的标准。根据我国《民事诉讼法》的

---

① 李有星、罗栩：《论〈放贷人条例〉制定的难点及其解决》，载《政治与法律》2011 年第 6 期。

② 李爱君：《民间借贷网络平台的风险防范法律制度研究》，载《中国政法大学学报》2012 年第 5 期。

③ 傅喆：《美国 JOBS 法案签署鼓励中小企业融资》，载《金融监管研究》2012 年 6 月 15 日。

④ 同上注。

⑤ 郭雳：《美国证券私募发行法律问题研究》，北京大学出版社 2004 年版，第 128 页。

规定，对于小额诉讼中的小额，界定为当地人均工资收入30%以下。虽然此处小额的认定标准目前仅存在于诉讼领域，但至少已经说明：

第一，小额的判断标准可以采取以投入资金占年收入的比例这种相对性标准来确定；

第二，年收入的30%是我国现行法律目前较为认可的关于小额的上限标准，即涉及纠纷的资金超过投资人年收入的30%，就会引起投资人生活水平的剧烈波动，而在30%之下是现行法律认为涉及诉讼的投资人可以接受的范围。

综上，本文认为对于公众小额融资门户中小额的界定可以参照投资额占年收入比例的方式进行，在时机成熟之后再以相对性和绝对性这两种双重标准同时进行规制。初步的比例可以与我国小额诉讼程序中的小额标准相近（即30%），也可以与美国5%及10%的标准相同。当然，笔者相信随着2015年《证券法》的修改，小额融资门户中的小额将会有一个更全面的考量和更合理的定位。[①]

（2）多次融资的最大额标准

在一定期限内多次进行小额融资，最终金额如果突破了对于小额界定的范畴，是否也应当进行规制。囿于我国尚未对此有足够的规定，“JOBS法案对此的规定为，允许新兴成长公司（EGC）每年通过网络平台募集不超过100万美元的资金”[②]。

可见，美国允许初创公司在一定期限内（一年）进行多轮小额融资，但不允许融资总额超过小额上限（即100万美元）。即最终金额如果突破了小额的范畴，则将不再被JOBS法案豁免。[③]

2. 公众小额融资与非法集资的区分

（1）非法集资的一般性判断标准

“非法集资活动是指，通过正常融资渠道之外的其他方式获得社会公众资金的行为。由于《刑法》上并没有设定非法集资罪，因此所有的非法集资活动

① 鲁公路、李丰也：《美国JOBS法案、资本市场变革与小企业成长》，载《证券市场导报》2012年第8期。

② 傅喆：《美国JOBS法案签署鼓励中小企业融资》，载《金融监管研究》2012年6月15日。

③ 梁家权、陈智鹏：《美国JOBS法案对中国证券发行制度改革的启示》，载《证券市场》2014年第4期。

（除了以非法占有为目的的集资诈骗行为）在刑事责任上都被归入非法吸收公众存款罪或者变相吸收公众存款罪的名下。非法吸收公众存款罪或者变相吸收公众存款罪，成为实践中处理非法集资活动的最重要的刑事手段。”①

非法集资实质上危害的是市场金融秩序，据《最高人民法院关于审理非法集资刑事案件具体应用法律若干问题的解释》以及《国务院办公厅关于依法惩处非法集资有关问题的通知》的规定，具体判断标准有以下四个要素②：

第一，未经有关部门依法批准或者借用合法经营的形式吸收资金；

第二，通过媒体、推介会、传单、手机短信等途径向社会公开宣传；

第三，承诺在一定期限内以货币、实物、股权等方式还本付息或者给付回报；

第四，向社会公众即社会不特定对象吸收资金。

其中，《最高人民法院关于审理非法集资刑事案件具体应用法律若干问题的解释》还列举了部分非法集资的典型行为③，如不具有房产销售的真实内容或者不以房产销售为主要目的，以返本销售、售后包租、约定回购、销售房产份额等方式非法吸收资金的；以转让林权并代为管护等方式非法吸收资金的；等等。④

---

① 彭冰：《非法集资活动规制研究》，载《中国法学》2008 年 8 月 9 日。

② 林越坚：《非法集资与民间借贷的刑民界分》，载《财经科学》2013 年第 1 期。

③ 《最高人民法院关于审理非法集资刑事案件具体应用法律若干问题的解释》第 2 条规定，实施下列行为之一，符合本解释第一条第一款规定的条件的，应当依照刑法第一百七十六条的规定，以非法吸收公众存款罪定罪处罚：

（一）不具有房产销售的真实内容或者不以房产销售为主要目的，以返本销售、售后包租、约定回购、销售房产份额等方式非法吸收资金的；

（二）以转让林权并代为管护等方式非法吸收资金的；

（三）以代种植（养殖）、租种植（养殖）、联合种植（养殖）等方式非法吸收资金的；

（四）不具有销售商品、提供服务的真实内容或者不以销售商品、提供服务为主要目的，以商品回购、寄存代售等方式非法吸收资金的；

（五）不具有发行股票、债券的真实内容，以虚假转让股权、发售虚构债券等方式非法吸收资金的；

（六）不具有募集基金的真实内容，以假借境外基金、发售虚构基金等方式非法吸收资金的；

（七）不具有销售保险的真实内容，以假冒保险公司、伪造保险单据等方式非法吸收资金的；

（八）以投资入股的方式非法吸收资金的；

（九）以委托理财的方式非法吸收资金的；

（十）利用民间“会”、“社”等组织非法吸收资金的；

（十一）其他非法吸收资金的行为。

④ 彭冰：《非法集资活动规制研究》，载《中国法学》2008 年第 4 期。

结合非法集资危害金融秩序的实质特征与“Foxman 案”“许官成等集资诈骗案”等典型案例，可以概括出非法集资的一般性标准[①]为：

第一，危害金融秩序；

第二，吸收资金；

第三，承诺回报。

（2）公众小额融资与非法集资的区分

①公众小额融资与非法集资危害金融秩序的特征不符

公众小额融资的本质是一种微金融（microfinance），其最初的含义为通过资金的支持，帮助贫穷的人获得向上的空间。虽然公众小额融资门户并非向穷人提供资金服务，而是向初创企业提供资金支持。但从实质上看，对象的不同并不影响公众小额融资是微金融的本质。“事实上两者都是数额较小的资金的流动，并且通过公众小额融资的方式取得资金的主体也都是无力负担正规渠道的高额融资成本的筹资者。”[②] 从实质上看，公众小额融资门户也是在向资本市场供输新鲜的资金流。

综上，公众小额融资门户是互联网发展的必然产物，其旨在帮助市场建立更为良好的秩序，是改善局部地区金融生态的有效工具，为刚刚起步的创业公司提供了有力的支持，是一种良性循环的手段，其与非法集资所表现出的危害金融秩序的特征有着本质的不同。

②公众小额融资与非法集资承诺回报的特征不符

公众小额融资门户是以信息中介为载体的直接融资平台，即平台本身仅仅作为提供资金供求“双方信息的角色，双方依托网络平台的信息匹配而直接发生债权借贷、股权投资等多种关系，网络平台只是起到了管道作用”[③]，并不承诺收益。

具体言之，投资者将自有资金投入融资门户之中虽然也是一种投资行为，为的也是获取未来的收益。但由于公众小额融资门户中的平台均是一种信息中

① 彭冰：《非法集资活动的刑法规制》，载《清华法学》2009 年第 3 期。

② 袁康：《互联网时代公众小额集资的构造与监管——以美国 JOBS 法案为借鉴》，载《证券市场导报》2013 年 6 月 10 日。

③ 袁康：《互联网时代公众小额集资的构造与监管——以美国 JOBS 法案为借鉴》，载《证券市场导报》2013 年 6 月 10 日。

介，因此，门户只对投资人提供必要的信息，并不对投资者承诺回报或收益。在现实中，投资者经常会见到某些 P2P 平台向投资者保证固定或最低的收益率，但这种平台实际上已经深入到了借贷双方的交易之中，已经属于信用中介的范畴，实质上已属于间接融资，这种交易结构实际上并不属于以信息中介标志特征的直接融资的小额融资门户范畴。①

故，由于公众小额融资门户以信息中介的直接融资方式为运营特征，这种方式并不承诺回报，因此也与非法集资中的承诺收益典型特征不符。

综上，虽然公众小额融资门户也以为了筹资者能够吸收资金为经营目标，形式上与非法集资有着诸多相似之处。但其与非法集资的两大关键特征——危害金融秩序与承诺收益并不相符，因此其与非法集资有着本质上的区别。②

（三）公众小额融资门户的法律定位

1. 公众小额融资门户与交易所关系辨析

公众小额融资门户撮合资金供需的双方交易，是否已经构成证券交易所？根据我国《证券法》第 102 条，证券交易所是“为证券集中交易提供场所和设施，组织和监督证券交易，实行自律管理的法人”③。

（1）证券交易所的性质

结合《证券法》102 条第 2 款、105 条第 2 款、107 条④及《证券交易所管理办法》第 22、24 条之规定⑤，证券交易所有如下性质。

---

① 《中国人民银行办公厅关于沈阳长港蚁宝酒业有限公司集资活动性质认定的批复》（银办函［2001］178 号）。

② “坚决防范和打击非法集资等违法犯罪活动——全国人大常委会法制工作委员会和国务院法制办公室负责人答新华社记者问（2007 年 7 月 10 日）”，http：//www1daynews1com1cn/sxrb/aban/A3/2892441html，最后访问时间 2015 年 5 月 16 日。

③ 袁康：《互联网时代公众小额集资的构造与监管——以美国 JOBS 法案为借鉴》，载《证券市场导报》2013 年 6 月 10 日。

④ 《证券法》102 条第 2 款：证券交易所的设立和解散，由国务院决定。105 条第 2 款：实行会员制的证券交易所的财产积累归会员所有，其权益由会员共同享有，在其存续期间，不得将其财产积累分配给会员。107 条：证券交易所设总经理一人，由国务院证券监督管理机构任免。

⑤ 《证券交易所管理办法》第 22 条：理事会设理事长 1 人，副理事长 1 至 2 人。理事长、副理事长由证监会提名，理事会选举产生。总经理应当是理事会成员。第 24 条：证券交易所设总经理 1 人，副总经理 1 至 3 人。总经理、副总经理由证监会任免。总经理、副总经理不得由国家公务员兼任。

①特许制法人

所谓特许制，是指设立证券交易所必须事先获得政府或者主管机关的核准，在获得政府或主管机关批准后，才能筹备设立证券交易所，政府有权拒绝成立证券交易所的申请。①

②营利性法人组织

非营利性并非禁止交易所收取服务费用或者取得服务收入。非营利性实际包含双重含义：

第一，交易所不得从事经营或者营业活动，即不得从事旨在谋取利润的活动；

第二，不向成员单位分配积累或收入，证券交易所在扣除成本后不得向其成员分配证券交易所的积累、盈余或者利润。②

③浓厚的行政色彩

“我国成立证券交易所系由政府强力推动形成，而非由证券从业人员或机构基于契约结为一体。”③ 理由在于：第一，政府是交易所的发起人和一系列规则制度的设计者；第二，政府掌握了交易所的管理大权。④

④政府构建了交易所的内部规则，控制了交易所的经营大权

“我国交易所的大小规则绝大多数都是由政府决策的。譬如，关于交易规则中到底是使用 T+1 还是 T+0 的制度之争，便是由国务院证券委在 1994 年 5 月 10 日的会议上协商解决的。”⑤

⑤交易所管理机构成员的任命，受到政府监管机构的强力制约

“根据《证券法》和《证券交易所管理办法》有关规定⑥，证券交易所设理事长和总经理等职位。证券交易所理事长、副理事长由证监会提名，理事会选

---

① 彭冰：《证券交易所监管功能研究》，载《中国法学》2005 年第 1 期。

② 李军：《证券市场自律规则研究》，载《北方工业大学硕士论文》2006 年 4 月 25 日。

③ 李军：《证券市场自律规则研究》，载《北方工业大学硕士论文》2006 年 4 月 25 日。

④ 鲁篱：《证券交易所自治地位的比较研究》，载《社会科学研究》2004 年第 5 期。

⑤ 李军：《证券市场自律规则研究》，载《北方工业大学硕士论文》2006 年 4 月 25 日。

⑥ 《证券法》107 条：证券交易所设总经理一人，由国务院证券监督管理机构任免。《证券交易所管理办法》第 24 条：证券交易所设总经理 1 人，副总经理 1 至 3 人。总经理、副总经理由证监会任免。总经理、副总经理不得由国家公务员兼任。

举产生。总经理及副总经理，由证监会任免。”①

（2）证券交易所的功能

①实现证券的流通性

流通性是证券的本质属性之一，货币持有者购买证券以获取未来收益，证券持有人卖出证券博取买卖差价，并借此降低投资风险。

证券交易所的根本职能就是为证券买卖提供机会，有一个良好流动性的二级证券交易市场是交易所实现证券流动性的重要手段。如果证券交易所不能实现证券流通性，或者运作效率低下，无法有效发挥推动证券交易的功能，证券交易所则将失去存在的价值。②

②稳定价格功能

为了保持证券价格的合理稳定，并防止证券价格过度波动，特别是防止投机过度带来的灾害，证券交易所采取了各种稳定价格的政策以降低投资者的投资风险。

证券交易所采取的相关措施主要包括，限价措施（如涨停板制度）、停市制度和大宗交易制度。③

（3）公众小额融资门户与交易所的性质不符

①公众小额融资门户非特许制法人

公众小额融资门户的市场准入门槛目前相对较低，以股权融资为例，开凭证式众筹模式先河的美微创投，依靠淘宝等非专业融资平台，仅以“美微会员卡在线直营店”这种网店作为融资窗口。其依然在 2012 年、2013 年进行了两轮融资，共募得 467 万元，该行为实质是将淘宝等电商网站作为一种融资门户来使用。除此之外，在短时间内以京城贷、拍拍贷等 P2P 平台为首的融资门户如雨后春笋般涌入市场。可以说，公众小额融资门户不仅不是特许成立的，其成立标准较其他的金融平台，也是十分宽松的。④

②公众小额融资门户是营利性法人组织

与交易所不同的是，第一，公众小额融资门户的设立初衷便是以信息中介

---

① 李军：《证券市场自律规则研究》，载《北方工业大学硕士论文》2006 年 4 月 25 日。

② 许莹：《证券交易所法律问题研究》，载《厦门法学》2006 年第 5 期。

③ 郑顺炎：《证券交易所管理市场职能的法律性质研究》，载《上证研究·法律专辑》2004 年第 3 期。

④ 甘煜：《证券业自律管理：理论与实践》，载《西南财经大学学报》2002 年第 6 期。

为自我定位，通过撮合资金供需双方之间的交易而收取佣金，即旨在从事谋取利润的活动，这点与交易所不同；

第二，公众小额融资门户在取得利润之后，完全有理由向其股东或成员单位分配利润，这点也与交易所有着明显不同。

③公众小额融资门户不具有浓厚的行政色彩

与交易所不同，公众小额融资门户是互联网时代的产物，是微金融的一种。其创设初衷是以获利为目的，并不带有强烈的行政任务或目的，这点二者区分也较为明显。①

④公众小额融资门户的交易结构不受政府建构

由前文所述，公众小额融资门户共有四种交易结构，每种结构之间均有着十分显著的不同。每种门户设立之初时，选择何种交易结构均是门户的创办者依据自身因素及市场需求自主选择的结果，并无政府部门的指定。并且，公众小额融资门户的经营权始终掌握在门户的股东成员手中，政府部门也并不干预。这也与交易所的性质有着根本的区别。②

综上，从交易性质上看，公众小额融资门户与证券交易所有着本质不同，其无法被划归到交易所这一角色之中从而接受监管。

（4）公众小额融资门户与交易所的功能不符

①公众小额融资门户不以实现证券流通性为功能目标

虽然筹资者在公众小额融资门户中发布的各种投资合同均应被视作证券，但这种发行后的证券不能转售交易。而且，公众小额融资门户也没有二级的证券市场，其本身也没有将投资合同进行买卖转售的集体交易系统。

故，我国公众小额融资门户无法实现证券的流通性，不符合交易所的功能目标。

②公众小额融资门户没有稳定证券价格的功能

公众小额融资门户是以信息中介为自身定位，其只提供交易信息，本身并不参与投资合同的定价及未来权益的涨跌限制。因此，其也没有交易所设定的一系列制度，如证券单日涨跌幅限制、T+1 买卖原则等。从这一点考虑，其没

① 邓丽：《投资者在证券集中交易法律关系中的地位与风险》，载《中国政法大学学报》2006 年第 4 期。

② 吴越、马宏雨：《证监会与证券交易所监管权配置实证分析》，载《社会科学》2008 年第 5 期。

有交易所稳定证券价格的功能。

综上，公众小额融资门户并不符合交易所的性质特征与功能特征，故，其不应以交易所的角色纳入监管体系之中。[①]

（5）域外经验的佐证及结论

1934年美国的《证券交易法》第3（a）（1）条将交易所定义为“为将证券买卖双方汇集在一起，或以其他方式就证券履行通常由一般所理解的证券交易所来履行的各项职能而构成、维持或提供一种市场或各种设施的任何法人、非法人组织、协会或团体，包括由该等交易所维持的市场和设施”。公众小额融资门户将发行证券的筹资者与购买证券的投资者连通起来并促成交易，在一定程度上具有交易所的外观。[②]

然而，SEC最终也没有将Prosper认定为证券交易所，原因在于：

依照Rule3b－16的规定，如果想构成交易所，需要有能够将大量双方委托的买卖命令汇集起来的交易软件与程序。“假如只有单个卖方将自己发行的证券销售给投资者的交易程序，则该融资门户并不属于交易所。”[③]

尽管公众小额融资门户与交易所有着较为相近的外在特征，但是如果公众小额融资门户没有上述交易软件，那么其无法达到交易所的构成要求。在实际中，虽然其有可能随后研发该交易系统。“但根据公众小额融资的构成来看，这种软件也只是使单个筹资者向多个投资者发行证券，并且这种发行过后的证券不能转售给他人进行交易。”[④] 因此，其不符合交易所特点中的具有多个卖方（multiple sellers）的要求。故，由于公众小额融资门户不能实现证券的流通性，因此不符合交易所的功能特征。

综上，公众小额融资门户并不具有交易所的属性。

---

① 谢增毅：《证券交易所组织结构和公司治理的最新发展》，载《介绍与评论》2004年第5期。

② 袁康：《互联网时代公众小额集资的构造与监管——以美国JOBS法案为借鉴》，载《证券市场导报》2013年6月10日。

③ 袁康：《互联网时代公众小额集资的构造与监管——以美国JOBS法案为借鉴》，载《证券市场导报》2013年6月10日。

④ 袁康：《互联网时代公众小额集资的构造与监管——以美国JOBS法案为借鉴》，载《证券市场导报》2013年6月10日。

2. 公众小额融资门户与经纪商关系辨析

（1）经纪商与公众小额融资门户具有形式上的相似性

公众小额融资门户为投资者购买证券，是否构成经纪商。《美国证券法》将经纪商定义为“为他人证券账户从事交易的人”。

另，根据我国《证券法》140 条、141 条、143 条的规定，证券经纪商必须遵照客户发出的委托指令进行证券买卖，证券经纪商实质上是证券投资者买卖委托指令的执行者，双方基于一种委托关系，证券经纪商实际上是投资者在股票交易中的执行者。①

我国公众小额融资门户接受投资者的委托来购买筹资人发行的证券，并可以从双方完成的交易之中收取一定的佣金。从这个角度看，其与经纪商确实有着相似之处。

（2）经纪商与公众小额融资门户有着实质不同

虽然经纪商与公众小额融资门户在外观表现上有着相似之处，然而二者却有着实质的差异。

①从功能特性的角度

公众小额融资门户的功能，并不是仅仅充当证券买卖的媒介。以信用转换模式的公众小额融资门户为例，其关键的特征或功能在于，其担任着对平台上的筹资项目进行审核的任务。融资门户对发布筹资信息的筹资人的基本资料进行审核，保障必要的信息得以披露，对其中所涉及的各项风险因素进行分析，进而识别风险并提出各自的控制措施。②

这种信用转换模式的融资门户早已不再以简单地执行投资者的委托为自身定位，其还担任着如审核资料、披露信息等很多经纪商不应有的功能作用。虽

① 《证券法》第 140 条：证券公司办理经纪业务，应当置备统一制定的证券买卖委托书，供委托人使用。采取其他委托方式的，必须作出委托记录。客户的证券买卖委托，不论是否成交，其委托记录应当按照规定的期限，保存于证券公司。第 141 条：证券公司接受证券买卖的委托，应当根据委托书载明的证券名称、买卖数量、出价方式、价格幅度等，按照交易规则代理买卖证券，如实进行交易记录；买卖成交后，应当按照规定制作买卖成交报告单交付客户。证券交易中确认交易行为及其交易结果的对账单必须真实，并由交易经办人员以外的审核人员逐笔审核，保证账面证券余额与实际持有的证券相一致。第 143 条：证券公司办理经纪业务，不得接受客户的全权委托而决定证券买卖、选择证券种类、决定买卖数量或者买卖价格。

② 彭冰：《中国证券法学》（第二版），高等教育出版社 2007 年版，第 163 页。

然完全中介模式的融资门户没有信用转换模式如此多的功能，但其对平台上的信息也有形式上的审查义务。这点特征虽然没有信用转换模式的明显，但也足以构成了其与经纪商的实质不同。[①]

②从运营基础的角度

经纪商的收费渠道主要是交易达成的佣金收入，而公众小额融资门户的收费渠道却多种多样。其既可以选择收取佣金费用，也可以选择收取筹资者的会员费、席位费等作为运营基础。

我国公众小额融资门户早已突破了法律对于经纪商利润来源的规则范围，这点也是二者较为明显的区别。

（3）结论

综上，公众小额融资门户与经纪商虽然都有着接受投资人委托指令的作用，但二者在功能特性及运营基础上均有着实质上的不同，小额融资门户无法被归于经纪商这类角色之中而接受监管。

3. 公众小额融资门户与投资顾问关系辨析

公众小额融资门户处理并提供投资信息，是否构成投资顾问。由于我国目前只有对投资业务的定义，尚无对投资顾问的直接定义。因此，在判断其是否属于投资顾问时，笔者将借用美国及欧盟的域外经验对此进行判定。[②]

（1）美国《投资顾问法》对投资顾问的界定与排除

①投资顾问界定的三个核心要素

1940年颁布的《投资顾问法》定义投资顾问为：“为了报酬，直接从事或者通过出版物、写作等方式从事，就证券的价值和证券投资、买卖的机会向他人提供建议活动的任何人，或者为了报酬，作为日常业务的一部分，发行或者发布涉及证券的分析、报告的任何人。”

定义的核心是三个因素：

第一，就证券价值、证券买卖提供建议；

---

① 何一峰、江翔宇：《准金融机构的监管现状、问题以及对策初探》，载《上海保险》2011年第6期。

② 《投资顾问暂行规定》第2条：本规定所称证券投资顾问业务，是证券投资咨询业务的一种基本形式，指证券公司、证券投资咨询机构接受客户委托，按照约定，向客户提供涉及证券及证券相关产品的投资建议服务，辅助客户作出投资决策，并直接或者间接获取经济利益的经营活动。

第二，获取报酬；

第三，该提供建议的行为为业务经营行为。[①]

②排除条款的具体种类

与此同时，《投资顾问法》将某些主体和行为排除至投资顾问的范围之外：

Ⅰ. 银行或者银行控股公司；

Ⅱ. 任何在正常业务活动中附带提供上述建议的律师、会计师、工程师或者教师；

Ⅲ. 在正常业务活动中附带提供建议的券商，并且其并未因此获得特别报酬；

Ⅳ. 公开并正常出版发行的真正的报纸、新闻杂志或者商业、金融出版物的出版人；

Ⅴ. 只提供与美国国债或者类似准国债相关建议的任何人。[②]

综上，要判断公众小额融资门户是否属于投资顾问。首先，需要判断其是否符合定义的三个核心要素，即提供建议、获取报酬、该提供建议为业务经营行为；[③]

其次，需要判断公众小额融资门户是否属于上述5项能够被排除出投资顾问范畴的情形；

最后，通过一正一反的论证，判断公众小额融资门户是否属于投资顾问的范畴。

（2）Lowe v. SEC 案[④]核心结论——投资顾问的正向判断标准

由于公众小额融资门户通过其业务获取报酬，并以提供平台撮合买卖双方交易为自身的业务经营行为。

因此，要判断公众小额融资是否符合投资顾问定义的三项正向标准，关键在于，界定公众小额融资门户撮合买卖双方的行为是否属于提供建议的行为。

---

① 彭冰：《从 Lowe 案看美国对投资顾问的界定》，载《证券法苑》2009 年 9 月 15 日。

② 彭冰：《从 Lowe 案看美国对投资顾问的界定》，载《证券法苑》2009 年 9 月 15 日。

③ 邱晓琼：《面向公众的证券投资资讯关系判断》，载《金融法苑》2012 年 6 月 30 日。

④ 1985 年，在纽约东区地方法院，SEC 提起诉讼认为，Lowe 等公司发行两种投资通讯，并向订户提供股票图表分析服务。SEC 认为 Lowe 公司的行为已经属于投资顾问行为，由于其尚未依据依照《投资顾问法》注册，因此要受到处罚。Lowe 公司随即抗辩，此案最终引发出了投资顾问的正向界定标准。

下面笔者将结合 Lowe v. SEC 案确立的投资顾问建议判断标准来界定公众小额融资门户的行为是否属于提供建议的行为。

①Lowe 案[①]确立的正向判断标准——个人性投资建议

Lowe 案规则的核心，“是以证券投资顾问和客户之间的关系作为界定是否属于投资顾问的标准”[②]。SEC 认为 Lowe 公司的行为属于投资顾问的行为，由于 Lowe 未按规定注册，因此应受到处罚。此案由于案情重大，被联邦最高法院提审，并确立了如下判决意见：

I. 《投资顾问法》“所力图规制的投资顾问业务，应当是提供个人性建议的投资顾问行为，而并非所有提供证券投资建议的行为；”[③]

II. “投资顾问和客户之间的个人关系，导致了客户对投资顾问的信赖，这种受托关系使得投资顾问滥用客户信赖的危险大幅增加，因此才需要国家介入监管。即 Lowe 案的主审法官认为，只要投资顾问和客户之间存在受托关系，投资顾问就应当对客户负有信义责任。”[④]

综上，Lowe 案认为一种行为能否被看作投资顾问提供建议的行为，关键在于这种建议是否具有个人性。[⑤]

②个人性投资建议标准——达到影响证券交易的程度

何者为个人性的建议，可以该建议是否达到影响证券交易的程度来判断。其理由在于：

第一，《投资顾问法》和 Lowe 案的判决意见一致认为，之所以要对个人性的投资建议进行规制，而不将所有的证券建议纳入《投资顾问法》的规制之中，理由在于，一般的各类投资建议，投资者（客户）是否接受，完全由其自己决定。

即，即使提供的所有建议存在虚假信息，或者建议提供者在其中有“存在利益冲突的不当行为，投资者只要没有依照该投资建议行动，就完全不会受到

---

① Lowe v. SEC, 472 U. S. 181 (1985).

② 彭冰：《从 Lowe 案看美国对投资顾问的界定》，载《证券法苑》2009 年 9 月 15 日。

③ 彭冰：《从 Lowe 案看美国对投资顾问的界定》，载《证券法苑》2009 年 9 月 15 日。

④ 彭冰：《从 Lowe 案看美国对投资顾问的界定》，载《证券法苑》2009 年 9 月 15 日。

⑤ 甘培忠、周淳：《证券投资顾问受信义务研究》，载《法律适用》2012 年第 10 期。

其影响"[1]。

换言之，正是由于投资顾问与客户的个人性关系，才会导致投资顾问的行为会影响到投资人的决策。

因此，这种影响证券交易的行为才要被纳入《投资顾问法》的规制之中，这也是判断一个行为是否是投资顾问做出的提供建议行为的实质关键，也是Lowe案之所以要求提供建议必须是个人性的理念来源。

③达到影响证券交易的程度标准

由上文可知，能否被界定为个人性投资建议取决于其是否能够影响或可能影响证券交易。根据现行法律规定，构成影响证券交易的因素有：

第一，是否在证券交易中扮演了重要角色；[2]

第二，是否基于证券交易收取了报酬；

第三，是否从事了影响证券交易的业务；

第四，是否处理了交易标的——证券。[3]

④对我国公众小额融资门户的认定结果

Ⅰ. 信用转换（审核）模式的公众小额融资门户符合投资顾问的正向标准

结合我国公众小额融资门户可以发现，以信用转换（审核）为代表的公众小额融资门户不只是为筹资者与投资者提供信息匹配，还直接介入并推动了证券的发行和交易的完成。其中包括，有些融资门户提供必要的咨询与建议、构建交易结构[4]、参与协商谈判、发布劝诱广告并获利、融资后的持续介入等；有的融资门户甚至出现了更为明显的投资建议，即以首页显示或置顶的方式带着某种倾向性。该模式下的公众小额融资门户的行为客观上对投资者的决策起到了引导效果，其在这之中扮演了重要角色并收取了费用，此乃其经常性业务，该模式下的公众小额融资门户最终处理了交易标的——证券。故，该模式已经符合了影响证券交易的标准。

---

① 彭冰：《从Lowe案看美国对投资顾问的界定》，载《证券法苑》2009年9月15日。

② 袁康：《互联网时代公众小额集资的构造与监管——以美国JOBS法案为借鉴》，载《证券市场导报》2013年6月10日。

③ 袁康：《互联网时代公众小额集资的构造与监管——以美国JOBS法案为借鉴》，载《证券市场导报》2013年6月10日。

④ 袁康：《互联网时代公众小额集资的构造与监管——以美国JOBS法案为借鉴》，载《证券市场导报》2013年6月10日。

综上，以信用转换模式的我国公众小额融资门户对投资者已经达到了影响证券交易的标准，其与投资者之间已经构成了个人性关系，即对投资者而言，其基于对融资门户的合理信赖进行投资。故，该模式下的融资门户符合了个人性建议的实质要求，符合了投资顾问的正向定义。

Ⅱ. 完全中介模式还需要反向排除继续加以判断

由于完全中介模式主要是提供信息的匹配，其没有过多深入交易之中。因此，其未能达到影响证券交易的程度，并不属于提供个人性建议的范畴。

因此，本下来将通过 SEC v. Park 案确立的反向排除标准，对完全中介模式的公众小额融资门户进行定位。

（3）SEC v. Park 案①的核心结论——投资顾问的反向排除标准

①完全中介模式适用 Park 案的前提基础

在用反向排除规则判断完全中介模式是否属于投资顾问之前，还需解决的是完全中介模式的融资门户是否有提供投资建议的行为。因为适用 Park 案进行反向论证的前提是，该融资门户至少需要提供投资建议。笔者认为，虽然完全中介模式并没有过多地参与到交易之中，相比信用转换模式的融资门户，其参与交易结构的色彩较为淡化。然而，从第二部分的交易结构的分析之中可以看到，完全中介模式的融资门户并非是对门户中的信息完全放任不管的，理由在于：

第一，其首先会对筹资人提供的信息做一个欺诈检测（形式审查）；

第二，其还会通过信用评级的方式向投资者提示风险；

第三，在实际中，完全中介模式往往也有着其他隐形的投资建议。例如，其会通过弹出项目页面、将某些大家均看好的项目置顶等一些暗示性的手法，来引起投资者的注意，并借机向投资者说明项目的基本信息。

故，完全中介模式的融资门户并非是对投资者完全地放任不管，完全中介模式的公众小额融资门户只是相对于信用转换的融资门户来说，其介入具体的交易结构之中以及提供投资建议的色彩较为淡化而已。即，无论是完全中介模式还是信用转换（审核）模式的公众小额融资门户，其行为均属于提供投资建议。

---

① SEC v. Park, 99 F. Supp. 2d 899. (N. D. 2000).

因此，完全中介模式的公众小额融资门户完全符合 Park 案的适用前提，即其确有提供投资建议。

②SEC v. Park 案[1]的判断原理

SEC v. Park 案发生于 2000 年，该案最重要的结论在于，认定一个行为不属于投资顾问的行为，不仅要从正面进行排除，即提供的不是个人性的投资建议。而且更为重要的是，要能够在排除条款之中找出与其符合的一项具体的排除条款才可。

换句话说，即使某一项证券交易行为并不符合 Lowe 案确立的个人性投资建议的标准。但如果不能具体适用《投资顾问法》中的某个排除条款，其依然要被认定为投资顾问。

③具体判断原理——出版商豁免条款

结合我国公众小额融资门户的交易结构与先前论证可以发现，与其最为相近的一项排除标准应属"出版商豁免条款"。即，如果公众小额融资门户符合了"出版豁免条款"，则其不应属于投资顾问。反之，即使其投资建议没有达到个人性的要求，其也应被认定为投资顾问。该原理是 SEC v. Park 案对 Lowe 最重要的补充。

"出版商豁免"原则是指，"公开并正常出版发行的真正的报纸、新闻杂志或者商业、金融出版物的出版人"[2]，可以不认为是投资顾问。"出版商豁免"原则的要素有三：

---

① 2000 年，SEC 向伊利诺伊州东区地方法院起诉，指控 Park 通过开办会员网站，以收取每月100～200 美元会员费的方式，通过电子邮件和网络聊天室向这些会员提供证券投资建议。Park 则要求法院直接驳回 SEC 的起诉，Park 认为其提供的是非个人化的投资建议，进而根据 Lowe 案原则，根本不构成《投资顾问法》下的投资顾问，主张不受该法管辖。此案的判决最终引出了投资顾问的反向判断标准，即提供的建议虽然不具有个人性，但如果不能被归于排除条款之列（出版商豁免等条款），则依旧属于投资顾问。

排除条款是：

1. 银行或者银行控股公司；
2. 任何在正常业务活动中附带提供上述建议的律师、会计师、工程师或者教师；
3. 在正常业务活动中附带提供建议的券商，并且其并未因此获得特别报酬；
4. 公开并正常出版发行的真正的报纸、新闻杂志或者商业、金融出版物的出版人；
5. 只提供与美国国债或者类似准国债相关建议的任何人。

② 彭冰：《从 Lowe 案看美国对投资顾问的界定》，载《证券法苑》2009 年 9 月 15 日。

第一，是“真正”出版物要素。根据 Lowe 案及 Park 案确立的“真正”出版物标准，“真正”是指无利害关系性的分析与评论。

第二，是“公开并正常出版”要素。“公开正常出版”并非是指时间上是否按期出版，“而是其出版时间与特定的市场活动、影响或者有能力影响证券业的事件之间没有关联”①。即其不能具体影响到证券的交易。

第三，是具有出版行为要素。出版行为既可以以纸质的方式出版，如发布投资通讯、市场分析刊物等；也可以以电子化的方式出版，如通过邮件或 app 向订阅的客户推送其自身的分析报告、评论等。

（4）域外经验及结论

综上，在使用 Lowe v. SEC 案的正向标准和 SEC v. Park 案反向排除标准验证之后，可以发现，无论是信用转换（线下交易）模式的公众小额融资门户还是完全中介模式的公众小额融资门户，都可以认定为投资顾问范畴。

值得注意的是，公众小额融资门户比起纯粹的投资顾问而言，具有更多的参与性，因此笔者在此更倾向于借用法国的经验将其定位于参与型投资顾问的范畴。②

四、我国公众小额融资门户归责机制研究

在互联网的融资交易中，由于投融资需求双方并不进行直接面对面接触。那么，很有可能发生欺诈，既有融资需求方虚构项目造成的欺诈行为，也有可能是因为作为中介的公众小额融资门户在审查过程中出现重大过失，从而导致侵害投资者权益的事件发生。

由于公众小额融资门户被界定为参与型投资顾问，因此其责任承担一方面是基于其投资顾问的身份，被认定为投资顾问所要履行的义务及违反义务需要

---

① 彭冰：《从 Lowe 案看美国对投资顾问的界定》，载《证券法苑》2009 年 9 月 15 日。

② 法国是继意大利之后第二个对众筹进行立法的欧盟国家。2014 年 5 月 30 日，法国政府通过了《参与性融资法令》（Ordonnance n 2014 – 559 du 30 mai 2014 relative au finance ment participatif）。其将源于英文的众筹（crowdfunding）等融资平台正式定义为“参与性融资”（financement participatif）。其将法国国内金融证券模式的参与性融资，定义为“参与性投资顾问”（conseillers en inves – tissements participatifs，CIP）。对其可提供的服务和可从事的行为进行了限制，并规定 CIP 必须向法国金融市场监管局 AMF 进行注册。笔者认为，对于我国公众小额融资门户的定义，可以在投资顾问的基础上结合其参与交易的行为特征，参考法国等欧盟经验，将其定位于参与型投资顾问，受我国证监会的监管。

承担的责任。

另一方面，是由于参与型的交易行为特征，其参与到了证券的交易之中所要担负的责任。例如，筹资人在平台上发布项目，属于发行人这一角色；而平台对其发布的项目审核，又与证券上市的专业中介机构（专家）有着相似之处。因此，另一方面的归责基础主要是以平台的信息披露与审核为基础而展开。

那么，解决公众小额融资门户的归责机制问题，就必须从交易结构中剖析其权义结构关系。在此基础上，结合国内外侵权法律以及证券法律制度，构建公众小额融资门户的归责体系。

（一）公众小额融资门户的权义结构

1. 权义结构的法律依据及域外经验补充

（1）权义结构的法律依据

我国关于规制投资顾问行为的法律依据是《证券法》《证券、期货投资咨询管理暂行办法》和《投资顾问暂行规定》。然而，笔者认为上述法律在规制投资顾问行为时，却存有疏忽之处，以致无法起到有效的监管。例如，《证券法》规定，证券投资咨询活动的从业者须为经证监会批准的证券公司和投资咨询机构。《投资顾问暂行规定》也将投资顾问业务定义为特许业务，对未经特许而从事的、具有提供投资建议、辅助投资决策实施的营利活动，不适用《证券法》《证券、期货投资咨询管理暂行办法》和《投资顾问暂行规定》。[①]

（2）域外经验补充

笔者认为，“对于双方受信关系的认定，不应以行为人是否具备法律法规所要求的特许经营资格为前提，而应着眼于对双方法律关系实质的判断。在美国，法律一方面规定投资顾问必须按规定注册；另一方面，即便行为人不具备特许资格，若其以投资顾问身份行事，并使投资者信赖其知识、技能与信息，则构成个人性关系，如此立法以图遏止逃避监管的投机行为”[②]。这种对于投资顾问的界定方法值得我国借鉴。

---

① 甘培忠、周淳：《证券投资顾问授信义务研究》，载《法律适用》2012 年 10 月 8 日。

② 甘培忠、周淳：《证券投资顾问授信义务研究》，载《法律适用》2012 年 10 月 8 日。

2. 具体权义结构关系

（1）诚实信用义务

根据我国《证券投资顾问业务暂行规定》第4条，“证券公司、证券投资咨询机构及其人员应当遵循诚实信用原则，勤勉、审慎地为客户提供证券投资顾问服务”。

故，公众小额融资门户应当诚信地发布其获知的项目消息，不得虚报筹资项目发行人员的基本信息、信用情况、市场前景、财务状况、风险因素等等影响或可能影响投资人决策的信息。该义务具体要求：

第一，公众小额融资门户不得与融资需求方串通，虚构项目；

第二，对于融资项目，不得出具虚假的调查报告；

第三，对于融资项目，不得利用媒体进行夸大宣传和误导；

第四，不得不向投资者作必要风险提示，隐瞒融资项目存在的风险。

（2）勤勉审慎义务

根据我国《证券投资顾问业务暂行规定》第4条，“证券公司、证券投资咨询机构及其人员应当遵循诚实信用原则，勤勉、审慎地为客户提供证券投资顾问服务”。

故，公众小额融资门户应当审慎地发布信息及明示或暗示的投资建议。该义务具体要求：

第一，公众小额融资门户的从业人员须尽到普通谨慎主人的合理注意；

第二，公众小额融资门户在项目审核过程中，不得具有明知故意或者重大过失的主观心态，使得融资方的信息出现重大偏差，给投资者造成损失。

（3）忠实客户利益义务

根据我国《证券投资顾问业务暂行规定》第5条，“证券公司、证券投资咨询机构及其人员提供证券投资顾问服务，应当忠实客户利益，不得为公司及其关联方的利益损害客户利益；不得为证券投资顾问人员及其利益相关者的利益损害客户利益；不得为特定客户利益损害其他客户利益”。

因此，公众小额融资门户应当忠实投资人的利益。该义务具体要求：

第一，公众小额融资门户不得与筹资人及其利益相关者串通，故意发布有明显虚假、欺诈信息的项目；

第二，公众小额融资门户不得为了收取交易佣金，向投资者隐瞒融资项目可能隐藏的风险。

（4）禁止承诺收益义务

根据我国《证券投资顾问业务暂行规定》第19条，“证券投资顾问向客户提供投资建议，应当提示潜在的投资风险，禁止以任何方式向客户承诺或者保证投资收益”。

故，无论公众小额融资门户是以信用转换（审核）模式还是完全中介模式作为运营方式，均不得以任何形式向投资者承诺收益。该义务具体要求：

公众小额融资门户不得利用媒体或者其他传播媒介，对项目前景进行虚假陈述，对融资项目进行夸大宣传和误导。

3. 归责核心——诚实信用原则

结合上述论证，可以得出结论，作为参与性投资顾问而言，公众小额融资门户作为促成交易的重要中介机构，需要履行审慎勤勉以及诚实信用等重要义务。从权义结构上看，对于发生项目融资欺诈等情形在一定程度上应当负担法律责任。那么归责核心问题在于：中介机构的欺诈行为在融资过程中如何认定，何种情形下属于违反诚实信用义务和审慎勤勉义务，应当承担法律责任，对于保护交易过程中投资者的利益非常重要。

（二）公众小额融资门户的欺诈行为认定

1. 公众小额融资交易过程中中介机构的主要欺诈行为形态探讨

在认定我国公众小额融资门户的欺诈行为之前，首先，有必要对我国公众小额融资门户在运营过程中可能涉及的欺诈行为做一个形态上的归类和探讨：

（1）与融资需求方串通，虚构项目对投资者进行欺诈；

（2）审核融资项目的过程中，出具虚假的尽职调查报告或者投资建议；

（3）利用其他媒体或者其他传播媒介进行虚假陈述，对于融资项目进行夸大宣传和误导；

（4）在项目审核过程中具有重大过失，使得融资方的信息出现重大偏差，给投资者造成损失；

（5）不向投资者作必要风险提示，隐瞒融资项目存在的风险。

2. 证券欺诈行为的具体认定——实质性参与标准

基于我国目前尚未树立起对互联网金融中证券欺诈的一系列判定标准，因此，在探讨我国公众小额融资门户的欺诈行为时，笔者在此采用国际证券领域内通行的实质性参与标准。

实质性参与的标准确立于1990年的Software Toolwork案[①]，该案形成的判决意见是，只要中介机构实质性地参与了虚假陈述文件的准备工作或者在上述文件的起草和编排中担任了重要角色，就满足了实质性参与标准，社会公众是否能够将该文件归因于该中介机构在所不问。

实质性参与标准自出现后，消除了黑白分明判断标准[②]中留下的规避法律的空间，更具有科学性，最终成为国际通行标准之一。

因此，结合该标准的精神内核与我国公众小额融资门户的实际情况，只要公众小额融资门户实质性地参与了虚假陈述文件的准备工作或者在上述文件的起草和编排中担任了重要角色，就满足了实质性参与标准，符合证券欺诈的判断标准。

3. 不同审查模式下公众小额融资门户所涉欺诈行为分析

（1）完全中介模式的形式审查

完全中介模式的公众小额融资门户由于只进行形式审查（主要方式为对筹资者提供的资料是否详尽、齐全的程序性审查），因此只要求其尽到诚实、勤勉义务即可。即只要该模式的公众小额融资门户审核和发布信息时勤勉、尽职、到位，其不用承担有关项目信息瑕疵的责任。

勤勉的一般判断标准，要求从业人员须尽到普通谨慎主人的合理注意，具体根据人员的类型而有所不同。例如，公众小额融资门户里“不具有专业资格和经验的员工，只要其尽到了自己最大的努力即可；对于门户里具有专业资格或经验的员工，则需要尽到同类专业人员应该履行的技能和注意”[③]。

---

① 1990年7月，Software Toolwork公司的投资者对公司、公司的审计师——德勤会计师事务所（以下简称审计师）和股票发行承销商提起集团诉讼。针对审计师，原告诉称，其参与公司起草递交给证交会的、具有误导性的文件的行为，帮助公司公布1990年第二季度错误的财务报表以及对公司招股说明书中的财务信息进行不当处理的行为，均构成了证券欺诈。加利福尼亚州北区联邦地区法院作为初审法院，作出简易判决，判定审计师在上述诉讼请求中胜诉。原告遂上诉至联邦第九巡回区法院，上诉法院认为，审计师在公司递交给证交会的文件中构成了虚假陈述，并推翻了初审法院相应的判决。

② 黑白分明标准是在实质性参与标准出现之前，国际证券领域为了认定证券欺诈行为而制定的判断标准。由于“黑白分明”标准在实践过程中会存在法律的灰色地带，无法给予当事人充分的权益保护，故在“实质性参与”标准出现之后，其逐步被“实质性参与”标准所取代。

③ 任自力：《公司董事的勤勉义务探析》，载《人民司法》2007年3月5日。

因此，完全中介模式的公众小额融资门户只要做到形式审查中履行诚实信用义务、勤勉义务等，就不再涉及证券欺诈的相关司法风险。

（2）信用转换模式的实质审查

信用转换模式的公众小额融资门户因为进行的是实质性审查，因此其需要对筹资人发行的融资项目进行深入细致的全面调查，这个过程最易诱发证券欺诈的行为。根据我国《证券法》的规定，实质审查需要：

①调查发行人基本情况

公众小额融资门户需要调查发行人的财务资料及审计报告、资产和业务构成情况、核查发行人债务、人员等情况，分析判断是否符合法律、法规，“是否符合证券监管、国有资产管理、税收管理、劳动保障等相关规定”①。审核营业执照、公司章程、发起人协议、创立大会文件、“工商注册登记的合法性、真实性，必要时走访相关政府部门和中介机构。”②

②调查业务与技术

根据筹资者的主营业务，确定发行人所属行业。通过收集行业主管部门制定的发展规划、行业管理方面的法律法规及规范性文件，了解行业监管体制和政策趋势。了解发行人所属行业的市场环境、市场容量、市场细分、市场化程度、进入壁垒、供求状况、竞争状况、行业利润水平和未来变动情况，判断行业的发展前景及行业发展的有利和不利因素，了解行业内主要企业及其市场份额情况，调查竞争对手情况，分析发行人在行业中所处的竞争地位及变动情况。③

③调查高管人员的任职情况和任职资格

公众小额融资门户通过查阅有关三会文件、公司章程等方法，了解高管人员任职情况，核查相关高管人员的任职是否符合法律、法规规定的任职资格，聘任是否符合公司章程规定的任免程序和内部人事聘用制度。通过查询有关资料，与高管人员、中介机构、发行人员工谈话等方法，分析高管人员管理公司

---

① http：//www. wisdomfund. org/news_ detail. php？ id = 13&types = 4&lid = 2，最后访问时间 2015 年 6 月 10 日。

② http：//www. wisdomfund. org/news_ detail. php？ id = 13&types = 4&lid = 2，最后访问时间 2015 年 6 月 10 日。

③ http：//www. wisdomfund. org/news_ detail. php？ id = 13&types = 4&lid = 2，最后访问时间 2015 年 6 月 10 日。

的能力。

④调查业务发展目标

公众融资门户通过取得发行人中长期发展战略的相关文件，包括战略策划资料、董事会会议纪要、战略委员会会议纪要、独立董事意见等相关文件，分析发行人是否已经建立清晰、明确、具体的发展战略，包括战略目标、实现战略目标的依据、步骤、方式、手段及各方面的行动计划，了解发行人的经营理念和经营模式，分析发行人经营理念、经营模式对发行人经营管理和发展的影响。

公众小额融资门户通过上述的实质审查，从而确保信息的真实、准确，随后将筹资项目的基本信息发布在门户里，供投资者自由选择。

综上，证券欺诈行为主要针对以信用转换模式为代表的实质审查过程。如果公众小额融资门户在上述实质审查的过程之中，对于四项主要调查目标的任意一项有虚假陈述、隐瞒的行为，符合实质性参与标准，则其已经涉嫌欺诈。对于以完全中介模式为代表的形式审查来说，只要其在形式审查的过程中履行了勤勉的义务，一般不存在涉及证券欺诈行为的问题。

（三）责任形式

根据《证券投资顾问业务暂行规定》第33条，“证券公司、证券投资咨询机构及其人员从事证券投资顾问业务，违反法律、行政法规和本规定的，中国证监会及其派出机构可以采取责令改正、监管谈话、出具警示函、责令增加内部合规检查次数并提交合规检查报告、责令清理违规业务、责令暂停新增客户、责令处分有关人员等监管措施；情节严重的，中国证监会依照法律、行政法规和有关规定作出行政处罚；涉嫌犯罪的，依法移送司法机关”。

由于公众小额融资门户属于参与型投资顾问范畴，故在监管上主要由证监会为监管主体。因而，我国对公众小额融资门户可以采取以下三种规制手段。

1. 民事责任

根据《最高人民法院关于审理证券市场因虚假陈述引发的民事赔偿案件的若干规定》，因虚假陈述引发的民事赔偿案件，致使投资者遭受损失，投资者可向人民法院提起诉讼要求民事赔偿。资产评估机构、会计事务所等专业中介机构对其负责的部分承担过错责任，但有证据证明无过错的，应予免责。

因此，在民事责任部分，投资者可以就门户作出虚假陈述之后真相暴露之前这段时间买入证券后受的损失，向其追究民事责任，而且这种情况下举证责任倒置。

2. 行政责任

根据我国《证券投资顾问业务暂行规定》，证券公司、证券投资咨询机构及其人员从事证券投资顾问业务，违反法律、行政法规和本规定的，中国证监会及其派出机构可以采取责令改正、监管谈话、出具警示函、责令增加内部合规检查次数并提交合规检查报告、责令清理违规业务、责令暂停新增客户、责令处分有关人员等监管措施；情节严重的，中国证监会依照法律、行政法规和有关规定作出行政处罚。

行政责任分为两类，一为情节轻微的行政责任；二为情节严重行政责任。

情节轻微的行政责任主要有：责令改正、监管谈话、出具警示函、责令增加内部合规检查次数并提交合规检查报告、责令清理违规业务、责令暂停新增客户、责令处分有关人员等监管措施。

情节严重的行政责任主要是行政处罚。共分为两类，一为行政罚款；二为撤销营业资格。以公众小额融资门户未依法注册为例，首先，证监会可以没收违法所得，并处以违法所得一倍以上五倍以下的罚款；其次，情节严重的，证监会可以责令其关闭或者撤销其证券服务业务许可。

3. 刑事责任

根据《证券投资顾问业务暂行规定》，投资顾问从业人员涉嫌犯罪的，依法移送司法机关。以公众小额融资门户违反规定，对投资者承诺收益为例，由于此类融资平台对投资者承诺收益，其实质上已经成为了信用中介，极易涉嫌发放高利贷、非法集资犯罪。因此，如果融资门户出现了上述情况，应由司法机关介入调查是否涉嫌非法集资犯罪。再以公众小额融资门户涉嫌欺诈为例，如果其涉嫌通过虚假陈述牟取非法利益，则检察机关可以向人民法院提起公诉，追究相关责任人的刑事责任。

结 论

我国公众小额融资门户是指，一系列不同形式的，面向公众提供小额融资信息发布、查询和匹配并促成融资交易等中介服务的网络平台，其具有面向公众、融资额度较小、信息中介和直接融资的特征。在发展过程中，逐渐形成了债权融资、股权融资、资产支持证券融资以及混业经营融资四种交易结构，并发展出了以完全中介模式为代表的形式审查和以信用转换模式为代表的实质审查这两种不同的审查方式。其与P2P、众筹概念有着相互交叉之处，其包含了以信息中介为自身定位的P2P和以资金融通为目标的众筹平台；其又与网上公开发行证券有着实质上的不同。

基于先前的特征与交易结构，根据Howey测试，在公众小额融资门户内存在的投资合同符合Howey测试的四项标准——“利用钱财进行投资、投资于普通企业、项目的成功主要由发起人或者第三人的努力以及期望自己获得利润。”① 加之，所涉的投资合同并不属于Reves标准中所列明的非证券合同，且其也未能通过Reves标准中的非证券测试项目——以商业营利为目的、转让分销的计划、公众投资者的合理预期、替代监管的可能性。故，公众小额融资门户中的投资合同属于证券，筹资者的行为也属于证券的发行行为，从而确定了公众小额融资门户的法律定位基础。

通过概括出的我国公众小额融资门户的相应特征，比较我国公众小额融资门户与交易所、经纪商之间性质与功能的实质不同。由于门户属于营利性法人组织，并非特许制经营，其不具有浓厚的行政色彩也不以实现证券的流通性和稳定证券的价格为其功能目标，因此，排除了其属于交易所的可能性。基于门户并不仅仅充当资金供需双方之间的媒介，其还具有对资料进行审核、对信用进行评级增级、发布明示或暗示的投资建议的行为，因此，其也没有属于经纪商的可能性。最后，通过Lowe案确立的投资顾问正向判断标准——个人性投资建议以及Park案确立的反向排除规则，结合我国公众小额融资门户的两种不同的审查方式，将其定位于参与型投资顾问。

最终，基于我国公众小额融资门户的投资顾问身份，明确其与投资者之间的权义结构——诚实信用义务、勤勉审慎义务、忠实客户利益义务、禁止承诺收益义务。进而明确归责的基础与核心——诚实信用原则，并对融资过程中可能出现的违反诚实信用原则的欺诈行为进行总结，概括出五种主要的欺诈形态，引入实际性参与标准对欺诈行为进行具体认定。通过两种不同的审查方式及相

① 陈益清:《行业演变中我国P2P借贷平台的法律性质认定》，载《金融法苑》2013年12月31日。

关法律规定，得出相应的责任形式，使整个行业能够顺利纳入我国的监管体系之中，能得到一个行之有效的监管。维护投资者、筹资人的权益，最终促进行业的长久发展。

面对这样一个多变的行业，如何才能对之确立更为行之有效的定位，确立一个核心的监管体制与归责机制，还需要这个行业的进一步的发展。在今后的学习研究中，也会对这一问题持续关注。①

参考文献

著作类：

[1] 史际春，邓峰主编：《经济法总论》，法律出版社 1998 年版。

[2] 黄达主编：《货币金融学》，中国人民大学出版社 2009 年版。

[3] 唐波主编：《新编金融学》，北京大学出版社 1994 年版第 3 版。

[4] 曾筱清：《金融全球化与金融监管立法研究》，北京大学出版社 2005 年版。

[5] 吴志攀：《我国的金融法律制度》，中国法制出版社 2007 年版。

[6] 陈洁：《证券法的变革与走向》，法律出版社 2011 年版。

[7] 高晋康、康清利等著：《我国民间金融规范化的法律规制》，法律出版社 2012 年版。

[8] 郭雳：《美国证券私募发行法律问题研究》，北京大学出版社 2004 年版。

[9] 彭冰：《中国证券法学》（第二版），高等教育出版社 2007 年版。

期刊类：

[1] 陈初：《对中国“P2P”网络融资的思考》，载《人民论坛》2010 年第 26 期。

[2] 彭冰：《我国 P2P 借贷平台的监管模式研究》，载《互联网金融与法律》2014 年第 6 期。

[3] 刘英、罗明雄：《互联网金融模式及风险监管思考》，载《中国市场》第 43 期。

[4] 黄韬：《我国金融市场从“机构监管”到“功能监管”的法律路径——以金融理财产品监管规范的改进为中心》，载《法学》，2011 年第 6 期。

[5] 胡吉祥、吴颖萌：《众筹融资的发展及监管》，载《证券市场导报》2013 年第 12 期。

[6] 何一峰、江翔宇：《准金融机构的监管现状、问题以及对策初探》，载《上海保险》2011 年第 6 期。

① 陈益清：《行业演变中我国 P2P 借贷平台的法律性质认定》，载《金融法苑》2013 年 12 月 31 日。

［7］刘磊、曹斌：《我国金融监管存在的问题及决策》，载《中国商界》2008 年 9 月 15 日。

［8］赵乐峰、杜凯：《规范发展我国 P2P 网络借贷平台的思考》，载《福建金融管理干部学院学报》2012 年第 1 期。

［9］陈益青：《行业演变中我国 P2P 网络借贷平台的法律性质认定》，载《金融法苑》2013 年第 2 辑。

［10］李爱君：《民间借贷的风险防范法律制度研究》，载《中国政法大学学报》2012 年第 4 期。

［11］赵乐峰、杜凯：《规范发展我国 P2P 网络借贷平台的思考》，载《福建金融管理干部学院学报》2012 年第 1 期。

［12］袁康：《互联网时代公众小额集资的构建与法律监管》，载《证券市场导报》2013 年第 6 期。

［13］李有星、罗栩：《论〈放贷人条例〉制定的难点及其解决》，载《政治与法律》2011 年第 6 期。

［14］鲁公路、李丰也：《美国 JOBS 法案、资本市场变革与小企业成长》，载《证券市场导报》，2012 年第 8 期。

［15］肖本华：《美国众筹融资模式的发展及其对我国的启示》，载《国际金融》，2013 年第 1 期。

［16］梁家权、陈智鹏，《美国 JOBS 法案对中国证券发行制度改革的启示》，载《证券市场》2014 年第 4 期。

［17］彭冰：《非法集资活动规制研究》，载《中国法学》2008 年第 4 期。

［18］林越坚：《非法集资与民间借贷的刑民界分》，载《财经科学》2013 年第 1 期。

［19］前引［18］，彭冰：《非法集资活动规制研究》，载《中国法学》2008 年第 4 期。

［20］彭冰：《非法集资活动的刑法规制》，载《清华法学》2009 年第 3 期。

［21］刘为波：《〈关于审理非法集资刑事案件具体应用法律若干问题的解释〉的理解与适用》，载《人民司法·应用》2011 年第 5 期。

［22］彭冰：《证券交易所监管功能研究》，载《中国法学》2005 年第 1 期。

［23］方流芳：《证券交易所的法律地位》，载《政法论坛》2007 年第 1 期。

［24］鲁篱：《证券交易所自治地位的比较研究》，载《社会科学研究》2004 年第 5 期。

［25］许莹：《证券交易所法律问题研究》，载《厦门法学》2006 年第 5 期。

［26］郑顺炎：《证券交易所管理市场职能的法律性质研究》，载《上证研究·法律专辑》2004 年第 3 期。

［27］甘煜：《证券业自律管理：理论与实践》，载《西南财经大学学报》2002 年第

6 期。

［28］邓丽：《投资者在证券集中交易法律关系中的地位与风险》，载《中国政法大学学报》2006 年第 4 期。

［29］吴越、马宏雨：《证监会与证券交易所监管权配置实证分析》，载《社会科学》2008 年第 5 期。

［30］谢增毅：《证券交易所组织结构和公司治理的最新发展》，载《介绍与评论》2004 年第 5 期。

［31］何一峰、江翔宇：《准金融机构的监管现状、问题以及对策初探》，载《上海保险》2011 年第 6 期。

［32］彭冰：《从 Lawe 案看美国对投资顾问的界定》，载《金融法苑》2009 年第 2 辑。

［33］孟繁永：《美国证券投资顾问服务市场发展及借鉴》，载《证券市场导报》2012 年第 10 期。

［34］甘培忠、周淳：《证券投资顾问受信义务研究》，载《法律适用》2012 年第 10 期。

［35］步国旬：《证券投资顾问的利益冲突与信息隔离》，载《证券市场导报》2011 年 9 月。

网页类：

［1］参见《中国经营报》，《众筹中国模式仍有待考查，资金监管是难题》，http：//pay - ad. net/zaixianzhongchou/2013 - 10 - 08/63. html，最后访问时间 2015 年 3 月 20 日。

［2］参见网贷之家，《2012 年网贷行业交易统计》，http：//shuju. wangdaizhijia. com/Wdzj/ReportHour. page，最后访问时间 2015 年 1 月 16 日。

［3］参见《中商情报网》，《2012 年 P2P 网贷发展现状分析》，http：//www. askci. com/news/201301/11/111663428643. shtml，最后访问时间 2015 年 1 月 11 日。

［4］参见中国电子商务研究中心（100EC. CN），《2025 年中国众筹市场规模》，http：//b2b. toocle. com/detail - -6143777. html，最后访问时间 2015 年 3 月 20 日。

［5］参见 ZOL 新闻中心，《中国创业者融资的三个案例：美微、3W、大家投》，http：//news. zol. com. cn/article/142695. html，最后访问时间 2015 年 2 月 21 日。

［6］参见 36Kr，《众筹在中国的模式分析》，http：//www. 36kr. com/p/209228. html，最后访问时间 2014 年 3 月 20 日。

［7］参见山西新闻网，《坚决防范和打击非法集资等违法犯罪活动——全国人大常委会法制工作委员会和国务院法制办公室负责人答新华社记者问（2007 年 7 月 10 日）》，最后访问时间 2015 年 3 月 20 日。

学位论文类：

［1］韩朝炜：《证券交易所自律司法介入研究》，2013 年华东政法大学博士学位论文。

［2］许莹：《证券交易所法律问题研究》，2006 年厦门大学硕士学位论文。

英文文献类

［1］ Reves v. ernst. Young，494 U. S. 56 （1990）.

［2］ Lowe v. SEC，472 U. S. 181 （1985）.

［3］ SEC v. Park，99 F. Supp. 2d 899. （N. D. 2000）.

［4］ Prosper Marketplace，Inc. ，Cease – and – Desist Order，Securities Act of 1933 Release No. 8984，94 SEC Docket 1913 （Nov. 24，2008）.

［5］ Prosper Marketplace，Inc. ，Cease – and – Desist Order，Securities Act of 1933 Release No. 8984，94 SEC Docket，1913 （Nov. 24，2008）.

［6］ Jack R. Magee，Peer – to – peer Lending in the United States：Surviving after Dodd – frank，Copyright （c） 2011，North Carolina Banking Institute.

英文网站类

［1］ See Silla Brush，Online Lender Lobbies Congress for Industry Consumer Regulator，http：//thehill. com/business – a – lobbying/102323 – online – lender – lobbies – congress – for – industry – consumer – regulator，最后访问时间 2014 年 12 月 17 日。

浅谈比较法视野下当事人撤诉的反思与规制*

——以撤诉后再起诉的限度为切入点

【摘要】 我国撤诉制度体现着规定简单化和适用频繁性的矛盾，就撤诉后再起诉这一问题来说，《民事诉讼法》及其司法解释只规定了一般原则和两个例外。与法德日大陆法系国家及英美法系国家相比，撤诉要件及撤诉后再起诉的条件缺乏细致规定，由此无法解决实务中适用的诸多问题，对此当前可以通过借鉴国外相关制度来进一步完善我国的撤诉制度。

【关键词】 申请撤诉；按撤诉处理；再起诉；被告同意；次数限制

引　言

撤诉作为一种重要的民事诉讼行为体现着当事人的处分权，这种处分权的行使受到法院职权的制约，而当事人一方的撤诉也会对另一方造成相应的影响，所以撤诉制度中包含着当事人之间、当事人与法院之间利益的平衡以及诉讼程序的安定。撤诉一旦失去必要的规制，势必会引起利益的失衡。而我国当前，各地法院对提高调撤率的追求成为一种普遍态势，与之相匹配的却是关于撤诉

* 作者：中国政法大学法学院 2017 级 4 班　魏濛濛
指导老师：中国政法大学民商经济法学院教授　邱星美

制度屈指可数的民事诉讼法条及相应司法解释，在这样规范简单化和适用频繁性的矛盾之下，撤诉方面的问题势必显现，其中一大表现就是当事人频繁利用撤诉后再起诉的方式来反复开始新的诉讼程序制造诉讼拖延，有损害他人利益、浪费司法资源、干扰程序安定之嫌，而我国法律却只对撤诉制度做出了笼统规定、对撤诉后再起诉的问题也缺乏有效规制。可见，探讨撤诉后再起诉的限度具有现实的必要性。与我国不同的是，一些大陆法系和英美法系国家对撤诉及其之后的再起诉有更为明确的限制，并落实在具体的法条中加以规定，这对我国现阶段探讨撤诉制度的规制具有很大的借鉴意义，我国目前对比较法的研究也使借鉴具有相应的可能性。本文先从我国立法切入分析我国目前关于撤诉的相关规定，再通过各国法律对撤诉再起诉规定的比较反思我国相关规定的不足，最后从若干方面给出完善撤诉制度的构想。

一、我国撤诉制度综述

首先需要明确本文所要讨论的撤诉仅指狭义层面的撤回起诉而不包括撤回上诉、撤回再审申请和撤回抗诉，在此基础上讨论我国目前的撤诉制度需要明确撤诉的时间和主体、撤诉需要具备哪些条件，明确以上问题能够将后文对于“撤诉”的讨论界定在合理的范围之内。

（一）撤诉的时间和主体

与国外立法不同的是，我国立法并没有在法律条文中给某一制度下定义的习惯，因此讨论撤诉的时间和主体问题并不能通过明确法定概念得出，需要综合分析法律规定和学说理论所得。正如《民事诉讼法》第 145 条第 1 款规定：“宣判前，原告申请撤诉的，是否准许，由人民法院裁定。”《民事诉讼法》第 143 条规定：“原告经传票传唤，无正当理由拒不到庭的，或者未经法庭许可中途退庭的，可以按撤诉处理；被告反诉的，可以缺席判决。”法条中只是较为笼统地说明了撤诉的时间为“宣判前”，撤诉的主体是“原告”，撤诉的主要情形是原告申请和法院按撤诉处理，据此就撤诉的时间和主体来说就会产生以下疑问：第一，《民事诉讼法》第 145 条是在第一审普通程序之下，那么二审是否允许撤诉？第二，撤诉的主体“原告”包括哪些人？

1. 撤诉的时间

首先应当明确的是，本文所论述的撤诉具体指撤回起诉，与撤回上诉相区别，撤回起诉是原告的权利，而撤回上诉是上诉人在二审程序中所独有的权利，撤回起诉视为自始未起诉而撤回上诉并不会产生这样的效果。因此撤诉的时间问题实为二审中可否撤回起诉的问题，即二审中能否一撤到底的问题。

就此问题而言，长期以来存在的争论实为民事诉讼制度设置的问题，体现在法律条文中1982年《民事诉讼法》、1991年《民事诉讼法》、2007年《民事诉讼法》、2012年《民事诉讼法》都仅在一审普通程序一章中规定了撤诉时间为宣判前，并未涉及二审中能否撤诉的问题。因此在法律缺乏规定的情况下，就二审撤诉问题在学界就有较为广泛的争论，在1982年《民事诉讼法》实施阶段，有学者认为若原告作为上诉人，则其兼有撤回上诉和撤回起诉的权利，也有学者明确反对二审撤诉，认为一审程序既然已经终结就无诉可撤，撤回起诉是一审程序的事项，二审法院无权决定。① 而其后1992年《最高人民法院关于适用〈中华人民共和国民事诉讼法〉若干问题的意见》（已失效）（以下简称为民诉法意见）的出台也并未解决这一问题，1992年民诉法意见第191条第2款也只是笼统地规定了："因和解而申请撤诉，经审查符合撤诉条件的，人民法院应予准许。"此处的"撤诉"究竟是撤回上诉还是撤回起诉并没有明确的定论，长期以来在审判实践中起着指导性作用的观点是：撤回起诉只能存在于一审诉讼程序，而撤回上诉只能存在于二审诉讼程序。②

而在学界，肯定说和否定说却各执一词。否定说认为结合民诉法意见的前后行文和民诉法仅就二审撤回上诉作出的规定，民诉法意见191条的"撤诉"应该仅指撤回上诉，③ 因此在法律没有明确规定的情况下不应肯定二审撤诉，允许撤回起诉会给被告造成不必要的诉累甚至浪费司法资源④。而肯定说主要从《民事诉讼法》第13条第2款规定的当事人处分原则出发，认为当事人具有的处分权应当贯穿于诉讼的全过程，认为1992年民诉法意见第191条规定的撤诉正是二审撤回起诉的法律赋予的权利，只要原告撤诉不损害国家、集体和他人

---

① 裴国智：《如何处理上诉人要求"一撤到底"的民事案件》，载《河北法学》1985年第5期。

② 朱福勇：《析二审过程中撤回起诉程序的处理》，载《人民司法》2010年第4期。

③ 李海涛：《论民事二审程序中原告申请撤回起诉的几个问题》，载《法律适用》2011年第2期。

④ 李俊洁：《二审撤回起诉相关问题究研》，载《法制博览》2016年第31期。

的合法权益，法院就不应该加以限制。[①] 但是，如果支持二审撤诉会面临一审判决是否生效以及被告对一审判决的期待利益如何保护的问题，这体现在反对二审撤诉者的质疑：二审准许原告撤回起诉将产生一审判决效力的悬空，如果否定了一审法院在当事人充分行使诉讼权利的基础上经过法定程序审理的结果，这使通过一审判决确定的法律关系回复到原来的争议状态，不符合当事人对判决稳定性的期待，法律权威也会受到冲击。[②]

为解决长期以来理论和实务中对二审撤诉的疑问，我国在 2015 年《最高人民法院关于适用〈中华人民共和国民事诉讼法〉的解释》（以下简称《民诉司法解释》）中做出了较为明确的说明。《民诉司法解释》第 338 条第 1 款规定："在第二审程序中，原审原告申请撤回起诉，经其他当事人同意，且不损害国家利益、社会公共利益、他人合法权益的，人民法院可以准许。准许撤诉的，应当一并裁定撤销一审裁判。"从法律规定的变化中可以看出，现行法肯定了原告在二审中撤回起诉的权利，并以"经其他当事人同意"为前提条件保护期待利益，又通过规定撤诉后撤销一审原判以解决一审判决效力悬空的问题，是为从制度层面完善了二审撤诉问题，以此解决反对者的疑虑。因此，从法律规范内部一致性的角度来说，撤诉不仅是指一审宣判前的撤回起诉，而且还应当包括一审宣判后当事人上诉并在二审宣判前撤回起诉的情形，当事人有权在法律规定的范围内处分自己的实体权利和诉讼权利，这是现行法对二审阶段当事人撤回起诉的明确认可。

2. 撤诉的主体

首先，既然本文中的撤诉是指狭义层面的撤回起诉，那么基于撤诉与撤回上诉、撤回再审申请、撤回抗诉的区分，撤诉主体自然不包括撤回上诉的上诉者、撤回再审申请的申请人、撤回抗诉的检察院。从本质上来讲，撤诉是从根本上撤回了向法院提出的"司法保护请求"，而撤回上诉、撤回再审申请、撤回抗诉撤回的仅仅是"不服原判，要求复审"的请求。[③] 因此后三种是不同于撤诉的其他诉讼行为的撤回，即上诉人、再审申请人和检察院是其他诉讼行为撤回的主体而非撤诉的主体。

---

① 李海涛：《论民事二审程序中原告申请撤回起诉的几个问题》，载《法律适用》2011 年第 2 期。

② 王勇：《二审撤诉的处理之道——从"吴梅案"切入》，载《湖北警官学院学报》2013 年第 10 期。

③ 王德新：《民事诉讼行为理论研究》，中国政法大学出版社 2011 年版，第 211 页。

其次，撤诉主体问题实为谁的行为能作为撤诉动因的问题，可以作为撤诉动因的行为主要包括撤诉申请和《民事诉讼法》第143条中的相应行为。撤诉主体主要分为两大类：一是当事人；二是当事人之代理人，包括特别授权的委托代理人和无民事行为能力人的法定代理人。就第一大类中而言，除了原审原告以外，是否包括提出反诉的被告和有独立请求权的第三人？根据《民诉司法解释》第236条、第237条的规定，有独立请求权的第三人其实具有另案原告的地位，因此对另案诉讼同样可以提出撤诉申请，同样可以比照《民事诉讼法》第143条按撤诉处理。对于提出反诉的被告来说，反诉与本诉的合并审理并不影响其是一个独立之诉的本质，提出反诉的被告是反诉中的原告，因此其当然具有与本诉原告相同的权利，即也是撤诉的主体。《民诉司法解释》第239条规定，被告申请撤回反诉的，人民法院应予准许，体现了现行法对提出反诉的被告作为撤诉主体的认可。就第二大类而言，根据《民诉司法解释》第235条的规定，对无民事行为能力人的法定代理人同样可以比照《民事诉讼法》第143条按撤诉处理，无民事行为能力原告的法定代理人之行为可作为按撤诉处理的动因，实际上其是通过代为行使原告的权利而成为了撤诉行为的主体，这是一种原告缺乏民事行为能力的特殊情形。

据此笔者认为，根据我国现行法和一般观念，应当肯定二审撤诉以及有独立请求权的第三人、提出反诉的被告的撤诉主体地位，也应当肯定无民事行为能力原告的法定代理人的撤诉主体地位。

（二）撤诉的要件

在明确了撤诉的时间和主体的基础上，以申请撤诉和按撤诉处理两个撤诉类型为角度讨论我国撤诉的要件，目的在于明确我国现阶段对于撤诉已有的门槛限制，从而为下文通过中外比较引出申请撤诉后再起诉方面的制度缺陷以及从申请撤诉和按撤诉处理两个角度讨论制度完善做铺垫。

一方面，从当事人申请撤诉的要件来看，申请撤诉的成就需要满足：（1）时间阶段：当前我国法律明文将撤诉的时间限定为“宣判前”，根据上文的分析可以认为我国可以撤诉的时间阶段实为一审立案后宣判前以及二审进行中宣判前；（2）主体范围：撤诉行为的主体是指包括一审中原告、提出反诉的被告、有独立请求权的第三人、二审中原审原告在内的当事人以及当事人特别授权的委托代理人和无民事行为能力原告的法定代理人，不包括撤回上诉的上诉者、撤回再审申请的申请人、撤回抗诉的检察院。（3）核准机关：现行《民事诉讼法》第145条第1款规定："宣判前，原告申请撤诉的，是否准许，由人民法院裁定。"可见，作为上述撤诉主体的当事人能否成功撤诉还要受制于法院职权，撤诉需要经过法院经过审查后核准才可实现。（4）合法前提：根据《民诉司法解释》第238条第1款规定："当事人申请撤诉或者依法可以按撤诉处理的案件，如果当事人有违反法律的行为需要依法处理的，人民法院可以不准许撤诉或者不按撤诉处理。"可见，当事人行为的合法是能够成功撤诉的前提之一。（5）被告权限：《民诉司法解释》第238条第2款还规定了："法庭辩论终结后原告申请撤诉，被告不同意的，人民法院可以不予准许。"据此，在法庭辩论终结后和宣判前的这个阶段，我国新司法解释对于当事人撤诉增设了获得对方被告同意的这个条件。

另一方面，从按撤诉处理的要件来看，与当事人申请撤诉不同，按撤诉处理除了时间阶段、主体范围等外还有其特殊的要件，根据《民事诉讼法》第143条和《民诉司法解释》第213条、第235条、第236条可以概括出以原告为代表的撤诉主体①的三个情形，每个情形都能单独构成按撤诉处理的要件：（1）经传票传唤无正当理由拒不到庭；（2）未经法庭许可中途退庭；（3）应当预交而未预交案件受理费并经法院通知后仍不预交或者申请减、缓、免未获批准而仍不预交的。

以上为目前我国当事人通过法定程序实现撤诉的具体要件，而实际上在当前我国语境下讨论撤诉的要件就是在探讨我国目前撤诉的规制现状。可以看到，目前我国对撤诉的规制具有大体的框架，但是许多方面的规定还不尽完善，缺乏细致的规定，这种欠缺在下文与其他国家的比较中可以发现，尤其是在当事人撤诉之后再起诉的问题中有着更为明显的体现，以此为我国进一步制度设计寻求可完善方面。

---

① 指《民事诉讼法》第143条中经传票传唤无正当理由拒不到庭或未经法庭许可中途退庭的原告，《民诉司法解释》第213条中应当预交而未预交案件受理费并经法院通知后仍不预交或者申请减、缓、免未获批准而仍不预交的原告，《民诉司法解释》第235条中经传票传唤无正当理由拒不到庭的无民事行为能力原告的法定代理人，《民诉司法解释》第236条中的经传票传唤无正当理由拒不到庭或未经法庭许可中途退庭的有独立请求权第三人。

二、申请撤诉后再起诉的规制与完善

（一）当事人申请撤诉后的再起诉问题

1. 可否再起诉问题

如果当事人在撤诉之后并没有实际解决纠纷，那么是否可以就同一纠纷再向法院提起诉讼呢？我国学界基本认可当事人撤诉后再起诉的权利，因为与舍弃诉权不同，撤回起诉并不触及诉争权利，它仅仅导致诉讼程序的终结，当事人的实体权利并没有因此而消灭。[①] 换句话来说，既然纠纷并没有经过实际的解决，当事人仍然可以依据实体权利来重新向法院提出“司法保护请求”，此为撤诉引起的实体法效果。这种认可也明确体现在我国法律规定中。

我国1991年《民事诉讼法》第111条规定：“人民法院对符合本法第一百零八条的起诉，必须受理；对下列起诉，分别情形，予以处理：……（五）对判决、裁定已经发生法律效力的案件，当事人又起诉的，告知原告按照申诉处理，但人民法院准许撤诉的裁定除外。”2007年和2012年民事诉讼法采取的立场与1991年《民事诉讼法》相同，都规定对法院裁定准许撤诉的案件原告再起诉的行为是告知其申诉或申请再审的例外，但《民事诉讼法》中并未明确说明对撤诉后再起诉的案件可否受理，明确的规定体现在，我国1992年《最高人民法院关于适用〈中华人民共和国民事诉讼法〉若干问题的意见》第144条和《民诉司法解释》第214条，确立了当事人撤诉后再起诉法院应当受理的基本原则以及离婚案件撤诉后六个月内没有新情况新理由不予受理的特别规定，《民诉司法解释》第338条将二审程序中原审原告提出的撤诉效力加以限制，规定原审原告在二审中撤回起诉又重复起诉的法院不予受理。因此对于撤诉后可否再起诉问题，我国规定总结起来说是一般原则和两个例外：一般情形下一审中撤诉后再起诉可予以受理，此为撤诉后可再起诉的一般原则；离婚案件撤诉后的六个月内原则上禁止再起诉，二审中撤诉又重复起诉原则上也不予受理，这是撤诉后可再起诉的两个例外。

与我国相比，国外对于撤诉后可否再起诉问题有着不同规定。德国没有禁

---

① 王德新：《民事诉讼行为理论研究》，中国政法大学出版社2011年版，第208～209页。

止原告于撤诉之后再次起诉，但是德国《民事诉讼法》第 269 条[①]却规定了另外一种限制，即“在诉撤回后被重新提起时，被告在收到诉讼费用的偿付前可以拒绝应诉”，因为关于撤诉的诉讼费用承担问题，德国《民事诉讼法》第 269 条[②]规定“费用承担义务在考虑此前的案件事实和争议情况的基础上根据公平原则进行裁量”，因此诉讼即使被撤回也会有被告承担相应诉讼费用的情况，如果任由原告重复起诉，势必会对被告的实体权利产生不利影响，因此德国民诉法在再起诉阶段赋予被告适当的拒绝应诉权以实现对撤诉后再起诉的限制。与德国不同的是，日本对撤诉后是否可以再起诉区分终局判决作出前和终局判决作出后，认为前者撤诉可以再起诉而后者不能[③]，这与我国区分一审和二审撤诉的效力具有一定程度的相似性。日本学者为判决作出前撤诉可以再起诉的原因做出了说明：撤诉实质是撤回诉讼上请求审理和判决申请而向法院进行的意思表示，诉的撤销一旦实施，其诉讼被视为未向法院起诉，从而终止诉讼程序。[④] 诚然，在终局判决做出以后，诉讼已经有了实体的处理结果，如允许再起诉就会违反一事不再理之原则。美国民诉法也对此问题分类看待但情形不同，《美国联邦民事诉讼规则》[⑤] 第 41 条第 1 款罗列了原告撤销和法院命令撤销诉讼两种撤诉情形，基本肯定这两种情形下原告撤诉后再起诉的权利，但在第 2 款否认了原告经被告动议非自愿撤诉的再起诉权利：“如果原告不继续进行诉讼或不遵守本规则以及服从法院命令时，被告可以申请撤销诉讼或驳回其诉讼请求，除非法院在该撤销诉讼的命令中说明，否则基于本款规定以及本条未做规定的其他撤销诉讼，具有实体裁判的效力。”美国民诉法的此种规定实为考虑原告对于诉讼义务的履行来区别其再起诉权利。

通过比较可以发现，各国对撤诉能否再起诉这一问题不是绝对的认可或否定，而是根据具体的情况加以法律规制，而这种情况总结来说有是否偿付被告相应费用、法院是否已作出终审判决、是否是非自愿撤诉几种类型，与我国简

---

① 丁启明译：《德国民事诉讼法》，厦门大学出版社 2016 年版，第 61 ~ 62 页。

② 丁启明译：《德国民事诉讼法》，厦门大学出版社 2016 年版，第 61 ~ 62 页。

③ 白绿铉编译：《日本新民事诉讼法》，中国法制出版社 2000 年版，第 90 ~ 92 页。

④ ［日］中村英郎：《新民事诉讼法讲义》，陈刚等译，法律出版社 2001 年版，第 244 页。

⑤ 白绿铉、卞建林译：《美国联邦民事诉讼规则证据规则》，中国法制出版社 2000 年版，第 78 ~ 79 页。

单划分一审二审并考虑具体案由来说相比则有更强的适用性，对其他当事人利益也能得到更好保护。因此笔者认为，在撤诉后是否可以再起诉这一问题上，我国虽然在法律上给予了肯定并用例外情形加以规制，但仅仅以审判程序和案由标准而不考虑原告诉讼义务的履行、被告实体权利的影响、因诉讼产生的资源负担和各方付出等更为切合实际的因素，实为缺乏细致的考量。

2. 时效计算问题

撤诉后再起诉的另一个规制体现为撤诉后的时效限制。就当事人撤诉而言，我国立法虽然明确了一审撤诉后可以再行起诉，但却未对再起诉的时间进行限制，仅有的只是局限在离婚案件六个月再起诉不受理这一例外，其余只要不超过诉讼时效就可以再起诉再受理，由此就产生这样的问题，即撤诉后的诉讼时效如何计算？依据《民法通则》第 140 条规定，起诉具有诉讼时效中断的效力，而这种效力中断是否及于撤诉我国法律并无明文规定，理论界也有争议，普遍观点认为也产生诉讼时效中断之效力。

对于撤诉的时效后果，法德日有其明文规定。如《法国民法典》持不中断立场，其第 2243 条规定："如原告撤诉，或者在提起诉讼之后，听任法律规定的期间经过而不实施任何诉讼行为，诉讼因此而失效时，或者诉讼请求被终局驳回时，时效的中断不曾发生。"① 《日本民法典》立场类似，第 149 条规定："裁判上请求，在起诉被驳回或撤回时，不发生时效中断的效力。"②《德国民法典》最初持"不中断加例外"立场，原第 212 条规定：如果撤诉或者因被未审理诉讼事实而作出的判决驳回起诉时，因起诉而中断的时效视为未中断，如果权利人在六个月之内再次起诉时，时效自前次起诉之时起视为中断。但 2000 年之后，《德国民法典》对起诉及撤诉的时效后果改采"中止"规则③，第 204 条第 2 款规定："在有既判力的裁判或者已经开始的程序以其他方式终结后，第 1 款所规定的停止状况经过六个月而结束。"④ 法德日不中断制度理论会受到相应质疑，认为撤诉不中断使得之前所耗费的时间也计算在了诉讼时效期间内，如果权利人撤诉之时快要达到诉讼时效而继续计算，势必会限制当事人再行起诉

---

① 罗结珍译；《法国民法典民事诉讼法典》，国际文化出版公司 1997 年版。

② 王爱群译：《日本民法典》，法律出版社 2014 年版，第 35 页。

③ 霍海红：《撤诉的诉讼时效后果》，载《西北政法大学学报》2014 年第 5 期。

④ 陈卫佐译：《德国民法典》，法律出版社 2015 年版，第 71 ~ 73 页。

的权利，也会影响撤诉权行使，似为对权利人的不利。但这里忽视了一个配套制度，即诉讼时效期间。《德国民法典》《日本民法典》规定了撤诉后时效不中断，与此并存的是分别长达30年、10年的普通时效期间，这样的长期时效，即使撤诉不生中断效力，也不至于对权利人产生实质影响。[①] 况且德日又分别有额外时效和特定期间时效不完成的制度相配套以达到利益的衡平。

而反观我国，实务界通说认为撤诉引起的效果应当表现为诉讼时效中断[②]，只要当事人在某类案件撤诉后的相应诉讼时效期间内起诉就可以受理。这是在我国目前短期时效制度下值得理解的，我国规定的一般时效是两年，而特殊时效仅有一年，在这样短的时效下如果撤诉继续计算时效就很当然存在上述损害权利人的担忧，更何况没有特定期间时效不经过的配套制度予以弥补，因此笔者认为，在目前的体制下撤诉应当作为一种结案方式引起诉讼时效中断。但是撤诉的时效中断效力不应仅仅作为"通说"来适用于实务中，而是应该像起诉时效中断那样有法律的明文规定，这是我国目前需要完善的。

3. 反复再起诉问题

当我国肯定了一般情况下当事人申请撤诉后再起诉的权利、认可了在撤诉后重新计算的时效期间内再起诉之后，还会出现后续问题。诉讼时效是用来规制于权利之上的权利，但对于过于积极行使的权利却无从规范，因为每次积极的起诉撤诉都会重新计算诉讼时效，从而给予后续再起诉继续进行的时间条件，这种反复再起诉的问题在我国没有次数限制的状况下得以显现。因而无法避免地会出现这样的状况，即原告只要满足了前文所列举的6个撤诉要件并在时效之内提起再起诉，就可以不断地起诉撤诉再起诉，实际上造成了司法资源的浪费，法院却没有足够的法律依据能够裁定不予受理，尤其是对于分割起诉的行为而言，原告就诉讼标的额的某一部分起诉再撤诉，之后对另一部分起诉再撤

---

① 霍海红：《撤诉的诉讼时效后果》，载《西北政法大学学报》2014年第5期。

② 江苏高级人民法院《关于民商事审判适用诉讼时效制度若干问题的讨论纪要》和北京高级人民法院《审理民商事案件若干问题的解答之四（试行）》主张"债权人起诉后又撤诉，诉讼时效中断"；辽宁高级人民法院《关于当前商事审判中适用法律若干问题的指导意见》则认为"诉状送达相对人，起到诉讼外向相对人主张权利的作用，时效于起诉状送达相对人之日中断"；最高人民法院曾在《关于四川高院请示长沙铁路天群实业公司贸易部与四川鑫达实业有限公司返还代收货款一案如何适用法（民）复（1990）3号批复中诉讼时效期间问题的复函》中明确表达过有条件中断立场。转引自霍海红：《撤诉的诉讼时效后果》，载《西北政法大学学报》2014年第5期。

诉，甚至是反复对多个部分采取这样的手段以达到诉讼时效的重新起算，这样恶意拖延诉讼的行为是应当受到法律规制的，而现行法律却没有对其作出相关规定。

以借款纠纷的分割起诉为例，原告将1万元标的额分成5个2000先后5次起诉，每次起诉后又撤诉再起诉以达到延长诉讼时效的目的，这时法院应当对后面几次撤诉再起诉行为如何处理？在实务中基于当事人平等与司法效率的考量偏向于“不予受理”，但在否定的理由方面法院却较难找到合理的法律依据，在当前的法律体系下法院既不能以“一事不再理”为由、也不能以“标的相同不能分割为由”，似乎只能从拖延诉讼浪费司法资源的角度对这种行为加以实务处理中的否定，而这也不是充分的理由：（1）一审中以“一事不再理”原则不能否定撤诉后的再起诉。此处区分了一审和二审的不同情况，二审中法院已经就案件作出实体的裁决，只是因为上诉人的不服从而依申请进入上诉审，一审已经宣判只是在生效之前进入二审程序等待重新宣判，即使原审原告撤回起诉也不能认定为该诉未经过实体解决自始没有发生，因而原审原告在二审中撤回起诉又重新起诉的可依据“一事不再理”原则裁定不予受理，这在司法解释338条有其体现。而在一审中则不同，一审中的撤诉具有溯及既往的撤回起诉的效力，使得诉讼的实体问题没有得到解决，纠纷仍然存在，当事人就这种未经实体解决的纠纷再行起诉与“一事不再理”原则否定的情形不同，再起诉因此并不违反一事不再理。所以法院对前文列举的仍在诉讼时效内的借款分割起诉无法依据“一事不再理”的原则加以否定。（2）同一诉讼标的不可分割也不是拒绝立案的理由，前述案例中1万元的借款发生在同一原被告间，原告理应就1万元全额向法院提起诉讼而不是每次2000元分5次起诉，法院可以认为两者间的借贷关系作为一个诉讼标的不应分割开来数次起诉，但是案件标的是否可分割涉及实体问题的认定，根据我国现行的立案登记制，立案阶段仅仅能就程序性的问题进行审查，因此要求法院进行实质性审查后得出不可分割的结论并以此为由不予受理也是行不通的。（3）故意拖延浪费司法资源缺乏足够的信服力。以故意制造诉讼拖延为由是仅仅依赖法院习惯做法作出的判断，缺乏足够的法律支持，而以此为由还要面临当事人诉权和司法效率的取舍问题，缺乏证明力。

由此我们可以看到，目前对反复撤诉再起诉行为就存在这样的困境，一方面要对其加以限制，另一方面又缺乏必要的法律依据，仅有的对撤诉要件以及再起诉条件的规定不足以应对这样的问题。这使得实务上的处理各行其道、混乱不一。因此，必须要从制度层面完善相关的限制条件，而实现此种规制就要对症下药，针对“反复撤诉行为”和“反复再起诉行为”作出相应的限制：一是对撤诉条件做出进一步规制；二是对再起诉可受理的条件进一步规制。

（二）各国法对申请撤诉后再起诉的规制

1. 诉讼时效的限制

根据前文对法德日的诉讼时效不中断模式的介绍，法德日的诉讼时效期间是与撤诉后时效不中断制度相结合来实现对撤诉后再起诉的规制。一方面，通过诉讼时效不经过的制度来限制撤诉主体再起诉权利，另一方面又在长时效制度背景下加上一定期间时效不经过的制度防止再起诉权利形同虚设，实现应有的利益平衡。

2. 撤诉条件的限制——法德日的被告同意原则

“当事人申请撤诉”通常会被理解为原告方的应有权利体现，撤诉要件也主要体现为原告方在合理期间内的自愿提出与法院同意以及法院按撤诉处理情形，这种权利处分对被告一方的影响在我国却并没有得到足够的重视。与我国不同的是，许多国家民事诉讼法都明确规定“被告同意”之撤诉条件，在原告掌握主动的制度中防止被告利益受损。《德国民事诉讼法》第 269 条规定：“原告只能在被告未就本案开始言词辩论前，可以不经被告同意而撤回诉讼，撤回诉讼以及使撤回生效的必要的被告的同意，应向法院表示。”[①]《法国民事诉讼法》第 395 条规定：“撤回起诉，仅在经被告接受时，始为完全，但是，如在原告撤诉时，被告尚未提出任何实体上的辩护，或者未提出不受理请求，被告之接受并非必要。”[②]《日本民事诉讼法》第 261 条规定：“撤回诉讼，如果是在对方当事人对于本案已经提出准备书状或在辩论准备程序中已经陈述或者已经开始口头辩论后提出的，非经对方当事人的同意，不发生其效力。”[③] 可见，大陆法系国家对于撤诉的认识充分考量了对方当事人在已经进行的诉讼过程中的投入，其目的是防止被告因原告的撤诉而受到利益损害，体现了对被告方的利益保护。

---

① 谢怀栻译：《德意志联邦共和国民事诉讼法》，中国法制出版社 2001 年版，第 64 页。

② 罗结珍译：《法国新民事诉讼法典》，中国法制出版社 1999 年版，第 81 页。

③ 白绿铉编译：《日本新民事诉讼法》，中国法制出版社 2000 年版，第 91 页。

同样地，英美法系国家也没有忽视这一问题，如美国就规定在被告答辩后原告自愿撤诉的必须经过被告的同意或者法院的批准①。

3. 再起诉条件的限制——美国的次数限制和英国的法院许可

对反复起诉这种累讼现象最为直接有效的方法莫过于对再起诉限定一个先前撤诉次数的条件。《美国联邦民事诉讼规则》② 第41条第1款中规定“除在撤销诉讼的通知书或协议书上另有说明外，撤销诉讼不损害权利。但是，如果曾在任何联邦法院或州法院撤销过诉讼的原告基于或包括同一请求提出的撤销诉讼，因而该撤销诉讼通知书具有与实体判决同等效力的除外”，学界将此条款归纳为制约原告再行起诉行为的“二次诉讼规则”③，即如果原告曾经在任何联邦法院或州法院中行使过撤诉权之后就同一请求提起相同的诉讼，并再次行使撤诉权的话，法院在准许其撤诉的同时，作出原告不得再次起诉的登记，从而禁止原告重复起诉。

《英国民事诉讼规则》第38.7条④则规定：“已经撤诉的原告对同一被告针对同一诉讼标的重复起诉的，法律允许，但是如果有下列情形之一的，须经法院准许：原告在被告提交答辩状后撤诉的以及原告重新提起诉讼依据的事实与所撤回诉讼依据的事实相同或基本相同的。否则不得再行起诉。”以此实现以法院许可来限制重复起诉的行为。

（三）我国申请撤诉后再起诉的完善

1. 加强再起诉的时间规制

前文在引出反复再起诉问题时已经阐明了在当事人积极行使权利的状况下，时效并不能对再起诉问题作出规制，但这里有一个前提，即我国时效设计和撤诉中断的语境下。前文已经提到我国与其他国家在这两方面的区别，在撤诉时效不中断的情形下，当事人撤诉会冒再起诉却诉讼时效届满的败诉风险，由此

---

① 亓伟伟、牟荣华：《我国民事诉讼撤诉制度存在的问题及解决对策》，载《泰山学院学报》2006年第4期。

② 白绿铉、卞建林译：《美国联邦民事诉讼规则证据规则》，中国法制出版社2000年版，第78～79页。

③ 赵泽君主编：《民事诉讼快速解决机制的立法研究——以诉讼拖延的成因与治理为视角》，中国检察出版社2011年版，第139页。

④ 徐昕译：《英国民事诉讼规则》，中国法制出版社2001年版，第200页。

当事人会在“撤诉再起诉”和“原诉继续”两种纠纷解决途径中审慎考量，而不是完全依赖再起诉这一新的机会，这可以从一个角度来对再起诉进行限制。但这种限制以撤诉后时效不中断为前提，在我国普遍认可撤诉后时效中断的情形下是难以实现的，如果要利用起诉讼时效的限制效果，则需要考虑我国不中断理论的可适用性以及配套的时效制度改革。

我国再行起诉可受理的现行要件主要为诉讼时效期间内，而对于之前撤诉行为的诉讼时效效果需要进一步的理论研究选择最适合我国的时效规定，若改变诉讼时效中断的传统观念而尝试不中断理论，可以参考日本民诉法一定期间内诉讼时效不届满的规定来实现对当事人的保护，以实现民事诉讼进行中双方当事人利益的平等保护，但与此同时这种时效制度需要在我国具备适用的可能性。但在长期的司法实践和学界通说下，要改变撤诉后诉讼时效中断制度可能性不大，较为现实的是在撤诉后诉讼时效中断的制度原则下辅之以特定情形不中断以及不中断情况下一定期间诉讼时效不经过的例外情形，如当事人存在滥用诉权、恶意诉讼、不履行诉讼义务等情形的以诉讼时效不中断约束之。

2. 改善撤诉要件规制——借鉴被告同意原则

从撤诉要件角度进行规制，应当确立类型化思维，针对申请撤诉，现行要件主要包括：时间阶段、主体范围、原告自愿申请、法院准许、合法前提和有限的被告同意。在对再起诉问题的分析中我们可以看到现行要件有所欠缺。其中“被告同意”应当作为我国撤诉制度进一步完善的落脚点。

首先必须承认，我国并不完全忽视“被告同意”这一前提条件，而是以具体的诉讼阶段来确定是否适用这一条件。根据《最高人民法院关于适用〈中华人民共和国民事诉讼法〉的解释》第238条第2款和第338条的规定可以看出，我国在一审辩论终结后以及二审中的当事人撤诉明确了需要经过对方当事人的同意，这是我国法律上对被告同意权的保护体现。

笔者认为，一方面，在二审中对其他当事人同意权的规定具有合理性，因为一审中尚有未发生法律效力的裁判存在，这使得参与诉讼的其他当事人存在可期待利益，如果听任原告在二审程序中撤回起诉，使纠纷回到等同于未诉的状态，被告就会面临失去可期待利益的处境[①]，因而以其他当事人的同意为前提能有效避免利益失衡。

但另一方面，在一审中将须经被告同意撤诉的时间限定为“法庭辩论终结后”则面临问题，体现为其对辩论中或者辩论准备程序中撤诉的申请是否需要被告同意没有作出进一步规定。如果严格按照法律原意来看，可以认为我国对需要经过被告同意的撤诉时间段是加以限缩的，“被告同意”只是作为特殊情形下的撤诉要件。由此我们可以反思，辩论终结后撤诉需要被告同意实为体恤被告方在辩论程序中的各方面投入，是对被告一方实体利益的保护，那么如果在辩论终结前撤诉，已经投入实体案件中的被告方同样可能投入了大量的精力财力，此时若不考虑被告方的意愿就准许撤诉是否无从保护被告方的期待利益？就这一问题，法国、德国与日本的规定似乎更为妥当，他们以被告方是否为辩论做了准备并采取行动为依据判断撤诉是否应经被告同意的前提，更利于实务中通过个案分析来平衡双方利益。与法德日的规定相比较，我国司法解释具体规定时间点的这种做法似乎更显机械，虽然考虑到了对被告一方的利益保护但却未采取合理的标准保护。因而，若要以“被告同意”这一条件对当事人撤诉作出规制以实现诉讼双方的平等和利益均衡，就要考虑被告一方实际的投入而非仅仅依据诉讼阶段来作为此条件适用的前提。

三、增加再起诉的次数规制

在我国没有对再起诉行为作出次数限制的情况下，为防止反复再起诉的另一个值得借鉴的做法就是美国的“二次诉讼原则”，从法律规范上对撤诉再起诉的次数进行限制，以直接规制此类累讼问题。不难发现，我国在次数方面若参考此类做法，则对于规制累讼现象会有直接的效果，然而这是否构成对当事人处分权的限制，核心问题在于如何平衡当事人处分权和法院职权。笔者认为，这种“二次诉讼规则”实为对当事人审慎行使处分权的规制，就像诉讼时效一样，其目的不是消灭权利而是督促当事人更积极理性地行使自己的权利，为防止诉权的滥用及诉讼资源的浪费，我国也可以对原告撤诉后就同一事实针对同一被告再行起诉情形做合理的次数限制。

---

① 王勇：《二审撤诉的处理之道——从“吴梅案”切入》，载《湖北警官学院学报》2013 年第 10 期。

四、按撤诉处理后再起诉的规制与完善

前文讨论的再起诉问题主要是当事人自愿申请撤诉的再起诉规制与完善，而对于当事人撤诉的另一种情形——按撤诉处理，其能否再起诉问题和规制问题需要与申请撤诉区分考量。

（一）美日两国的不同规制

按撤诉处理在其他国家的表述有所不同，在日本通常表述为“拟制撤诉”，而在美国则为“非自愿撤销诉讼”，相关规定与我国按撤诉处理的情形相似。

1. 日本的拟制撤回诉讼

《日本民事诉讼法》[①] 第 263 条规定：“当事人双方在口头辩论或口头辩论准备程序的期日不出庭或者在辩论或辩论准备程序中不进行陈述而退庭或缺席时，如果在一个月以内不提出指定期日的申请，则视为撤回诉讼。当事人双方连续两次在口头辩论或辩论准备程序中不进行陈述而退庭或缺席时，亦同。”由此可见日本对于按撤诉处理的条件相比较我国而言是审慎的，其赋予怠于行使权利之当事人相应的期限和机会。而对于拟制撤诉能否再起诉的规定，根据前文提到的日本对终局判决是否作出的分类，可以认为在终局判决作出前的拟制撤诉是可以再起诉的。

2. 美国的非自愿撤销诉讼

《美国联邦民事诉讼规则》[②] 第 41 条第 2 款规定：“被告可以基于以下理由提出非自愿撤诉的动议：原告没有采取适当的步骤推动案件走向审判；原告没有出席预期的庭审或者审前会议；原告持续不断地延误时间或者申请延期延长了通常的期间。如果原告提起的诉讼一经法院依据被告的动议驳回，则原告不得再次起诉。”而美国对经被告动议撤诉的原告再起诉限制权利的否定是对其实体权利的限制，因此必须要有充分的理由，被告动议需经严格的审查才能通过。

---

① 白绿铉编译：《日本新民事诉讼法》，中国法制出版社 2000 年版，第 90 ~ 92 页。

② 白绿铉、卞建林译：《美国联邦民事诉讼规则证据规则》，中国法制出版社 2000 年版，第 78 ~ 79 页。

（二）我国规制的合理限度

按撤诉处理的再起诉问题中法院是一个重要因素。法院在拟制撤诉中发挥着更为主动的作用，只要符合特殊条件法院就可以依职权按撤诉处理，这对于当事人来说，赋予再起诉的权利实为对先前消极表现的补救，具有相应合理性。但对这种再起诉来说也有如同前文申请撤诉后再起诉一样规制的必要，而法院为保持诉讼中的中立角色，不应对当事人处分权的行使有过多干涉和诱导，在我国法官职权主义向当事人主义的转型过程中，如何对此规则把握一定的限度以实现当事人处分权和法院职权的平衡尤为重要。

我国在之前很长的一段时期内存在法院积极动员当事人撤诉的非正当化现象，其中非正当化现象主要体现为法院变相“以撤代判”，这是指法院为追求高调撤率以积极的姿态出现在撤诉程序运作中，穷尽可能手段“动员”当事人撤诉或者尽可能实现“拟制撤诉”的条件，将原来可以用判决的案件以撤诉结案。其中很大原因就是法官的撤诉积极性高，因为撤诉的案子无须对案件进行实质审理，仅仅通过格式化的准许撤诉裁定就可以结束案件的审理，极大地减轻了法院的工作负担，且撤诉结案的案件一般不会有错案的发生，其安全系数极高。[①] 然而这种推崇往往会体现这样的极端，法院积极怂恿当事人撤诉，通过向当事人发出错误或者威胁的信号来实现“以撤代判”。由此导致的是法院按撤诉处理的职权膨胀，从而侵犯当事人的实体处分权，在此情形下当事人撤诉往往受到法院的干涉，因此当事人退出诉讼程序之后容易再起诉寻求权利保护，此时如果对原告再起诉进行过多限制实为不利于当事人利益的保护，也不利于纠纷的实际解决，甚至有碍司法公正的实现。

就现阶段来说，随着司法改革的深入开展，虽然以撤代判的现象并不常见，但司法实务中调撤率指标的存在仍是事实，各地法院仍然对提高调撤率存在追求，在程序不违法的前提下仍存在对按撤诉处理的倾向性选择，如果对按撤诉处理后再起诉的权利过多地进行限制也不利于当事人诉讼权利的行使，在当前职权主义向当事人主义转变的过程中，反而不能公正有效地化解纠纷。因此就上文提出的次数规制来说，需要考虑我国的历史因素和司法现实就原告方再起

① 王福华：《正当化撤诉》，载《法律科学》2006 年第 2 期。

诉的次数限制作出例外规定，从宽处理。因此，在我们讨论对撤诉后再起诉的限度过程中，结合我国司法实践的实际情况考虑的不应只是如何限制当事人反复撤诉的行为以及如何把当事人的权利行使规范在合理限度内，而是如何保证当事人能够自主合法地行使其权利。因此规制撤诉后再起诉行为需要区分申请撤诉和按撤诉处理的不同情形，把握加以限制的尺度以实现利益的平衡，就按撤诉处理后再起诉的这一情形来说，应将其作为申请撤诉后再起诉的限制之例外，在限制条件上适当放宽。

结　论

各国法律对于撤诉后再起诉行为的规定体现的是一种制度利益上的衡量，撤诉不仅涉及原告方的处分权，也涉及被告一方的期待利益保护，撤诉行为不是当事人单方决定的而是当事人的处分权和法院职权相结合的产物，因此撤诉不是当事人能够任意处分的实体权利，应受到相应的限制，而这种限制也需要具有一定的尺度。各国不同的制度设计所体现的规制与限度，无论是从技术层面还是价值层面都对我国制度缺失的现状具有借鉴意义，我国目前在承认当事人撤诉后再起诉权利的同时，应当更加注重双方当事人利益的公平保护，在从时效、次数等方面对再起诉加以限制的同时还应区分情况把握此种限制的限度。这之中如何取舍需要利益权衡，其背后是对民诉中当事人处分权原则、当事人诉讼权利平等原则和程序安定原则的协调与衡平，它体现着原告的权利义务和被告的权利义务、法院职权介入和当事人处分自由以及当事人权利保护和程序安定之间的对立和统一，这也是今后撤诉制度进一步完善所要坚持的基本价值导向。

参考文献

著作类：

[1] 白绿铉编译：《日本新民事诉讼法》，中国法制出版社2000年版。

[2] 罗结珍译：《法国新民事诉讼法典》，中国法制出版社1999年版。

[3] 宋朝武主编：《民事诉讼法》（第三版），中国政法大学出版社2012年版。

[4] 王德新：《民事诉讼行为理论研究》，中国政法大学出版社2011年版。

［5］谢怀栻译：《德意志联邦共和国民事诉讼法》，中国法制出版社 2001 年版。

［6］［日］中村英郎：《新民事诉讼法讲义》，陈刚等译，法律出版社 2001 年版。

［7］赵泽君：《民事诉讼快速解决机制的立法研究——以诉讼拖延的成因与治理为视角》，中国检察出版社 2011 年版。

［8］丁启明译：《德国民事诉讼法》，厦门大学出版社 2016 年版。

［9］罗结珍译：《法国民法典民事诉讼法典》，国际文化出版公司 1997 年版。

［10］王爱群译：《日本民法典》，法律出版社 2014 年版。

［11］陈卫佐译：《德国民法典》，法律出版社 2015 年版。

［12］白绿铉、卞建林译：《美国联邦民事诉讼规则证据规则》，中国法制出版社 2000 年版。

［13］徐昕译：《英国民事诉讼规则》，中国法制出版社 2001 年版。

期刊类：

［1］霍海红：《撤诉的诉讼时效后果》，载《法律科学（西北政法大学学报）》2014 年第 5 期。

［2］李海涛：《论民事二审程序中原告申请撤回起诉的几个问题》，载《法律适用》2011 年第 2 期。

［3］李潇潇：《民事一审撤诉的类型化研究》，载《华东政法大学学报》2015 年第 4 期。

［4］林剑锋：《设定与限制：论民事上诉审中的撤诉》，载《中外法学》2015 年第 3 期。

［5］亓伟伟，牟荣华：《我国民事诉讼撤诉制度存在的问题及解决对策》，载《泰山学院学报》2006 年第 4 期。

［6］王福华：《正当化撤诉》，载《法律科学（西北政法学院学报）》2006 年第 2 期。

［7］王晓莉：《民事诉讼撤诉制度的法理探索》，载《江苏警官学院学报》2003 年第 2 期。

［8］王勇：《二审撤诉的处理之道——从“吴梅案”切入》，载《湖北警官学院学报》2013 年第 10 期。

［9］许可：《民事诉讼中当事人撤诉与诉讼时效中断——兼论撤诉制度中的权利配置》，载《民事程序法研究》2006 年第 6 期。

［10］熊跃敏：《中日民事诉讼撤诉制度比较研究》，载《沈阳师范学院学报》（社会科学版）1999 年第 3 期。

［11］张晋红：《论撤诉的后果与对撤诉的控制》，载《法律科学（西北政法学院学报）》1996 年第 5 期。

［12］裴国智：《如何处理上诉人要求“一撤到底”的民事案件》，载《河北法学》1985 年第 5 期。

[13] 周强:《关于撤诉的几个问题》,载《人民司法》1986年第9期。

[14] 唐德华:《浅谈民事诉讼中的撤诉问题》,载《法学研究》1984年第3期。

[15] 张廉清:《正确适用民事诉讼撤诉程序》,载《人民司法》1984年第2期。

[16] 常怡:《论撤诉》,载《现代法学》1984年第3期。

[17] 陶秉权:《试论我国民事诉讼中的撤诉制度——兼与唐德华等同志商榷》,载《西北政法学院学报》1988年第2期。

[18] 罗世椿:《原告撤诉后再行起诉不能一概不予受理》,载《法学》1989年第12期。

[19] 朱福勇:《析二审过程中撤回起诉程序的处理》,载《人民司法》2010年第4期。

[20] 李俊洁:《二审撤回起诉相关问题究研》,载《法制博览》2016年第31期。

网页类:

[1] 靳有强、刘江龙:《试对我国民事撤诉制度的重新设计和完善》,http://www.jsfy.gov.cn/llyj/xslw/2014/02/26172703744.html,最后访问时间2017年7月28日。

论刑法第三百零九条第三款的适用*

——以维护刑事律师辩护权为视角

【摘要】《中华人民共和国刑法修正案（九）》（以下简称《刑法修正案（九）》）对《刑法》第309条扰乱法庭秩序罪作了重大修改，主要增加了扰乱法庭秩序的行为类型。完善扰乱法庭秩序罪将有利于保障法庭秩序，维护司法权威和司法公正。但根据该条第3款的规定，"侮辱、诽谤、威胁司法工作人员或者诉讼参与人，不听法庭制止，严重扰乱法庭秩序的"将入罪。由于该款存在较大的解释空间，因此在司法实践中必须严格适用，否则可能导致滥用、适用不当的情况，反而损害司法公正。本文以维护刑事律师辩护权为视角，首先提出该款的适用应遵守慎用原则、区别原则和严格解释原则；其次分析构成"侮辱、诽谤、威胁"的言论性质和入罪标准；最后论证该款应适用公诉程序定罪量刑，但要注意拘留的时间问题、证据问题和异地管辖问题。

【关键词】《刑法》第309条第3款；扰乱法庭秩序罪；辩护权

* 作者：中国政法大学法学院2013级2班　陈倩怡
指导老师：中国政法大学刑事司法学院教授　洪道德

引 言

近年来，法庭上的冲突事件时有发生，导致审判无法正常进行，行为主体更是由最初的当事人、旁听人员演变为以刑事律师为代表的律师群体[①]。频频发生的扰乱法庭秩序的行为，不仅损害司法权威和司法公正，也威胁到庭审参与人，尤其是法官的自身安全。[②] 因此，有学者认为，《刑法》原来规定的扰乱法庭秩序罪的行为方式过于单一，不能保证法庭的正常秩序。[③]

2015 年 8 月 29 日，《刑法修正案（九）》正式通过，对《刑法》第 309 条作出了重大修改，构成犯罪的行为类型从“聚众哄闹、冲击法庭，或者殴打司法工作人员，严重扰乱法庭秩序的”修改为“（一）聚众哄闹、冲击法庭的；（二）殴打司法工作人员或者诉讼参与人的；（三）侮辱、诽谤、威胁司法工作人员或者诉讼参与人，不听法庭制止，严重扰乱法庭秩序的；（四）有毁坏法庭设施，抢夺、损毁诉讼文书、证据等扰乱法庭秩序行为，情节严重的”。此次修改是对扰乱法庭秩序罪的完善，增加了行为类型，扩大了保护对象的范围，有利于真正维护法庭秩序，对此应予肯定。

但是，第 3 款在出台前就引发了学界[④]和律界的极大争议。虽然全国人大常委办公厅表示扰乱法庭秩序罪不针对任何特定群体[⑤]，但考虑到近年来较为激烈的辩审冲突，且该款的解释空间过大，人们担心该款容易被滥用为法庭上打击报复的工具，从而损害刑事律师的正常辩护权益。因此，笔者认为，有必要探讨该款在实践中的若干适用规则，以维护刑事律师的辩护权，从而切实保障司法权威和司法公正。

一、适用原则

法律的适用原则是对具体适用规则的抽象概括，也对实际应用起到了指引

---

① 代表性案件有“北海案”“小河案”“李庄案”等，详见共识网：“论死磕律师”，http：//www.21ccom.net/articles/zgyj/fzyj/article_20140411104224.html，最后访问时间 2015 年 10 月 18 日。

② 《针对法官的暴力事件增多高法拟提请立法保护》，载《法制日报》2005 年 8 月 18 日。

③ 利子平：《扰乱法庭秩序罪的立法缺陷及其完善》，载《法学杂志》2008 年 06 期。

④ 周光权：《〈刑法修正案（九）（草案）〉的若干争议问题》，载《法学杂志》2015 年第 5 期。

⑤ 《扰乱法庭秩序罪不针对任何特定群体》，载《人民法院报》2015 年 8 月 31 日。

作用。虽然狭义上的法律适用指的是国家司法机关，尤其是人民法院对法律的适用，但笔者认为，只有当公、检、法三大国家机关都严格遵循法律适用的规则，杜绝任意拘留逮捕、提起公诉和审判定罪，才能在各环节上真正防止扰乱法庭秩序罪第 3 款被滥用。因此，公、检、法三大国家机关都必须遵循以下适用原则。

（一）慎用原则

刑法作为惩罚最严厉的法律部门，是维护社会秩序的最后一道防线，“运用刑罚手段解决社会冲突，应当具备以下两个条件：其一，危害行为必须具有相当严重程度的社会危害性。其二，作为对危害行为的反应，刑罚应当具有无可避免性”①。在缺乏明确的司法解释作为指引的情况下，新修订的扰乱法庭秩序罪，尤其是第 3 款的适用必须较为谨慎。主要有以下理由。

1. 慎用原则符合立法本意

《刑法修正案（九）》的草案二审稿中，扰乱法庭秩序罪的第 3 款“侮辱、诽谤、威胁司法工作人员或者诉讼参与人，不听法庭制止，严重扰乱法庭秩序的”和第 4 款“有其他扰乱法庭秩序行为，情节严重的”。引发了极大的争议，原因在于第 3 款适用标准模糊，未免有“以言入罪”的嫌疑；而第 4 款其实是个兜底罪名，是个“口袋罪”。在社会各界的热烈讨论下，最终出台的修正案虽然保留了第 3 款，但却将第 4 款修改为有关破坏法庭设施和损毁诉讼文书的行为。可见立法者在充分听取社会各界的担忧和争议后，认为仍有必要规制法庭上的“侮辱、诽谤、威胁”等行为，但为了避免该罪的无限扩张，将兜底条款删去了。因此，立法者对整个罪名的适用导向应是以慎用为原则，以防止该罪被滥用。

2. 有利于维护辩护人的辩护权

虽然扰乱法庭秩序罪的本旨在于维护法庭秩序，进而维护司法权威与司法公正。但若该罪被随意地适用，则可能导致法庭上人心惶惶，使司法人员、诉讼参与人乃至旁听人员的合法权益受到损害。其中，笔者认为，核心是有利于保护律师的辩护权，因我国目前的刑事诉讼结构是以职权主义为主、以当事人

① 陈兴良：《刑法哲学》，中国政法大学出版社 2004 年版，第 7 页。

主义为辅的诉讼结构，可谓是“控强辩弱的控辩式诉讼结构”,[①] 律师作为被告人合法利益的维护者，“在公民权利与国家权力的良性协调下，通过被追溯人辩护权的获得，制约国家权力的滥用”[②]。更有学者称律师的辩护权“是上帝对人类最大的恩惠，为被追诉人提供参与与表达意见的机会”[③] 起到促进实体公正和程序公正的作用。因此，只有律师的辩护权利得到保障，案件的审判才有可能公正。

3. 符合刑法的谦抑性

“刑罚应该是公开的、及时的、必需的，在既定条件下尽量轻微的、同犯罪相对称的并由法律规定的。”[④] 除了《刑法》第 309 条，我国的现行法律体系对扰乱法庭秩序、妨碍诉讼的行为规定了其他惩罚措施，主要体现在《中华人民共和国行政诉讼法》第 59 条、《中华人民共和国民事诉讼法》第 111 条、《中华人民共和国刑事诉讼法》（以下简称《刑事诉讼法》）第 194 条，以及最高人民法院于 1994 年颁布施行的《中华人民共和国人民法院法庭规则》。笔者认为，当扰乱法庭秩序行为未达到入罪标准时，应适用以上法律规范采取强制措施的处罚，而非随意地适用刑法。尽管在实践中，可能由于上述规范的适用条件、惩戒程序、救济机制过于原则化，或法院时常考虑到群众观点、诉权保障、社会效果等各方面原因，甚少对扰乱法庭秩序的行为进行司法惩戒。[⑤] 但根据刑法的谦抑性原则，当违法行为未到触犯刑法的标准时，应优先适用其他有关法律规定，慎用刑法。

（二）区别原则

毫无疑问，扰乱法庭罪的适用对象为一切有完全刑事行为能力的自然人。但笔者认为，由于触犯该罪的场景应为法庭审判场景，故适用对象可分为司法人员、诉讼参与人与其他人员。其中的司法人员包括审判人员、检察人员和侦

---

① 周国均：《控、辩平衡与保障律师的诉讼权利》，载《法学研究》1998 年第 1 期。

② 程滔：《辩护律师的诉讼权利研究》，中国人民公安大学出版社 2006 年版，第 84 页。

③ ［日］谷口安平：《程序正义与诉讼》，王亚新、刘荣军译，中国政法大学出版社 1996 年版，第 4 页。

④ ［意］切萨雷·贝卡利亚著：《论犯罪与刑罚》，黄风译，北京大学出版社 2008 年版，第 112 页。

⑤ 王永红：《遵守法庭规矩，保障诉讼秩序》，人民法院报：http：//rmfyb. chinacourt. org/paper/html/2015 –01/24/content_ 93122. htm？ div = –1，最后访问时间 2015 年 10 月 18 日。

查人员。诉讼参与人包括当事人，即被害人、自诉人、犯罪嫌疑人、被告人、附带民事诉讼的原告人和被告人；以及其他诉讼参与人，即法定代理人、诉讼代理人、辩护人、证人、鉴定人和翻译人员。[①] 其他人员主要是旁听人员，包括当事人的亲属、社会媒体等人员。笔者认为，为了维护法庭各方的合法权益，维护审判公正，第 3 款的适用有必要区分司法人员、诉讼参与人与其他人员，理由有两个。

实体方面，相对于旁听人员的“袖手旁观”而言，司法人员、诉讼参与人在法庭上具有特殊的地位和责任，如审判人员可以对法庭各方进行提问、检察人员提出控诉、被告人自我陈述、辩护人进行辩护、证人进行作证等，其中必然涉及各方言辞的冲突，如法官可能打断辩护人的发言，控辩双方可能发生激烈矛盾等。由于第 3 款规定的“侮辱、诽谤、威胁”行为都可能通过语言表达来构成，因而司法人员、诉讼参与人更可能“因言入罪”。因此，对于司法人员和诉讼参与人，应注意区分其言论性质，维护其在法庭上的合法权益，后文将详细论述。

程序方面，承上所述，正是由于司法人员和诉讼参与人相对于旁听人员而言，对法庭正常审判、案件公正审理起到更重要的作用，因此在适用程序上也应区分前两者与后者。这主要体现在拘留的时间点上，后文将详细论述。

（三）严格解释原则

由于第 3 款的解释空间较大，我国目前又尚未出台明确的司法解释进行指引，也未积累相应的审判经验，因此，法官具有较大的自由裁量权，可能导致该款的滥用。因此，为了谨慎适用该款，必须对其进行严格解释。主要体现在构成该款的客观方面。

1. 时间条件

必须仅限于法庭审判过程中。从文义解释的角度，该款规定在“扰乱法庭秩序罪”中，何谓法庭？法庭可理解为国家正式的审判场所或整个审判过程，包括“宣布开庭起至宣布闭庭止的整个审判过程”[②]。且从目的解释的角度，只

---

① 陈光中主编：《刑事诉讼法》，北京大学出版社、高等教育出版社 2015 年版，第 71 ~ 72 页。

② 李永升：《扰乱法庭秩序罪浅探》，载《中央政法管理干部学院学报》1999 年第 1 期。

有当行为发生在审判过程中，才有可能妨碍审判程序的正常进行，才能入罪。若有人在法庭尚未开庭时，或在法庭宣布庭审结束择日宣判时，于法庭内辱骂审判人员，是否触犯该款？笔者认为，这时只能按一般的侮辱罪定性。因此，扰乱法庭秩序罪第 3 款的时间条件仅指宣布开庭起至宣布闭庭止这段时间，并不包括尚未正式宣布开庭但即将开庭的阶段，或宣布闭庭到宣判之前等其他阶段。

2. 行为条件

必须同时具备三个要素。一是行为人实施了“侮辱、诽谤、威胁司法工作人员或诉讼参与人”的行为，关于该行为的标准问题，笔者将在后文详述。二是“不听法庭制止”，笔者认为，此处的“法庭”应严格解释为代表人民法院的审判人员和司法警察，而非扩大到受侵害的对象，否则有悖文意且任意性过大；此外，是否真的不听制止应视具体情况而定，若在审判人员粗暴打断辩护人发言的情况下，辩护人为了更好地履行辩护职责，很可能会进一步争取和补充发言，这显然不符合不听法庭制止的标准。① 三是造成“严重扰乱法庭秩序”的结果，对于该要素是行为条件还是结果条件，笔者认为没有本质区别，因为行为达到该程度就意味着该结果已经发生。但“严重”的程度应理解为法庭的审判程序无法继续正常进行。

3. 对象条件

必须仅限于司法工作人员或诉讼参与人，包括负有审判、检查和监管职责的人员，以及当事人和其他诉讼参与人，这主要排除了旁听人员。尽管笔者认为，行为人侮辱、诽谤、威胁当事人的亲属、社会媒体等旁听人员也有可能扰乱法庭秩序，影响案件审判，但从现行法来看，该款的对象只能严格解释为司法工作人员和诉讼参与人。

二、实体适用问题

（一）区分入罪的言论性质

从法条分析上看，第 3 款规定的“侮辱、诽谤、威胁”可由言论或行为构

① 吴林生：《〈刑法修正案（九）（草案）〉的得失及修改建议》，载《中国刑事杂志》2015 年 01 期。

成，如性质恶劣的辱骂或投掷带有恶臭的物品等。但由于实际的侮辱和威胁行为较为容易辨认，因此此处主要分析的是构成“侮辱、诽谤、威胁”的言论性质。

首先，应适用区别原则，区分发表言论的主体是司法人员和诉讼参与人，还是旁听人员。承前所述，司法人员和诉讼参与人在法庭上具有特殊的地位和责任，如审判人员可以对法庭各方进行提问、检察人员提出控诉、被告人自我陈述、辩护人进行辩护、证人进行作证等。相对于旁听人员而言，这些主体所发表的言论具有双重属性，即基于诉讼地位和职责所发表的言论和基于个人身份所发表的言论，因此需要更为仔细的甄别。

其次，对于司法人员和诉讼参与人所发表的言论，笔者认为，只有基于个人身份所发表的言论，如谩骂、攻击性的语言才能被纳入是否构成“侮辱、诽谤、威胁”的言论范围；而基于诉讼地位和职责所发表的言论，如被告人在陈述其与被害人的关系中所使用的轻蔑性语言、辩护人在指责检方程序违法时过于激动的措辞等都可获得豁免。

试以刑事辩护律师为例。辩护律师的庭审言论豁免权是国际公认的习惯做法，即辩护律师拥有在庭审中发表的辩护言论（包括与控方进论辩、辩论的言论）不受追究的权利，包括司法机关不得因此驱逐辩护律师出庭，不得拘留、逮捕辩护律师或者以其他方式打击、迫害辩护律师乃至追究他们的法律责任。①如联合国在1990年通过的《关于律师作用的基本原则》第16条②与第20条③均作出了相关规定。1981年《英格兰和威尔士出庭律师行为准则》规定：“律师在法庭上的发言必须真实和准确。在通常情况下，律师对他在法庭辩论中的言论享有豁免权。”全美律师协会规定的《律师职业行为示范规则》④、法国、日本、卢森堡、比利时以及中国香港地区都有类似的规定，即律师在诉讼当中享

---

① 陶髦：《律师制度比较研究》，中国政法大学出版社1995年版，第112页。

② 各国政府应确保律师（a）能够履行其所有职责而不受到恫吓、妨碍或不适当的干涉，（b）能够在国内以及国外旅行并自由地同其委托人进行磋商，（c）不会由于其按照公认的专业职责、准则和道德规范所采取的任何行动而受到或者被威胁会受到起诉或行政、经济或其他制裁。

③ 律师对于其书面或口头辩护时所发表的有关言论或作为职责任务出现于某一法院、法庭或其他法律或行政当局之前所发表的有关言论，应享有民事和刑事豁免权。

④ 第3条第1节：“在现行法律范围限制及进行辩论时，律师须出于良好的愿望，但在行政诉讼或可能导致经济的诉讼中，涉及要求正式案件的每一细节时，律师的辩护不受上述限制。”

有尤其是刑事诉讼当中庭审言论豁免权。当然，正如我国《律师法》第37条第2款规定："律师在法庭上发表的代理、辩护意见不受法律追究。但是，发表危害国家安全、恶意诽谤他人、严重扰乱法庭秩序的言论除外。"而实践中，"面对一次次的发言被打断、一次次的申请被驳回，律师们不再逆来顺受，而是采取了一种过激的表达方式，不顾法官制止大胆提出抗议，以此质疑法庭审判的公正性和合法性。在这一过程中，律师与法官难免会发生语言上的冲突"①。

因此，笔者认为，对于律师在法庭上发表的代理、辩护意见，只要没有蓄意扰乱法庭秩序，没有明显偏离辩护目的去侮辱、诽谤、威胁司法工作人员或者诉讼参与人，原则上不应被纳入扰乱法庭秩序罪第3款的适用范围。同时，对于未经审判长许可和在审判长制止情况下的发言、对程序违法问题提出异议、表达不满的言论、因情绪激动而发表言辞激烈的言论同样应排除在适用范围外。

（二）入罪的言论标准

构成"侮辱、诽谤、威胁"的标准由于不够明确，主观性强，赋予了法官过大的自由裁量权，一直以来都为学者和律界所争议，担忧其被过分滥用。② 以"侮辱"为例：从语意上分析，侮辱一词有三个跨度，首先是生活中难以避免、必须承受的辱骂；更进一步则可能上升到民事侵权范畴；而极少一部分最严重的，才会涉及刑事问题。所以尽管侮辱的概念相对清晰，但在司法实践中掌握起来并不容易。如律师提出，如果不接受某个意见自己将会退庭，这就可能使法官感受到某种"威胁"。如果这也被作为扰乱法庭秩序罪处理，恐怕让人无法接受。因此，笔者认为，行为人的言论只有达到了在一般（除法庭审判外的）情况下构成独立的侮辱罪、诽谤罪、刑法意义上"暴力、胁迫"的程度，才算满足了扰乱法庭秩序罪第3款"侮辱、诽谤、威胁"的标准，理由如下。

1. "侮辱、诽谤、威胁"的严重性应与其他三款相一致

除了第3款，《刑法》第309条还规定了聚众哄闹、冲击法庭、殴打司法工作人员或诉讼参与人、毁坏法庭设施和损毁文书证据等行为类型。显然，其他款的入罪对象都是扰乱法庭秩序的行为，只有第3款包含了言论，且很可能以

① 韩旭：《辩护律师被驱逐出庭的程序法理思考》，载《郑州大学学报》2013年第1期。

② 王涵：《"激辩"扰乱法庭秩序罪修正》，载《民主与法制时报》2015年7月19日。

言论为主。“审判长除有诉讼指挥权外，另有法庭警察权。然而审判长在开庭时虽不断行使指挥权，但对于法庭警察权却不轻易行使，只有在不得已之情况下，偶尔行使一次，以维持法庭秩序。”① 根据刑法的体系性解释原则，构成第3款的言论也应该与其他款的行为具有同等严重性，即达到了严重扰乱法庭秩序，达到了“不得已”的、使庭审无法正常进行的程度。而刑法之所以规定侮辱罪和诽谤罪，就是因为行为人的行为已经达到了严重扰乱社会秩序、给被害人的法益造成了严重侵害。因此，扰乱法庭罪第3款的“侮辱、诽谤、威胁”程度应以刑法的侮辱罪、诽谤罪和刑法意义上的“暴力、胁迫”为标准。

2. 有利于切实维护辩护人的合法利益

正如学者普遍担心，“虽然本款的规定表面上看不是专门针对律师，甚至在一些场合下对律师还有保护作用，可使其免于受到来自检察官或者被害人家属的侮辱、诽谤或威胁，但可以预料的是，该条款一旦实施，很可能更多只是对律师的行为进行惩罚，而对法官、检察官的行为却并不会放在同一标准下加以惩治”②。甚至在扰乱法庭罪被修订前，实践中也发生过律师说句“请法官注意”就被法官以扰乱法庭秩序为由而将律师驱逐出庭的极端事件。③ 显然，第3款的立法目的在于维持法庭秩序，而非给辩护律师造成过大的管制压力，使其不敢发言、不敢争论、不敢为当事人争取合法利益。因此，第3款的入罪标准必须明确，且必须设立在一个较高的基础上，而刑法单独设立的侮辱罪、诽谤罪等罪名就是很好的参照范例。

3. 有利于真正确立一个明确的标准

虽然刑法因其抽象性而有很大的解释空间，但相对于新修订的扰乱法庭秩序罪第3款，刑法的侮辱罪、诽谤罪和暴力胁迫的定义已经在学界和实务界形成了较为清晰和明确的理解，具有良好的参照性。若第3款不达到单独构成上述罪名的标准而是一个新的标准，则又赋予了法官过大的、自由解释新标准的权力，无法达到防止该款被滥用的目的。

---

① 卞建林译：《美国联邦刑事诉讼规则和证据规则》，中国政法大学出版社1996年，第154页。

② 刘仁文：《善待律师就是善待法治》，中国法学网：http：//www.chinalaw.org.cn/Column/Column_View.aspx？ColumnID=956&InfoID=16120，最后访问时间2015年10月18日。

③ 重庆司法滥权案例一：《律师说句“请法官注意”，被法官强行驱逐出庭》，天涯网：http：//bbs.tianya.cn/post-45-976763-1.shtml，最后访问时间2015年10月18日。

可能有人质疑：法庭不同于一般场所，它代表了国家的司法权威和司法公正，应受到特殊的保护，第 3 款“侮辱、诽谤、威胁”的入罪标准应比一般的侮辱罪、诽谤罪更低。但笔者认为，刑法之所以在独立的侮辱罪、诽谤罪之外，于扰乱法庭秩序罪中增加“侮辱、诽谤、威胁”这种行为类型，的确是基于法庭这一特殊的时间地点及特殊的法益对象，希望通过这种重复规定来提示社会公众尊重法庭、尊重司法权威。但光从这种重复规定并不能得出扰乱法庭秩序罪第 3 款的标准必然低于一般罪名的结论，因一般侮辱罪和诽谤罪都是亲告罪，需要被害人自己请求法庭惩罚犯罪；但扰乱法庭罪是公诉罪，国家机关可以主动惩罚犯罪，已起到了加强保护的作用。

另外，将第 3 款的入罪标准界定为一般侮辱罪、诽谤罪等标准，可能会导致扰乱法庭秩序罪于其他犯罪的竞合问题。笔者认为，此时应优先适用扰乱法庭罪，因其所独有的特殊场景和特殊法益受到刑法的特别注意，才有了这样的重复规定。

三、程序适用问题

（一）适用公诉程序

对于扰乱法庭秩序罪的程序选择，笔者只能从理论上进行探讨和分析。因我国目前实践中统一适用的是公诉程序，对此并无争议。但在理论层面，有人认为，由于在英美法中，藐视法庭罪是由法官直接定罪判刑而无须走公诉路径的，因此我国修订扰乱法庭罪或以后设立藐视法庭罪，可以借鉴英美法，直接由法官定罪判刑。① 或设立一个特别的追诉程序。② 关于此，笔者认为，扰乱法庭秩序罪在当下还是走公诉程序较为简便，没必要规定特别的程序。

1. 我国缺乏适用直判程序的基础

尽管在英美法中，由于藐视法庭的行为是直接发生在法官眼前的，被形象地称为“正在冒烟的枪”，因此藐视法庭罪的审理不需要陪审团，可以由一名法

---

① 黄维智：《案件法官直判问题研究》，载《司法实务》2008 年第 5 期。

② 《中华人民共和国刑法修正案（九）（草案）参阅资料》，第十二届全国人大常委会第十一次会议参阅资料（三），2014 年 10 月 27 日。

官单独进行审理，法官可以同时是原告和审判者，也不需要证人，直接作出判决。[①] 但由于“法官集裁判者和受害者于一身，其公正性和正义的实现程度都会受到置疑，因而，在适用简易程序时必须格外谨慎”[②]。英美法之所以敢于赋予法官这种法庭直判权，一是源于其深厚的司法底蕴和法律至上精神，司法权威得到社会普遍认同。二是刑事辩护制度已经发育成熟，正如学者所言，“刑事辩护的状况如何，在很大程度上反映了一个国家刑事诉讼制度的民主化、法治化、文明化的发展程度。同时，也标志着一个国家人权保障事业的发展程度”[③]。而在我国，显然还不具备以上条件。

2. 公诉程序有利于防止该罪被滥用

英美法崇尚三权分立，法官拥有独立的裁判权，就算在法官“既做受害者又做裁判者”的情况下，法律也相信其能进行公正审判。而在我国，法官的独立性有待提高，法官素质参差不齐，若法官掌握了直判权，则等于拥有了如此“生杀大权”，无法保证扰乱法庭罪不会被滥用为打压法庭各方的利器。

3. 公诉程序符合我国目前刑事诉讼模式和法律的相关规定

首先，根据我国《刑事诉讼法》第 3 条，除法律特别规定的以外，其他任何机关、团体和个人都无权行使公检法的法定职责。我国《刑事诉讼法》未对《刑法》第 309 条扰乱法庭秩序罪作出特别规定，因此还应按照公诉程序进行。其次，法官直判违反了刑事诉讼回避制度、证据制度和无罪推定的基本要求。[④] 最后，公诉程序也更符合我国的基本诉讼模式，因为控辩审模式是我国刑事诉讼的基本构造，“如果扰乱法庭秩序罪的案件由人民法院直接审理，作出裁判，不符合《刑事诉讼法》分工制约的规定”[⑤]。这也违背了我国刑事诉讼的基本模式和原理。

---

① 吉萌：《英国藐视法庭制度的发展及其启示》，载《东南司法评论》2009 年第 1 期。

② ［英］鲁拍特·克罗斯、菲利普·琼斯：《英国刑法导论》，赵秉志等译，中国人民大学出版社 1991 年版，第 229 页。

③ 顾永忠：《刑事辩护的现代法治涵义解读——兼谈我国刑事辩护制度的完善》，载《中国法学》2006 年第 6 期。

④ 李元勇：《扰乱法庭秩序罪管辖问题的思考》，载《齐齐哈尔大学学报》2003 年第 1 期。

⑤ 赵秉志、商浩文：《论妨害司法罪的立法完善——以〈刑法修正案（九）（草案）〉的相关修法为主要视角》，载《法律适用》2015 年第 1 期。

（二）区分拘留时间

扰乱法庭秩序罪有个值得探讨却一直被忽略的问题，即拘留行为人的时间问题。需要明确的是，在实践中，对扰乱法庭秩序的行为有两种处理路径：不构成犯罪的，由人民法院司法拘留；构成犯罪的，由公安机关刑事拘留。扰乱法庭罪是公诉罪，因此此处仅指刑事拘留。笔者整理了近年来扰乱法庭秩序罪的司法判例，发现该罪的拘留对象多为旁听人员（主要是当事人亲属）和当事人本人，拘留时间多为当日或数日后。笔者认为，扰乱法庭罪的拘留时间应适用区别原则，区分行为人是司法人员、诉讼参与人还是旁听人员。如果是前两者，则应迟延拘留，等待其法定职责或诉讼任务完成后再执行拘留。如果是旁听人员，则可当场拘留，进入公诉程序。理由如下。

首先，有利于维护司法人员的法定权力、维护诉讼参与人法定权利。法庭各方都有其特有的诉讼地位，司法人员负责行使国家赋予的权力，如审判权、检察权；诉讼参与人有权行使法律赋予的权利，如辩护权、自我陈述权等。若在司法人员和诉讼参与人扰乱法庭行为作出后，就立即进行拘留，则无疑剥夺了其法定权利。以辩护律师为例，辩护权是公民的基本权利，被世界各国①广泛承认，我国《宪法》第125条也规定被告人有权获得辩护。若辩护律师被当场拘留带离法庭，则当事人的辩护权、辩护律师被当事人所授予的辩护权都必然受到侵害。因此，有必要区分拘留的时间，应等辩护人完成辩护任务后再将其拘留。

其次，有利于司法人员和诉讼参与人履行法定义务，维护审判公正。在案件审判中，司法人员、各诉讼参与人的作用都非常重要，法官应依法审判，辩护人应依法为被告人辩护，证人应依法作证，鉴定人员应依法作出鉴定意见，等等，缺少了这些关键的环节，案件都无法得到公正审判。若证人在作证期间因侮辱、诽谤了司法人员或其他诉讼参与人而被立即拘留带离的话，将会造成关键证据的缺失。或许有人说，可以等证人自身的扰乱法庭秩序罪处理完毕再作证，但这样原案就不得不一直搁置，且此时证人的证言内容和证言效力可能已发生改变。因此，应当待证人履行完作证义务再行拘留带离。司法人员、其

---

① 如《世界人权宣言》第11条、《德意志宪法》第114条、《日本宪法》第34条都作出有关规定。

他诉讼参与人也应如此适用。

最后，有利于节省司法资源，提高司法效率。对于司法人员和诉讼参与人来说，参与法庭审判必然进行了一定的准备工作，若触犯扰乱法庭秩序罪第3款而被直接拘留带离，则必然会造成司法资源的极大浪费。如辩护律师被当场拘留从而进入扰乱法庭秩序罪的侦查程序，则被告人将不得不另外聘请律师，则必然造成诉讼的拖延，降低司法效率。

关于在实践中如何实施“迟延拘留”的问题。是否可以先由人民法院司法拘留，待行为人完成诉讼任务后移交公安机关刑事拘留？笔者对此持否定态度。其一，这样做容易混淆罪与非罪的界限；其二，司法拘留与刑事拘留的目的和性质不同，前者为惩罚后者为保障刑事诉讼顺利进行；其三，司法拘留与刑事拘留都是把行为人置于拘留所以限制其人身自由，不利于行为人继续行使诉讼权利、履行诉讼义务，如律师需要在一个较为良好的环境来准备辩护工作，而拘留所显然无法满足。笔者认为，可以把对司法人员和诉讼参与人的“迟延拘留”解释为我国《刑事诉讼法》第72条第1款所规定的“因为案件的特殊情况或者办理案件的需要，采取监视居住更为适宜的”情形，因为迟延拘留具有便于行为人继续行使诉讼权利、履行诉讼义务、保障原案的顺利进行的作用，应属于“案件的特殊情况”。因此，可由公安机关对行为人的住所进行监视居住，直至行为人完成其诉讼任务后，再行刑事拘留。

当然，对司法人员、诉讼参与人的迟延拘留并不等于放纵犯罪。首先，迟延拘留不是无条件的迟延，应以行为人同意承担一定义务为前提。对于一般的扰庭行为，如第3款的侮辱、诽谤和威胁行为，可以要求行为人向法庭保证遵守法庭规则，不再扰乱法庭秩序；对于严重的扰庭行为，如第2款的殴打司法人员和诉讼参与人的行为，可以要求其先行提供担保，该担保金可作为扰乱法庭罪的罚金进行折抵。另外，迟延不是无次数的，笔者认为应以一次为佳，若行为人在迟延期间再犯，则应立即进行刑事拘留。

对于迟延拘留是否会损害司法权威问题。笔者认为，虽然刑罚强调及时性，但迟延拘留实属于“不是不报，时候未到”，且如果因一律的当场拘留而造成诉讼拖延、重要证据的缺失，才是对司法权威的严重损害。

（三）以庭审录像为必要证据

从笔者归纳的案例来看，各法院对扰乱法庭秩序罪是否以庭审监控录像为证据的做法不一，有的结合了庭审录像来认定被告人的行为构成扰乱法庭秩序罪，有的则是仅仅根据当庭的人员，包括证人、被害人的证言来定罪。笔者认为，防止扰乱法庭秩序罪第 3 款被滥用的关键之处在于，必须要以行为人犯罪时的庭审监控录像作为定罪的必要证据。

因为证人证言虽然也具有参考价值，但也必然存在其主观性的缺陷，且法庭各方本身就存在利益冲突，难保其真实性和客观性。而相对于证人证言而言，庭审录像只要没有经过后期技术加工，就是一个绝对客观的证据，一是能为审判人员了解当庭情况、行为人的实际行为提供更客观的参考，二是可以有效限制审判人员因法外因素而胡乱定罪。因此，只有所有涉嫌构成扰乱法庭秩序罪第 3 款的案件，都以庭审录像为必要证据，才能真正防止其滥用、错用。

需要注意的是，作为证据的庭审录像必须是完整的，首先是未经人工加工剪辑，保证其原始性和客观性；其次是摄录下了法庭庭审的全过程，而非支离破碎的片段。这样的庭审录像才能准确、真实地反映行为人在法庭上的行为表现，才能作为定罪量刑的必要证据。

（四）适用异地管辖

扰乱法庭秩序罪的管辖问题一直为学者所争议[①]，因为当被害人为审判人员时，则其“又做受害人又做裁判者”，其审判的公正性难免会受到怀疑。就算被害人是其他的司法人员，在我国法院并未完全消除司法地方化的情况下，案件审判也可能会受到法外因素的干扰。有学者指出，“法庭警察权行使之结果既在于处罚，则是否行使法庭警察权难免涉及审判长之性格，对此可将其称为‘处罚性格’”[②]。

而从我国的审判实践看来，大多数涉及扰乱法庭秩序罪的案件适用的是异地管辖或指定管辖制度，即由行为人扰乱的法庭所在的法院以外的其他法院进行案件的审理。相似的情形是，2012 年《刑事诉讼法》对律师伪证罪所作出的重大调整，即追究律师伪证罪时应由承办原案件的侦查机关以外的侦查机关办理，自然也就由承办原案件的法院以外的法院进行管辖。笔者认为，由于扰乱

---

① 《细化流程避免扰乱法庭秩序罪“落地难”》，载《法制日报》2015 年 9 月 8 日。

② 张建伟：《刑事司法体制研究》，中国政法大学 2000 年硕士学位论文。

法庭秩序罪也涉及到原法庭上存在利益冲突的各方，因此也应建立异地管辖保护制度，这是比原法院管辖更能维护审判公正、比指定管辖更为行之有效的做法。

但由哪个异地法院来进行管辖？笔者认为，可直接适用《刑事诉讼法》的第24条："刑事案件由犯罪地的人民法院管辖。如果由被告人居住地的人民法院审判更为适宜的，可以由被告人居住地的人民法院管辖。"此处的"更为适宜的"含义需要根据案件和被告人的具体情况来决定，如案件发生在两个地区交界的地方等。[①] 但显然，扰乱法庭罪由承担原案件的法院进行审判将不利于该罪的正确适用，应当视为满足由被告人居住地的人民法院管辖"更为适宜"的条件。若犯罪地与被告人住所地为同一地，则由上级法院指定其他人民法院进行管辖。

结　语

此次对扰乱法庭罪的修订完善了行为类型，扩大了保护对象的范围，顺应了当前司法实践的现实需要，有利于更好地保护司法人员和诉讼参与人，切实维护法庭秩序，维护司法权威。但"司法权威来源于司法公正，其一是实体公正，包括正确认定事实和适用法律；其二是程序公正，包括程序的正当性和人权保障"[②]。因此，必须从实体和程序两方面合理适用扰乱法庭秩序罪。对于其中第3款，更应审慎、严格适用，防止该款成为打击法庭各方尤其是刑事辩护律师的工具。对此，有关机关需要出台更加细化的适用规则，以维护司法权威与维护法庭各方合法权益平衡。

参考文献

著作类：

[1] 陈兴良：《刑法哲学》，中国政法大学出版社2004年版。

[2] 程滔：《辩护律师的诉讼权利研究》，中国人民公安大学出版社2006年版。

① 陈光中主编：《刑事诉讼法》，北京大学出版社、高等教育出版社2015年版，第123页。

② 陈光中、肖沛权：《关于司法权威问题之探讨》，载《政法论坛》2011年第1期。

［3］陈光中主编：《刑事诉讼法》，北京大学出版社、高等教育出版社2015年版。

［4］陶髦：《律师制度比较研究》，中国政法大学出版社1995年版。

［5］张明楷：《罪刑法定与刑法解释》，北京大学出版社2014年版。

［6］［意］切萨雷·贝卡利亚著：《论犯罪与刑罚》，黄风译，北京大学出版社2008年版。

期刊类：

［1］利子平：《扰乱法庭秩序罪的立法缺陷及其完善》，载《法学杂志》2008年第6期。

［2］周光权：《〈刑法修正案（九）（草案）〉的若干争议问题》，载《法学杂志》2015年第5期。

［3］周国均：《控、辩平衡与保障律师的诉讼权利》，载《法学研究》1998年第1期。

［4］李永升：《扰乱法庭秩序罪浅探》，载《中央政法管理干部学院学报》1999年第1期。

［5］吴林生：《〈刑法修正案（九）（草案）〉的得失及修改建议》，载《中国刑事杂志》2015年第1期。

［6］韩旭：《辩护律师被驱逐出庭的程序法理思考》，载《郑州大学学报》2013年第1期。

［7］黄维智：《案件法官直判问题研究》，载《司法实务》2008年第5期。

［8］吉萌：《英国藐视法庭制度的发展及其启示》，载《东南司法评论》2009年第1期。

［9］顾永忠：《刑事辩护的现代法治涵义解读——兼谈我国刑事辩护制度的完善》，载《中国法学》2006年第6期。

［10］李元勇：《扰乱法庭秩序罪管辖问题的思考》，载《齐齐哈尔大学学报》2003年第1期。

［11］赵秉志、商浩文：《论妨害司法罪的立法完善——以〈刑法修正案（九）（草案）〉的相关修法为主要视角》，载《法律适用》2015年第1期。

［12］陈光中、肖沛权：《关于司法权威问题之探讨》，载《政法论坛》2011年第1期。

［13］张建伟：《刑事司法体制研究》，中国政法大学2000年硕士学位论文。

报纸类：

［1］《针对法官的暴力事件增多，高法拟提请立法保护》，载《法制日报》2005年8月18日。

［2］《扰乱法庭秩序罪不针对任何特定群体》，载《人民日报》2015年8月31日。

［3］《细化流程避免扰乱法庭秩序罪“落地难”》，载《法制日报》2015年9月8日。

［4］王涵：《“激辩”扰乱法庭秩序罪修正》，载《民主与法制时报》2015年7月19日。

网页类：

［1］王永红：《遵守法庭“规矩”保障诉讼秩序》，人民法院报：http：//rmfyb. chinacourt. org/paper/html/2015－01/24/content_ 93122. htm？div =－1，最后访问时间 2015 年 10 月 18 日。

［2］刘仁文：《善待律师就是善待法治》，中国法学网：http：//www. chinalaw. org. cn/Column/Column_ View. aspx？ColumnID = 956&InfoID = 16120，最后访问时间 2015 年 10 月 18 日。

［3］重庆司法滥权案例一：“律师说句‘请法官注意’，被法官强行驱逐出庭”，天涯网：http：//bbs. tianya. cn/post－45－976763－1. shtml，最后访问时间 2015 年 10 月 18 日。

诉讼保全应用网络执行查控系统的新制度窥探*

——以《最高人民法院关于办理财产保全案件若干问题的规定（征求意见稿)》第十一条第三款为切入点

【摘要】《最高人民法院关于办理财产保全案件若干问题的规定（征求意见稿)》第十一条第三款首次将网络执行查控系统引入诉讼保全阶段，以其为中心构建起“审执分离”的制度体系，树立了通过解决“保全难”以解决“执行难”的制度理念。网络执行查控系统的引入，是诉讼保全困境下必要的选择，从实践操作及其较低的负面效应看，具备可行性。同时，重视程序流转的效率价值，才能使这套制度的保全目的得以实现。

【关键词】《最高人民法院关于办理财产保全案件若干问题的规定（征求意见稿)》第十一条第三款；诉讼保全；网络执行查控系统；审执分离；执行难

---

* 作者：中国政法大学法学院2014级3班　刘　衡
中国政法大学法学院2014级3班　邱美娟
指导老师：中国政法大学民商经济法学院教授　乔　欣

引　言

2016年6月，最高人民法院再祭利器。在“执行难”攻坚背景[①]下，《最高人民法院关于办理财产保全案件若干问题的规定（征求意见稿）》[②]（以下简称《保全意见稿》）孕育而生。《保全意见稿》全篇仅22个条文，然内涵丰富。它反映了最高人民法院着力降低保全门槛、破解保全线索寻找难题的制度设计，蕴含了执行改革背景下审执分离与协调等丰富的制度理念，寄寓了最高人民法院通过解决“保全难”以期突破“执行难”痼疾的深切的制度期望。

特别是《保全意见稿》第十一条第三款规定：“申请保全人提出查询申请的，已建立网络执行查控系统的人民法院可以在请求保全的数额范围内，查询被保全人的财产。”此款规定之意，在于诉讼保全阶段将网络执行查控系统引入，从而在当事人无法提供明确具体财产线索情况下，为当事人诉讼保全寻找财产线索提供便利，进而破解长期以来困扰法院及当事人的保全线索难寻的问题，甚至期待在很大程度上再推“执行难”的解决进程。

改革决心之坚决，制度前景之美好，让人欢欣鼓舞，以至于有人感叹：“该条一旦生效，将对人民法院未来十年的整个审判、执行工作质效带来颠覆性的巨大影响。”[③] 那么，这种影响是如何体现的？相关研究的稀缺性[④]提供了创作

---

① 最高人民法院印发《关于落实“用两到三年时间基本解决执行难问题”的工作纲要》的通知：“……2016年3月13日，周强院长在十二届全国人大四次会议上报告最高人民法院工作时庄严承诺：‘用两到三年时间基本解决执行难问题’，这是人民法院满足人民群众日益增长的多元司法需求、提升司法公信力的内在要求，是人民法院为实现全面建成小康社会和‘四个全面’战略布局目标提供有力司法保障的应有之义，是对人民法院执行工作的极大鞭策和鼓舞……”

② 为了行文方便，此处以后的《最高人民法院关于办理财产保全案件若干问题的规定（征求意见稿）》简称为《保全意见稿》。在本文创作过程中，最高人民法院审判委员会于2016年10月17日审议并原则通过该文件。

③ 庐州判官：《一位执行法官写给最高院执行局孟祥局长的信》，http：//dwz. cn/4ql2Ih，最后访问时间2016年10月23日。

④ 目前，由于《保全意见稿》出台不久，针对《保全意见稿》及其中的第十一条第三款，尚未见期刊刊载与此有关的相关研究，也未有权威机构出版相关书籍对此文件及其条文作相关解读。零星的探讨分布于民间。中国审判理论研究会民商专委会、中国应用法学研究所6月份举行的理论研讨会中，对《保全意见稿》作了深入讨论，强调了解决“保全难”对解决“执行难”的意义以及保全中的程序对接问题但讨论面未覆盖对《保全意见稿》第十一条第三款的探讨。参见李想：《建立案庭主导财产保全制度》，http：//dwz. cn/4bxl8x，最后访问时间2016年10月23日。一位基层执行法官利用自媒体平台创作了两篇破万字的文章，尽显实务人风采：一者，对《保全意见稿》第十一条第三款作了详细探讨，思考了其背后的制度理念，但对网络执行查控系统的适用存在部分论证的瑕疵；二者，对《保全意见稿》前9个条文做了详细解读，其中部分解读穿插了《保全意见稿》第十一条第三款的内容，但相关理论的探讨不够深入。参见庐州判官：《一位执行法官写给最高院执行局孟祥局长的信》，http：//dwz. cn/4ql2Ih，最后访问时间2016年10月23日；庐州判官：“执行法官逐条解读《财产保全规定》征求意见稿”，http：//dwz. cn/4ql6Ut，最后访问时间2016年10月23日。

本文的契机。

一、《保全意见稿》第十一条第三款初探

（一）《保全意见稿》第十一条第三款的运行框架

从整体运行框架来看，《保全意见稿》第十一条第三款的运行在实践中会牵涉到三个条款。一是《保全意见稿》第三条“人民法院依申请或依职权进行财产保全的，由人民法院审判部门作出裁定后，移送执行部门实施”，二是《保全意见稿》第十条第二款“当事人、利害关系人申请诉讼保全时，确因客观原因不能提供明确、具体被保全财产的，人民法院可以酌情裁定采取保全措施”，三是《关于执行案件立案、结案若干问题的意见》第五条“执行财产保全裁定的，案件类型代字为‘执保字’”。[①] 以《保全意见稿》第十一条第三款为中心，可梳理出诉讼保全的大致运行框架（如图 A－1）：

图 A－1

整个制度运行都发生在审判阶段，此时审判庭尚未对案件实体争议作出判决。当事人向审判庭申请诉讼保全，但同时也未能提供特别明晰的财产线索。法官基于待决案件结果的预估认为可以保全并作出准予保全的裁定书，该裁定交由立案庭，并被立为“执保字”案号的“新”案件，该“新”案件再交由执

---

① “无论是执行异议、复议、监督、实施案件，还是涉执行的诉讼案件，均应由立案机构立案后转相关执行和审判机构办理……以利于法院系统内部的考核和流程管理，防止有案不立，损害异议人合法权利。”江必新主编：《最高人民法院执行司法解释、规范性文件理解与适用（2010～2013）》，中国法制出版社 2014 年版，第 320 页。

行局。执行局以“执保字”案号的案件文书为依据，依据当事人的申请，动用网络执行查控系统查询财产线索，并根据该线索采取执行措施对财产予以保全。[①]

（二）理念突破

传统的保全制度，我们更多将其制度功能视为给判决的执行提供便利或是为申请保全人提供权益上的担保。便利执行的理念具有代表性，如今仍可见于某些教科书对保全的相关定义[②]中，它富有浓厚的职权主义色彩，特别体现于“法院可依职权保全”这种有违“不告不理”原则的制度设计。而权益担保的理念，遭遇到解释的困难，因为保全中所谓的“担保”既非当事人合意产生，又非法律上的留置形式。随着司法实践经验的积累，我们越来越意识到保全更大的意义在于“临时性的公立救济”[③]，在于“预先防止损害的加重、尽早减轻受损害人的困境以及尽早结束诉讼程序”[④]。如果说普通案件的强制执行阶段，实体关系已决，我们引入网络执行查控系统被称为“亡羊补牢”式的救济的话，那么案件审理阶段允许当事人就诉讼保全申请查询财产线索，可视为对案件审结一般强制执行可能面临困境的“未雨绸缪”式的预防。司法实践中，当已决实体关系的案件真正进入强制执行阶段时，尽管已经有了网络执行查控系统，执行法官仍经常会面临被执行人无财产可执行的情形。[⑤] 普遍原因之一就是被执

---

① 这里应注意，目前法院执行网络查控系统尚未实现“查控一体化”功能，执行法官虽能查询当事人财产线索，但要实行查封、划扣、冻结等执行措施尚需亲赴现场。参见江西省石城县人民法院法官：《法院执行网络查控系统的完善》，http：//dwz. cn/4oCWsZ，最后访问时间2016年10月23日。

② 例如，“保全，是指人民法院在诉讼过程中或者诉讼开始前，为了保证将来发生效力的判决得以执行，而对当事人的财产、争议的标的物以及某种特定的行为采取的一种临时性强制措施”。江伟主编：《民事诉讼法学》（第三版），北京大学出版社2015年版，第215页；“保全程序……其目的在于保证将来生效判决能够得到顺利执行。”夏蔚、李爽：《民事诉讼法学》，中国人民公安大学出版社2013年版，第187页。

③ 沈杨、朱业明：《财产保全的法律性质辨析》，载《法律适用（国家法官学院学报）》2001年第4期。

④ 冀宗儒、徐辉：《论民事诉讼保全制度功能的最大化》，载《当代法学》2013年第1期。

⑤ 2016年4月，笔者于昌平法院执行二庭实习时，恰逢其内部进行3月执结案件数量统计（不包括“本次执行程序终结”的案件），笔者所在科室的三名法官3月执结数量分别为8、6、5，而法官坦言案件数量压迫感强，他们几乎天天都要面对在手积压20个案件的情况。因此很大部分的案件都无法顺利满足当事人执结要求。

行人已经“及时”“悄悄”地转移了财产，申请执行人及律师经常为了寻找财产线索殚精竭虑。如果能够在审理阶段合理地为保全提供网络查询财产功能并进而及时控制财产，避免当事人事后恶意转移财产，那么不仅申请保全人的权益得到保护，而且在财产被控制的情况下，被保全人会更愿意接受调解，从而避免了强制执行，司法的资源将很有可能得到节约。实践的困境反映立法的滞后，也由此催生了《保全意见稿》的第十一条第三款。[①] 实际上，最高人民法院该款的设计理念就是通过解决当事人“保全难”问题减轻诉累，规避案结后财产恶意转移带来的执行风险。而为了弱化国家强制力介入查询的职权主义色彩，在《中华人民共和国民事诉讼法》第一百条“人民法院对于可能因当事人一方的行为或者其他原因，使判决难以执行或者造成当事人其他损害的案件，根据对方当事人的申请，可以裁定对其财产进行保全”的基本框架下，《保全意见稿》第十一条第三款将法院在诉讼保全中对网络执行查控系统查询的启动限制在依当事人申请，排除了依职权启动，遵循当事人处分原则。

二、诉讼保全引入网络执行查控系统的必要性

（一）诉讼保全的困境

1. 经济视角的理解

科斯在《社会成本问题》里提出：在一个零交易成本世界里，不论如何选择法律配置资源，只要交易自由，总会产生高效率的结果；而在现实交易成本存在的情况下，能使交易成本影响最小化的法律是最适当的法律。[②] 也就是说，制度安排的不同会带来资源配置的不同，从而影响效率的实现。从这个角度讲，长期以来我们所说的“保全难”，难就难在保全效率的难以实现，难在保全制度的安排与保全效率之间存在严重的矛盾。在诉讼保全中，这个矛盾体现于两点：

---

① 中国民事诉讼法学研究会 2013 年年会上，时任最高人民法院执行局副局长张根大指出，在执行信息化中，“执行实践和执行立法相比，执行立法相对滞后”。参见，中国民事程序法律网编辑部：《中国民事诉讼法学研究会 2013 年年会会议简报第 2 期》，http：//www. civilprocedurelaw. cn/html/xjyw_ 1170_ 4789. html，最后访问时间 2016 年 10 月 23 日。

② ［美］理查德·A. 波斯纳：《法律的经济分析》（上），蒋兆康译，中国大百科全书出版社 1997 年版，第 20 页。

诉讼保全对担保及担保数额的要求、诉讼保全财产线索的难寻。后者，正是《保全意见稿》第十一条第三款关注的重点。

在传统制度安排里，诉讼保全线索的提供以当事人自力寻找为主，以审判法官依职权调查为辅。从能力上讲，审判法官与当事人相比，有更丰富的人力、物力、财力的资源，本应更能实现保全及时性的要求。但是实践中，这种制度安排却被扭曲了。保全线索提供基本依靠当事人自力寻找。在当事人不能提供明确线索的情况下，审判法官也往往不情愿主动出击寻找线索。这种现象，实际上蕴含了经济学“机会成本”的原理。

“机会成本”理论告诉我们，“一种东西的机会成本是为了得到这种东西所放弃的东西”,① 当作出一种选择必须放弃另一种选择时，要选择其中机会成本最小的。在当事人不能提供明确具体财产线索下，审判法官如果选择帮助当事人查询线索，很有可能会面临在集中人力、物力、财力后仍然无法得到线索的风险，那么他们所放弃的本可以立即审结的或可以立即保全的其他案件便是他们的机会成本，而这种机会成本看起来巨大，以致于辅助当事人查询线索的制度安排根本不能激励②他们。

而从当事人角度看，当事人能够自力查询到保全线索也往往来之不易。自力查询财产的途径往往是：

（1）通过以往经济活动及交往收集被告的银行账号、应收账款等信息。

（2）到工商局查询被告的工商资料，查找被告的基本账号、对外股权投资、机器设备、货物、资产负债表等登记信息。

（3）到房地产交易中心查询被告的房产、土地基本情况。

（4）到证券登记结算公司查询被告持有的股票、债券情况。

（5）到车辆管理所查询被告车辆的所有情况。

（6）根据相关公告，查询被告持有的知识产权情况。

实践中的许多当事人，殚精竭虑，遍及上述途径查询财产。但是，由于财

---

① ［美］N. 格里高利·曼昆：《经济学原理（微观经济学分册）》，梁小民、梁砾译，北京大学出版社 2016 年版，第 5 页。

② “激励是引起一个人做出某种行为的某种东西。由于理性人通过比较成本与收益做出决策，所以他们会对激励做出反应。”［美］N. 格里高利·曼昆：《经济学原理（微观经济学分册）》，梁小民、梁砾译，北京大学出版社 2016 年版，第 7 页。

产线索查询部门是分散的，当事人来回奔波便耗费了旅途经费成本；由于到相关部门查询财产线索往往需要具备相关资质的律师协助查询，走特定流程，于是又产生代理成本；财产查询本身是相当耗费时间的过程，于是又产生了时间成本，时间成本的存在，甚至使得另一方当事人得以及时地转移财产、逃避责任。这些成本耗费，使当事人保全利益的实现变得尤为艰难。

2. 司法视角的理解

尽管《保全意见稿》颁布以前法律及司法解释并没有明确要求诉讼中当事人没有提供明晰的财产线索法官就不能裁定财产保全，而仅概括性地要求“保全限于请求的范围，或者与本案有关的财物”①，但司法实践的惯常做法是，如果申请保全的当事人不能提供明确具体的财产线索，审判法官就不会准予并裁定财产保全，更不会裁定一个没有指明任何明晰财产线索的保全裁定书并移交执行。原因很简单，既然当事人不能提供财产线索，即便作了保全也无从执行。这其中，默认的前提还是审判法官不会为了某个当事人轻易动用司法资源调查财产线索。

首先这是实践的无奈。近些年，转型期诉讼案件的爆炸性增长，已经让审判法官受困于审判之中。以北京市 2015 年的数据为例，“2015 年北京全市法院收结案数量均达历史新高，全年收案 601849 件，同比上升 29. 4%，一线法官人均结案数同比上升近两成”，“例如，2015 年，石景山法院全年受理各类案件 21608 件（旧存 3033 件），新收案件同比增长 36. 1%，全院法官人均结案 176 件，同比增加 28 件”②。当审判法官每天面临两到三个开庭任务时，我们首要关注的是，如何解决“案多人少”，让审判法官从负重审判中解放出来，而不是如何协助确有需求的当事人查询财产保全线索。

其次，超职权主义、职权主义的审判理念已经逐步被当事人主义替代。当事人主义内涵中，“法院或法官裁判所依赖的证据资料只能依赖于当事人，不能在当事人指明的证据范围以外，主动收集证据”，③ 这种对待证据的思维被迁移到了对待保全财产线索的处理态度中。

① 《民事诉讼法》第一百零二条。

② 李楠楠：《北京法院 2015 年收案量创新高》，http：//beijing. qianlong. com/2016/0302/409166. shtml，最后访问时间 2016 年 10 月 29 日。

③ 宋朝武主编：《民事诉讼法学》（第四版），中国政法大学 2015 年版，第 23 页。

但是，即便我们不关注那些有调查能力却因为耗费时间成本导致保全利益落空的当事人，也应该正视实践中仍有不少当事人因生活阅历、文化水平、身体条件等各种因素无法自力寻找保全线索。“努力让人民群众在每一个司法案件感受到公平正义”，也在于诉讼保全中这些弱势群体的救济盲区应该得到司法阳光的照耀。当事人诉讼保全的困境呼唤着制度的革新，推动了网络执行查控系统的引入。

（二）网络执行查控系统的质效

“质量与效率是司法制度设置时两个最重要的考量因素。”[①]

从质量上讲，网络执行查控系统财产查询功能在诉讼保全阶段的发挥，会比传统诉讼保全制度中当事人自力寻找所得的财产线索更加全面。当事人寻找财产线索往往因为短暂时间内精力的限制性导致顾及其一而不能顾及其二，即便查询到相对方部分财产，有时也远远不能满足当事人欲保全的利益。网络执行查控系统覆盖了银行网点、房屋管理局、车辆管理所、工商局等部门、机构的信息范围，与其相应系统对接，能够准确地摸清被保人登记在案的财产信息，甚至网罗当事人所疏漏的财产盲区，大大提高了所能寻得的保全线索的质量。

但是，网络执行查控系统更关键的意义在于对诉讼保全制度效率的提高。“效率”，在经济学里，意味着“最优”，意味着最优状态下任何偏离该状态的方案都不可能使一部分人收益而其他人不受损，这就是“帕累托最优”标准的描述。[②] 因此，一套制度，要提高效率，必须改善资源配置，以接近最优状态，如果“资源配置不合理、使用不当、利用不充分，这都是效率的损失”。[③] 长期以来，在对待保全财产线索问题上，我们的诉讼保全制度救济资源方面的供给是不足的，法院审判庭人力资源的调配不足，使诉讼保全财产线索的公权力协助查询机制几近失灵。与之形成强烈反差的，是执行局的网络执行查控系统仅面向一般强制执行阶段使用，在诉讼保全阶段，网络执行查控系统却不能使用——主要因为，在《保全意见稿》以前，没有任何的法律明确授权法院在诉讼

---

① 王亚明：《分段集约执行改革再探》，载《海峡法学》2014 年第 3 期。

② 项桂娥、吴宏伟：《西方经济学（微观部分）》，中国科学技术大学出版社 2016 年版，第 238 页。

③ 钱弘道：《执行改革的经济分析——兼评浙江省法院的执行改革》，载《执行改革理论与实证》，人民法院出版社 2002 年版，第 28 页。

保全中动用网络执行查控系统对被申请保全人的财产线索进行查询。诉讼保全的裁定与执行，作为民事诉讼的一部分，也是国家强制力介入保护一方当事人的手段，但也意味着对另一方当事人的财产干涉。因此国家强制力必须恪守“法无授权不可为”[①] 的基本法理。但是，从诉讼保全执行阶段的视角出发，网络执行查控系统这个资源是完全有利用可能的，却因为法律盲区的存在被闲置了、被浪费了。低效资源配置的背后，往往是立法滞后于实践的体现。[②] 我们可以想见，即便是传统的依靠人力资源配置的财产线索查询机制不失灵，也难以达到信息系统查询的迅捷性。网络执行查控系统只要轻点鼠标便可足不出户洞悉财产状况，又何必需要“踏破铁鞋无觅处”的感叹。可以说，网络执行查控系统的引入，将从根本上提高诉讼保全在财产查询上的制度供给能力，极大满足当事人的保全需求。

三、诉讼保全引入网络执行查控系统的可行性

（一）实践操作的现实基础

2010 年 11 月 13 日北京市高级人民法院成立全国首家执行信息查询中心，[③] 网络执行查控技术开始逐步应用于法院信息化系统。2013 年 1 月 5 日，为全国每一名执行法官专门打造的大数据系统“全国法院执行案件信息管理系统”正式开通，[④] 在最高人民法院院长周强对“执行信息化”[⑤] 的持续推动下，该系统的功能不断革新，直至今日，已经成为执行法官强制执行时查询被执行人名下财产的主战场，也是通俗意义上我们在谈到网络执行查控系统时所主要指称的对象。

---

① 西方法谚：“法无禁止即自由，法无授权不可为。”前者，针对于公民；后者，针对于公权力（国家强制力）的代表形态。

② “执行立法相对滞后……很多问题没有规定或者规定不明确、不完善……缺乏可操作性……”黄松有：《加大执行改革力度切实解决执行难》，载《中国法律》2006 年第 2 期。

③ 王亦君：《网络查询让被执行人难以遁形》，http：//dwz. cn/4pu9bz，最后访问时间 2016 年 10 月 23 日。

④ 张先明：《全国法院执行案件信息系统升级版正式开通——执行案件信息与其他社会信息即将互联对接》，载《人民法院报》2013 年 1 月 6 日，第 1 版。

⑤ 周强：“以信息化建设为保障，进一步提升执行工作水平……兑现我们‘向执行难全面宣战’的庄严承诺。”

就该查控系统的技术建设上讲，首先，各级法院已经基本实现了信息全面整合的设施建设，司法系统内部，既有用于内部信息传递、执行管理等办公自动化和信息共享等办案信息化的局域网，又有用于各级法院之间、法院与检察院、法院与公安系统的信息共享交换的广域网。其次，法院与各协助单位的联网也初具规模，包含民事主体存款、信用信息的银行信息系统、包含不动产登记信息的住房和城乡建设委员会信息系统、包含车辆登记信息的车辆管理所信息系统等与法院网络执行查控系统对接，各协助单位与法院形成的信息共享机制日趋成熟。可以说，目前网络执行查控系统在信息整合方面上的技术积淀，已经能为申请诉讼保全的当事人提供足够可靠的财产信息。

当然，不可否认的是，诉讼保全阶段要充分发挥网络执行查控系统的功能，还需要弥补功能的缺陷。在以往的司法实践里，如果当事人不能提供明确具体的财产线索，审判法官便不会裁定保全，因此能够转移到执行局的保全执行案件是一定有明确具体财产线索的，这其中并没有网络执行查控系统查询诉讼保全财产的用武之地，网络执行查控系统也就没有“执保字”的查询功能选项。但是《保全意见稿》第十一条第三款允许了当事人在诉讼保全执行时向执行局提出财产查询申请，这就为网络执行查控系统提出了开通“执保字”功能的技术要求。但是，这种增加案件类型选项功能的技术成本是很低的，且在《保全意见稿》刚推出后，已经陆续有部分法院自行开通“执保字”查询选项，侧面反映其实现并不困难。相信随着《保全意见稿》第十一条第三款的施行，“执保字”查询选项将出现在每个法院的网络执行查控系统中。

此外，网络执行查控系统的实施主体是一线办案的执行法官。近些年法院结构不断调整，法官年轻化比例上升。信息化时代下，年轻法官的信息操作能力普遍较强，具备快速的信息学习能力；而资历较深的法官在经历几年执行办案实践后也积累了丰富的网络查控系统运用经验。因此，从“事在人为”的角度讲，网络执行查控系统的应用群体已经具备了实践操作的素质，总体而言，诉讼保全中引入网络执行查控系统具备了实践的基础。

（二）制度负面效应的探讨

任何制度的效应都是两面的。制度的可行性不仅要求我们考虑其本身的实践优势，还应考虑到其本身会带来的消极影响。如果负面效应大于正面效益，那么制度可行性就值得质疑；如果负面效应小于正面效应，我们则可认为该制度是值得推行的。讨论《保全意见稿》第十一条第三款中的负面效应主要包括保全错误及个人信息权两个视角，通过这两个视角，我们发现《保全意见稿》第十一条第三款的制度设计负面效应是小于正面效应的。

1. 保全错误的视角

从《保全意见稿》第十一条第三款表面上看，当申请保全人能够通过信息化途径比以往更便捷地查询到保全财产线索时，保全似乎更加容易，更加“随意”了。于是人们不由地会担心这会加剧保全错误的概率，其制度预设恐怕弊大于利。那么果真如此吗？尽管《保全意见稿》在实践中尚在起步，其第十一条第三款的制度效果尚无法实践检验，但笔者仍试图发掘对这个问题的一种预测性的回答，在回答里笔者会尝试运用定性和定量的方法。笔者的回答分为两部分。

（1）保全错误的概率不会加剧。

《保全意见稿》第十一条第三款是关于诉讼保全执行阶段的规定。由于执行法官接到保全裁定执行文书后进行执行是根据审判法官对于保全裁定的意旨，因此保全错误与审判阶段错误地作出诉讼保全裁定有关。审判阶段诉讼保全要参考《保全意见稿》第十条的规定：“当事人、利害关系人申请财产保全，应当向人民法院提供明确、具体的被保全财产。当事人、利害关系人申请诉讼保全时，确因客观原因不能提供明确、具体被保全财产的，人民法院可以酌情裁定采取保全措施。”其中第一款将长期以来模糊的财产线索问题明晰化了，确立下一般情况下保全裁定的作出需以明确具体财产线索为前提的原则；第二款，根据前文论述可知，它与《保全意见稿》第十一条第三款相呼应。它确立了客观原因下可以不根据具体线索酌情裁定保全的例外情形，但是，何为“客观原因”，并没有在法条中被释明。而通过“酌情”二字来看，显然“客观原因”的认定问题上给予了法官自由裁量的空间。但是，这种自由裁量的空间反而是很小的，因为《保全意见稿》第十条第二款是《保全意见稿》第十条第一款的例外规定，《保全意见稿》的态度实际上对没有明确线索提供状况下审判法官预估案件并裁定保全提出了更加谨慎的要求。

不论当事人是否提供明确具体的财产线索，审判法官都要对案件结果进行预估后才裁定是否准予保全。能否提供明确具体的财产线索，影响的不是保全到底会不会错误，而是保全能否顺利实施①。保全错误与否真正取决于审判法官能否预估准确。

如果《保全意见稿》第十条第一款的一般性前提下保全错误率为 P，《保全意见稿》第十条第二款的例外性前提下保全错误率为 P′，由于《保全意见稿》第十条第二款下审判法官对于案件的预估更为谨慎，可以作出 P′不会大于 P 的结论。《保全意见稿》第十条第二款规定下的保全裁定将在《保全意见稿》第十一条第三款规定下执行，因此，我们可以预测，信息化途径的引入不会带来保全错误的加剧。

（2）保全错误的存在不意味着因噎废食。

《保全意见稿》第十条第一款以当事人提供明确具体财产线索为裁定保全的前提条件，与以往的司法实践情形相近，因此，对以往司法实践的保全状况做一番梳理可为《保全意见稿》第十条第一款提供近似相同的一种参照。

笔者采用了实证研究的方法②，对过往保全错误案件进行了搜集和统计学分析（见表 A1），笔者检索我国自 2015 年 1 月 1 日起到 2016 年 6 月 1 日止的所有保全损害赔偿纠纷案例。数据来源于中国裁判文书网，最后检索时间为 2016 年 10 月 17 日。在中国裁判文书网中，笔者利用诸如“保全损害赔偿”“保全错误”等关键词共获得 70 个相关案例，这一数字少于中国裁判文书网的检索结果，原因大致有二：第一，由于网站系统技术缺陷，存在相同案例重复计数的问题；第二，很多案件中虽存在“保全损害赔偿”“保全错误”等关键词，但并非保全损害赔偿纠纷案件，而是涉及管辖权异议、申请再审、当事人主体资格等其他问题。需要说明的是，2015 年 1 月 1 日至 2016 年 6 月 1 日的时间段，贴近于《保全意见稿》发布前的区间，且区间长度选择具有随机性，具有一定代表性，对其中的保全错误案件进行搜集和整理，一定程度上可以说明《保全意见稿》发布前的相当一段时间内实践中出现保全错误的概率。

① 因此，在《保全意见稿》出台以前的司法实践里，一旦当事人不能提供明确具体的财产线索，审判法官就会怠于裁定保全，因为即便裁定保全，保全也不具备可操作性。

② 此处笔者参考了黄辉老师针对法人人格否认问题的实证研究方法。参见黄辉：《中国公司法人格否认制度实证研究》，载《法学研究》2012 年第 1 期。

表 A1　我国法院保全错误率

	样本总数	保全错误	无误	保全错误率（%）
案件数量（件）	70	19	51	27.1

我们进而以其中19个保全错误案例为样本，对每个案例中保全错误给被保全人造成的损失和申请保全人欲实现的利益进行对比。前者以案例中法院最终支持的申请保全人对被保全人的赔偿数额为指标，后者以保全标的的数额为指标。最后统计前者与后者对比结果的比例（见表A2）。

表 A2　被保全人损失与申请保全人欲实现利益的比较

	样本总数	被保全人损失低于申请保全人欲实现利益	被保全人损失相当于申请保全人欲实现利益	被保全人损失高于申请保全人欲实现利益
案件数量（件）	19	16	1	2
比例（%）	100	84.2	5.3	10.5

从表A1可看出，在《保全意见稿》出台前的司法实践里，尽管保全错误的比例不算低，但总体上还是远小于保全无误的比例，这说明在发生保全损害纠纷的案件范围内，法官对于未决案件走势的预估仍是有较好把握的。如果我们考虑到现实生活中有大部分保全裁定尚且没有发生保全损害纠纷而上升到诉讼的层面，那么保全错误的比例会更低，更可印证法官对于未决案件走势预估的较好把握。以往的司法实践对诉讼保全要求提供明确具体的财产线索，与《保全意见稿》第十条第一款相似，于是这个结果可迁移，近似预估：《保全意见稿》第十条第一款在未来实施下保全错误的状况还是会远小于保全无误的比例的，那么对于保全更谨慎的《保全意见稿》第十条第二款更不会带来严重的保全错误现象。

我们进而还可以探讨，当不能提供明确具体财产线索的当事人向审判法官提出保全申请时，审判法官“保全”与“不保全”，在利益上便体现为倾向于申请人还是被申请人，这是类似于“鱼”和“熊掌”不可兼得的情况，再次蕴含了“机会成本”的原理。

如果裁定保全，就可能会有保全错误带给被保全人的利益损害，这种损害如果不保全就不会发生，因而这个损失就是裁定保全的成本；如果不裁定保全，就可能会有本应该保全而没有保全下财产被恶意转移而致使申请保全人利益受损害的情形，而这种利益损害如果裁定保全就不会发生，因而这个损失就是不裁定保全的成本。从表 A2 看出，即便是裁定保全而发生了保全错误，首先，绝大部分情况下，保全错误给被保全人造成的损失都不及保全标的本身的数额（即申请保全人欲实现的利益）。而如果我们对应该保全的案件没有保全，那么一旦财产被转移或隐匿，申请保全人的损失往往等于或大于保全标的的数额。前者与后者相比，损失的代价程度显得小多了。其次，从实际救济成本方面看，保全错误下被错误保全人可以通过保全执行异议、损害赔偿等寻求救济，但一旦应该得到保全救济的申请人没有得到保全财产的保护而致使财产损坏或被恶意转移，申请保全人就很有可能面临“要钱没有，要命一条”的无奈情形，这也是长期以来为社会诟病的“老赖”现象。

《保全意见稿》第十一条第三款，根据长期诉讼保全实践呈现出的利益格局进行权衡，给予了申请保全人以保全的便利。保全错误是难免的，这是选择了给予申请保全人利益保护倾斜后带来的负面效应。但它的代价会低于给予被申请保全人利益保护倾斜带来的代价。因此，这种负面效应不应该成为我们因噎废食的理由。更何况，为了平衡这种保全错误的风险，该稿还在第二十一条第二款“利害关系人对保全裁定不服，基于实体权利对保全财产提出足以排除查封、扣押、冻结异议的，人民法院应当依照民事诉讼法第二百二十七条规定进行审查处理”的规定里为被保全人提供了救济，加之《民事诉讼法》保全错误的损害赔偿责任以及申请保全人提供的担保，总体而言，利益格局可以大致平衡。

2. 个人信息权的视角

我国的人格权保护路径是具体人格权体系，隐私权是人格权的一种具体类型。个人信息权作为与隐私权相独立的具体人格权，二者既存在联系又在权利属性、权利客体、权利内容、保护方式等方面存在界分。①

个人信息是指与特定个人相关联的、反映个体特征的具有可识别性的符号

① 隐私权主要是人格利益，个人信息权是人格权与财产权的综合利益；隐私权是消极的防御性权利，个人信息权强调对个人信息的合理利用与控制。参见王利明：《论个人信息权的法律保护——以个人信息权与隐私权的界分为中心》，载《现代法学》2013 年第 4 期。

系统，包括个人身份、工作、家庭、财产等方面的信息。[①] 相较于个人隐私，个人信息与国家安全联系更为密切，各国基于公共管理的需要，对个人信息进行搜集、利用、储存、传送等。法院的网络执行查控系统中存储的个人信息即属于这一类型。但是即便对于可以公开的个人信息，个人也应当有一定程度的控制权，其可以决定信息在多大程度上公开以及基于何种理由公开。对于法律关系未决，判决尚未作出而申请诉讼保全，查询被保全人财产信息的，无疑有可能与被保全人的个人信息权相冲突。

相较于一般保全中申请人自行搜集和提供财产线索，通过网络执行查控系统查询财产信息只需输入几个字，花费短短数秒，使得获取当事人财产信息成本大大降低，增大了执行法官和当事人滥权的风险，被保全人个人信息权受到更大挑战。

因此，被保全人个人信息权所受到的挑战便成为《保全意见稿》第十一条第三款制度设计里值得考量的负面效益。

网络执行查控系统在诉讼保全中的应用涉及申请人的保全利益、被保全人的信息权等各方利益，合理平衡各方利益是确保制度有效运行的关键。长期以来，我国学术界对于解决利益冲突存在两种理论，即德国的利益平衡理论和日本的利益平衡理论。[②] 前者强调探求立法者原意，从法条中寻找立法者制定法条时的利益偏向；后者强调在案件审理中具体情况具体分析，根据当时的客观条件来判断最终的利益冲突导向。笔者认为两种理论各有千秋，基于立法目的的考量有利于坚持制度设计的初衷和促进制度功能实现，结合具体案件审理情况更加灵活，利于发挥法官的能动性，更好地平衡各方利益，实现公平和正义。因此，笔者在下文将两种理论相结合来分析如何在网络查控系统面向保全阶段的具体问题中平衡各方利益。

从德国的利益平衡理论来看，现行保全制度设计在申请人的保全利益和被保全人财产相关利益冲突中偏向了前者，在保全中引入网络执行查控系统同样是为了解决申请人确因客观原因难以找到财产线索的问题，为申请人申请财产

---

① 隐私权主要是人格利益，个人信息权是人格权与财产权的综合利益；隐私权是消极的防御性权利，个人信息权强调对个人信息的合理利用与控制。参见王利明：《论个人信息权的法律保护——以个人信息权与隐私权的界分为中心》，载《现代法学》2013 年第 4 期。

② ［日］加藤一郎：《民法的解释与利益衡量》，梁慧星译，法律出版社 1995 年版，第 156 页。

保全提供便利，该项新制度在立法原意上同样将利益的天平偏向了申请人一边。[①] 个人信息分为敏感信息和非敏感信息，财产信息显然属于后者，其保护力度低于敏感信息，这也为申请人合理利用被保全人个人信息提供了依据。[②] 因此在具体案件中进行利益衡量时要牢记制度设计的初衷，注重保护申请人的利益。

从日本的利益平衡理论来看，个人信息权并非一项绝对的私人权利。保护申请人利益的同时，不可忽视被保全人的个人信息权。结合具体情况，应从以下三个方面来具体分析：

第一，使用网络执行查控系统查询被保全人财产是实现申请人利益所必须，申请人的利益合法且正当。[③] 即，权利义务关系明确，诉讼请求获得支持的可能性大，但是申请人确因客观原因不能提供财产线索，如果不使用网络查控系统查询被保全人财产，那么被保全人很可能转移财产，申请人将遭受重大损害。

第二，使用网络执行查控系统查询被保全人财产是否对被保全人的权利和自由构成极大限制。即，在申请人滥用诉讼权利，主观上存在恶意，使用网络查控系统查询被保全人财产会对被保全人个人信息权造成重大损害。

第三，使用还是不使用网络执行查控系统查询被保全人财产何者更符合公共利益的需要。

权利的行使以公共利益和其他公民的合法利益为边界[④]，由非特定个人利益构成的公共利益优先于纯粹的个人利益。[⑤] 个人信息权的行使也应以公共利益和其他公民的合法利益为边界。

利益冲突的分析不能脱离特定的历史背景，当前“解决执行难”问题成为司法改革的重要趋向，在保全阶段使用网络执行查控系统是对“执行难”的未雨绸缪，对“执行难”问题的解决有重要推动意义。司法的权威不能仅仅依靠

---

① 原因有几个：一方面是由保全制度的目的决定的，保全制度是为了保证将来的判决得以执行、避免当事人因判决无法执行而遭受重大损失而设计的；另一方面，是由于存在被保全人在保全错误遭受损失之后，能够要求申请人进行损害赔偿从而弥补损失的事后救济措施，财产保全的错误可以回复。再加上，要求申请人提供财产担保等措施，大体上弥补了申请人和被保全人利益的不平衡。参见郭小冬：《论诉讼保全中的利益权衡问题》，载《西南政法大学学报》2009 年第 6 期。

② 齐爱民、李仪：《论利益平衡视野下的个人信息权制度——在人格利益与信息自由之间》，载《法学评论》2011 年第 3 期。

③ 孔令杰：《个人资料隐私的法律保护》，武汉大学出版社 2009 年版，第 202 页。

④ 张新宝、任彦：《网络反腐中的隐私权保护》，载《法学研究》2013 年第 6 期。

⑤ 王芳：《隐私与刑事法——隐私的政治价值与制度体现》，中国社会科学出版社 2012 年版，第 29 页。

作出公正的判决，判决得到公正有效的执行与当事人的利益更加紧密，也更能直观地让当事人感受到司法公正。当一个又一个当事人能通过保全而避免走一般强制执行程序，或者当他们在保全阶段就控制了相对人的财产从而在案结后的强制执行中顺利地实现利益，公共利益便实现了最大化，因为这会让失信人不会在面对司法执行心存侥幸，从而在整个社会树立司法权威和社会成员间的信用。站在更高的公共利益的视角看，被保全人的个人信息权受到一定限制属于代价较小的牺牲。

最后，法院现有的一般强制执行的内部管理规定严格了执行法官的保密责任，即只能由法院内部负责该案的执行法官查询，实行个人专门账户登录查询，坚持谁查询谁负责，杜绝利用网络执行查控系统进行其他活动的行为，力求使被执行人的财产信息在小范围内披露，最大限度降低对个人信息权的侵害，因此，将类似的规定迁移至诉讼保全执行阶段，也能在内部追责机制里使个人信息权受侵害的负面效应降低。

四、《保全意见稿》第十一条第三款程序流转的探讨

（一）“审执分离”架构下的效率疑问

在以往的司法实践里，保全裁定作出后究竟是由执行局实施还是由审判庭直接实施，法院系统内部在做法上存在着普遍的差异。2011 年最高人民法院《关于执行权合理配置和科学运行的若干意见》第十六条规定，“诉中财产保全、先予执行的申请由相关审判机构审查并作出裁定；裁定财产保全或者先予执行的，移交执行局执行”。自此，保全裁定交由执行局实施的做法逐步达成共识。《保全意见稿》第十一条第三款的制度框架，继受了其中的精神，将保全裁定的实施权交由执行局，并且根据 2014 年最高人民法院《关于执行案件立案、结案若干问题的意见》第 5 条“……但执行财产保全裁定的，案件类型代字为‘执保字’……”的对于案件分类管理的规定，保全裁定案件因此成为“一案两号”，分别属于审判庭和执行局。这些设计，体现的正是执行改革以来一直倡导的逐步实现审判权与执行权合理分离的目标。①

① 十八届四中全会《决定》写道：“完善司法体制，推动实行审判权和执行权相分离的体制改革试点。”

关于“审执分离”的探讨，现有文献主要在其分离缘由[①]、分离模式[②]、分离下的协调[③]等几个大主题下进行，成果不计其数。但在“审执分离”的视域下，对于《保全意见稿》第十一条第三款的制度架构而言，当保全裁定书必须经过立案庭兜一圈才能到达执行局时，关于立、审、执三者协调下是否能高效率运行便成为最突出的问题。而要提高效率，重要一点即要降低时间成本。

具体细化，首先即要想办法限定案件流转中各环节的期限。从审判庭到立案庭，从立案庭到执行局，诉讼保全的裁定书每在任何一个部门多积压一分钟，就会让当事人多一分钟承受可能被恶意转移财产以致权益受损的风险。对诉讼保全案件流转中包括登记、立案、装卷、分案等环节设立办理期限，“在规定时间未完成规定动作，影响案件流转进程，属于承办人个人原因的，必须限令纠正，确保案件得到及时、高效的处理”[④]。但是，效率不止于速度，还必须保证质量，即不能因为时间的压迫而出现卷宗文书放置错乱、立案疏漏等重大失误。因此，进而提出的命题是，期限的限定不意味着一味地压缩时间而不考虑保全裁定案件流转的实践可操作性。时间的制定标准必须以司法实践的充分调研为依托，一个时间的制定标准，必须让案件流转中的经办人能相对游刃有余地完成任务。在此基础上，对时间的限定标准辅之以质量责任，即在出现重大工作失误时对案件相关环节的经办人追究内部责任。但是，刚性的时间标准只能限制案件不致无限期拖沓，却不能绝对地压缩时间成本。即便有流转期限的限制，仍可以以规定的时间上限移转案件，同时再加上执行中耗费的时间，这就远远不能满足当事人对于保全迫切执行的需求。因此，激励是必要的。“将流程管理制度与绩效考评制度进行对接，避免脱节，真正发挥制度应有的激励约束功能。”[⑤]

除了限定案件流转期限，还要想办法疏通案件流转的通道。既然诉讼保全

---

① 典型文献参见徐冉、冯雪：《我国现行审执模式困境及制度变革》，载《法制与社会》2015 年第 21 期。

② 典型文献参见岳彩领：《论强制执行审执分离模式之新构建》，载《当代法学》2016 年第 3 期；洪冬英：《论审执分离的路径选择》，载《政治与法律》2015 年第 12 期。

③ 典型文献参见王建：《“审执分离”视野下的“审执统一”》，载《山东审判》2016 年第 1 期；广东省东莞市中级人民法院课题组：《审执分离观念下的审执协调》，载《人民司法（应用）》2010 年第 7 期。

④ 江必新：《强化内部治理，有效解决“执行难”》，载《法律适用》2010 年第 7 期。

⑤ 江必新：《强化内部治理，有效解决“执行难”》，载《法律适用》2010 年第 7 期。

具有一定程度的紧迫性，为什么就不能给予其特殊化对待？为什么就不能如救护车走快捷通道，对诉讼保全案件单独处理，一旦立案庭接收到审判庭关于诉讼保全的案件，即立刻予以“执保字”立案，立刻移交执行局？疏通案件流转通道，不仅在于降低保全的时间成本，也在降低人力的成本。保全裁定卷宗递送至立案庭，再进行烦琐的登记、分案、立案号、复印文书、装卷等，再递送至执行局，这其中，每一个环节都需要人力成本的投入。环节复杂性带来时间成本增大，如果最终因此还延误了保全的时机以致保全目的落空，反过来也会让人力成本的投入变得没有价值。

（二）查控系统面向审判庭设想的质疑

有观点认为，既然诉讼保全裁定经立案庭重新立案才到达执行局的流程如此复杂，为什么不能做到让“查控系统向审判庭法官开放”，“既然执行局执行时可以用查控网，那审判庭的法官保全时为何不能用查控网？为什么不能设计一个面向审判庭法官的查控网？或者在现行的审判管理系统中新增查控被告财产的功能”，“如果查控网向审判庭开放，审判庭法官可以自己作裁定、自己实施。当然，这个向审判庭开放的查控功能，只能在财产保全中用来查询、控制已进入立案程序的被告的财产，而不能处分被告的财产”①。

这种大胆的设想把诉讼保全裁定权和实施权集于审判庭法官，力图提高效率，却忽视了审判庭的法官使用查控网的权力如何制衡的问题。“效率必须以公正为边界，效率一旦跨越公正的边界，只是速度，而非效率。集权模式虽然在理论上可以因不要制衡而相对提高‘效率’，但我们必须正视‘权力的寻租嗜好和其本质属性是一种可交换的社会资源，失去制约的权力必然走向腐败’这一越来越被理论所演绎和实践所归纳的道理。”② 在“审执分离”的体系下，审判法官不是裁定的直接实施人，难以在实施保全手段中通过直接手段轻易获取不正当利益，且在系统中查询财产的权力也并非属于审判法官，这就对审判权肆意扩大形成某种程度的制衡。而在查控网直接面向审判法官的情况下，审判法

---

① 庐州判官：《一位执行法官写给最高院执行局孟祥局长的信》，http：//dwz. cn/4ql2Ih，最后访问时间 2016 年 10 月 23 日。

② 王治建：《论民事强制执行权运行模式的重构》，载《执行改革理论与实证》，人民法院出版社 2002 年版，第 46 页。

官查询当事人名下财产触手可及，即便受到系统仅能查询诉讼保全案件功能的限制，也可以在当事人不知情的情况下就正在经手的审判案件捏造诉讼保全案件进而在系统中立案从而查询到当事人名下的财产。同时他又是裁定的直接实施者，在实施保全行为中可以方便地攫取灰色利益。要制约，又会牵涉一系列的制度安排。譬如，监督机制的架构里，是靠内部人员再成立监督的组织，还是在内部将诉讼保全的审判权和执行权分开，还是说靠网络执行查控系统再开发监视功能来实现？凡此种种，又引起一系列制度设计的成本，与“审执分离”架构下的制度成本比起，似有过之而无不及。

实际上，在审判压力激增的今天，审判庭法官早已受困于超负荷案件审理，在规范运行的情况下，将保全裁定的实施权交于审判庭法官，会让其更加不堪重负，与当下“优化司法职权配置”① 的司法改革预期也是不符的。

结　语

古人云：“登高自卑，行远自迩。”从诉讼保全应用网络执行查控系统的角度，其正是攻克“执行难”万里长征征途中迈出的一个新步伐，而要彻底发挥这项制度功能，还要走很长的路。因为“执行难”问题，非“一日之寒”，其深层可理解为长期司法公信的不足或者社会诚信体系松散等多方复杂因素，因此要克服“执行难”非一日之功。但是，天下事再难，积跬步可至千里。

未来的趋势首先是技术上“查控”功能的尽快实现。网络执行查控系统目前的技术手段仅能提供“查询”功能，而尚不能“控制”，而及时“控制”与保全目的的实现息息相关。有时为了冻结一笔简单的存款，尚需执行法官亲赴银行，于是很多隐形的问题便暴露出来。譬如，亲赴银行等执行地点需要使用法院公车，但公车是有限的，执行法官往往几个人共用一辆公车，轮番使用，保全案件执行便因资源的稀缺耗费了大量的时间成本。

其次，网络执行查控系统应会逐步向诉前保全阶段延伸。通过保全阶段对财产的控制规避案件结束后强制执行无财产对象可寻的风险，重视保全的功效，相信会逐步在司法改革中赢得共识。对《保全意见稿》第十一条第三款的前景，笔者期待着。

---

① 十八届四中全会《决定》。

参考文献

著作类：

［1］江必新主编：《最高人民法院执行司法解释、规范性文件理解与适用（2010～2013）》，中国法制出版社2014年版。

［2］张启楣主编：《执行改革理论与实证》，人民法院出版社2002年版。

［3］夏蔚、李爽：《民事诉讼法学》，中国人民公安大学出版社2013年版。

［4］宋朝武主编：《民事诉讼法学》（第四版），中国政法大学出版社2015年版。

［5］江伟主编：《民事诉讼法学》（第三版），北京大学出版社2015年版。

［6］孔令杰：《个人资料隐私的法律保护》，武汉大学出版社2009年版。

［7］王芳：《隐私与刑事法——隐私的政治价值与制度体现》，中国社会科学出版社2012年版。

［8］白群燕、段平利：《写给法律人的微观经济学》，法律出版社2004年版。

［9］项桂娥、吴宏伟：《西方经济学（微观部分）》，中国科学技术大学出版社2016年版。

［10］［美］N. 格里高利·曼昆：《经济学原理（微观经济学分册）》，梁小民、梁砾译，北京大学出版社2016年版。

［11］［美］理查德·A. 波斯纳：《法律的经济分析》（上），蒋兆康译，中国大百科全书出版社1997年版。

［12］［日］加藤一郎：《民法的解释与利益衡量》，梁慧星译，法律出版社1995年版。

期刊类：

［1］冀宗儒、徐辉：《论民事诉讼保全制度功能的最大化》，载《当代法学》2013年第1期。

［2］李仕春：《民事保全程序基本问题研究》，载《中外法学》2005年第1期。

［3］江必新：《强化内部治理，有效解决“执行难”》，载《法律适用》2010年第7期。

［4］黄松有：《加大执行改革力度切实解决执行难》，载《中国法律》2006年第2期。

［5］沈杨、朱业明：《财产保全的法律性质辨析》，载《法律适用（国家法官学院学报）》2001年第4期。

［6］徐冉、冯雪：《我国现行审执模式困境及制度变革》，载《法制与社会》2015年第21期。

［7］岳彩领：《论强制执行审执分离模式之新构建》，载《当代法学》2016年第3期。

［8］洪冬英:《论审执分离的路径选择》，载《政治与法律》2015 年第 12 期。

［9］王建:《“审执分离”视野下的“审执统一”》，载《山东审判》2016 年第 1 期。

［10］广东省东莞市中级人民法院课题组:《审执分离观念下的审执协调》，载《人民司法（应用)》，2010 年第 7 期。

［11］王亚明:《分段集约执行改革再探》，载《海峡法学》2014 年第 3 期。

［12］郭小冬:《论诉讼保全中的利益权衡问题》，载《西南政法大学学报》2009 年第 6 期。

［13］张新宝、任彦:《网络反腐中的隐私权保护》，载《法学研究》2013 年第 6 期。

［14］王利明:《论个人信息权的法律保护——以个人信息权与隐私权的界分为中心》，载《现代法学》2013 年第 4 期。

［15］齐爱民，李仪:《论利益平衡视野下的个人信息权制度——在人格利益与信息自由之间》，载《法学评论》2011 年第 3 期。

［16］黄辉:《中国公司法人格否认制度实证研究》，载《法学研究》2012 年第 1 期。

报纸类:

［1］张先明:《全国法院执行案件信息系统升级版正式开通——执行案件信息与其他社会信息即将互联对接》，载《人民法院报》2013 年 1 月 6 日第 1 版。

网页类:

［1］庐州判官:《一位执行法官写给最高院执行局孟祥局长的信》，http: //dwz. cn/4ql2Ih，最后访问时间 2016 年 10 月 23 日。

［2］庐州判官:《执行法官逐条解读〈财产保全规定〉征求意见稿》，http: //dwz. cn/4ql6Ut，最后访问时间 2016 年 10 月 23 日。

［3］李想:《建立案庭主导财产保全制度》，http: //dwz. cn/4bxl8x，最后访问时间 2016 年 10 月 23 日。

［4］江西省石城县人民法院法官:《法院执行网络查控系统的完善》，http: //dwz. cn/4oCWsZ，最后访问时间 2016 年 10 月 23 日。

［5］王亦君:《网络查询让被执行人难以遁形》，http: //dwz. cn/4pu9bz，最后访问时间 2016 年 10 月 23 日。

［6］中国民事程序法律网编辑部:《中国民事诉讼法学研究会 2013 年年会会议简报第 2 期》，http: //www. civilprocedurelaw. cn/html/xjyw_ 1170_ 4789. html，最后访问时间 2016 年 10 月 23 日。

［7］李楠楠:《北京法院 2015 年收案量创新高》，http: //beijing. qianlong. com/2016/0302/409166. shtml，最后访问时间 2016 年 10 月 29 日。

附录

附录 A：2015 年 1 月 1 日至 2016 年 6 月 1 日法院保全错误案例统计

序号	案号	保全错误情况
1	（2014）德中民终字第 910 号	保全错误
2	（2013）魏北民初字第 357 号	保全错误
3	（2014）宜商初字第 1692 号	保全无误
4	（2014）鄂荆门民二终字第 00110 号	保全无误
5	（2014）虹民二（商）初字第 662 号	保全无误
6	（2014）金商初字第 0493 号	保全无误
7	（2015）高民初字第 236 号	保全无误
8	（2014）盐民终字第 3210 号	保全无误
9	（2014）汴民终字第 1692 号	保全错误
10	（2015）嘉海民初字第 73 号	保全无误
11	（2015）潍民一终字第 858 号	保全无误
12	（2015）安民一初字第 447 号	保全无误
13	（2014）秦商初字第 1876 号	保全错误
14	（2015）赣民初字第 01141 号	保全无误
15	（2014）杭萧民初字第 5346 号	保全无误
16	（2015）咸中民终字第 00383 号	保全无误
17	（2015）西民初字第 07433 号	保全错误
18	（2015）绍嵊民初字第 64 号	保全错误
19	（2014）乳城民初字第 271 号	保全无误
20	（2015）武民初字第 123 号	保全无误
21	（2015）遂中民初字第 91 号	保全无误
22	（2015）渝五中法民终字第 02241 号	保全无误
23	（2015）浙嘉民终字第 455 号	保全无误
24	（2015）深中法商终字第 1458 号	保全无误
25	（2015）同民终字第 415 号	保全无误

续　表

序号	案号	保全错误情况
26	（2015）宿城民初字第01234号	保全无误
27	（2015）衡中法民四终字第166号	保全无误
28	（2015）江中法立民申字第35号	保全错误
29	（2015）穗中法民一终字第3814号	保全错误
30	（2015）潍民一终字第859号	保全无误
31	（2015）潍民一终字第858号	保全无误
32	（2014）长中民一终字第02350号	保全无误
33	（2015）鄂荆州区民初字第00863号	保全无误
34	（2015）佛中法民一终字第1704号	保全错误
35	（2014）珠中法民一终字第791号	保全错误
36	（2015）廊民二终字第711号	保全错误
37	（2015）日民一终字第653号	保全无误
38	（2015）鲁民一终字第202号	保全无误
39	（2015）宁商终字第1188号	保全无误
40	（2015）龙新民初字第7321号	保全无误
41	（2015）苏中民终字第00214号	保全错误
42	（2014）万法民初字第07971号	保全无误
43	（2015）威民一终字第661号	保全无误
44	（2015）湘高法民二终字第146号	保全错误
45	（2015）虹民三（民）初字第1055号	保全无误
46	（2015）扬江民初字第01347号	保全无误
47	（2015）苏中民终字第00836号	保全无误
48	（2014）湖安民初字第1453号	保全无误
49	（2015）鄂民一终字第00040号	保全错误
50	（2015）嘉海民初字第1610号	保全无误
51	（2015）嘉海民初字第1611号	保全无误
52	（2015）穗中法民一终字第7248号	保全无误

续　表

序号	案号	保全错误情况
53	（2015）浙甬民一终字第 1117 号	保全无误
54	（2015）浙民申字第 2159 号	保全无误
55	（2015）浙金民终字第 1284 号	保全无误
56	（2016）京 01 民终 785 号	保全错误
57	（2016）皖 0321 民初 370 号	保全无误
58	（2015）海民初字第 4196 号	保全错误
59	（2015）晋民初字第 5177 号	保全无误
60	（2016）粤 04 民终 206 号	保全无误
61	（2016）晋民申字第 96 号	保全无误
62	（2016）鲁 06 民终 751 号	保全错误
63	（2016）渝 05 民终 2528 号	保全无误
64	（2016）渝 05 民终 2527 号	保全无误
65	（2016）粤 20 民终 777 号	保全无误
66	（2016）苏 06 民终 624 号	保全错误
67	（2016）鲁 01 民终 132 号	保全错误
68	（2016）吉 0524 民初 12 号	保全无误
69	（2015）浙民申字第 3281 号	保全无误
70	（2016）津 02 民终 1514 号	保全无误

附录 B：被保全人损失与申请保全人欲实现利益的比较案例统计

序号	案号	被保全人损失是否高于申请保全人欲实现利益
1	（2014）德中民终字第 910 号	否
2	（2013）魏北民初字第 357 号	相当
3	（2014）汴民终字第 1692 号	是
4	（2014）秦商初字第 1876 号	否
5	（2015）西民初字第 07433 号	否
6	（2015）绍嵊民初字第 64 号	否
7	（2015）江中法立民申字第 35 号	否
8	（2015）穗中法民一终字第 3814 号	否
9	（2015）佛中法民一终字第 1704 号	否
10	（2014）珠中法民一终字第 791 号	否
11	（2015）廊民二终字第 711 号	否
12	（2015）苏中民终字第 00214 号	否
13	（2015）湘高法民二终字第 146 号	否
14	（2015）鄂民一终字第 00040 号	是
15	（2016）京 01 民终 785 号	否
16	（2015）海民初字第 4196 号	否
17	（2016）鲁 06 民终 751 号	否
18	（2016）苏 06 民终 624 号	否
19	（2016）鲁 01 民终 132 号	否

图书在版编目（CIP）数据

军都法学．第3辑/刘大炜，杨婷婷主编．—北京：
中国法制出版社，2018.7
ISBN 978－7－5093－9332－1

Ⅰ.①军… Ⅱ.①刘…②杨… Ⅲ.①法学－文集
Ⅳ.①D90－53

中国版本图书馆CIP数据核字（2018）第045287号

策划编辑　李小草　　责任编辑　李小草　张海洋　　封面设计　周黎明

军都法学（第3辑）

JUNDU FAXUE（DI 3 JI）
主编/刘大炜，杨婷婷
经销/新华书店
印刷/北京九州迅驰传媒文化有限公司
开本/720毫米×980毫米　16开　　印张/21.75　字数/297千
版次/2018年7月第1版　　2018年7月第1次印刷

中国法制出版社出版
书号ISBN 978－7－5093－9332－1　　定价：98.00元

北京西单横二条2号
邮政编码100031　　传真：66031119
网址：http：//www.zgfzs.com　　**编辑部电话：66010405**
市场营销部电话：66033393　　**邮购部电话：66033288**

（如有印装质量问题，请与本社印务部联系调换。电话：010－66032926）